Master of Public Administration

公共管理硕士（MPA）系列教材

领导理论与实践

邱霈恩 / 著

LEADERSHIP
THEORY AND PRACTICE

中国人民大学出版社
·北京·

公共管理硕士（MPA）系列教材

编审委员会

作者简介

邱霈恩，国家行政学院中国领导科学研究中心副主任，教授，博士生导师；国务院“第三方评估”项目专家组成员，创新中国智库首席专家，区域特色发展智库特聘专家；中国行政体制改革研究会理事、中国应急管理学会理事、中国领导科学学会理事、中国审计学会理事；中国政法大学兼职教授。重点研究政府管理、公共政策、领导科学；主持完成了国家社科基金“九五”规划委托研究重大项目之子项目、国家社科基金一般项目、国家行政学院重点科研项目和决策咨询项目，主持 30 余项中央国家机关和地方政府交办、委托的政策研究项目；出版《领导学》《领导学原理》《领导学案例》《危机博弈与领导权变》《选官与管官》等 15 部独著，《公共行政学》《中国行政体制改革》《新世纪领导学》等 60 余部合著。

内容简介

本书是一部专门为具有一定领导实践经验的读者撰写的领导学教材，旨在满足高校MPA、MBA等高层次应用型人才培养的需要，以及企事业单位党政领导干部培训的需要。本书以提高领导理论与实践专业素养为取向，就领导科学与艺术范围中最重要的七大领导学范畴，即领导权力、领导谋略、领导决策、领导实施、领导用人、领导考评和领导监督，进行专项、纵深的探述。为了更好地帮助读者掌握相关领导方法和艺术，每章末尾均紧扣高层次应用型人才专修深研的特点和要求，提供了多道复习思考题，可供读者做专项研讨或实战训练之用。

出版说明

公共管理硕士（Master of Public Administration，MPA）专业学位研究生教育是以公共管理学科及其他相关学科为基础的研究生教育项目，其目的是为政府部门及非政府公共机构培养高层次的应用型专门人才。

我国的 MPA 教育始于 1999 年。1999 年 5 月，国务院学位委员会第 17 次会议审议通过了《公共管理硕士（MPA）专业学位设置方案》；2001 年 10 月，我国进行首次 MPA 招生考试；2002 年 3 月，首批 MPA 研究生正式入学。经过十多年的发展，我国的 MPA 培养院校从最初的 24 所发展到 2014 年的 200 余所；截至 2015 年 7 月，全国 MPA 培养院校累计招收 MPA 研究生 15 万余人，授予 MPA 学位 8 万余人，MPA 教育成为我国公共部门人才培养的重要渠道。

为了满足国内 MPA 教育对教材和教学参考资料的需要，不断探索和回应公共管理实践中的各种问题，同时反映国内外公共管理研究的最新成果，自 2001 年起，中国人民大学出版社组织有关专家编写"公共管理硕士（MPA）系列教材"。本套教材涵盖国务院学位办确定的《公共管理硕士专业学位培养方案（试行稿）》（2000 年发布）和《公共管理硕士专业学位研究生指导性培养方案》（2012 年发布）中规定的各门 MPA 核心课程教材，也包括公共管理各领域的专业方向必修课程教材及部分选修课程教材。本套教材不仅适合 MPA 学生使用，同时也可供公共管理学科的研究生及各级行政管理人员作为参考和培训资料使用。

"公共管理硕士（MPA）系列教材"力求体现如下特色：第一，系统完整，基本涵盖公共管理专业教育的主要知识领域；第二，反映国内外公共管理研究领域的最新成果，为公共管理领域的教育者、学生、实际工作者提供该领域的最新信息、资料及多视角思考空间；第三，反映 MPA 专业教育的特点，重视应用性，注重能力的培养，教材中除讲授一般理论知识外，还提供丰富的案例分析素材；第四，将中国传统的行政管理思想、国外先进的公共管理理论与中国政府的管理实践紧密地结合起来，理论联系实际。

在“公共管理硕士（MPA）系列教材”策划出版之初，中国人民大学出版社邀请国内公共管理领域有关专家成立了阵容强大的教材编审委员会。同时，本着将国内公共管理领域有影响的学校和有影响的学者都吸收进来以博采众家之长的原则，我们广邀全国各地公共管理知名学者，使得本套教材的作者突破了一个学校和一个区域的界限。参与本套教材编写工作的有中国人民大学、北京大学、清华大学、复旦大学、中山大学、厦门大学、南开大学、上海交通大学、北京师范大学、华中科技大学、国防科学技术大学、国家行政学院、中国社会科学院等国内知名高校及科研院所的学者，他们都是公共管理教育领域的专家，具有丰富的教学经验，同时又注重公共管理实践，能够较好地将理论和实践结合起来。

自2001年首本教材出版以来，“公共管理硕士（MPA）系列教材”受到了国内公共管理学界的广泛好评，被誉为“与中国MPA共同成长”的一套高质量的MPA教材。国内众多高校将本套教材选为MPA相关课程教材，“十二五”初期，本套教材的累计销量突破百万册，成为广受读者欢迎的MPA教材品牌。

随着公共管理教育和实践的不断发展，公共管理学科的研究和教育也在不断发展与完善，这就要求MPA教材也要不断修订和更新。在国内公共管理学界的热情支持下，我们编写的这套教材取得了一定的成绩。今后，还请广大读者，特别是在教学一线的MPA任课教师继续给我们反馈意见，对这套教材提出批评和建议，以帮助我们不断对相关教材进行修订和完善，实现这套教材“服务中国MPA教育事业，与中国MPA共同成长”的目标。

中国人民大学出版社

序

陈宝生

摆在我面前的这本《领导理论与实践》，是邱霈恩先生的近作。明眼人一看就知道，这是要从理论与实践相结合的角度探讨领导活动的规律。领导，也就是管点事、负点责、吃点苦而已；可是，让理论家一说，就有点理论味儿、书卷气了。往深里想一想，还真值得认真探究。

领导是一种重要的社会实践活动。自古以来，人们都在探究它。有的从经验和艺术的角度，总结领导方法与智慧；有的从理论和科学的角度，揭示领导的规律与原则；目的都是为了认识领导现象，把握领导规律，改善领导方法，提高领导水平。从这个角度看，写这样一本书是很有意义、非常必要的。

领导实践包含了极其丰富而重要的理论内涵，可以称之为行动状态的领导理论，是领导理论的感性存在；而领导理论则是领导实践的理性升华和系统反映，其实就是表现为理论形态的领导实践，是领导实践的结晶与精华。可以说，领导理论与领导实践原本就是同一个事物的两个方面、两种形态、两个表现，内在是相通的、一体的。这就决定了领导学研究必须统筹兼顾领导的理论性和实践性，重在打通或融合理论与实践，在基本范畴和框架基础上，一体化反映理论与实践，从实践的角度着眼理论、确保高度和深度，从理论的角度着眼实践、确保务实和充实。

领导学在我国还很年轻，但经过几代学人几十年的奋斗，已有丰富的学科积累和成果。有中国特色和中国气派的领导学理论体系正在形成，并逐步走向定型和成熟。这个过程充分保证了理论联系实际，既有丰富的经验总结和提炼，又有高度的理论概括和建树；既有借鉴、比较，也有发现、创新；既丰富和发展了社会科学，也对领导实践的改进与创新起到了积极的推动作用。可以说，领导学的进一步发展已经奠定了坚实的基础，开启了很好的前景。

国家行政学院是国内领导学研究的重镇，在不少方面已经形成了自己的特色。这本书也算是其中的一个成果。领导学是明确写进《行政学院工作条例》中的一门正式学科，需要我们以贯彻落实行政法规的严肃态度和认真程度来进一步加强研究、提高水平、多出成果。从这些年领导学的教学和科研看，推进该学科建设有以下几点值得引起重视：

一是必须把研究领导的本质和规律作为主题。领导是什么、为了什么，特别是领导的权力是什么、来自哪里、必须对谁负责，等等，都是领导学必须加以正确回答的最基本问题。另外，如何正确认识、把握和行使权力，如何理性智慧处理各种政务，如何带领整个组织、全体成员乃至全社会达到目标，等等，都是领导学必须从规律上加以科学揭示的主要问题。这一切都事关重大，极富理论性、实践性和使命感。

二是必须把研究领导能力和领导机理作为重点。领导能力是保证领导胜任性的实质所在。加强领导能力研究，就是要科学揭示领导能力的构成、形成、作用、发展变化和提高培养的规律、规则。领导机理是领导实践各层面、各领域自身内部和相互之间运转、变化的机制与原理。深入揭示领导机理，不仅有助于构筑具体的领导科学理论体系，而且还将在促使领导能力对应领导实践上直接助力领导能力建设。这些均为领导工作所急需。

三是必须把研究领导方法和领导艺术作为核心。领导方法和领导艺术是开展领导工作的手段，关系到领导会怎么做以及会有什么样的领导效果和领导水平，根本上关系到领导行动的得失成败。这既要充分研究领导的智慧谋略，发挥领导自身的优势，又要深入研究领导的外脑参谋，充分发挥智库和群众的作用，由此极大改善和增强领导力，提升领导成效和领导水平。

四是必须把坚持正确的方向和原则作为首要研究守则。人民是历史的主人。领导学必须始终坚持人民的主体地位和执政为民的立场，确保始终有一个正确的大前提和研究方向；必须始终坚持理论联系实际，以科学的态度与学术原则搞好基本的学科建设和规范研究，推动深度的原理探索和体系构建，确保结论与成果符合实际、解决实际问题、为领导实践所需要。

五是必须把理论研究与成果普及作为重要方面。领导学研究既需要深入系统地构建理论体系，也需要深入浅出地普及基本知识和研究成果。这就要求我们必须把领导学理论普及同干部教育、高端国民教育结合起来，使领导学服务于领导干部和领导实践，服务于领导人才开发和领导队伍建设。领导学的最新成果既要给领导干部学习、参考，还要用于包括硕士、博士、博士后在内的高端教学和研究。这是领导学价值定位所在。

外行言学，浅薄难免，诸君谅之！

是为序。

2016 年春于北京

前　言

领导理论是领导实践的静态抽象表现，而领导实践则是领导理论的动态具体表现。领导理论与实践本来就是同一个事物的两个方面，都统一成为高度科学化和艺术化、理论化和操作化的领导学。换言之，领导学其实就是高度专业化的领导理论与实践的统一形态。因此，领导理论与实践同领导学之间，根本而言，就可以直接相互等同。但是，在研究的重点、表达的方式和程度上，领导理论与实践对领导学还是有所区别的，主要是可以侧重抓住最重要的核心范畴和领域来进行学理性、学术性、现实性、应用性和操作性等纵深探究，而不必面面俱到、系统全面、偏重横向。本书即着眼于此而进行基本的把握和推展。

另外，本书在形成过程当中就与领导学界的最新发展动态和前沿趋势一直保持紧密对接。作为一门最重要的社会科学新学科，领导学一直在向更大的广度和深度推进；在经历了几十年发展之后的今天，原来那些粗浅的介绍性、学舌性研究早已成为过去，面对重大的现实问题进行独立、持续、务实和深入透彻的探索已经开始。本书就是想尽力成为领导学新起点、新进程中的一部分，并为此而在研究思路和内容构成上进行分寸拿捏。

再者，由于领导学已有十数年的本科教材，但适合研究生用的专深蓝本却凤毛麟角，所以本书在研究形成过程中一直带着困惑与惶恐，涉足探行于为研究生提供专业参阅之路，以当前重大实践需要为导向，根据若干深度的经验示范和体察，在持续进行二十余年领导学研究的基础上反思既往，叩实求专，谨就七个专业范畴聚焦行探，试索应有的领导学理论与实践新义，编以为书，供研究生乃至实践者参考。

谨此辍笔，篇前先谢，祈后共修。

邱霈恩

2016年4月1日

目录

第1章

领导权力

1.1 权力的现象与实质

权力是一个根本性的问题。领导权力是领导存在的根本依据，是事关领导权威、领导得失成败的根本因素和第一资源、第一要件；在整个领导理论和实践中处于核心地位，是具有根本性意义和作用的最重要组织元素。实质性理解和实施领导，首先就要从权力开始。

1.1.1 权力现象

权力是最重要的社会事物与社会现象之一，普遍存在于现实社会生活之中。只要是正常的社会系统，就必能处处感受到权力的存在；只要进行社会生活，就必定随时处在权力的影响之下。可以说，社会几乎充满了权力的因子和影子，人们就是生活在权力的世界里；权力对社会的构成与运作、对人们的精神与行为的影响尽管有直接间接、轻重不同之分，但都总是广泛、深刻而重大。

当然，权力虽然普遍存在，与人们的社会生活几乎是如影随形，以不可抗拒的强大力量和作用来极其现实地左右着社会及其中人们的行为、运动和命运，但却不是一个看得见、摸得着的具实物体，只能通过感受和理性来判知、理解、把握或掌握。而这就是权力的神秘所在和特殊所在，也是权力永远不灭的价值所在和魅力所在，还是人们从来都想真正认知它、拿捏它的动力所在和迷惘所在。

对于权力，人们常有不同的理解和答案。有的说，权力就是人对人的一种强制；也有的说，权力就是一种由社会主体支配社会客体而社会客体对此只能绝对服从的强制性社会力量。有的认为，权力其实只是一种影响他人行为的能力，或者是一个担任某种职务的人在做决定时的能力或潜力；还有的认为，权力只是某人或某集体使其他人和集体的行为发生改变的一种关系。有的强调，权力就是意志和法令；而有的则强调，权力就是权势和权威。然而最流行的说法却是，权力就是一种影响力。如此等等，说法很多，即使接近真理，也仍然充满迷雾。因此可以说，权力一直就是套着神秘光环的巨谜。那么，权力到底是什么呢?

1.1.2 权力的实质与内在规定性

从根本上看，权力就是一种客观存在，一种实在但又特殊的现实社会力量，并不神秘。

一方面，权力就是一个社会系统内各成员的意志空间、自由、权利和资源等因素经过高度公共化、组织化、制度化而集中起来、凝结造就而成的一种唯一正统并具有强制性的最高公共力量。它凝结了社会成员的意志、利益和愿望，更汇集了社会成员从自己手中让渡出来的精神力量、物质力量和关系力量。

这就是说，权力实际上就是一种特殊的社会能动性结晶。在这个结晶的过程中，亦即权力的发生和演变过程中，组织化和制度化一直在起着最为突出和重要的作用。显然，权力完全源自并依托于一个社会系统的共同意志、共同支持和共同资源，代表着一个社会系统的共同意志和共同利益并要对其负责、为之服务。这表明，权力原来就是一种在一个社会系统范围内最具代表性、实质性的社会事物和历史现象。

另一方面，基于权力的来源或本原可知，权力在本质上就是经社会个体认可和支持而后形成的集体意志和集体力量汇聚而成，并能以不可抗拒的强制性、约束性、压倒性、支配性、致变性、唯一正统性和绝对服从性来反作用于每个成员乃至整个社会系统的集体强制力，或曰组织力。

这也就是说，权力总是以强制的实质和方式来反作用于整个社会系统，在现有认识和客观条件下可以对社会生活进行任何预期并达成之，一般是通过调动整个社会系统、组织所有资源来最强效地影响或改变某一具体的社会生活、调整或重置现有的资源结构和利益布局、创造或带来新的社会利益和社会成果。而这就是整个社会力量当中唯权力所特有的特别能动性和最大资源性；说明权力原本就是一种具有最强大功能和超级效用的特殊资源，是一个社会系统内所有力量中显得最为神圣、严肃、正统和能动的特殊力量，具有不容置疑的最高地位、最大影响、最重要作用和最宝贵价值。

事实上，权力是建立在一定资源基础之上的，既基于资源，也发于资源，更吸引、聚集着新的资源，同时还能滋养、衍生出许多的资源；当然，与此同时也分配、调拨、运用和消耗着资源。这一系列的情况就构成权力的性质、过程、结果和效用。所以，权力实际上就是一种集资源之大成、能动性极强的社会性资源或组织性资源，就是一种最为宝贵的领导资源、公共资源和社会资源。

总之，权力就是由一个社会系统内个体成员让渡出来的意志空间、自由、权利和资源经过高度组织化、制度化之后才形成或出现，对该社会系统具有普遍强制性、资源性和绝对权威的最高组织力。此即权力的定义，亦即权力的实质。

根据权力和权力主体的本质与缘起可以发现，权力至少有如下六个显著的内在规定性：

第一，权力来自一个社会系统内的所有成员，本质是这些成员让渡出来、汇集而成的意志空间、自由、权利和资源之总和；

第二，权力必须经过高度的公共化、组织化和制度化，实质是一种体现为公共力量和公共资源的最高组织力；

第三，权力是为公共意志张弛和公共利益实现而产生的；

第四，权力不能分散存在和执行；

第五，权力只在本社会系统内有效；

第六，权力必须以服务于权力之母为宗旨而完全使用于本社会系统。

这些内在规定性决定了一般权力的实际构成及其与权力主体之间的基本关系，也决定了第一主体和第二主体之间的基本关系以及第二主体的基本职责与任务。

1.1.3 权力的主体与客体

一个社会系统一旦造就出权力，就意味着必定同时造就出了权力主体和权力客体。

通常，为了公共利益和集体行动的成效，一个社会系统内的成员一般都要，也愿意让渡出自己手中的权力，亦即把自己的部分意志空间、自由、权利和资源交给集体，经组织化、制度化而集中成集体强制力，而后为共同意志的实行和共同利益的实现发挥最大保障作用。这时，社会成员就成为该社会系统内最早出现的权力主体。这样的权力主体就是原生权力主体，实际就是权力之母，是真正的权力渊源。我们称之为第一主体。

第一主体在现实社会生活中处于分散状态，即使其手中持有权力，也是分散的和私人性质的。所以，作为最高组织力的集体强制力一经形成，在操作上是完全无法由第一主体本身来直接掌握和行使的，而只能，也必须交由能够代理他们的专门主体来集中执掌和负责。不过，这样的专门主体必须产生于他们中间，经过他们严格的挑选和考验，并得到他们充分的认可、信任、拥护、委托和支持。这实际就是专司执权之责的特定主体。

事实上，这种特定主体就是为第一主体所需要所信赖而后产生的权力执掌和施行主体，实际则是社会分工下的必然产物；是代表第一主体执掌权力、事关整个社会系统和成员命运的特殊主体。很明显，如此主体实际就是在原生权力主体基础上衍生出来的实际权力主体，叫作次生权力主体。我们称之为第二主体。

第二主体必须，也必然会把手中的权力施加到为公共意志和利益之目的所必及的任何客观存在身上，由此使客观存在发生预期的变化而最终达成目的。而这里为意志和利益所涉及、为权力所致变的任何客观存在就是权力客体。在现实社会生活中，这个权力客体内容极其广泛多样；常常是凡未实际处于权力主体地位而在权力关系之中的所有对象都必然处在权力被施加的地位即客体地位之上，并因而都不可避免地成为权力客体。

1.2 权力的构成与关系

1.2.1 权力的一般构成

既然权力是让渡而来，那么要问：是否社会成员就把所有权力都让渡出来了呢？不是的。社会成员只让渡出了一部分权力，还保留有一部分掌控已让渡出去的那部分权力的权力，而且还保留有纯私人性质的权力。这样，第一主体手中的权力实际上就分成了三个基本部分：

第一是让渡出去的权力，即为了实现体现公共意志和公共利益的公共目标而处理各种具体公共事务的权力，包含了极其丰富的各种具体权力，实质是具体的事务权。我们称之为一般权力。

第二是掌控被让渡权力的权力，即为了不使让渡出去的权力不为第一主体服务以致失控、有害和被滥用而由第一主体保留行使的对它实施最终掌握和监控的最高权力，主要包括选择代理权（也叫甄别简任权）、审查权、委托权、监督权、最后决定权和权力所有权，具有永恒性、终极权威和终极地位，对一切权力具有最后决定性，实质是掌控权力的权力。我们称之为终极权力。

第三部分是纯私人性质之权，即在社会成员私人生活范围内完全自主和自行支配的纯私人意志空间、自由、权利和资源之总和，是除开一般权力和终极权力之后所剩下来的私人权益。而这就是最典型的私权。

这样的私权其实是第一主体退回到私人生活范围内而存在和有效的权力。从权力实践来看，私权事实上还常常成为权力客体，即常常要受到已经让渡出去的权力的影响，包括管辖、调整和支配；但就一般情况而言，则都是在私人范围内不受干扰而受保护和尊重并相对独立地行使的。然而，根据权力的第一、第二规定性来看，这样的私权本质上已经不是权力了。所以，这种权力无论如何也不是真正意义上的权力，而只能是私人的权益和随时可能成为受权力影响的权力客体；即使经过高度组织化（这种组织化只是私人范围内而非让渡后的组织活动），或者在私人范围内无论发展到如何庞大复杂、如何完善成熟，也不是权力而是私人权益，充其量只是具有权力形式的准权力而已。

1.2.2 不同权力与不同权力主体之间的基本关系

一般权力是要全部委托出去的，而被委托者就是具体执掌一般权力的第二主体。这一主体就是我们通常所见所说的权力主体，叫作一般主体，通常是相对脱离第一主体而独立地进行权力活动。这里显示出了第二主体的一般特性。

终极权力则是由第一主体自行掌握的，所以，第一主体就是终极主体。但是，由于权力的第四规定性即权力不能分散存在和执行，第一主体其实并不能完全亲自实施这部分权力，所以，第一主体一般就只能再行委托另外一种权力主体即直接的民意代表来代理执行之。这种民意代表与第一主体不能有所脱离，实际则是必须一体化的，是直接反映民意而代行终极权力的；并不是第一主体外新出现的一种权力主体，而只是第一主体的操作化表现。所以，终极主体始终还是第一主体，权力主体只有第一、第二主体，而没有第三主体。

私权当然是由单纯以私人身份而非第一主体的身份来进行活动的社会成员所掌握的，所以，这种社会成员就是私权的主体。而这样的主体却不能用权力主体或第一主体的概念来表述。这是因为私权本身在实质上就已经不是权力了，而持有之主体则当然不能算作权力主体了。在这样的情况下，这样的私权主体也总是随着私权成为权力作用的对象而成为权力客体；即使掌握了在高度组织化之后的私权，也不能算作权力主体，而只能是权力客体。这种权力客体只有回到一般权力和终极权力的关系中之后才能成为权力主体或第一主体。

这里是说，私权主体并非所要探究的权力问题，只有一般权力主体和终极权力主体才是权力探究的本来内容。

1.2.3　权力主体之间的基本关系以及第二主体的基本职责与任务

这里所谓的权力主体即终极权力主体和一般权力主体，也就是原生主体和次生主体或者第一主体和第二主体。根据权力的本质和内在规定性可知，它们之间的基本关系主要有如下两个层面：

在角色关系上，第一主体是权力之母和第二主体之母，或者说是产生第二主体的基础和选择产生第二主体的主角或决定者；而第二主体则出自第一主体，是第一主体为了更好实现共同的和自身的最大利益而制造出来的特定行为主体，即专司执权之责的主体。

在地位和互动关系上，第一主体始终处于源头地位和终极地位，对权力具有监督权和所有权，对第二主体具有甄选权、委托权、监督权和最终决定权，由此确保避免权力滥用和失控或者第二主体越轨；第二主体原本并没有权力，只在获得第一主体的信赖和委托之后才有了权力；第二主体之所以产生，既是因为有社会生活的需要，更是因为得到第一主体的信任、委托和支持。

总之，这就是说，第一主体是先天就有的，而第二主体则是后天才有的；第一主体是本，第二主体只是末。如果颠倒了这个本末关系，那么就会失去来自第一主体的信任和委托，进而丧失权力的基础与来源，丧失执掌权力的资格和依据，进而就意味着第二主体对权力执掌已经没有合理性和合法性了。

权力主体之间的这种相互关系决定了第二主体的基本职责与任务，那就是：第二主体必须得到第一主体的信任、认可、选拔、委托、拥护和支持，必须对第一主体负责、为第一主体服务、让第一主体满意，必须正确、恰当而规范地运用权力来充分实现公共意志和公共利益；还必须摆正权力主体之间的基本位置，而决不能因为实际执掌权力而把自己的次生性变成了原生性，把自己的第二主体地位凌驾于第一主体之上，颠倒了第一与第二的关系；必须通过上述努力来确保整个社会系统和所有成员都能够安心、放心和满意。

1.2.4 领导主体和领导权力的出现

其中，第一主体是最高的和最广泛的领导主体——在实践中随权力运行而实际成为间接的或名义的领导主体，第二主体是具体的领导主体——在实践中随权力运行而转变成为直接的或实际的领导主体。这两种领导主体的相互关系完全相同于第一、第二主体之间的关系。只是受直接和实际执掌权力的影响，领导主体一般均专门限定为第二主体。所以，领导主体实际就是第二主体，第二主体则是典型的领导主体。

从社会实践的真实情况看，一个社会系统内的权力实际就是第二主体掌握和行使的；第二主体就是正式执掌实际权力的能动主体，构成一个社会系统的骨干，并且在该系统内实际处于主导和支配的地位，对整个系统发挥着深刻影响命运的重大作用。

然而，这个第二主体实际上又分为两个部分，即领导主体和管理主体。领导主体拥有大多数的权力即全部领导权和部分管理权——主要是重要的管理权，而管理主体则拥有剩余的管理权——主要是一般性的管理权。显然，在这个主体体系中，领导主体占有主要地位，起着主要作用，实际成为第二主体的主要部分，具有最大的代表性和责任性；而管理主体处于次要地位，只是实际权力主体即第二主体的一小部分，责任甚小，不能代表权力主体。这样，领导主体就出现了，而且可以直接理解为第二主体或者实际权力主体的代表或本身。

那么，在一般情况下就可以说，权力主体就是领导主体，领导主体则是实际的权力主体或第二主体。而且，第二主体与第一主体的关系，也可以直接或最主要地理解成领导主体与第一主体或社会成员之间的关系，第二主体的基本职责和任务也就是领导主体的基本职责与任务。此即，作为实际执掌权力的主体，领导主体必须对整个社会系统及其成员负责，为他们服务，确保使他们满意，当然还必须首先得到并保持他们对自身的信任、认可、选择、委托和支持。

在不同社会、历史层面上，领导主体事实上存在着不同的表现形态。从全社会范围来看，这个领导主体就是国家、政府和执政党——它们领导着整个社会；其中，执政党还是最大的领导主体——它还领导着政府和国家。从一个具体的组织群体来看，这个领导主体就是具体的领导组织、领导集体和领导者——它们实际领导着这个组织群体；其中，领导者是最实质的领导主体，他们还领导着领导组织和领导集体。

但是，领导主体无论以什么形态出现，实质都不过是第二主体，但实际却都是具体执掌权力的权力主体。因而，可以按照方便理解的需要而在一般习惯上把领导主体直接指代为权力主体，而且还可以专门限定在领导者身上——领导者是真正具体执掌权力而最具代表性和典型性的权力主体；当然，这时的权力主体和领导主体都已经是为方便理解而特意缩小范围的狭义概念了。

按通俗的理解和解释，领导主体所掌握和运作的权力就是领导权力，简称领导权或权力；而通常所讲的权力，一般都是指领导权力而不是别的什么权力，因为只有领导权力才具有能够直接影响命运的最强大、普遍和实质性的权威、价值与效用。所以，领导权力则又随着领导主体的出现而出现了。只是对于领导权力的理解不能简单局限于通俗的或通常的理解上，而要从领导科学的角度来进行专门而深入的理解与把握。

因而，在加入了领导主体这一重要因素之后，权力就实际转变成了领导权力，而领导权力则实际就是通常所说的权力；两者在本质上没有任何不同，只在表现形态和效用范围上存在种种差异。正是基于这种差异，特别是狭义领导主体的概念，所以，这里便把领导权力特别限定为从一个具体组织的领导主体这一角度来理解和指陈的那种权力。

显然，领导主体同权力的关系极端密切。权力将因主体有变化而发生变化。权力即使在国家、政府和执政党层面经过宪法法律而成为国家权力、行政权力和执政权力，在具体的组织群体经过组织制度及相关制度而成为部门权力、班子权力和领导个体权力，一旦具体到实际掌握和操作层面来看，则都不过是领导主体手中的权力。

总之，权力一般均由领导主体来执掌和操控，成为领导主体为做某种事情而可以充分利用和借助的现成资源、现成条件与现成工具。应该说，权力就是一种由权力主体（通常是领导主体）代表某一社会、阶级、阶层或利益集团来掌握、影响和支配资源与利益并直接致变权力客体（通常是领导客体）的最重要组织力量和社会力量。

1.3 领导权力的含义与特征

1.3.1 领导权力的实质含义

领导权力是领导主体在其职能职责、职位职务范围内强制影响领导客体向预期方向运行变化以贯彻领导的主张和意图、执行领导的意志和决定、达成领导的目标和效果的最高组织力量。它通常以正告、警示、命令、法令、政策、措施等等多种形式出现。对此，主要应从以下四个方面来理解和把握其实质含义：

第一，领导权力实质是一种有范围、有条件、有前提的领导职权。它依领导的职能、职责、职位、组织部位和组织的总体需要等实际因素而产生、设定和配置，同时还必须对这些实际因素完全负责。这也就是说，它是与领导的职能、职责、职务、职位直接对应挂钩的，并为它们所直接限定的，只有在相应的领导职能职责、领导职务职位范围内才能生效，或者说才有效力，超越这个范围就会失效而无效。所以，领导权力其实是一种只在特定组织系统和领导范围内才有普遍效用的强制性支配力量，是需要严格制约与监督、管理控制的权力，而不是漫无边际、可以自由行使、具有普遍效力、没有目标和方向、没有约束和责任的权力。

第二，领导权力实质是一个组织或社会系统中堪称全能和最强有力的核心力量，实际则是一个组织或社会系统内强制性宣示力、主导力、牵引力、调节力和控制力的总和。它通常表现为领导力、管理力和影响力。它能使领导主体在整个组织范围内的公共生活中始终处于强势地位、核心地位和排头地位，最终确保巩固和维续领导地位，对整个组织或社会系统具有压倒性主导作用和决定性实质影响，特别是能够引起或者促成领导客体按照领导者预期的方向或方式发生变化。所以，领导权力原来就是一种最具引导功效、致变功效、不可违抗之权威和影响的权力，通常叫作领导权。

第三，领导权力实质是统治工具和服务手段的总和，亦即领导主体实施领导的最有效工具。它不仅使得领导主体能以绝对的优势和强力来左右领导客体、影响群体意志、履行领导职能、发挥领导作用、完成组织任务或单位工作、实现领导目标和整个组织目标，最终使某一个具体的个体、群体、组织或社会系统发生至为深刻重大的变化。可以说，领导权力是实现领导所必不可少的基本前提、先决条件和最重要手段。

第四，领导权力实质是一个组织群体或者社会系统中最宝贵、最重要的组织资源。权力的本质已经决定了，领导权力就是被领导者和其他所有能动领导客体让渡出来的意志空间、自由、权利和资源的组织化、制度化结晶，不仅本来就是价值结晶体，而且还具有组织化、制度化所赋予的高能量、高价值、高能动性和高创造性。一方面，它能够通过诸如制造公共产品来创造新价值，或者通过组织更多的社会资源来非常方便、充分地达成社会生活的任何目的、目标；另一方面，它却不能够随便使用，也很难得到或形成，既贵重如金，亦稀缺如宝。这也就决定了，领导权力必然是一种最稀有、最宝贵的公共资源。另外，也由于领导权力是一种十分关键而重大的反作用于权力让渡者的特殊资源，会直接影响到权力让渡者的切身利益乃至前途命运，所以，领导权力也必然是一种最重要的资源。

总之，领导权力实质就是表现为特殊公共资源，支撑领导主体居于正统和核心地位，影响和主导所在组织系统或社会系统以及公共意志，支配和调节组织群体或社会的资源与行为，以强制为特质来动员公共力量致变领导客体的最高组织力。

1.3.2 领导权力的本质特征

领导权力的特征是领导权力的本质表现，既反映领导权力的实质，也反映领导权力的价值和效用，更反映最为重要和普遍的特定社会关系——主要是领导与被领导的关系、领导主体与领导客体的关系。这些特征是领导权力区别于其他权力的边界和标识，对于更完整、准确地理解把握住理论形态上的领导权力具有无可替代的作用。具体而言，能够更充分紧凑地体现或反映领导权力本质的特征主要有如下九个方面：

第一，高度的组织性、制度性和社会性。领导权力本就是高度组织化、制度化和社会化的产物，无时无刻不含带和显示出组织的依托与意愿、制度的依凭与规定、社会的基础与需要。事实上，组织、制度和社会不仅为领导权力的形成、运作和生效提供了直接前提，更重要的是，还为领导权力的内在实质与构成和外在作用与表现提出了公共的要求、标准、价值依据和效能依据，特别是从立场和价值取向等根本问题上使领导权力的社会性还特别具备了诸如政治性、阶级性、民主性、公共性和历史性等等重要特质。

第二，高度的正统性、受托性和代表性。领导权力是一个组织或社会系统中唯一有资格、有能力来掌握与操纵整个系统及其成员和资源的特殊力量，实际构成了该组织或社会的主干力量、核心力量和代表力量，显示出十分显著而无可替代的正统性、核心性和代表性。然而，领导权力不是自生的，而是组织或社会成员让渡而生的，更是组织或社会系统，特别是其中绝大多数成员对于领导主体的认同、信任、选择、批准、托付和支持而来的。这也就是说，领导权力是经由第一主体即权力之母赋予和委托给第二主体的；只有这样，领导权力才是有基础、有渊源的，才是正统的、合法的和真正有代表性的。不经如此委托，领导主体即第二主体就不会有领导权力，亦即领导权力就不会，也不许发生，否则就完全是非法的、歪门邪道的和没有任何代表性的。而这一点正好是领导权力的基础和渊源、原生主体和次生主体之间相互关系的反映，其实质则是领导权力的受托性。

第三，高度的权威性、压倒性和强制性。领导权力是一种依制度深刻影响组织或社会系统的最高力量，是唯一能使领导客体绝对服从而不容挑战并以此为实质前提来产生和发挥作用的最强力量，对整个组织群体、社会系统及其成员在行为和动向上具有最充分的约束与强制效用。组织或社会系统内的其他所有力量和能动因素都必须首先服从于它，而无论是否愿意或者是否持有真理。这是因为，领导权力只要发生或存在，就必定有效或者能够生效；而且一旦运行起来，就无法实质性地被质疑、轻蔑、忤逆、抗拒、阻挠、抵消或剥夺，而一定能够不可阻挡地约束、控制组织行为、社会行为和资源运动。这里显示出了领导权力的强势特征。从这一点上看，领导权力可以说就是强力或者强权，在整个社会能动因素中拥有最大的强势和优势。

第四，高度的支配性、主导性和决定性。领导权力就是支配、主导组织或社会系统内基本选择和主要资源的主要因素。它指向哪里，大多数资源就倾向哪里而结合权力运动致变领导客体；它运行到哪里，就支配、主导到哪里而不可逆转或被决定；它使用到哪里，就形成决定性作用到哪里而留下深刻的痕迹。无论在过程上还是在结果上，无论是对能动因素还是非能动因素，它都能够，也必然发挥出支配性、主导性和决定性的影响。这一影响是领导权力的一般特性即影响性。这个影响性在现实生活中显得异常突出，以至于领导权力常常被简单认为或界定为影响力；事实上，影响力充其量只是领导权力的显著特征之一，实质则是领导权力的支配性、主导性和决定性在领导过程中的集中显现。

第五，高度的能量性、能动性和效用性。领导权力不仅对任何个体发生决定性的作用，包括对其地位、利益、前途和命运发生决定性影响，而且还能对整个组织群体或社会系统发生翻天覆地的影响，甚至还能对自然界乃至整个客观世界都发生深刻而重大的影响，实质就是能够使领导客体发生极其重大的变化，或好或坏，或正或反，或旧或新，或优或劣。总之，都是在释放出必能导致重大变化的能量和能动性，而其中带来更多成功和进步的表现多显示出巨大的创造性。这就是说，领导权力只要存在，就必定能够对领导客体发生不可阻挡的致变作用，就一定有效用，必定有结果。所以，这些特征也被称为致变性和结果性。

第六，高度的资源性、价值性和稀缺性。在现实社会生活中，领导权力是一种用多种最珍贵资源聚合而成的特殊社会资源，也是一种唯一能够正式动员和组织众多资源、有效发挥出这些资源的整体效用，由此创造更多符合社会发展愿望和需要的更多社会产品（特别是公共产品、公共服务和公共利益），从而带来更多新的资源的特效社会资源，可以说就是社会资源之母，比其他任何资源都更重要、更宝贵、更有价值、更具广谱效用，也更为稀少短缺。事实上，也正是因为高度的资源性，所以，领导权力才会那么实、那么硬、那么有用、那么有价值。另外，也由于领导权力是用人们的让渡物凝结而成的特殊社会资源，让渡有限，来源有限，成品有限，所以，领导权力就极为有限，十分稀缺。总而言之，资源性是领导权力的最本质特征之一，在它的各种特征中显得尤为卓著和突出，最需要特别关注。这就要求，对于领导权力，绝对不能没有资源意识，也绝对不能滥用；不仅要高度珍惜和节约，而且要认真维护好和使用好。

第七，高度的利益性、观念性和力量性。由于领导权力就是社会需要、制度规定、人们让渡、组织保证的特殊产物，所以，领导权力从一开始就成为必定涉及、高度关联所有利益相关方的最大宗、最要害的特殊利益，是一种牵一发而动全身、必定带来一系列连锁反应的特殊社会利益。这主要是它会给各个利益相关方在资源的维护、分配与获得（特别是在得多得少）方面直接带来现实结果，实际是关系到各方的利益得失、彼此的相互关系、组织和社会的团结与和谐、领导权力自身的是否巩固和有效等等。所以，领导权力是一个极端敏感、极端重大的组织因素和社会因素。然而，领导权力尽管如此实在，但也仍然不是像某一具体物件那样的有形物，而只是一种观念物，是一种只能首先在观念上得到反映、能够由观念转变成组织行为或社会行为以具体致变领导客体的特殊力量。只不过，这种特殊力量从观念形态开始就一直同利益完全关联在一起了，而且是与整个组织或者全社会处于同一角度和立场、同一条件和基础上的价值观、价值标准、价值取向和价值选择最紧密关联在一起；应该说，它实质就是一种最能牵动整个组织或社会系统最敏感神经的观念性力量。

第八，高度的职能性、职位性和职务性。领导权力既然是来自第一主体的委托，那么就从根本上决定了必然是为了第一主体的某种目的而来的。一般而言，领导权力就是为了第一主体的利益而来的，这就是领导使命，实际就是最重大的社会使命之一，构成了领导权力存在和生效的最大依据。在现实生活中，这一使命通常会首先转化为领导职能，并随领导职能的分解而变得十分具体、明确；与此同时，一系列为承担和履行这些经过分解的具体职能的领导职位和领导职务也就得以设置和构建。因而，这一使命实际上就从不同的具体角度分解成不同的具体目的、目标和任务而有度配置到了不同的领导职位和领导职务上。当然，伴随领导使命具体转化为不同领导职位和领导职务所承担的领导职能，领导权力也同时被系统地分解、配置到不同的领导职位和领导职务上。这样，领导权力就形成了一个实际依职能而定、随职位和职务而走、在不同职位和职务上大小不同、责任不同的权力体系。这使得领导权力形成了非常显著的职能性、职位性和职务性。这些特性要求，领导主体“在其位，谋其政”，“不在其位，不谋其政”，只能在职务权限内履行职能，而绝不能越位用权或者不受职位职务限制。

第九，高度的规范性、严肃性和责任性。领导权力产生的机制和途径之一就是高度的组织化和制度化。这就决定了领导权力从一开始就是组织的产物和规范的产物，因而具有极为显著的规范性和严肃性。领导权力在行使和运用上不仅要充分注意其资源性和稀缺性而加以节约、避免滥用，而且还要充分注意其利益性及由此而来的现实性和敏感性而加以透明、公平和规范；这样就进一步决定了领导权力具有高度的规范性和严肃性。另外，从领导权力的影响性、致变性和结果性来看，领导权力一旦运作，就必定会导致领导客体发生某种变化，就必定会带来利益的此消彼长、此多彼少，就必定会给领导客体带来增加或减少某种利益的结果，进而就必定会引起组织群体和社会系统内部结构与运动的变化，总之就是必定会产生某种现实结果。所以，领导权力事关重大，对一切由此而来的现实结果都要负责。这个所谓的负责远不仅指负责的态度和勇气，而且更是意味着必须为领导权力行使和运用不当或错误承担后果、付出代价。因而，这样就不仅更加凸显出了严肃性，而且还极端严正地凸显出了责任性。这个责任性因为还与领导权力的职能性、职位性和职务性直接相关，所以有时也叫作职责性。这表明，领导权力应该通过确保符合权力让渡者之利益来真正实质性地负其责任，更应该得到科学、严格的监督和制约；最重要的是，要实行领导权力行使和运用问责制，进行责任追究。

总之，领导权力是一个极端复杂的社会事物，具有多种多样的形态特征。这些不同的特征不仅是领导权力本质的表现，而且彼此之间存在着高度的内部相关性，或者互为基础，或者互为条件；它们不仅使领导权力极大区别于其他权力形态，依之可以直接判定某种权力是否就是领导权力，而且还给领导权力的运作、领导主体的权力行为都提出了特别的警示和要求。对于这些本质特征必须加以全面系统的把握，才能更全面深入地理解和把握领导权力。

1.4 领导权力的分类与构成

1.4.1 国外对于领导权力的代表性分类

国内外专家学者从不同的角度对领导权力进行了不同的划分。这使领导权力的分类呈现出多种多样、丰富多彩的态势。对此，只能就其中更有代表性的成果进行简要介绍。

世界知名学者、哈佛大学教授约瑟夫·奈从美国领导世界的角度提出[①]，领导权分为硬权力和软权力两种。他认为：硬权力就是用“胡萝卜”和“大棒”让他国做它们本不愿做的事情，是强制他国按你自己的意愿行事并使你获得自己想获得结果的能力。而软权力则是一种吸引力，是一般源自某一国家的文化和政治理念（诸如民主和人权，或者是考虑了他国利益的对外政策）对他国的吸引力，用吸引他国的方式而无须将资金花费在“胡萝卜”和“大棒”上来更巧妙、自然地达到领导目标。软权力与其他形式更为传统的权力相互关系如何？他认为，软权力与硬权力两者能彼此增强对方，双方并不对立。在某些情况下，由于不具备足够的软权力而不得不应用硬权力。

领导学家约翰·弗伦奇（John French）和伯特伦·雷文（Bertram Raven）认为，从来源看，领导权力可以分成六种：（1）强制性权力，简称强制权，也称为惩罚权，源于被影响者的恐惧，是通过精神、感情或物质上的威胁强迫下属服从的一种权力，实际则是指权力行使者所具有的暴力和惩罚能力。（2）奖励性权力，简称奖赏权，源于被影响者期望奖励的心理，是基于被影响者执行命令或达到工作要求而给其进行奖励的一种权力，实际则是指权力行使者所具有某种奖励的能力。（3）法定权力，简称法定权，指权力行使者有

---

① Joseph Nye, "The Power of Persuasion—Dual Components of US Leadership," *Harvard Internatinal Review*, Winter 2003.

法定地位或传统观念赋予的影响力，实际则是指组织内各管理职位所固有的法定的、正式的权力。(4) 崇拜性权力，简称感召权，指来自个人的感人的魅力。(5) 专家性权力，简称专家权，指以知识和能力服人的能力。(6) 代表性权力，简称代表权，这主要是指领导者经过民主产生，代表着群体的利益，因而产生了权力。

心理学家埃齐奥尼（A. Etzioni）认为，单纯从影响力的角度而言，领导权力可以分为两种：强制性影响力和自然影响力。这些影响力会随交往对象和环境的变化而在作用上发生相应的变化。但是，如果就权力对成员的影响而言，领导权力则可分为三类，即强制性权力、报酬性权力和规范性权力。其中，规范性权力可以，也应该多用，强制性权力则应该尽量减少或不用，这样才能收到较好的效果，特别是在改变成员行为上的效果尤为显著。

1.4.2 国内对于领导权力的代表性分类

国内关于领导权力分类的观点有很多。其中，较有代表性的观点主要有如下几种：

第一种观点认为，从来源看，领导权力分为两大类：(1) 职位权力，包括奖赏权、惩罚权和合法权三种。这三种权力都与组织中的职位联系在一起，是从职位中次生出的权力，因此统称为职位权力，实际则属于制度性权力。(2) 个人的权力，包括专长权和感召权两种。其中，专长权是指由个人的特殊技能或某些专业知识而产生的权力；感召权是与个人的品质、魅力、经历、背景等相关的权力，也被称为个人的影响力。这两者都与组织的职位无关，而必须由领导者自身具备某些特殊条件才能形成或具有，因而称为非职位权力，实际则属于领导威信。总之，这两类领导者权力同决策质量一起，构成支撑领导效能的三个信心因素。

第二种观点认为，根据权术来划分，领导权力可以分为五种：(1) 强制性权力。这种权力是建立在惧怕的基础之上，也就是说，作为下属如果不服从领导，领导就可以惩罚、处分、批评下属。因为你是领导，你是长官，你有这个权力，那么这种权力就叫强制性权力。(2) 奖赏性权力。与强制性权力正好相反，领导者可以奖赏下属，让下属来重视自己。奖赏性权力是让人们愿意服从领导者的指挥，通过奖励的方式来吸引下属，这种奖励包括金钱、晋升、学习的机会、安排下属去做自己更感兴趣的工作、给下属更好的工作环境等等。(3) 法定性权力。这是指领导者所处层级和位置所获得的权力。领导者一旦有了正式的任命，就具有了法定性权力。法定性权力比前两种权力覆盖面更广，会影响到人们对于职位权力的接收和认可，没有法定作为基础，前面的强制性权力和奖赏性权力往往都不能够被证实。(4) 专家性权力。这种权力取决于领导者的知识、技能和专长。(5) 参照性权力。这是一种对于人格魅力的敬仰甚或效仿而产生的影响力，实质则是基于被崇拜而获得的参照性权力。

第三种观点认为，领导权力分为五种：(1) 合法权——组织制定；(2) 报酬权——利益引诱；(3) 强制权——处罚威胁；(4) 专家权——专业技能；(5) 典范权——人格魅力。

第四种观点认为，领导权力与领导职位相对应，主要分为决策权、组织权、指挥权、监控权、人事权五种。

以上国内的四种分类法中，前三种与国外的分法思路大同小异，没有更多的实质性差异；国外的第一种分法与国内的第四种分法才具有较大的创新性，但前者更多的是基于政治，而只有后者才更贴近领导学原理。

1.4.3 领导实践中显示出的领导权力类型与构成

从领导实践来看，领导权力的类型是多种多样的，也是多维度、多层面的。根据诸如领导主体、领导过程、领导内容等等实践维度，领导权力就可以进行多个层面的具体划分。

从领导主体及其相互关系来看，领导权力分为两类：领导组织权力和领导者权力。其中，领导组织权力又可从两个角度划分：横向上分为领导班子权力、领导机关权力和领导机构权力三种，纵向上则分为上级组织权力和下级组织权力。领导者权力也可做同样两个角度的划分：横向上分为正职领导者权力和副职领导者权力、前位领导者权力和后位领导者权力四种，纵向上则分为上级领导者权力和下级领导者权力两种。这些不同的权力不仅标明了各自的权限，而且还非常明确地显示了高度敏感、需要十分注意的领导关系。

从领导过程或领导活动来看，领导权力分为调查权、决策权、命令权、指挥权、组织权、动员权、执行权、示范权、指导权、协调权、激励权、奖赏权、批评权、惩罚权、裁决权、审查权、考评权、鉴定权、引荐权、调配权、派遣权、用度权、处分权、让渡权、授予权、许可权、启动权、终止权、监督权和约束权等等。这些权力是最为典型、实质、具体的领导权，尽管种类多，但却可以归结为决定权、主动权、支配权和话语权四种。其中，话语权非常重要而普遍，但未在理论上得到应有的反映，所以这里要特别予以强调。可以说，话语权远不仅仅是“说话算数”的含义，而是基于领导身份在相应重要场合、关键时刻发出具有重大影响或关键作用的言辞，不仅具有决定或决策的性质，而且还有主导、宣示、引领并因此成为一贯组织群体或社会系统主流话语或正统意识的性质。

从领导内容或领导客体来看，领导权力可以分为思想权、价值权、标准权、标志权（包括象征权、代表权、礼仪权、出面权和签字权五种子类）、组织权、机构权、制度权、政策权、纪律权、人事权（即通常所说的用人权）、资财权（即通常所说的财权或财务权）、物用权（即通常所讲的物权或物质权）、信息权、关系权、机会权和时间权十六种。

从权力来源或权力基础看，领导权力可以分为选举权和被选举权、法定权和授得权、职位权和职务权三个成套对应的种类。

从存在状态、时效和实效的角度来看，领导权力还分为正式权力和非正式权力、硬权力和软权力、核心权力和外围权力、长期权力和临时权力、最高权力和中间权力以及最低权力等多个成套对应的种类。

应该说，领导权力是多种多样的，也是多层次、多侧面的。从不同的角度，就可以划分出不同的权力类型。不同的权力具有不同的分布性、实质性、约束性和效用性。这些不同的领导权力具有不同的来源、不同的性质、不同的功效和作用，也有不同的要求、责任与约束；它们相互交叉着同时存在——其实就是同一个领导权在不同需要、不同指向、不同情境和不同条件下的不同表现，构成了一个庞大、复杂、用途广泛的领导权力体系。

在上述这样一个领导权力体系中，最具实际意义的划分和具体种类只有两个方面，即依领导过程或领导活动和领导内容或领导客体两个层面划分出来的各种领导权力类型。这两大层面的领导权力既分别表现为形式和内容，又集中融合一体化的权力整体本身。

总之，领导权力的多样性和复杂性其实都是在领导实践中显示出来的多层面、多种类和复杂结构。每个层面都有很多种类型的领导权力。这些不同的领导权力不仅在同一层面组成具有复杂结构和功能的权力体系，而且与其他层面的权力也完全内在地关联在一起，并由此组成更庞大、更复杂的权力体系。在领导实践中，这些不同的领导权力不仅各有自己的独特效力与适用性，分别发挥自己的独特作用，而且还可以通过与其他权力结合成一体来发挥权力集群乃至权力体系的整体功能与效用。不同的领导实践会造成不同的权力结构，不同的权力结构具有不同的权力功能与权力效用。

1.5 领导权力的地位与作用

作为一个极端重要的社会事物，领导权力必定有其特定的现实地位与作用。然而，这些地位与作用其实都是领导权力在社会生活中发生关系的部位和发挥效用的状态。

1.5.1 领导权力的地位

领导权力的地位是一个多维的概念和复杂的问题，只有从多种角度、多层关系来审视，才能充分完整和更趋正确地理解与把握。从实际情况看，这主要集中体现为以下诸层面：

第一，在整个组织运作和社会生活中，领导权力处于正统、强势、主导和支配的地位，但在组织关系或社会关系中，领导权力却处于次生、受托和受约的地位。领导权力是唯一能够代表组织群体启动和持续组织运作的能动因素，也是唯一能够代表社会系统组织进行社会生活的主导因素。所以，领导权力具有正统、强势、主导和支配的地位。这种地位实际是一种效用性地位，即领导权力效用给领导权力带来的一种基本地位。然而，从渊源看，领导权力却是第一主体或者说权力之母的让渡物、产出物和托付物，而不是第二主体或者说领导主体的天然属品或自来物，是需要得到信任和委托以及由此而来的契约和制约的利害物与责任物。所以，领导权力虽然貌似强大，在社会生活中似乎万能、能够带来一切，但却处于次生、受托和受约的地位。这种地位实际是一种渊源性地位，是反映领导权力本质的一种根本地位。

第二，在整个权力体系中，领导权力处于核心、主干和代表的地位。权力的实际形态和具体形式多种多样，在不同主体的手上就有不同的性状。但是，从权力的威严效用和影响实质上看，只有领导权力才最具有实质性、具体性和操作性。事实上，几乎所有的权力都要转化为领导权力才能正式生效和目标明确地具体运作起来，脱离领导权力这一特定形态，都只能是纯观念化和条文化的权力形态。可以说，领导权力不仅构成了整个权力体系的核心和主干，而且还能折射、反映出整个权力体系的实质与真貌，是整个权力体系的代表。

第三，在整个领导体系和领导过程中，领导权力具有基础的和工具的地位。领导权力是领导主体得以实质到位的前提条件，实际则是领导活动的基础。在很多情况下，没有或不靠领导权力这种唯一具有正统性和强制性的力量，就会调动不了资源，整齐不了行为，指挥不了成员。换言之，组织或社会系统就会成为散沙，目标明确、利益大家的组织运作或社会生活就几乎无法进行。事实上，没有领导权力，领导主体就不成其为领导主体，而只可能是别的什么主体；领导活动就不成其为领导活动，而只能是其他什么组织活动或社会活动。这是领导权力的特殊作用所决定的一种实际地位，事关领导或领导活动能否保持其本来的性质或实质。所以，领导权力是领导得以实施的基本前提和最重要的基础。

第四，领导权力实质是统治工具和服务手段的总和，亦即领导主体实施领导的最有效工具。它使得领导主体能以绝对的优势和强力来左右领导客体、影响群体意志、履行领导职能、发挥领导作用、完成组织任务或单位工作、实现领导目标和整个组织目标，最终使某一个具体的个体、群体、组织或社会系统发生至为深刻重大的变化。可以说，领导权力是实现领导所必不可少的先决条件和最重要的手段。

1.5.2 领导权力的作用

领导权力的作用是极其广泛而深刻、巨大而长远的，但简括起来则主要有如下两大方面：

1. 积极作用

这个积极作用是指除开会产生不良结果以外的一切作用，包括正常功能和正面作用，具体表现为如下几点：

第一，主线作用和轴心作用。领导权力是整个领导体系的主线和轴心。尽管说领导职能是整个领导系统的实际基础和前提，但就整个领导体系维系、启动与运作的基本情况来看，所有领导要素实际都围绕领导权力而展开、而进行，领导权力在整个领导体系中起着不可替代的组织和带动的作用。事实上，就连领导职能本身也要靠获得领导权力的配套赋予而后才能得到履行的能动保证。如果没有领导权力，那么一切领导要素都将丧失红线的贯串和组织而四处散落成为散珠。

第二，动力作用和保障作用。领导权力是领导体系的最重要动力。在整个领导系统中，领导权力是唯一真正能够贯串所有领导体系要素和范畴的能动要件。领导权力组织、发动、推进、总结和改进着领导体系；领导体系的运作就是在领导权力的启动、推动、引导之下开始并完成的，领导体系的诸要素就是在领导权力的客观吸引与凝聚、主观组织和设计、依法开启与发动下结合起来成为完整的、有生命的领导系统。事实上，这是从强制性动力的角度所显示出来的保障作用，一方面为领导主体发挥作用提供基本保证，另一方面也为整个领导体系的启动和价值提供基本保障。可以说，没有领导权力做后盾，一切领导目标都难以实现。

第三，致变作用和强制作用。领导主体一般都是凭借权力来发挥影响力、实施控制和督促、进行制约或约束的，由此来驾驭组织群体和社会系统及其中成员，以便更好地完成共同事业、实现共同目标。这就是说，领导权力在实际生活中一般都能导致领导客体发生一系列深刻而重大的变化，都有不可抵御而需接受和服从的强制作用。

一方面，领导权力始终贯穿着整个领导过程；同时，就在这个过程中把领导权力自身的性质与功能、分类与结构、获取与分配、结果与责任等等因素都直接印染到领导体系的每一个环节和活动中，从而分别影响着领导体系的性质、过程和结果，事关领导体系的得失成败，从根本上决定着领导体系的实际绩效。

另一方面，领导权力始终以领导客体为作用对象，时刻都对领导客体的命运、利益等等发生直接而重大的影响，直接导致领导客体发生某种性质、程度、状态的变化。这就是领导权力的致变作用。这种作用之所以存在，最主要是基于领导权力的强制作用——领导权力总是以压倒性、绝对服从性和不可抗拒性来约束、控制和强力左右个人意愿与行为、组织资源与行为及社会资源与行为，强有力地消除组织系统内的矛盾冲突和其他有害表现，由此确保组织群体或社会系统的凝聚力、一致性、稳定性、和谐性、顺畅性。

第四，协调作用与均衡作用。领导权力经常发挥协调作用和均衡作用，其实质就是在组织群体或社会系统内部进行意志、话语、步调，特别是资源和利益的统一、调整与平衡，果断制止或坚决避免内部任何不良或危险的失衡态势和失控趋势。但是，这样的作用却是一种最严肃、非商量、决定性、刚性化和最后登场的硬作用。正常情况下，领导主体一般不会使用权力而是主要采用人性化的、协商的、通融的、有弹性的态度和方法即领导艺术来进行协调和均衡，只有这样做基本无效或特别需要的情况下，才会让领导权力来取代领导艺术果断、快速地实施协调和均衡——这就是只要稍微加重或偏重某一点就能做到的硬协调、硬均衡。这种作用是不能常用、滥用的，否则，就会变成滥用权力而很快失效，直至削弱领导权力自身。

第五，价值作用和象征作用。俗话说得好：权力好办事，权力好建功，权力好服务，权力好恩泽；拥有了权力，就会拥有所可能有的一切；得到权力的顾盼或倾惠，也就意味着事实上要得到许多的资源。总之，权力可以调动资源、顺利办事，可以发动大家去干一番共同的事业。而这就是领导权力价值作用的通俗解释。事实上，领导权力本身就是稀缺、无价的贵重资源，而且还是能够带来资源的资源、带来价值的价值，因而正是这种资源和价值的标志，同时还是拥有这些资源和价值的相应社会地位的象征。

2. 消极作用

这个作用是指会导致不良结果的一切作用，包括异化现象和负面作用。具体说来，主要有如下两个方面：

第一，腐蚀作用与腐化作用。领导权力的强制性和绝对权威性、资源性和价值性使得领导权力能够非常容易地带来新的和更多的资源与价值，能够非常容易地实现对他人的支配和对自己的尊荣，在社会生活中几乎能够做到想要做到的一切，在人群之中非常容易形成绝对的优越感、特殊感和非人性倾向。这些作用就是人们通常看得见的“好处”和“魅力”所在，而实际却是领导权力的“异化质地”和“高浓度酒精”，非常容易使人崇拜和迷乱于领导权力——权力崇拜就是这样发生的，也非常容易使领导主体沉迷和自我陶醉于这种万能的权力而忘乎所以——反仆为主、颠倒权力的本末关系就是这样发生的。这种情况日以继月、月以继年地积累、发展下去，就会逐渐壅闭心灵、麻木良知、模糊双眼、污染精神和异化品质。而这就是领导权力非常典型的腐蚀作用和腐化作用。由此可知，领导权力还是一种具有巨大惯性和惰性的腐蚀剂。

第二，腐败作用和危机作用。一则，领导权力的“万能”和绝对优势与强势使得领导主体不仅可以呼风唤雨、以权谋私、为所欲为、不受制约与监督、不愿保持质朴清廉本色，而且还可以完全忽视、排斥和打击任何批评意见、反对声音、集体意志、一切对手或异己分子，从而使领导主体走向腐败堕落，使领导权力异化变质——不仅变成并非来自第一主体委托而是出自领导主体之手的天大资源，而且还可能变成极端严重的黑暗势力、邪恶势力和腐朽势力，而这就是领导权力的腐败作用。再则，领导权力的资源实质最容易，也最经常地引发出各种各样的阴谋和狠毒、分异和隔阂、矛盾和纠纷、争夺和冲突、违法和犯罪、分崩和破败、更替与变化，此即从一开始就酝酿着巨大的潜在危机，到后来就突然爆发成毁灭性的现实危机，而这就是领导权力的危机作用。

总之，领导权力实际就是一把最典型的双刃剑，既可造福，亦可致祸。对于任何素质不佳或者素质不过关的人来说，权力实际就是一把致祸之剑；只有在高素质领导人才的手上，权力才能成为造福的工具乃至幸福的源泉。因为素质高低决定着会有什么样的权力目的，也决定着领导者是否能够正确掌握和行使权力，进而决定权力会有怎样一个过程和怎样一个结果。这就是说，除非目的正确、素质过硬，否则，就决不能随便碰触、掌握或行使权力。

1.6 领导权力的主要关系

1.6.1 领导权力源流与领导基础和依托的关系

领导权力源流主要是指领导权力的出自和走向之处。其内涵非常深刻丰富，但其中的领导目的、领导性质和领导体制却是更现实和更重要的因素。权力依托主要是指领导权力的承载和移运之处，所含因素也很多，但更直接，也更突出的因素则主要有领导职能、领导职位和领导职务等因素。

领导权力源流与领导基础和依托的关系是领导权力与权力来源和依托中各重要因素间的关系，是整个领导权力关系中最重要，也最核心的部分。其原理、原则和实际架构直接决定着整个领导权力乃至领导系统的内在特质、外在特征和机制活力；而其现实表现则直接形成特定的领导文化和领导方式，并带来相应的领导成本、领导结果和领导效应。因此，这也是随时牵动领导系统全局的最敏感范畴和最深层次问题之一。

1. 领导权力与领导目的和领导性质的关系

领导权力为谁而用、为何而使等领导目的直接决定着领导权力乃至整个领导体系的性质。当领导权力为大多数人服务时，领导权力就是本义的领导权力，而领导体系则是正常、健康的领导体系。这里反映出权力委托与被委托的源流关系，特别是第一主体与第二主体的母子或主仆关系一切正常。而如果领导权力只为少数人甚或某个领导者服务，那么这就不仅意味着领导权力已经异化为黑暗腐朽、专制残暴的绝对权力，或者是沦落为私人牟利的工具，而且还意味着权力的原生次生关系、委托与被委托关系，特别是第一主体与第二主体关系都已经扭曲颠倒，更意味着由此而定的领导就变成了恶行暴政，而权力的信任基础及合法基础已不复存在。所以，领导权力与领导目的和领导性质的关系是一个绝对不可有所含混疏忽或者回避的大是大非问题，是理解和把握领导权力乃至整个领导、推动领导变革和发展所必先涉及的根本问题，其实质就是关于领导权力的立场问题和原则问题。

2. 领导权力与领导体制的关系

领导权力贯穿整个领导体系，由此直接影响整个领导体制的形成、变化和发展。特别是领导权力本身也构成一个自在而完整的体制即领导权力体制，以至于由此又直接成为领导体制的核心部分。领导权力实际是领导体制的灵魂和动力，总能够给领导体制带来无穷的吸引力和推动力。而领导体制则事实上总是围绕领导权力来营造和架构的，也总是不自觉地以领导权力为尺度和动力来变革与发展的。当然，也同时成为领导权力的有效依据和框架主干，影响、制约和引导着领导权力，并由此规定、限制着领导权力的效能和效用，特别是由此来对整个领导体系发生影响和发挥作用。领导体制特别是领导权力体制需要不断地科学、合理和完善，然后才能对领导权力施以科学合理和全面优质的引导、规范和约束，才能有效保证领导权力实现阳光运作、规范运作和本色不变。

3. 领导权力与领导职能的关系

领导权力与领导职能是同一事物的两个方面：领导权力体现的实质内容就是领导职能，与绝大多数领导职能对应匹配；领导职能则是领导权力的直接基础，但同时又要靠领导权力来确保得到有效的履行和实现。两者总是对应而生、配套而行，其中的任何一方缺了另外一方，都将无法在领导系统与领导过程中正式成立和维续。两者其实正是影响或决定领导体系性质、架构、运作、成本、效能和效率的两个最关键、最核心的要素。

然而，领导权力与领导职能又毕竟不是同样的东西。领导权力是一种以公共意志和法律为后盾、能强效致变领导客体的公共力量，是最实际、最重要的治理工具。而领导职能则是领导权力，乃至整个领导系统赖以建立、存在或维续的客观条件和价值基础，其内容实质就是领导使命决定下的领导目标和领导任务，实际是由领导主体来承担和完成的领导事务。它既成体系，也切割划分；相对明确，也基本稳定；既有权力配套，也含带责任风险；既决定领导权力的大小、多少和强弱，也主要决定领导权力的配置、委授与调整，构成了领导权力的事务载体和根本依托（或曰宏观依托）。

实际情况是，领导权力依领导职能而定，随领导职能从宏观到微观的内在脉络而分解、配置。领导职能分解和配置的水平、质量如何，直接影响到领导权力的分解和配置。领导职能分解和配置得越科学合理，领导权力的分解和配置也能随之而更科学合理。领导职能分解有多少种类，领导权力就可以依之而分解成相应的种类数量。可以说，领导职能有多么微观、有多少、有多大，则领导权力也会有多么微观、有多少、有多大，领导权力的配置根本上取决于领导职能。应该说，无论“法定”还是“人为”，领导权力的实际界定和配置根本上都依据于这一原理，尽管有时人们未必能够充分、自觉地完全依之行事。

然而，依职能而定的权力划分与配置却是基本的、方向性的和标的性的，只有加上领导职位、领导职务、领导主体和领导职责等因素之后才可能是真正具体而实质性的。另外，有些领导职能已经事业化了，并不需要领导权力相配对。

4. 领导权力与领导职位的关系

领导职位是领导权力的机构载体和中观依托，从机构的角度具体决定领导权力的分解与配置。这就是说，领导职位是微观而具体的领导职能和领导权力承担者，是由整个领导机构具体分解而成、携带着分配而来的微观领导职能的最小领导单位。领导职位随领导职能而分解成决策职位、执行职位、服务职位和制约职位四种基本类型，并进而分解出各种各样的具体职位。领导权力实际就是依据这些不同的领导职位而进行分解和配置的，确保着每一个领导职位都配定相应的领导权力。

这就是说，领导权力必须配置、落实于领导职位，也就是必须依职位划分、分解、核实和配定，由此形成一个与领导职位体系相对应的领导权力体系。它随构成领导机构的领导职位由上到下、由大至小而逐渐分解变小，并相应地配对于某一具体的领导职位之上，显然是在分解和配置的过程中变得越来越小、越来越具体，同时也逐步形成一个依职位而定的具体权力体系。

一般而言，一个领导职位就配定一个领导职权，而尽量不配置两个职权，更不能配置三个以上的职权，因为这样就能尽量确保领导权力配置的合理、精当和贴切，并有利于领导责任的明确和追究。只是这里的领导权力分解与配置必须加以更为细致的规范化和法制化。

总之，领导权力就是对应领导职位而设定的，非常有限，所以也叫作领导职权或领导权限。另外，领导权力的配置实况和构成状态完全为领导职位的基本类型和构成状态所决定。

5. 领导权力与领导职务的关系

领导权力必须，也必然与领导职务对应配套，领导职务必定配备一定的领导权力。不落实到领导职务上，领导权力就会虚化或泡沫化；没有领导权力，领导职务就会苍白无力或者空洞化。领导权力是领导职务的最实质内容，领导职务是领导权力的标志和象征。

从现实生活来看，领导职务就是具体处于领导职位上的角色名称，在全社会无数角色类型中最为正式、最具代表性和标志性，具有严肃的法律地位和崇高的社会地位，受法律保护，也受社会尊敬。作为一种角色，领导职务是具体掌握和行使某一具体领导职权的领导主体，其实是领导机构的组成部分或者领导组织具体分解而成大量不同的且表现为领导角色的最小单位。这些领导职务实际就是因领导职位而自然含带领导职权的领导角色。这里没有领导权力分解和配置的问题，因为这样的问题在领导职位这一层就已经解决了。但是，这里却存在职权聚集、职权扩展、职权合并、职务与职权相分离、职务与职权相矛盾、职务与职权相悖逆等等问题。这些问题都是对领导权力的管理不够充分的结果，是规范化和法制化尚欠力度的表现，需要加强法制管理。

其实，领导权力就是领导职务的支撑和工具，不仅具体配置在领导职位之上，而且也实际凝结于领导职务之中。领导职务则是同领导人员，特别是领导者连接起来的一种权力角色，实质就是依领导职位而设置的，也通常为领导权力及其责任所界定、具体用来承载领导权力的角色载体和微观依托。总之，领导权力与领导职务两者最具体、最紧密地结合在一起，构成了一个非常具体可感的真实领导存在。

1.6.2 领导主客体层面上的领导权力关系

1. 领导权力与领导主体的关系

在实际的领导生活中，特别是在领导改革过程中，有一个有趣而普遍的现象，那就是领导主体都在强调自己的领导职能，也都在谋求更多的领导职能，表面上是为了多干活、多承担任务、多做贡献和服务，但实质却完全是为了多争夺些领导权力、多扩大些领导职权，一旦领导职能争到手，领导权力也就到手了，随即就是职权可以随心所欲地行使而职能却可以随便放在一边。这是因为领导权力能够带来无穷多的利益，而领导职能实际上只能带来事务、责任和麻烦。

实际的游戏规则通常是，领导权力是领导主体所真正寻求和追逐的对象，领导主体是领导权力的真正掌握者和行使者。领导权力的实质、特性、价值和效用对于领导主体总是构成极其巨大的、通常是不可抵抗的诱惑力。领导权力同领导主体直接相关、直接互动，但却经常使领导主体迷恋疯狂、如醉如痴乃至腐败堕落、狰狞邪恶，致使领导体系失范和越轨。

这就是说，领导主体总是自觉、不自觉地都在追求着领导权力，而几乎不可能真正发自内心地主动追求领导职能；现实生活中之所以会有不少领导主体去追逐、争夺领导职能，多数情况是因为职能连带着权力而非因为有心多干活、多做贡献，亦即多是为了争夺领导权力。这是领导主体日常生活中最隐蔽而又最大的内在动力和自觉行为，并实际构成了第一领导行为。而这就极大地膨胀着领导主体，消耗着公共资源，降低着领导效率，兑现着“帕金森定律”，颠倒着公仆与主人的关系，异化着领导的性质。

2. 领导权力与领导机关的关系

在整个领导主体体系中，有许多依不同领导职能而设立的不同领导机关和其他领导组织。领导权力就是依据这些不同的领导机关和其他领导组织来进行初步的分解和配置，确保每一领导机关和领导组织都具有一定种类的领导权力。

领导机关是具体承担某一方面或某几方面领导权力的领导机构，是唯一在法律上被认可为能真正掌握和行使领导权并应当和能够承担权力责任的领导主体；其他领导组织则是辅助的或者相对次要的，甚至是受领导机关委托的领导主体，所配领导权力有限。可以说，领导机关是第一领导主体和最大的领导主体；领导权力即依之而大致、大类地进行分解和配置。

一般而言，一个领导机关或领导组织就配置一种与领导职能相对应的领导权力，但在以人为本、以服务为导向的领导取向下，一个领导机关或领导组织常常配置两到三类不同的领导职能，因而也就配置两到三类甚至更多一些的领导权力，只不过这种领导机关或领导组织是一个大的综合部门，配置多几类不同的领导权力虽然体现出权力集中的趋势，但却可以确保权力得到更有效的行使和监督，并能因此而获得更高的领导效率。这里的领导权力分解与配置必须加以规范化和法制化。

3. 领导权力与领导人员和领导素质的关系

领导权力无论再怎样划分、配置，最终都是要落实到人的，亦即都是要由具体的领导人员来掌握和行使的。领导人员实际上是真正掌权的领导主体，其中的领导者则是实际上的第一领导主体和真正的掌权人。领导权力最终会有什么样的结果、会是什么样的性质，一般均取决于领导人员，特别是领导者如何及是否有能力掌握和行使领导权力。

通常的情况是，如果领导人员端正而光明、能够依法领导，则领导权力必将为国家、为社会、为人民带来巨大的积极作用，真正成为造福于民的最重要资源之一，当然也同时是有利于领导人员进一步成功和发展的积极因素；而如果领导人员邪恶而阴暗、不能依法领导，则领导权力就必定会造成重大灾难，对国家、社会和人民直接犯下严重的罪行，当然也必定给领导人员自身带来毁灭。

这即是说，只有具备了优良品质和才能的人方可去掌握和行使领导权力，而品质有缺、能力不足的人则是决不能去掌握和行使领导权力的。而这却显示了领导权力实际是同领导素质根本相关的，此即领导权力根本上依赖于构成领导人员，特别是领导者的领导素质。

领导素质低下，就必定使领导人员无法掌握和使用好领导权力，结果就不仅会极大损害领导相对人的利益，而还将因此而断送领导人员的前程乃至性命。很多腐败堕落、蜕化变质或者无能混迹、渎职犯罪的领导者就是这方面的典型。这种领导素质低下的人员是无法胜任领导职位的，也决不能担任领导职务。而与此相反，如果领导素质比较优秀而完善，就能使领导人员胜任领导职位和领导职务，也就意味着领导人员能够较好地掌握和行使领导职权，并能由此为社会公众造福。

总之，领导权力与领导人员和领导素质的关系就是一种“双刃剑与玩剑者、玩剑与玩剑能力”的关系。而这就决定了，必须在分解和配置领导权力的同时设定好与具体领导职权相匹配的人员标准和要求——实际就是素质标准和要求，确保能有符合掌握和行使领导职权的需要和标准的素质条件及人员保证。

4. 领导权力同领导客体的关系

领导权力与领导客体的关系包含如下两层意思：

第一，领导权力就是领导主体用来影响、致变领导客体的权威工具，领导客体就是领导权力作用的对象——在领导权力的强效作用下发生变化。领导权力的不同行使必定带来领导客体的不同变化，与领导职能的预期目标和原则要求也会有不同的吻合程度。

第二，领导客体中包含了广大的群众和被领导者，而这些被领导者从根本上看却是领导权力的最主要基础和源泉，实际就是领导权力的真正主人。只有他们对于领导主体信赖和拥护、信任和支持，才会有领导主体的存在，才会有领导主体手中的权力；领导主体也正是得到他们的信赖和委托而得以掌握和行使领导权力的。换言之，领导主体的领导权力根本上就是授自这些领导客体的，而不是来自上级领导或者别的什么主体。

这就是说，领导权力同领导客体的关系其实是很复杂的，特别是在涉及最主要的领导客体时还显得极端严肃而重大。这在领导权力的分解、配置、行使、监督和调整时必须加以最充分的考虑。

1.6.3 领导运作中的领导权力关系

领导运作主要就是履行领导职能职责的领导权力运作，包括领导权力行使和运用两个方面，具体表现为致变领导客体的领导过程。其中，以领导权力为主线的各种因素在领导过程或实际发挥作用的过程中形成的相互关系最具实质意义，不仅反映出领导权力的动态表现以及领导体系的实质运作方式和内部关系，而且还构成了与权力责任直接相关的现实领导机制和权力体制并由此直接影响到领导客体的利益与命运。这些关系主要包括方式与机制、过程与结果、行为与责任等等方面。

1. 领导权力的集中与分散关系

领导权力的集中与分散是领导权力运作的两种基本方向和两种基本方式。领导权力的集中与分散实际就是集权与分权，它们之间的关系就是两种基本方向之间和基本方式之间的关系，实质则是领导系统内部上下之间设定的权力配比与领导运作中形成的实际配比之间的关系。这一关系把握、处理得如何，将会直接影响到领导权力的性质与效用，进而也会影响到领导过程的质量与结果。应该说，这是一个为所有领导主体最经常面对的最基本问题。

集权主要是指领导组织中的决策权较多地集中于上级，上级对下级干预或限制较多；下级没有必要的主动权或自主权，依赖于上级，被迫和习惯于听从上级指挥以及按照上级指示行动。它的好处是能够确保政令统一，标准一致，统筹全局，指挥高效，控制严密，井然有序，整体协调，可以办成大事，宏观成效显著。但是，它的缺陷却是容易出现专制与独裁，致使领导系统缺乏弹性，束缚下级的手足，打击下级的主动性、积极性和创造性，进而导致普遍的僵化萎靡、坐失良机和被动挨打。

分权主要是指上级授予下级更多的自主权，并充分信任和尊重下级；下级则在其管辖范围内最大限度地发挥出其自主性、积极性、机动性和创造性，抓住一切机遇，灵活应变，因时因地制宜，一切从实际出发，有效地解决微观状态下的实际问题。其特点是能够给领导系统带来普遍的活力和生机，但同时也容易造成多种问题，包括各自为政而政令不一，本位主义而画地为牢、分裂割据、各行其是，彼此纷争而内耗不断、相互削弱，资源浪费而效率低下、宏观退步，影响领导体系的整体功能，等等。这些问题最终将导致领导系统的软弱涣散、混乱失衡和瘫痪崩溃。

所以，在现实生活中集权和分权都很重要、必要和敏感，不能简单偏重，必须确保适度、合理与平衡。但是，这一对矛盾性的关系却比较难以科学地把握和处理。这主要表现在集中与分散程度的把握、确定、平衡与调整上。这里只要稍有不慎，就可能出现集中过头或者分散过头而导致严重的现实问题，因而历来都是理论和实践上的最大难点与焦点。

从领导改革与发展的角度看，权力关系的诊断、调整或设计以及在实际领导体系中的把握、处理就是要解决合理分权的问题。而合理分权的关键则在于必须依照权力的性质和履行领导职能的需要，科学把握住领导系统内外的实际情况。

事实上，集权与分权是相对的，也是随时间、地点、环境、形势、任务和实际需要等外在条件的不同而总是在变化的，彼此之间并没有一个明确而固定的分界线。把握和处理这一关系不仅有科学的问题，更有经验和艺术的问题。这里所说的科学，就是指客观、准确、及时、清醒地把握住各种外在条件，而不是熟视无睹、充耳不闻、自欺欺人地面对外在条件的变化；同时，在此基础上做出正确的宏观调整，确保集权与分权在宏观架构上具备高度的科学性。而这里所说的经验与艺术就是指在具体确定实际的和微观的集权与分权界度时需要根据微观环境的实际情况灵活处理，但不能超过宏观架构上的基本设定。

2. 领导权力的直接与间接关系

领导权力的直接与间接关系是指领导权力直接生效与间接生效、直接作用与间接作用、直接关联与间接关联之间的关系。其中的直接与间接，也叫作权力的直接性和间接性，分别表现为直接领导和间接影响，是领导运作中领导权力发挥作用的两种基本方式。

直接领导主要是指上级对下级的直接掌握、率领和指挥以及领导者对资源和利益的直接影响等情况。这是上级或领导者直接掌握和运用权力、实施领导的方式与过程，显示出上级或领导者与下级或领导客体之间的紧密与一体化，有利于更紧张严谨、协调一致、强势有力、快速高效地行使领导权力而不造成拖延耽误、搓挪浪费等等问题，但也容易出现下级机械、领导孤绝和权力失误等等问题。

间接影响主要是指上级对下级的间接引导和指挥以及领导者对资源和利益的间接关联与作用等情况。这是上级或领导者间接掌握和运用权力、实施领导的方式与过程，显示出上级或领导者与下级或领导客体之间的相对疏远和保持距离，有利于创造更轻松和谐、民主活跃的气氛而使更多的积极因素得以更自由、充分地发挥，有利于分担责任、共同努力而更健康地行使领导权力，但容易造成散漫不羁、降低权威、消耗权力、增大分歧、贻误时机等等问题。

事实上，直接与间接的关系就是一个抓得紧与近的强势权力方式与抓得松与活的民主权力方式的问题。这不仅跟领导作风和领导个性直接相关，而且跟具体领导组织内的微观权力机制与文化的设计及建设直接相关。领导权力的具体运作就最主要地发生或体现在这一对具体而微观的权力关系上。这个权力关系直接塑造着领导者的形象，更直接影响甚至实际决定着权力运作的效果和性质。

如果对这个关系不能正确、合理甚至科学地加以把握和平衡，就有可能直接造成权力的失控和失效、大量地浪费资源和时机、保守僵化、犬儒主义或者失职渎职等等严重的问题。这种情况在现实生活中比比皆是，而这跟领导素质低下最为相关。

不少上级或领导者总是习惯于捞权、抢权、争夺利益和优势、爱出风头、爱显摆本就拙劣的才具品质，于是就总是一竿子插到底、什么都要管，力争最大限度地掌权、用权，可又什么都没水平、管不好，进而直接影响或破坏了可能合理而科学的权力集中，引发一系列的权力后果，包括透支权力、滥用权力、玩弄权术、异化正常的权力运作、导致权力腐败、窒息组织活力、压制并扼杀群众的积极性和创造性、严重浪费最宝贵的人力资源、最终使为国为民办事而使用的有利权力变成了阴险邪恶的有害权势等等。

3. 领导权力的主线与辅线关系

领导权力的主线与辅线关系是指领导权力系统中不同权力之间自然形成的主次轻重关

系。其中，主线就是主流、主干的地位和作用，辅线就是支流和辅助的地位和作用，两者分别表现为主导与配合，是从地位和作用表现出来的领导权力运作大格局和总方式。

主导是指权力体系中处于主要支配地位、起着主要决定作用的那部分权力构成权力的主流或主干，并由此发挥出最主要的权力影响。这在整个领导体系中实际是体现在多个层面上的一般现象，是随主要领导或领导主官的不同设定而表现为不同层次和状态的多种权力运作情形。一般而言，更上一级或半级就构成权力的主导，更高的上级构成更大的权力主导，最高的上级构成最大、最强，但通常是最抽象的权力主导。这个主导不仅强效影响领导客体，而且也严肃而重大地界定和影响着其他权力，在整个权力体系、领导系统和社会系统中具有臣服一切的强势与力量。从权力的本质看，这种情形是必要的，无可非议，但却不能过强了，否则就会成为暴政，当然也不能过弱了，否则就会丧失权力应有的特性和效用，那就等于浪费资源。

配合是指除主导性权力以外的其他所有权力构成权力的辅佐部分和基本部分，并由此紧密和协调地对接、服从、支持和补充主导性权力，适当地发挥出不同辅助效用的权力影响。这在整个领导体系中也是体现在多个层面上的一般现象，是随不同主要领导或领导主官的设定而表现为不同层次和状态的辅助型权力运作情形。一般而言，更下一级或半级就构成权力的配合，更低的下级构成更大的权力配合，最基层的下级构成最基本、最具体、最微观的权力配合。这个配合也影响领导客体，更影响权力整体，特别是主导性权力的效能效用，可以制约主导性权力的存在和运作。从权力的本质看，这也是必要的，同样也不能过头了——过强即喧宾夺主、引起权力摩擦或分裂，过弱则丧失制衡和辅助能力、易为主导性权力所吞噬而形成权力失误和灾祸，没有原则就可能变得助纣为虐、加速权力的腐败和衰亡。

然而，主导与配合的关系在整个权力运作实践中却并非总是能够被处理、平衡得很好，常常是失衡和失控，产生权力系统内部的矛盾和冲突，结果都是很不好的。

4. 领导权力与领导过程、领导行为和领导结果的关系

领导权力是构建领导体系、履行领导职能、实现领导目标的最主要工具与力量，是贯穿于整个领导体系过程之中的最大能动因素之一。它直接体现到领导主体的活动之中，形成必定发生实效和产生结果的领导行为，导致领导客体，特别是领导相对人的直接变化，当然也会同时给领导主体自身带来一定的影响和变化，从而形成领导产出、领导结果或后果，直接引起以利益为实质的变化、矛盾或冲突。这就是说，领导权力只要投入领导系统的实际运作之中，就必定会形成相应的领导过程、领导行为和领导结果。

事实上，领导权力是领导过程、领导行为和领导机关的能量来源与关键因素。没有领导权力，就没有也不可能发生领导过程和领导行为，当然也就不会有领导结果。领导过程、领导行为和领导结果实际就是在领导权力的推动和催化下发生的。明确这一点，对于优化领导过程、规范领导行为和界定领导责任具有非常现实的价值和意义。

总之，可以形象地说，领导权力与领导过程、领导行为和领导结果的关系，就是一种“电流与开动机器制造产品”的关系。

5. 领导权力与领导责任的关系

无论在道德上和职业上，还是在政治上和法律上，领导权力都伴生着领导责任，领导

责任与领导权力都保持着如影随形、完全相关的关系。这种关系实际就是一种使用公共资源与承担代价或后果的关系，是现实生活中备受关注的重大现实关系，即权责关系。

领导责任有两层的含义：一是指具体的工作责任，二是指法律上应负的领导责任。它同领导过程和领导结果是一种自然连贯和同步发生的关系。而正因为如此，领导责任即同领导权力发生着完全关联的关系。领导权力的性质、类型、作用和实际参与等等有不同，所以领导过程和领导行为有不同，领导结果也有不同，由此而来的领导责任亦有不同。因而可以说，不同的领导权力实际上必定内含或连带着不同的领导责任，而绝对不可能没有领导责任；领导权力有大小轻重的不同，则必定有领导责任的大小轻重之不同。

对于权责问题，决不能到事后即出现领导结果时才考虑责任问题；否则，即使追究责任了，也不是因权力而致的责任，因而对权力并不会有真正的约束，而充其量也不过是对领导行为，甚至是领导人员的个人行为的约束。所以，在领导权力分解和配置时充分考虑领导责任不仅是十分必要的，而且是确保精当、贴切的一个关键。

一般地，在具体分解和配置领导权力的同时，就必须设定并配定相应的领导责任，并以领导伦理和领导法制的形式确保权责统一、责权一致和责权同步，确保权力同责任并设、并行，而不能权责分立或分离。

总之，领导权力关系均是极其紧密、敏感、重大而深刻的。它们同政权性质、政治原则和法律规范直接相关，更同现实生活中的各个利益主体、社会群体、利益团体直接相关——直接关系到领导体系的成本与消耗、效益与结果，进而直接关系到政权的稳定、社会的安定、经济的繁荣、民心的向背、领导与政治的得失成败。因此，必须高度重视这样的领导权力关系，同时还要用科学精神、民主精神和法制精神以及现代智慧来处理好各种各样的领导权力关系，这样就能真正提高领导绩效和领导水平，特别是能够大大提高治理能力和施政水平、执政成效和执政水平。

1.7 领导权力的变化发展

1.7.1 随着政治条件的变化而变化

领导权力总在不断地变化发展。这主要是因为与领导权力密切相关的各种要素总在不断地变化，权力关系把这些要素同领导权力紧密联结在一起，并把这些变化及时迅速地传递给领导权力，不仅引起不同程度和性质的权力变化，而且还引起不同结构功能的权力变化，由此产生的现实结果极其巨大、广泛而深刻。

从社会生活和领导实践来看，导致领导权力变化发展的现实因素相当多，包括政治、经济、社会、文化以及领导自身等等。其中，政治和社会经济是最突出影响领导权力变化发展的外在因素，而领导职能和领导主体则是最显著影响领导权力变化发展的内在因素。其中的政治条件对权力影响最直接，也最重大。

这里所谓的政治条件，主要指政治势力、政治价值、政治文化、政治结构和政治体制等政治因素。它们的不同变化和不同组合，为领导权力带来极其重大的影响，是领导权力变化发展的直接条件。在政治的影响下，领导权力常常变化万端，但从历史上看则有如下几种比较典型的情况：

在宗教可以或已经控制公共权力或者国家政权的情况下，领导权力就包含或结合了宗教权；而在现代法制国家和文明社会里，领导权力具有对宗教的管理权，而宗教权却绝对不能同领导权力相结合。

在决策权或立法权为领导主体所独断、军事权为领导权的最大支撑的社会或国度，领导权力自然包含充分的立法权和司法权，同时还包含更广泛深入的社会控制权、人身控制权和资源控制权，而领导权力的构成即组成领导权力本身的各项具体领导权则膨胀到极致。然而，这在现代法治和文明社会里却发生了根本的变化，领导权与立法权和司法权在很大程度上还是界限清楚、互不越位的，至少形式上也是这样，而原来那种性质的人身控制权则已基本消失。

当社会公众积极参与到政治生活中来的时候，特别是法治得到极大加强、政治文明得到极大发扬的时候，领导权力就受到极大的压缩、监督和制约，范围变小，领域变窄，效力变弱，膨胀和渗透的状态就转变为依法限定、缩小和消退。

上述领导权力的种种变化就是政治越来越走向民主、法治和文明所带来的结果，体现着社会的文明和进步，也反映着领导权力变化发展的基本方向和基本规律。

1.7.2 随着社会经济的发展变化而变化发展

社会经济发展水平从根本上决定着一定历史阶段内领导权力的基本形态，社会经济发展变化的情况从根本上决定着领导权力变化发展的情况，领导权力变化发展的性质和方向根本上取决于社会经济发展的性质和方向。

一方面，领导权力是一种特殊的社会现象和社会事物，领导权力关系则更是最典型、最重大的社会关系之一。同时，领导权力完全是基于一定组织或社会系统的权利集成，内涵实质就是经济利益和经济力量以及由此构成的物质基础。很明显，社会经济的一切都将以最精粹的形式和能量集中反映到领导权力之中。

另一方面，领导权力是上层建筑的精髓，跟其他上层建筑一样都必须建立在相应的社会基础和经济基础之上。社会因素和经济因素是一切上层建筑的现实基础，特别是经济因素所构成或所充当的经济基础则更是从根本上决定上层建筑，尤其是其中的领导权力。

充当基础角色和先决作用的社会经济因素其实又是最活跃、最能动的现实因素，特别是经济因素中的生产力要素则更是具有根本地位和作用的变化发展动力。它们总是在不断地变化发展，实际就是不断地文明进步，而且是不可阻挡、滚滚向前的；不仅直接而深刻地改变着一切现实面貌，而且还特别直接而重大地影响到领导权力的变化发展。

所以，基于社会经济的领导权力必定会随着社会经济的不断发展变化而持续变化发展，不仅改变着旧的权力实质、权力关系、权力结构、权力机制和权力体制，而且还不断形成新的权力质地、权力质量、权力类型、权力关系、权力结构、权力机制和权力效用，不断整合出崭新的权力面貌。而这就是领导权力符合社会经济发展规律，特别是符合生产力发展要求的进步表现。然而，领导权力如果在人为因素的控制下并不能做到这样的变化，那么就是逆社会发展或经济发展潮流而动；而这样的领导权力就会与现实相脱节甚至走向反动，最终丧失掉全部的基础、依据、质量和价值而变得腐朽没落、崩溃消亡。

1.7.3　随着领导职能的变化而变化

领导职能与领导权力的关系极端密切，大多数情况下都是同一个事物的两个方面，彼此多是互为表里。而最重要的是，领导职能是领导权力的客观基础，领导权力与领导职能是对应配套的。它们彼此联动，相互体现，不可分离。

在现实生活中，领导权力必定随领导职能的缩小而缩小、扩展而扩展、转移而转移、合并而合并。现代领导职能的变化越来越快，也越来越深，领导权力也发生同样频繁、深刻和大幅度的变化，既有缩小的一面，又有扩大的一面。其中，缩小的是过时的领导权力，扩大的是新质的权力，就像领导职能的缩小和扩大的原因与性质一样。领导职能的终结就是领导权力的终结，但只有到了国家消亡的历史阶段，这才有可能发生。因而，只要国家依然存在，社会公共生活依然存在，那么领导权力就必将始终存在，而且总是不可或缺。

所以，领导职能只要有所变动，就必定导致领导权力的相应变化发展，而且这种互动大多数情况下都是同时、同步、同向、同度甚至同质的。——领导体系的变化发展最集中、最敏感之处就在这里。

1.7.4　随着领导主体的变化而变化

这里所谓的领导主体，包括领导机构和领导人员，特别是领导者。因为领导主体是领导职能的承担者和履行者，更是领导权力的掌握者和行使者。领导主体的规模、数量、质量、能力、动力、责任心和约束力都将最直接影响领导权力的实际构成、分配、运作、效能乃至性质。

领导主体的作为或不作为、有所为或无所为、忠智而为或奸愚而为、依法有序而为或强悍无赖之为，都将直接造成领导权力在性质、运作等方面的结果，包括有效或无效、正确或错误、高明或低下、合理或悖理、合法或违法、正常或变异、有益或有害、光明或黑暗、正大或邪恶。

有时，领导机构不断扩大，致使它所拥有的领导权力不断强化和增加；而领导机构一旦缩小或弱化，则其所拥有的领导权力就越来越少、越来越小。有时，领导者特别暗弱，则本应有的领导权力都会萎缩或者遭到异化和削弱；而有的领导者却是不太受约束，基于自身原有的极高政治地位和极重政治权势而极大强化领导权力。——领导权力的这些变化大多数情况下都是不正常、不合法的，是权术运作和权势较量的结果。

总之，领导权力总是在诸多现实因素的影响下不断变化发展的，不仅有大小之间、部门之间的变化，而且有强弱之间、目的之间、功能之间、程度之间、依据之间和行使方式之间的变化。特别是政治因素、经济因素和社会因素最能引起领导权力体制和领导权力运行的发展变化。

1.8 领导权力的运用行使

1.8.1 领导权力的运用

领导权力的运用是领导主体对领导客体施加权力影响的领导过程，实质是指领导者和领导机关具体使用领导权力来完成领导任务、达到组织目标的领导活动。这样的过程或活动就是通常所说的“用权”。这个所谓的“用权”，就是旨在通过使用权力来达到领导目标、实现领导使命的组织行为过程，也就是领导主体按照用权主旨和权力规则与机制所进行的权力操作与不同权力之间的相互照应和协调运行等一起构成的权力运用过程。

从实践看，这样的用权过程基本上是根据情境变化和实际需要、按经验智慧和灵活应变而动的创造性用权。因此，完整的领导权力运用的含义是：领导主体在职能职责、战略目标和特定环境的客观规定下，根据实际情况、特定需要和特定目标，依自由裁量的意愿、判断、倾向和抉择，随机应变，务实而行，创造性和非常规性地使用权力，由此来更好地实现领导宗旨、达到领导目标。

领导权力的运用具有极其重要的意涵，在公共生活中或者一个组织系统内部具有最重要的影响和作用，一般包含如下三个层面的具体含义：

第一，用权是决定权的运用。决定权包括调查权、决策权、激励权、奖赏权、批评权、惩罚权、裁决权、审查权、考评权、鉴定权、引荐权、调配权、派遣权、用度权、处分权、让渡权、授予权、许可权、启动权、终止权的行使，内容上涉及思想权、价值权、标准权、标志权、信息权和话语权等。其中，决定权的运用就是最实在的领导过程，覆盖领导权限所及的整个领导区域，在中央则为全国、全社会和全民族，在地方则为一省、一地或一县及当地社会与民众，在组织机构就是一个部门、一个行业、一个单位或者一个机关、一个事业单位。所以，这事关全局，影响重大，从根本上决定着领导体系的结果，决定着是否对国家负责和对人民负责，决定着能否赢得人心，决定着民心向背。

第二，用权是主导权和组织权的运用。主导权和组织权包括命令权、指挥权、组织权、动员权、执行权、示范权、指导权、协调权、处理权和自由裁量权等等。这些权力的运用，在内容上涉及政策权、纪律权、人事权、资财权、物用权、关系权、机会权和时间权等的应用。可以说，这些权力的运用正是具体真实的领导实施本身，直接涉及、接触、关联、影响或者伤及领导客体，直接产生或引发具体的现实领导结果，直接构成具体的现实领导责任，也直接形成具体可见的政绩或形象，更直接决定领导主体在人民心中的地位和印象以及人民对于领导主体和执政主体的信心与信任。这里是否滥用自由裁量权或者是否替老百姓着想、多体恤和偏向老百姓使用自由裁量权，直接决定着这样的领导行为是否在加强和巩固执政的基础与真正为人民服务。

第三，用权是监督权的运用。领导权力的监督约束权在此是内务权中的一部分，包括监察权、控制权和约束权等，在内容上涉及法定权、制度权、人事权。领导系统内部的领导监察权是否及时、到位、有效、有力，是否真正敢于面对现实、解决问题，这是确保领导权力运行按照法律法规和社会道德规范进行的重要保障。这一权力的运用不仅具有直接的约束作用，而且还有特殊的证明或鉴定作用，能够揭示或证实领导主体是否真正合法合理和称职合格、领导过程是否真正健康正常。

1.8.2　领导权力运用的特点与规则

领导权力运用的特点很多，但主要特点在于，在自由裁量权范围内，领导主体最大机动地运用权力资源，确保使用尽量少的权力来办成尽量大的事情；核心是价值性、倾向性、边界性、限定性、规范性和变通性。其中，价值性事关根本，倾向性事关立场，边界性事关适用，限定性事关约束，规范性事关合辙，变通性事关有效。在现代治理取向和条件下，限定性显得最为突出，特别要求做到有根有据，且不能超越既定权限。同时，这些特点也同用权实践紧密结合在一起，形成了行之有效、必须知悉的实际规则，主要有四个方面。

第一，按价值理念运用权力。这是指领导主体在不会与规范要求相冲突的情况下按照领导思想中的价值观念、价值标准、价值取向和价值选择确定用权的方向、准则、重点、方式和分寸并依之而行。无论是服务型领导还是管制型领导，在自由裁量权范围内，权力运用都是有偏好、有倾向和有重点的。

在现代社会条件下，在以人为本、以民为本、为民服务、造福于民和建设和谐社会的价值理念下，权力运用就是要更多地和更大程度地向民众，特别是弱势群体倾斜，把权力的天平尽最大限度地倒向他们那一边，让他们在权力的帮助和呵护下尽量得到强势的社会支持和扶助，由此确保权力最彻底的正确使用。

在这里，没有更多的技巧或艺术，而只有最崇高的道德感和责任感；只要在行使政策权的时候，特别是在行使决策权、奖惩权、财政权、物资权和机会权的时候，把方便、口子和空间尽量往宽松的方向挪一挪就可以了，甚至能做到不害怕、不嫉妒或者不考虑老百姓，特别是其中的弱势群体能够得到什么好处或利益就算是一个进步了。所以，对于真正优秀的领导主体来说，真正地使用权力就是能够毫不吝啬地把权力用来进行最大限度的实际惠民惠众和造福于世。

第二，按实际情势运用权力。这是指领导主体无论出于什么目的进行工作都必须依据形势和实际情况来变化因应、针对准确、恰如其分和贴切精当地使用权力。如：在什么情况下用权要频而重，在什么情况下用权要简而轻；根据什么对象、条件和基础，要采取什么方式方法、确定什么标准分寸，而后采取行动来运用权力。

应该说，这是典型的依领导环境而动用权力来实施领导的领导行为和领导过程，这里也最充分、最直接地实践和体现着所谓的情境理论与权变理论，这里最忌讳的是闭门造车、孤陋寡闻、夜郎自大、因循守旧和一成不变。事实上，只有依情势应变用权才是经验、智慧、技术和手段上真正高明的证明，也才是用权多能成功而极少失败、领导多为卓越而极少失误的艺术保证。

第三，按现实需要运用权力。这是指领导主体在一定的领导环境里善于抓住和根据现实需要而非一厢情愿或主观臆断来决定用权。现实需要的实际内涵非常广泛而灵活，涉及方方面面的现实意愿、现实取向、现实期待、现实利益和现实关系等等重要现实因素。这些现实因素正是来自能动领导客体的价值选择和民意压力与动力，当然也包含现实的牵引力、约束力、迫使力和强制力等实际关系与力量的制导；它们大致也归于领导环境这一巨大范畴，但本质上却是属于源自能动领导客体、深刻影响领导用权的最重要外因。

领导主体在运用权力时如果忽视这一点，那么，即使完全出于高尚目的和动机并高度熟悉和切合领导环境，也不能真正把权力用好，至少不能用到位，实际则是常常逆着现实行事、不顾实际用权，结果就不能做到实事求是，也不能做到精明务实，当然也就很难把用权做成功了。所以，按现实需要来运用权力是用权成功、领导顺利的最大奥妙所在。但是，这里有一点是不可触及、更不可逾越的红线，那就是绝对不能简单因应现实需要而决定用权，而应该在完全符合、认真遵循七条权力行使原则（见 1.9.2 节）的前提下有主见地运用权力；只有这样才能确保在有多方要求、多种压力和引力、多种声音和意见的复杂情况下始终能够正确使用权力。

第四，按利害关系运用权力。这是指领导主体在具体情境和具体关系中一般采取首先考虑和处理利害关系的态度来决定用权。领导主体是一个组织群体或社会系统中唯一处于核心和关键地位的能动主体，实际则是社会关系网中的主结和大结，不仅牵一发而动全身，而且与几乎所有的利害关系都直接相关互联，因而无不深受这些关系，特别是利害关系的影响，特别是在用权过程中则几乎步步与之关联互动。

一般而言，领导用权其实就是利害关系的直接表现和动态反映，是影响和决定具体用权那一刻的价值机制和动力扳机，是最敏感、最具体实在，也最能实质性影响用权的深层次因素或原因。领导主体忽视它或者不知道它的存在，都将导致用权困难、用权低效乃至用权失误或错误，当然，也必将因此而导致领导被动乃至领导失败。

所以，领导用权是一个十分重要的现实范畴。只是在这种层面来理解和把握权力运用时，必须紧密联系领导思想和权力原则，特别是其中的价值理念，要由正确的指导思想、权力观念和权力原则来判断、确定、选择和应付利害关系，并在此基础上机动灵活地运用权力，这样就能确保权力运用正确而高明。

1.8.3 领导权力运用的基本方式

领导权力运用的实际方式非常多，但只有两种常见的基本方式，即亲自运用和委托运用。

第一，亲自运用。亲自运用就是领导主体直接用权，即领导主体通过直接使用权力来面对和亲自处理领导事务或问题并直接承担责任的权力运用方式，包括规范行使和灵活运用两个方面的实际内涵。事实上，这是一种最常见，也最主要的用权方式。其实质就是领导主体为认真承担和履行领导职能职责而掌权用权的基本方式。

第二，委托运用。委托运用就是领导主体间接用权，即领导主体分出一部分权力并将它委托给自己信任、能够代表自己的某种主体来规范行使，由此使领导主体并不直接办事而托付给受托主体来直接面对和处理有关事务或问题，但权力责任仍然由实施委托的领导主体自身全面担负。

当然，委托运用是一种也很常见，但并不多用的用权方式。其实质就是领导主体为发动更多能动主体来处理事务或解决问题，但不直接用权办事而只承担最后责任的掌权用权方式。这就是通常所说的授权。

在领导实践中，领导授权主要有以下形式和做法：个人授权和集体授权、政策授权和制度授权、战略授权和战术授权、计划授权和随机授权（也叫相宜授权）、逐级授权和跨级授权、分工授权和视能授权、合理授权和特别授权、消极授权和积极授权、长期授权与短期授权、临时授权和固定授权等等。

不过，委托运用、实施授权不能随意了事，而要特别注意运用授权艺术。授权艺术的内容有很多，但其要义则有四点：首先，细分工作和相应责任，排查和选择合适人选。其次，要采取口头或书面的形式进行授权。再次，要掌握主动，适时进行指导或引导，及时进行监督检查。最后，要考核评鉴，适时收回，承担责任。总而言之，如果能够这样进行授权，那么就能够比较好地把委托运用做好，而这就意味着至少在授权这一环节上已经能够很好地胜任领导工作了。

1.8.4 领导权力行使的实质与方式

领导权力的行使是指领导主体在职位职责和规章制度范围内正常而规范地使用权力以进行日常的领导职能履行活动。其实质就是按制度启动、按程序运用的规范性用权。其最大特点就是，在工作职责和职务权限范围内，按照制度规定的用权标准和尺度，有根有据、中规中矩、按部就班和严格分寸地使用权力。当然，它也需要有创造性，特别是需要根据形势变化实行灵活机动，只是自由发挥的许可空间很小而已。大致说来，领导权力的行使主要包括如下四种方式：

第一，按领导职责行使权力。这是指领导主体在其职责范围内依据职责规定所进行的权力运用。通常，当所发生的事情或者所要处理的问题一旦坐落在某一具体的领导职责范围之中时，担负这一领导职责的相应领导主体便可，也必须迅即启动权力程序来为处理事务或解决问题而动用权力。这时就出现如下两种基本情况：

一种情况是，如果职责相对或非常集中，则由相对单一的领导主体相对集中担负责任地集中使用权力来履行领导职能。这时，权力行使比较高效直接，造成浪费或内耗以至耽误事情或职能履行的用权问题较少。但是，权力行使的责任风险也相对较大，领导主体因此而成为单独负责的权力责任主体。

另外一种情况是，如果职责相关面较广，分担职责的主体相对较多，则意味着在同一领导主体内有不同的具体权力行使者和责任承担者来一同处理事务或问题即共同履行领导职能。这实际就是同样一件事务或一个问题将由多个具体的领导主体依据各自职责来适量用权、协同处理。这样，权力行使就实际变成了多家具体领导主体的共同行动，常有可能发生异位（不时易位错位）、耗散浪费和低效无效等问题，因而需要多方协调、多头努力和共同负责，同时也由此构成多头、复杂的权力责任主体。

第二，按领导职务行使权力。这是指领导者按自己的实际领导职务来适度用权并承担责任的权力行使活动。其实，同一领导层面内就有不同的领导职务，不同的领导职务又含带有不同的职责权限和用权规定，特别是不同位置的副职和其他辅助性领导职务如秘书长、办公（厅）室主任、资政、顾问等等的权限和用权准则都更是不同。所以，在事务或问题出现以后，在同一负责主体内，不同的领导者也将单独负责地行使自己手中的权力，一方面要时刻考虑职务职责所限所定和风险后果而严谨规范地用权，另一方面也要充分顾全大局、协同作战，形成强大的权力合力，由此来有效处理事务或问题，充分履行领导职能。

第三，按领导部位行使权力。这是指根据事务或问题的特定性质或程度，按照权力处置职责规定，确定所出现的事务或问题处于整个领导体系的某一部位和整个领导过程的某一环节，由此来确定具体的领导主体，特别是领导者，并由他们用权处理。这是在大的领导框架和制度上出现的权力运用活动，是领导体系整体用权规定的常项，也是在权力整体的制度设计和宏观规定上规范用权的典型做法与重要现象。

第四，按领导机构行使权力。这是指在明确归属于不同领导部位的情况下，不同层面、性质和程度的全局性领导事务或重要问题更具体划向某一具体领导机构或机关，由它直接用权署理处置并担负全面责任。这是在更大的领导体系层面上根据权力关系和制度设计而进行的权力行使活动。这里所涉及的权力主体已经远不仅仅是领导者和领导组织了，常常还涉及或包括了第一主体，起码是领导体系内部的权力基础和最基层的能动因素。所以，这里的权力运用通常有一套严格、大型的程序，一旦启动就必定牵动整个领导系统、权力系统和资源系统，具有大规模的影响；在整个权力运用系统中，最为规范、端正和严谨。

1.8.5 领导权力运用与行使的联系

领导权力的运用与行使虽然各具不同的形态，但从实质上看却都是“同根生”，是同一个事物的两个方面。

从领导本质看，它们就是领导过程本身。从领导目的和过程看，它们则是为严肃履行法定的领导职能职责、创造性完成领导任务、实现领导目标的领导过程。从领导标的和领导结果看，它们既是领导权力充分发挥作用和影响、致变领导客体、显示地位尊严和价值的过程，也是领导权力造成现实痕迹而同时完全发生法律关系与法律责任的过程。从效力和责任的角度看，它们就是具有法律效力和法律责任的领导行为。从所用权力构成看，它们就是各种不同的领导权力、制约与监督权力乃至整个权力体系分别行使和相互影响的权力运用过程。然而，如果从各自的特征和作用看，它们则分别是规范性用权和创造性用权。

在高速发展、复杂多变的现代社会里，创造性用权显得比规范性用权更重要，至少是更现实、更贴近实际、更能有效发挥权力的作用。因为在现实生活中，权力的自由裁量空间实在是太大了，多用少用一分一毫，所带来的现实结果都会发生极大的不同，而且这里的责任也远不那么明确，所受制约与监督也不甚明显切实。这时，只有权力之母即第一主体才能对此做出有力的回应互动。

这就是说，权力只要略往有利于百姓利益的方向倾斜一分一毫，那么老百姓就能得利万分，而权力的使用就是真正到位，也真正值得权力之母放心和信任。如果情况相反，那么权力的运用及其结果就会违规失范、违背民意、丧失民心，而为权力之母所唾弃。

然而，在现代法治社会里，规范性用权显得比创造性用权更瞩目，人们甚至更加强调规范性用权，明确问责，而且以此来确定权力行使的实质。客观地说，这样做是完全可以接受的。据此可以将权力行使理解如下：领导权力的行使就是领导主体依法用权以履行领导职能职责并权威地影响领导客体、造成既定领导事实和结果的完整领导过程。它使领导主体发出具体而有实效的领导行为，也由此给领导客体，特别是领导相对人带来直接的影响，并因此而给领导主体带来必须承担的具体而又实际的领导责任和法律责任。其实，它就是一个将领导主体和领导客体具体联系起来并发生双方之间的领导关系和法律关系的特定行为与过程。

总之，领导权力的运用行使是整个领导体系过程中最突出、最敏感、最实质、最具体、最能带来现实结果或导致现实后果的焦点性社会过程，是领导权力启动的第二个完整阶段，即领导权力继分解和配置之后开始运用并产生结果的实质性阶段。领导体系的各个方面最终都要具体集中到这里来兑现、落实或者实施，并由此产生相应的领导结果，故而亟须加强权力制约来充分保证权力运用的正当性、正常性和正确性。

1.9 领导权力的运作要旨

1.9.1 领导权力运作的主旨

权力的来源和本质决定了，领导权力的运作不仅是要通过使用权力来达到组织目标、实现组织使命，而且根本上就是要为人民掌好权、用好权、直接造福于人民以及确保人民始终有尊严。这一主旨具体包含了以下三层意思：

第一，领导权力运作是领导机器的实质性启动和运作过程，是关系到社会经济及其他方方面面变化发展的领导行为与活动，当然也是调整现实关系和利益的敏感行为与活动。没有这样的行为和活动，就是没有真实的领导过程，就不能履行领导职能、实现领导目标。

第二，以实实在在的创造性资源运动来为第一主体竭诚服务，包括看好家门、多办实事、广谋福利，以此来回馈第一主体，确保第一主体满意、放心和高兴，为整个组织群体或社会系统的和谐、文明与进步做出积极而特殊的贡献。

第三，通过权力运作，显示和证明第二主体对权力之母竭诚尽忠、对领导角色称职胜任和对第一主体全力维护。同时也由此证明：第二主体规范严谨，有能力、有条件、有实绩，而无任何浮躁、虚妄与泡沫，能够替第一主体掌管好权力和其他资源，能够竭尽全力、大公无私地为第一主体服务和谋福利，值得第一主体充分信任、信赖和拥戴，值得继续把权力委托和交付给这样的第二主体，是真正信得过的权力代理人。

显然，领导权力运作极为现实、极端重要。这突出表现在它是最实质的领导过程，是必定会产生结果，特别是导致领导客体变化、含带重大责任的领导活动；同时，也是必须确保依法、合理的领导行为，是必须有效推动文明和进步、创造财富和幸福、确保稳定与正常的核心过程。然而，在现代法制条件下，一不小心，用权就有可能会变成失职或者渎职，并引发其他许多严重问题。换言之，如果在违法和无理的前提下，它就是领导性质异化后的权力滥用、权力误用和权力坏用，那就是典型的领导失职或领导渎职。

事实上，领导主体，特别是领导者是合格的群众代表、人民信得过的公仆还是权力窃贼或权力大盗，或者道德水平、思想水平、政治水平、执政水平和治理能力是高是低或者全然恶劣，等等，都将在这一具体的权力过程中得到彻底的证明或暴露。

应该说，领导权力的行使无论如何都会产生相应的现实效应。当它合乎有关原理原则而依法进行时，它就能够产生积极的和进步的作用，形成正效应。当它无视或违背有关原理原则而违法进行时，它就必定会产生消极的和倒退的作用，形成负效应。而事实上，领导权力的行使却只有在追求和确保形成正效应的情况下才是有意义、有价值和健康正常的。

总之，权力运作应该说是天下第一重要的事情。其中，领导者所起的作用是直接的和最主要的，所担的责任也是直接的和最大的。其行使和运用权力的水平如何、正确性如何，将在其直接负责的范围内产生全局性的影响或后果。所以，党的十六大报告对此就特别强调地指出："领导干部特别是高级干部，必须以身作则，正确行使手中的权力，始终做到清正廉洁，自觉地与各种腐败现象作坚决的斗争。"

1.9.2 领导权力行使的原则

领导权力要确保正确行使，就要高度注意、自觉坚守基于权力本质与来源的根本原则。

第一，以民为主，以官为仆，本末定位。

权力的本质决定了民为主而官为仆、民为本而官为末；决定了老百姓乃权力之母，领导者乃权力之子；决定了社会成员是权力的委托者和所有者即第一主体，而领导主体则只是权力的受托者和代理人即第二主体。说通俗一点就是，只有老百姓才是权力的老板，而领导者只是权力的雇员。这样一种本末关系、这样一种角色定位是天经地义、亘古不变的。

然而，这就决定了，领导主体在行使和运用权力的时候绝对不能忘乎所以、反仆为主、颠倒本末。只有这样才能保持第二主体本色而维护第一主体地位不动摇，也才能从根本上保证正确用权而避免错乱用权；否则，就不仅会错乱用权、以权害民，而且会堕落成为权力大盗，成所谓"权鬼""民贼"——不仅必为权力老板所解雇，而且也必为真正的权力主体所惩处。这不是危言耸听，而是屡试不爽的真义。

总之，这个第一原则是确保正确使用权力的根本原则，也是没有丝毫松动余地、决不可以懵然相对或以身试法的铁律。这就是说，第二主体必须首先端正本末位置，然后才能胜任第一主体的信任和委托，才能成为合格的权力受托者和代理人，亦即才能正确掌权和用权。同样，领导主体必须正确把握根本的权力关系，明确定位起码的权力角色，只有这样才能从根本上确保正确地看待和对待权力，正确地行使和运用权力。

第二，人民至上，民利第一，一切为民。

权力的本质决定了：权力来源于民而必须回馈于民；权力不是第二主体自己的牟利工具，更不是领导者的私家资源和牟利手段；权力原本就是必须完全用来造福于民的最宝贵资源和最重要手段。而这就要求：权力的行使和运用必须坚持人民至上，民利第一，一切为民。

这个权力原则实际上就是要求领导主体，特别是领导者必须为民而用权。这种为民用权的真实要义主要有如下三层：其一，用权的动机就是人民幸福之念和对于人民之爱。其二，用权的目的就是为民服务、为民谋利和为民造福。其三，用权的标准和角度就是倾斜于民、便利于民、让利于民、宽松于民和厚道于民。

总之，这个原则就是要求领导主体用权必须时刻心向于民、情系于民而非寡情薄义于民，必须真正福泽于民、利归于民而非与民争利，特别是在行使自由裁量权时，尽量向群众倾斜，尽量把天平的准星和重心移向群众。具体而言，就是要对群众能多让一分就多让一分，能多给一分就多给一分，只为群众能够多得利、多有好处而努力、而高兴、而毫不迟疑、而毫无心理障碍，使群众真正能够从权力行使和运用中最大限度地得到好处或利益，决不忍心让群众无利失利、困苦无奈和吃亏受害，由此确保真正做到罢绝私心、用权为民、便利群众、为民谋利和为民造福。

第三，合法依法，公平公正，大义光明。

这一原则要求：在任何时候都必须在法定的权限和合法的范围内、按照法定的程序来行使领导权力；必须时时谨奉宪法、法律和法规，时时对照法律规定，检查每一领导行为是否合法，及时发现和制止任何违宪违法、违规违纪或者非法枉法的权力活动；确保任何权力行使都不会越法律雷池一步，严格依法行使权力，合理合法地运用权力；还要确保权力服从于法律，而不得“权大于法”“权大于纪”，在实际活动过程中真正做到依法用权、规范用权、依法领导、依法施治。

这一原则还要求：要敢于、并能够实行权力运作公开制，提高权力运作的透明度，确保公平公正，以便领导客体实行监督和制约，真正把民主落到实处，真正取信于领导客体；要坚决反对和制止特权化、权力私有化、权力阴暗化和权力市侩化，反对和防止权力崇拜、追求权力最大化，防止权力的无限膨胀或扩张，彻底铲除权力中的封建遗毒及剥削阶级的所有毒素；要坚决克服和打击在权力运作过程中发生的各种歪风邪气，包括尖酸刻薄的怪气、黑云压城的阴气、背后下手和暗使拳脚的毒气、专制乖戾和阴险卑鄙的恶气、拉帮结派和亲疏分对的邪气、制造矛盾和趁火打劫的匪气、纵容胡闹和坐观纷争的乱气、专横无理和肆意压制的恶气等等。

总之，这里就是要求：要严格按照规则和机制行使权力，果断防范和制止越权行为及其他权力违规行为，坚决消除和避免交叉、碰撞、冲突地或者不顾后果、不顾人民意愿、不顾道德公理和公平正义地行使领导权力的现象；要加强自我监督、自我约束，确保自身始终谨慎端正、依法依理和光明正大，有效防止热衷权力、追逐权力、谋取权力等等权力崇拜，而决不要拥权自大、不可一世、把自己当成"土皇帝"或"地头蛇"；还要彻底避免发生诸如以权谋私、权钱交易、争权夺利、钩心斗角、鱼肉百姓、多贪多占、不顾群众死活、任人唯亲、拉帮结派等等恶劣现象，在权力面前始终保持高度的自我约束性。

第四，科学合理，精明务实，讲求绩效。

这一原则要求：要合理地使用权力，因需用权，适当用权，切要用权；一定要把权力当作极其珍贵稀缺的资源来对待，并真正把它用到点子上去，使之发挥出最大的效用、产生出最好的效果；不能超越实际需要或实际许可的范围而有悖情理地行使职权，不能超越领导职能、领导职位和领导职务所确定的权限，不能滥用权力、浪费权力，不能无节度、无分寸、随意任性、不计成本、不计后果地行使权力。总之，对于权力这种资源，一定要倍加珍惜，要节约高效地使用；把权力用得最为贴切精当，不错用，不滥用，不胆大妄为，不借以胡作非为，特别是决不能"权大于理"。

这一原则还要求：必须结合当时当地的实际情况，一切从实际出发，实事求是，追求真理，遵循并维护真理，必须在真理的指引下、在科学的前提下最佳地行使权力；必须科学地制定权力运行规则和运行机制，并加以法律化；必须制定最有效的权力监督约束机制，并同样法律化。决不能没有科学依据就胡乱行使权力，决不能把不科学的用权及其造成的巨大损失和带来的严重后果仅仅当成是必要的学费。

这一原则又要求：用权必须非常精熟于运筹谋划，善于掌握和利用好时机或机会，善于使用影响力和各种资源并极大提高资源的效用，善于调动和发挥组织内的所有积极性、能动性和创造性，从而极大提高组织群体和每个成员的工作成效，努力创造优良的个人业绩和组织绩效，最终取得最好的权力使用效果。

这一原则还特别要求：必须分层协调，分类配合，按位行权，各负其责；一般均不得超越权限和实际工作范围随意动用权力。同一层次的领导活动中，对同一个组织的成员，也有必要将权力划分为若干个层次，分工负责；做到既善于集权，又善于分权。必须避免大小权一概独揽，即要防止一竿子插到底、事无巨细全由一把手来抓，由此确保领导权力真正得以最佳地运作，并且发挥出最佳的作用。

总之，这里要求，必须确保权力服从于真理，服从于科学，而不是凌驾于真理和科学之上；必须使整个权力运作过程都能勤谨务实，灵活应变，讲求实效，确保踏实扎实和效率效益，真正做到合理用权，科学用权，灵活用权，务实用权，最终实现科学领导。

第五，珍惜节约，严谨慎重，杜绝滥用。

这一原则要求：必须树立十分明确的权力资源意识，要有高度的权力有限感和紧缺感，时刻提醒和告诫自己要珍惜手中的权力，要非常节约爱惜、适度精当、恰切准确、严正规范地使用权力，要绝对杜绝任何权力资源的浪费糟蹋、哪怕一点点不妥当的使用，更不允许滥用，防止失范混乱、失当失控，坚决杜绝胡用乱用、狠用恶用。

这一原则还要求：必须区分轻重、有别缓急，必须讲究方式方法和分寸得体，必须戒绝私心杂念、心浮气躁、意气用事、冲动张狂而保持高度的理智理性、沉着稳重和严谨周密，必须十分谨慎或小心翼翼地对待和使用权力，必须确保个人和集体用权均严格规范，确保领导者与领导班子用权都十分明智得体、有分寸、有把握。

这里还要求，用权必须做到和保持高度的慎独。此即，要正确看待和使用权力，要时刻想到权力的性质、来源、主人和仆人，想到国家、社会和公民，想到历史、责任、良心、良智、道德、约束和监督；要自觉接受外在的权力监督，避免丧失监督，防止滥用权力；要自我抑制和消除具有最严重危害性的无制约个人权力欲。千万不能因为“一朝权在手，便把令来行”的痛快、尊严、风光和“人上人”的良好感觉，而忘记自己仅仅是代表人民行使权力，仅仅是人民的公仆而把自己当成了国家、社会和人民的主人；更不能忘记权力本就是一把双刃剑，既可用之解决现实问题而造福于世，也可不自觉用之伤自己的命、砍自己的头。

这一原则还特别要求：为了做到上述诸条要义，就要坚决打掉、铲除和告别不可一世的骄气、高高在上的傲气、自以为是的妄气、第一把手的霸气、天下第一的狂气、老虎屁股的躁气、公鸡尾巴的翘气、好高骛远的浮气，踏踏实实、严谨周密地行使和运用权力，确保每做一事、每行一步、每用一权都切合实际且有板有眼，而决不能炫耀权势、玩弄权术，决不能根据想象、意气、单纯的理想、模糊的概念、假大空的口号等等来行使权力。

总之，用权就是要消除一切浮躁之气和形式主义，追求权力行使的切实、务实和踏实，以真正的实效而非大吹牛或者虚假手段等等来行使领导权力。

第六，实事求是，民主集中，杜绝独断。

这一原则要求：必须以求真务实的态度，客观、正确地对待和反映领导环境及所要处理的事务，真实、准确、全面、系统地把握住用权所不可超越和模糊的现实情境、客观规律、客观要求和事实真相，不能歪曲事实，不能主观臆断，更不能虚妄专断。只有这样才能真正确保谨慎用权、正确用权和有效用权；否则，就必定会造成用权不当、用权失误乃至用权错误而后果严重。特别是在行使政策权和人事权的时候，尤其必须确保实事求是，讲求和尊重客观事实，从客观事实真相和要求出发，充分注意到，也把握住了方方面面的关系与问题，抓住了时机、要害、焦点和平衡点，然后准确恰当、果断有力地用权。这样才能确保有效地解决问题，平衡好各方面的利益与关系，最大限度地做到公平公正而使人心服口服，真正做到恰当用权、准确用权和成功用权。

这个原则还要求：必须非常善于发动群众，开启民智，舒张民情，放访民意，反映民求，确立民愿；同时，还必须非常善于听取领导班子内和整个组织系统内的不同意见，适当地分权，不要搞一言堂，而要搞群言堂，不要搞家长制，而要搞委员制，不要搞个人说了算，而要搞大家出主意。在此基础上，博采众长，汇集精优，适当集中，切实统一，恰当集权。总而言之，就是要善于和乐于兼听博纳，善于从不同的声音和思路中获取灵感和启发，由此来确保及时或及早发现和避免权力陷阱，更好地形成正确用权、成功用权的思路与对策，也更科学高明地处理集权与分权的关系，确保权力运行中规中矩、稳妥端正而风险最小。

总之，这个第六原则是保证领导权力正确行使和运用的关键准则与最重要保障，同时也是其他原则，特别是第四和第五原则能够得到切实遵循与实施的最重要保证。

第七，公开透明，接受监督，承担责任。

这个原则要求：要建立并维持领导信息公开的制度和机制，同时还要建立并维持权力行使乃至整个领导过程对民众公开的制度和机制，让人民能够随时知晓领导权力的状态、领导权力运作的过程和进度，确保权力及其行使能够真正光明正大和公开操作；坚决避免和防止权用于私和暗箱操作，坚决排除心地阴卑、灵魂肮脏、人格龌龊地对待和使用领导权力，坚决避免领导权力及其行使被人利用、腐败堕落和侥幸过关。总而言之，就是要加强领导公开的力度和深度，用透明的机制来确保领导权力的健康、正当、规范和安全。

这个原则还要求：要加强对领导权力行使的监督和制约，不仅领导者要最大限度地强化自我监督、自我约束的力度和自觉性，而且要最大限度地发挥人民监督、社会监督、法律监督、政党监督乃至领导系统自身监督的作用；同时，还要极大发展、优化和增强领导公开机制、领导权力的监督约束机制、法律监督机制和政治监督机制，从而最有效地实现对领导权力的监督和制衡。总之，要绝对保证权力的人民性，保证权力行使的合法性、合理性、公正性和科学性，把权力完全置于人民的有效监督之下，合规中矩，到位正位，而完全避免领导权力的缺位、越位，完全避免权力行使的不规范、不作为、失范失控、失职渎职、违规违纪或者违法犯罪。

这个原则又要求：（1）必须责权统一，不可权责分离，也不可重权轻责或者有权无责；必须是权既行之，责即随之，权责对应，形影不离，由此形成确保权力慎用和用权担责的有效机制。（2）必须以责驭权，此即要由领导主体根据责任并自觉从责任出发来控制自身的用权念头和用权行为，即以责任来约束权力，使权力服务于责任，由此形成一个成熟于领导主体内部的权力制约机制，并最终使得领导权力成为从属于领导责任，特别是权力责任的特别能动因素。（3）必须以责制权，此即要由领导主体之外的机构、制度和能动主体来掌握和判定责任的标准、程度与不可逾越的红线，紧密关联责任要点而随时审察权力运作的性质、位置、特点、影响和结果，当权力运作触犯红线或即将引发危机时就迅速启动责任警示或责任追究程序，当然也实行事后问责制度，由此来确保权力规范、安全地运行。

这里的总要求是：领导主体必须强化责任意识，把责任看得高于权力，为官一任，负责一方；同时，还要形成一个强效有力的责任机制，随时有效地制约权力，发挥出权力制衡的特殊作用。只有这样才能确保权力不会离开责任，才能确保权力只是履行领导职责的必要条件而不会成为领导者谋私的工具。

对于上述七条原则及相关要义，领导主体特别是领导者在行使和运用权力时，如果能清晰严正以遵循之，则合乎其义，顺乎其道，扬乎其德，成乎其功，且持乎其久；相反，如果是糊涂险恶而违背之，则敌乎其义，逆乎其道，弃乎其德，败乎其绩，而祸乎其短。事实上，如果领导权力已经成为为所欲为的万能法宝，那么就意味着专制、腐败及灾难已经产生和泛滥。只有坚守上述诸原则要义，才能真正有效地避免发生不良的权力后果。至于用权的方法艺术，则只有在严格坚持这些原则的情况下才能讲究和应用；否则，就会变成奸诈险恶、玩权弄权的权术，这样其后果就必定非常严重了。

总之，对于这些权力原则，绝对不可随意出入、轻慢践踏；否则，均将自取其祸，更害世至深。领导主体，特别是领导者对此当认真对待，真正做到慎重用权。

复习思考题

1. 根据权力的本质和基本关系，应该如何正确看待权力现象，如何正确对待权力？
2. 权力到底有什么作用？领导者拿着权力能干什么、应该干什么？为什么？

3. 领导者在权力体系中处于什么位置？领导者凭什么掌权？领导权力有没有什么边界或限度的问题？为什么？

4. 有些领导很成功，有些领导很失败。这些情况与领导权力有多大程度的关系？为什么？

5. 历史上或现实中有无权力变质和失控的问题？为什么？该怎样对待？

6. 有权力就必定会腐败吗？把权力关进制度的笼子里能否根治腐败？为什么？

第2章

领导谋略

2.1 领导谋略的实质要理

领导的整个过程自始至终都需要运用谋略。领导谋略是达成领导目的和目标的手段保证。领导没有谋略或者谋略很烂，就必将显得非常不胜任甚至愚蠢，既不能获取、维护和巩固领导权，更不能运用、发挥和实现领导权，当然也就完全不能做好领导工作。领导者要增强自己的工作胜任力，就一定要拥有并善于运用许多好的领导谋略，确保能够克服各种艰难险阻而突破重围、克敌制胜，睿智进行各种交易、互动、较量和博弈，明智处理各种疑难事务以完成任务、达到目标，有效维护、巩固和行使领导权力以切实履行职能职责。

2.1.1 谋略与领导谋略

1. 谋略

谋略就是随情况不同而随时随地进行个性化、有针对性和解渴管用的有力反应；实质是以健康完善的心智机能为基础的智能行为；具有以变通性和创造性为根本特征的实战化内涵，包括了反映、认知、把握、适应、因应、回应、响应、策应、调整、转换、转化、替代、超越、变革创新、另辟重构等等心智反应和行为反应。

实质上，谋略就是根据历史和现实情况，在有效信息到来和发生刺激之时，即启动整个心智系统，特别是同时运用不同的思维方式、同时但略有侧重地使用所有优秀的思维品质，而后闪现多个念头、主意、想法、计策，进而酝酿形成多种对策、措施、办法、途径和方案。

谋略具有许多非常有趣，也非常有用的重要特征，但更为突出的特征主要有如下六个方面：（1）不受条条框框约束，随时随地打破、抛弃旧观念、旧定位、旧标准、旧关系。（2）超越常规、常态，破除俗见、俗念，冲破既有的思维定式、行为习惯和路径依赖，突破既有的现实范式、效用模式和体制机制。（3）因情紧切而务实图效地换角度、换层面、换参照、换心态、换思路、换点子、换办法。（4）既超越时空，又切时切境，广泛跨越和活跃于宏观领域及微观领域。（5）旨在抓住时机，抓住机遇，趋利避害，求顺化逆，交锋博弈，克敌制胜。（6）强调圆转圆融、机动灵活、谋定后动，但并非不设底线，亦非没有红线，而是必有原则、方中求圆、以方制圆，辩证处理方圆结合。

一般而言，谋略具有战略、策略和计策三个部分，实际就是谋略的三个基本层次、三种基本形式，实际对应于战略谋略、战役谋略和战术谋略三个基本形态。但是，谋略的实际形式却只有计谋和具体措施两个部分，在战略层次就是宏观计谋与宏观措施，在战役层次就是中观计谋与中观措施，在战术层次就是微观计谋与微观措施，都能颇有针对性地分别应对和解决相应层次上的实际问题、达到相应层次上的工作目标。

事实上，组织与组织、群体与群体、社会与社会、国家与国家之间的竞争较量主要地或集中地体现在领导者之间的交锋较量，而这个交锋较量却主要地表现为和集中归结为领导者之间的智慧较量——其实质也就聚焦到谋略互动这一焦点上。谋略互动实际已经成为领导互动的轴承和主要实质。领导成败主要就取决于谋略互动中谋略的强弱高低。

在这样的智慧实践中，一般是：只有首先在战略上胜于或超越对方的谋略，才能从根本上确保竞争的胜利；只要在战略上略胜一筹，即使是战役谋略或战术谋略略差一点，也依然能够占领制高点，赢得主动权，获得竞争优势，最终赢得较量。但是，如果战略上慢了一步或者差了一点，亦即只要战略上低于或落后于对方，那么，即使战役谋略或战术谋略比对方还高明一点，也必定会从根本上丧失优势、陷于劣势，而无法扭转被动局面，无法挽回互动大局，最终则必败无疑。

2. 领导谋略

领导谋略，也叫领导权谋，实际就是领导应变或变通，是指领导者视领导环境、领导情境和领导过程所涉各方相互关系实情做出及时得体、切实管用的睿智反应。这是存在于社会实践中心、最为重大至要的一种核心智慧、一种要释放主导能量的综合性重大领导实践。它不仅具备了普通谋略的所有实质、内涵、特性和功效，而且还有基于领导这种特殊社会事物而形成的特殊性、重要性和必要性。

从领导实践看，领导工作确实具有自身固有的特殊性、复杂性和特别重要性。做好这样的工作非常需要、永远需要多谋善断、谋略高超。只有谋略高超，领导者才能在瞬息万变的复杂情形之下看准并抓住机遇，能够快、准、狠、稳地有效实施领导，使得领导至少在方法论层面能够强而有力、完全成功甚至创造奇迹。领导谋略暗弱，领导者就可能失误、错误，甚至在从容状态下也难保不发生过错而痛失机遇。

领导者多谋善断是领导者有谋略、有好谋略的直接来源。为此，领导者要善于根据时势需要和情境条件，进行灵活多样的谋划、及时准确的决断。这是善于领导的根本表现和胜任力之一，也是做好领导工作的核心要求之一。在具体的实践中，这既是科学含量很高的决策前端操作过程，也是充分展现个体才华和个性艺术的领导工作。其水平和质量如何，将直接关系到整个领导工作大局，关系到组织目标的实现，关系到整个事业的得失成败。

事实上，领导者的第一要务就是出智慧、拿主意、办大事。对于领导者来说，这样做首先需要紧密依托并根据具体的环境、基础、条件和实际情况，确定相应的工作标的、内容、路径和方法手段，其中充满了顺时应势的不同变化。这两个层面上的不同和变化经常各自形成不同程度的不确定性，也经常组合在一起构成深刻影响领导的一系列复杂变数。这些不确定性和复杂变数总是把领导工作置于富有挑战、充满压力的复杂情境之下，给领导判断、调整和抉择带来困惑和更大难度，造成困难乃至困境。

在实际的领导工作当中，那种进退两难、左右为难的情况是常有的事；那种可彼可此、选择空间较大的情况则更是家常便饭；至于时机降临、需要抓住而怎么抓却又莫衷一是、扑朔迷离的情况就更是司空见惯。这些都是领导工作中最经常遭遇或面临的复杂情境和实际变数。在这样的情况下，非多谋善断，即不能取得领导成功；优柔寡断，就必定会导致领导失败。显然，领导者非多谋善断不可，只有这样才会有谋略去做好既复杂又困难的领导工作。

应该说，多谋善断、善出谋略是胜任领导工作的一种标准、一个要求，也是领导者必备的一种基本能力和主要智慧。领导者凭此即能在瞬息万变的信息境况中随机应变，灵活决断，有效应对，机警行动，并从中同步进行机会捕捉和机遇掌握，变被动为主动，变劣势为优势，化逆境为顺境，不断取得成功，最终是积小胜为大胜，把智慧长处发挥得淋漓尽致，创造出一系列精彩迷人、充满魅力的领导活剧甚至领导奇迹。

应该说，真正最能吸引人、最能说服人的领导魅力、领导艺术和领导智慧主要就在谋略这里。领导者智慧素质的高低强弱根本上就体现在并确证在谋略这里。人们常说的“领导是人精”就是指这一点。然而，这里实际上是真刀真枪地与具体的现实对象、主要是竞争或挑战对象进行互动的依据和对接之处，来不得半点虚假，也来不得丝毫花架子、官架子、形式主义和官僚主义；否则，就必将带来一塌糊涂、不可收拾的惨败局面。领导者的特殊功能和最大关键价值常常就体现在这里；这里不过关，则根本上是不能胜任领导工作的。

一般而言，领导谋略是不断有效应对新情况新问题的最主要手段和拐杖，最集中体现出领导处理复杂事务的才智和能力；要求领导者具有源源不断的闯劲、变革力和创造力，而不能有路径依赖的习惯。领导者必须如此才能胜任领导工作；否则，就只会按老一套做法做工作，低能低效，高消耗高成本，在极其复杂的现实面前就必然会无能为力、无所作为；整个组织和事业在如此领导之下只能勉强维持，不太可能取得什么成功、达到什么新高度，也不会看到什么希望和兴旺；从领导到团队、从愿景到运作都将出现老态龙钟、暮气沉沉和式微衰败。因此，高度重视开发、运用领导谋略就成为领导者和领导事业成功发展的永恒需要。能否满足这个需要，事关领导的得失成败，是每个领导者都必须交出优良答案的基本理论问题和重大实践问题。

的确，头脑僵化，反应迟钝，既不在乎什么具体情境，也不关注什么新的变化，只习惯于官僚主义运作，却不善于临机回应处置，这样就会坐失良机、痛失机遇，把优势变为劣势，把方便变成困难，把本来可能取得的成功化为乌有，把原本不大的被动加以放大到濒临失败，最终使整个领导工作和整个组织都面临空前的危局，造成巨大的危害，甚至带来深重的灾难。这就是说，不能多谋善断者不仅不胜任领导工作，而且会使组织付出巨大代价，会给事业带来严重危害。

总之，领导谋略至关重要。其核心操作要点是必须确保细致周密、灵活应对、及时切要、精确到位。这样才能避免险境、失败或危难，才能避免造成不可挽回的后果。而若漫不经心、粗疏杂沓，那么即使原本聪明智慧，也无法出一好谋，无法成一好谋。对此，古话说得好："君不密，则失臣；臣不密，则失身。"

2.1.2　领导谋略实践的基本要理

领导主体是一种特定的社会行为主体，领导者是特定的社会角色，领导是一种特定的社会行为。此中的"特定"决定了领导主体、领导者、领导的具体性、实在性和特殊性；决定了领导必须应变，领导者必须具备优良的应变力。这个"特定"以现实情形和客观存在为前提，以身处实情、面对实况的领导者必须正确反应为约束，对领导谋略和应变力提出了实践要求，给定了实践条件；而这决定了领导必须变通以对，唯应变能有效治理。具体来说，这个"特定"突出表现在如下六个方面：

1. 工作对象特定

工作对象是指领导者必须以履行职责的角度和压力来施加影响的具体对象，或者是具体的人和事，抑或是具体的问题和任务，总之是完全具体、实在的领导客体或领导对象。这些具体的工作对象实际是一个个各自独立存在、需要领导施加作用的具体事物。大多数事物是天然互不相同、差异巨大甚至完全相反的，而且在不同的时候、不同的地点表现出来的特性都各不相同，或位移，或质变，或轨换，所以即使是同一事物也常常存在很大差异。

因此，领导者就需要调适自我、主动变化、以变应变，制定和实施更切合当前对象的、亦即更有针对性的个性化措施。显然，不同对象、不同事物、不同问题，施治的方案肯定是不同的和特定的，常常是量身定做的。当然，事物情况如果基本相同，就可对其实行同类项合并而加以归类，运用同一类适用有效的方法策略来处理施治。这就是通过变动对象来做出变通的领导谋略，可以省时省力、低耗高效。这是一种高明的变通，但不太可能常用，取决于特定的时间段。

总而言之，面对特定事物，领导必须做特定的变通：要么变通自身，要么变通对象；只有不断地变通，才能确保增强领导施加影响的实际效力。

2. 环境条件特定

环境条件是指总体环境状况，即包含形势在内的总体环境；是领导活动的总体舞台，故而又叫作领导环境。环境不同，就必须变通。环境总是存在不同，即使同一地点，环境也是会有差异，因此，身处其中的能动主体就必须不断变通。

领导活动总是在一定的环境下进行；脱离这个环境，就无法发生或存在。领导活动的成败得失总是在受到领导环境制约、影响之后发生的。而这就是领导过程中必然依托于其中的领导环境。当然，领导活动也总是对一定的环境起作用，或者是影响它、引导它，或者是利用它、改变它，但这时的领导环境就已经变成领导对象或领导客体了。

无论工作对象是否相同，只要领导环境不同，领导就必须变通；主要是随环境因素的差异和变化而变动领导的心理行为和工作举措，使之与环境相吻合而脚踏实地。如果领导环境相同，而工作对象不同，那么领导也同样必须变通，确保领导的心理行为和工作举措在相同环境条件下达成对不同工作对象的特定和有效。只有在相同环境下面对相同工作对象时，领导谋略才可以相对简单起来。

上述这一切表明，领导谋略就是在环境条件约束下出现的特定情形，领导必须随特定环境进行特定的变通。

3. 情境条件特定

情境条件是指紧贴工作对象和领导者的周边因素。这些因素包括时间、空间、人、事、关系等等。其中，时空因素最具体、最现实，也最基本。不同时空交汇本身就产生巨大的时空差异，对处于其中的人的心理行为和关系以及社会过程和结果等等都直接产生重大影响。譬如时间紧急则产生危急，要求领导必须紧急应变，如果再加上地点偏远而道路崎岖险峻，则更是急上加急、险上加险，对领导的应变力就提出了更高的要求。另外，时空交汇点不仅自身有不同而引起重大变化、要求大行应变，而且加入其中一起组合成具体情境的其他各种因素也是大不相同的，有时哪怕是同一种因素因为加入的量有不同也直接产生大不相同的情境效应与结果。

事实上，任何一个领导者、被领导者以及各种事物和关系都是在具体的时空交汇点发生的。每个时空交汇点都是一个事物、一个心理（如一思一念、一缕情绪等等）行为的温床或舞台，是直接酝酿、产生、左右或接触领导工作对象的具体环境或胚胎，也是直接影响领导者具体心理行为和具体工作举措的特定因素组合。

这样的因素组合其实是大量随机进行和完成的多因素临时性交汇，不时形成一个完全特定的具体情境，对领导主客体同时发挥最具体、直接而特定的影响，其中最突出的影响是很难在短时间内把握住、应对好的不确定性和复杂性。如此组合而来的具体情境实际就是具有鲜明特定性的活动环境，根本上属于领导环境，但在发生作用的具体机制和微观效用上与总体环境大不相同，是一个可以相对独立存在的具体环境，实质就是复杂的领导情境。

这就是说，领导情境是完全特定的、不断变化的、充满风险和挑战的。领导者只能根据并针对这一个个不同的具体情境来理解和把握事物及有关关系，调节自我的心理行为和工作举措以确保切合实际，然后才能为领导成功提供一个实在的前提。换言之，领导只有紧贴着并针对这些具体因素及其临时性组合状态来做出正确的反应，才能切合最具体甚至微观的实际情形而赢得领导反应的针对性和有效性。

然而，如果领导不随领导情境进行特定的变化，就有可能随时随地陷入严重不适应、基本无效力的窘境，而且为领导失败设定了前提。显然，想对此以不变应万变则明显是危险有害而绝对行不通的。因此，领导必须在不同情境下做出不同的反应，为适合特定情境、确保取得成功而积极进行领导谋略。

4. 社会背景特定

社会背景是指综合了民族、人口、政治、经济、文化、历史、宗教等等诸多现实情况的整体现实状况。这可以从社会环境或社会条件的角度归结为领导环境，但从其与工作对象和领导者的关系来看，又可以理解为开展具有广泛影响的领导工作的一种社会平台。社会尽管具有相对的稳定性和持续性，但却更有绝对的变化性和特殊性。领导者可以在相对稳定的社会背景内实施相对同一的领导，但事过境迁则必须变。

一方面，从世界范围看，社会有不同的性质和制度，也有不同的形态和发展阶段，包括原始社会、游牧社会、农耕社会、工业社会、信息社会等，其生活方式、生产方式、管理方式、活动方式、竞争程度、社会关系等等都不相同。这就构成了一种宏观层面的社会特定性。

另一方面，从同一个大社会内部看，也广泛存在多方面很不相同的小社会。显然，此中存在广泛的社会差异，形成多样的社会背景特定性；领导因之而在不同层面上存在广泛的不同，特别是领导方式和领导风格等等就大不相同。这就构成了一种中观层面的社会特定性。

另外，领导者在不同的小社会之间流动或者小社会总是在领导跟前不断交换、交流，就决定了领导是不能保持同一状态来持续实施的，而必须不断调整、变化，确保领导与之对应切合，只有这样才能适应之并积极反作用之。这就构成了一种微观层面的社会特定性。

5. 群众基础特定

群众基础就是领导基础，这里实际是指领导获得群众理解、信任、支持和拥护的程度。不同的群众基础决定了领导具有不同的地位稳固性、现实权威性和工作有效性。当群众不太理解和信任时，领导者就必须高度注意诚心诚意和方式方法，而且要根据不同的群众心理和要求选用适合的工作方法。如果群众基础原本较好，对领导一般都比较支持和拥护，那么领导者就可以大致忽略一些微观层面的互动细节，而与群众一体同心、随意随便地通融、凝聚在一起，为共同目标奋斗。这些都是具有根本制约效用的特定性。只有根据这些特定性来随时调整领导方式和领导状态，才能确保拥有更好的群众支持和更高的领导成功概率。

6. 领导素质特定

领导素质就是领导者胜任领导工作的内在条件，包括实际的领导经验、政治素质、思想素质、道德素质、法律素质、社会素质、能力素质、智慧素质等等。不同领导者在素质上的差异是非常大的，特别是其中的智慧素质差异最为突出。这些个体差异决定了不同的领导者在不同的总体环境和具体环境中对不同的实际问题、工作对象必然会有不同的反应。这实质是个性化素质条件决定的主观特定性。其实，领导素质的特定性对于领导的应变力至少有双重关联和更为复杂的相互作用，领导谋略的差异性可以说主要就是渊源于此的。

因此，领导者要随自身固有的主观特定性来做出正确而适当的反应。同时，为了确保对事物的认识和把握达成正确，领导者也要根据一般的领导认知规律和特点来做出反应，实际上就是必须对个性或主观特定性中的不适应之处进行调整，也就是必须通过必要的变通、正确的应变来调适自我认知、确保从自身实际出发达到正确认知、适应和反应的彼岸。

对于以上要理，领导学界展开了长期深入的探讨和研究，形成了不少领导学理论，诸如领导环境理论、领导情境理论、领导权变理论、领导变革理论等等都很有代表性，对于把握和提高领导的应变力非常有价值。与此同时，管理学界、组织行为学界、应用心理学界等许多学科领域也对此很感兴趣，都不同程度地进行了相应的探讨和研究，并且出了不少可以并驾齐驱的理论成果。这一切为领导应变力理论与实践的发展提供了坚实的基础。

2.1.3 领导谋略实践的权变原则与权变特征

1. 领导谋略的权变原则

领导谋略的权变原则是指这样一种领导行为原则：衡量是非利弊，根本上坚持领导价值，时宜上进行适当变通，亦即实施权宜应变，包括因地制宜、因时制宜、因事制宜。这个原则是在特殊情况下领导者处理问题的一种指导原则和方法，也是权宜理论在领导活动中的具体运用。对于一个现代领导者，通权达变的观念十分重要。如果采取教条主义的态度，不具体分析特殊情况，凡事都机械地执行指示、决定，不能从实际出发，相机行事，则不可能开创工作的新局面。

事实上，由于领导活动是诸多因素相互关系的动态过程，在实施领导时常常会遭遇各种各样的价值悖论、行为悖论和复杂困境，因此，领导者要克服悖论和困境并把工作做得尽量圆满，就不得不进行必要的变通，只是这个变通必须首先以不违背根本利益为前提，而后考虑任何一种可行的变通选择，把握变因，随机应变，灵活机动地处理和解决当前问题。

这就是说，强调权变并不意味着领导者可以不受任何约束、为所欲为地行动。它是有限制条件的：在工作中，一定要讲究动机和效果的统一，不能毫无把握地标新立异，也不能无视客观规律和实际效果而蛮干；同时，权变行为要符合组织的整体利益、长远利益，如果目无大局、自行其是，那就不是正确的权变观念，失去了权变的真正意义。

从权变的角度看，任何一个领导者，都需要根据变化的时间、地点、条件及对象的不同，采取不同的领导方式和方法，世上没有“放之四海而皆准”的领导方法，唯有如此，才能取得良好的效果。

2. 领导谋略的权变特征

领导谋略的权变艺术是指建立在一定知识、经验基础上的非规范化的有创造性的领导方法、方式、技能等的操作性综合，也就是那些非程序化、非模式化、非定量化的高超的领导技能。其实质就是领导者的学识、智慧、才能、胆略、作风、经验等多种因素的综合反映，表现为领导者创造性地灵活运用已经掌握的各种知识和领导方法，具体分析各种复杂因素，妥善解决领导工作中实际问题的综合能力，贯穿于整个领导过程和领导活动的各方面。应该说，这是一种高层次的领导技巧和方法，显示出一系列显著的这样特征。

第一，创造性。创造性是科学思维方式在实践中的标新立异，体现了领导者生机勃勃的创造力，属于智慧和才华的结晶。它不拘泥于传统经验或墨守成规，而是构思新颖，风格独特，在一定范围内具有开拓性和首创性。领导者的创造性如何，是衡量领导艺术水平的一个重要标志。

第二，随机性。随机性是领导者思考和处理非常规随机事件的一种变通能力。它不是对领导科学及其方法简单、机械地运用，也不是对有规律性的事物遵循规范化程序办理，而是从实际情况出发，转换角度，打破僵局，多方位地寻求解决问题的途径，是根据不同的时间、地点和条件的转移，随机应变地认识事物、处理随机事件。因此，领导艺术是一种非模式化的技能，具有高度的灵活性，而且经常表现为高度原则性和灵活性的统一。当特殊情况发生时，死搬教条不行，必要的随机应变、机动灵活是可取的。人们常用“将在外，君命有所不受”来阐明这一道理。

第三，经验性。领导艺术不是天生的，它来源于领导者的阅历、知识、经验和智慧，在很大程度上受到领导工作性质、领导活动范围的影响，是领导者实践经验的总结和升华。具有不同个性特征的领导者，会有迥然不同的办事技巧，带有鲜明的个性。在这个特点下，领导艺术通常是不可重复验证的，常常是“只可意会，不可言传”。这就将领导艺术同领导科学最直接地区别开来了。

第四，多样性。领导艺术是一种千姿百态、生动活泼、丰富多彩的艺术，具有多样性的形式、层次和类别。不同的领导者处理同一领域相同的事务，往往会运用迥然不同的技巧和方法，甚至同一领导者在处理同类或类似的问题时，也会因时因地因人运用不同的解决方法。

第五，综合性。领导活动主要表现为对全局工作的指挥和协调，驾驭整体发展方向。因此，领导者需要很高的综合艺术水平，平衡和处理全局工作各个方面、各个环节和联系，解决各种错综复杂问题。

第六，特殊性。特殊性是领导者在特殊条件下解决问题采用的特殊方式和手段。这种领导艺术常出自那些运筹帷幄、决胜千里的卓越军事家或审时度势、力挽狂澜的大政治家之手。在特殊性事件中，领导者得到不平凡的展示，虽然时过境迁，但仍有许多杰出人物的领导艺术被传为美谈。

2.2　领导谋略的智慧基础

领导谋略的智慧基础是领导者的智慧素质和权谋能力之和；既来自先天的禀赋，更来自后天的努力，主要是实践经验。这个基础越雄厚，领导谋略就越丰富；这个基础越优异，领导谋略就越高明。领导谋略与领导的智慧素质关系至为密切。

2.2.1　领导的智慧素质与权谋能力

1. 领导的智慧素质

智慧素质是所有领导素质中最精粹的部分综合在一起而后形成的最高境界的综合性领导素质。它是人脑对一切主客观现实能够高速特效地应对、以悟性和创造性为根本特征、表现为虚灵状态和高度机敏能动状态的特殊机能，是以其他所有领导素质发展到一定高度为前提条件然后才能产生、聚合、形成和发展的个体特质；蕴含着最高级最优质、当量最大而体积最小的能量，在释放能量时会把行为或活动变成科学的运动和迷人的艺术，所释放的能量能够产生出最佳的效果和结果。其具体特征主要有全面性、系统性、条理性、严谨性、针对性、准确性、恰当性、灵活性、灵敏性、解决问题的及时性和有效性等。总之，它包含了充分的科学性和艺术性，是决定人的质量和品位的最大因素。

其实，这也是一种工具性的领导素质，与领导素质相比，只不过是更灵动更优秀的工具而已。这就是说，智慧素质也是为人处世的工具，是必须基于能力素质的、具有最广泛用途的高级内在工具。这种工具具有很大的开拓性和创造性，是人们要取得创造性成功的必备条件，在最高层次上决定着人的效用、价值和品位。不同人有不同的智慧素质，就会有不同的行为质量和行为结果，也就会有不同的作用效能和品位价值。社会素质和职业素质对人的作用固然有重大的支持，但却不是决定性因素，更不是唯一条件；智慧素质虽然以两者中包含的经验领导素质为核心内容之一，但是却能够超越之，保证在没有经验或不依赖经验的情况下能够极好地做出反应、解决问题。现实中常常发生这种现象，即年纪低或地位低而智慧高的人同样能干成大事，而年纪高或地位高但智慧低的人则并不能有什么作为。人的价值和品位之高下，于此就可见全豹。

智慧素质是最具灵性的人类领导素质，使人成为聪明人或神人，常言的“神通”即指此。智慧素质缺乏或低下者绝对是非才或庸才。它有一个最大特点，即在发挥作用时可以根据需要任意地表现为任何一种现实能力，也就是能瞬间转变成高品位的能力素质；同时，还能形成思想，形成一种文明精华，直接形成心路延伸和积累。对于领导者来说，它是在任何领导场合均要使用和依赖的日常性、最高级心智工具。

智慧素质主要包括天赋、灵感、悟性、感应、机敏、敏锐、犀利、深刻、幽默、审度、预测、推演、评判、逻辑、想象、联想、构思、设计、研究、通达、创见、规划、应对、运筹、谋略、创造、伏机、制胜、开拓、创造以及科学灵动的方式方法和灵巧精湛的行为艺术等领导素质因素。这些都是才干性因素或创造性因素，是谋取卓越和非凡建树的充分必要条件。显然，其内容是极其高深渊博而无可穷尽的，其中还有许多内容还是只可意会、不可言传的。

智慧素质是最为灵动神秀、最善于创造性地解决问题而博弈制胜或克敌制胜的一种素质。交锋较量的风口浪尖就在这种素质发挥作用、相互碰撞的一刹那之间，高低上下、好坏优劣、成败得失尽在其间。在此过程中，不用说没有创造或智慧低下，就是智慧略输一筹都必将惨然败北。这就是说，领导者光有社会素质、职业素质之类还远远不行，还必须具备卓越的、最灵动神秀的智慧素质；智慧素质对于领导者和组织群体的前途命运具有至关重要的作用。

领导者每天都要处理所面临的大量事务，其中不乏新情况新问题乃至非常棘手的问题，没有良好的智慧素质就无法予以较好的处理，只有依靠智慧素质才能创造性地解决问题。这就是说，领导者必须具备优良的智慧素质，才能真正胜任领导工作，才能适应最富挑战性和最有压力的现代领导工作。领导者应该是最有智慧者。

事实上，在任何正常的社会生活过程中，领导者都是最主要的创始人、创造者、动议者和发动者。如果说人是整个世界的灵动中心，是万物之灵，处于生物界的最高地位，那么就可以说领导者是处于这个中心的中心、最高地位的顶端，亦即最为灵动的社会角色。

而这种灵动性就是智慧。另外，在充满竞争和挑战的社会生活中和全球化时代，生存和发展的压力实际上都集中在领导者及其领导上，组织群体之间的交锋较量都集中到领导之间的反应、互动这根社会性主轴上，社会性的成败就取决于领导的感悟性、能动性、应变性、灵活性、创新性和超越性。这些特性就是领导者的智慧素质。应该说，领导的高超奇妙、非凡卓越主要在于此。

2. 领导的权谋能力

权谋能力是智谋能力与博弈能力之和。

智谋能力指领导者同现实生活中用智出谋进行现实互动的那些社会人群（他们不一定是领导者也不一定是出于跟领导有关的目的而运用智谋）一样所应具备的高级能力，持之进行智谋互动以参与、开展和主导社会生活，更好地完成领导使命。其主干就是博弈能力。

博弈能力就是一种“兵来将挡，水来土掩”的应对互动能力，是精彩的智慧展现。确切地说，博弈能力就是这样一种能力，即能够客观、真实、高度把握环境和他人带来的条件、问题、关节点、可能性等等具体因素以及自己的情况，并针对性极强地出主意、拿办法、定措施、迅速行动、掌握主动、谋取优势、灵活制胜。其特点是灵活性、针对性、实效性；其核心是应变能力和对策能力；其前提是充分关注和了解目前所面对的一切具体、真实而微观的情况，特别是人的情况；否则，博弈就无从谈起。

智谋能力与博弈能力实际上是创造领导谋略、上演精彩领导的能力，可以横向作用于其他任何能力并由此而极大增强之。具体而言，领导权谋能力主要包括如下21个具体的能力因素：（1）环境意识与形势把握的能力；（2）因素了解和条件掌握的能力：（3）审度与分析能力；（4）体认与理解能力；（5）接受与领会能力；（6）融会贯通能力；（7）要害切握能力；（8）变通与应变能力；（9）出主意能力；（10）定对策能力；（11）部署能力；（12）策动能力；（13）应对互动能力；（14）交锋较量能力；（15）回馈返照能力；（16）艺术升华能力；（17）演绎制胜能力；（18）战术发明能力；（19）教条活用与突破能力；（20）心智洋溢与应用能力；（21）灵感培养、迸发与捕捉能力。

2.2.2 领导智慧素质与其他素质的关系

在整个领导素质系统中，智慧素质处在轴心的地位，是高质量体现和实现其他所有素质价值的最大因素和最主要条件。它跟任何素质都关系紧密，但是跟思想素质、道德素质、心理素质和身体素质的关系最为紧密，几乎就是同根同体的关系，区别就只在于表现和效用不同而已。

第一，智慧素质与思想素质都同属哲学素质亦即聪明素质。两者的区别仅仅在于，智慧素质主要是关于方法论及其能动性的哲学素质，而思想素质则主要是关于除方法论及其能动性以外所有具体哲学思想和能动性的哲学素质；前者可以归结为做法形式，后者可以归结为实质内容。它们是相互连接沟通的，也是相辅互济的。智慧素质效用过程本身就能自动生成、积累和优化思想素质；智慧素质越优异、越卓越，其所产生的思想素质就越高级、越非凡且越有深度和广度。事实上，思想素质的质量和水平最主要地取决于智慧素质的质量和水平，因为即使是同样一堆现实材料，在不同智慧素质的作用下就能形成不同质量和水平的思想素质；只有高智慧者才能有高级别、高水准的思想素质，思想素质低下者通常就是智慧素质低下，起码是智慧素质平庸者。

第二，智慧素质与道德素质是最紧密相关的同根素质。智慧素质实际是一种心智灵动、心灵通达的素质，而道德素质则是心灵通达无碍的精神状态与质量。如果心灵曲折闭塞、阴暗龌龊而充斥各种垃圾块垒，则心灵灰沉、心智锈死而毫无智慧可言。而如果道德素质优异，整个心灵非常豁达畅通、公开公正、光明透亮、干净清洁，那么就意味着灵魂没有负累、没有生病和没有障碍，就能确保心智启动和反应的高速快捷及优质清明，进而自然确保产生或形成优质的心智状态亦即智慧素质。事实是，道德越高尚，则心灵越通透，而智慧也就越优异；而智慧越高，则说明其道德水平亦很高。脱离道德修养，就不能修成和提高智慧素质；加强道德修养，就自然能够生成及优化智慧素质。不以道德为基础的智慧素质充其量不过是小聪明、小伎俩和小手段，实质是尽快走向毁灭的致命因素——通常所说的“聪明反被聪明误”“越是聪明越危险”；只有深修道德素质者才会有大聪明、大智慧和非凡的能量，并且有着无限的价值、成效和前途。应该说，道德之高乃精神之达，精神之达乃心智之通；而通则能生成和获得无穷智慧，达成卓越的智慧正果。

第三，智慧素质与心理素质直接相关。从具体表现形态来看，智慧素质整个都是优质的心理功能，是认知心理在足量高级化之后的一种质变和升华；换言之，心理素质中的认知因素是智慧素质的基础——实质是根子或源头，其质量和水平从根本上影响着智慧素质形成、积累、展现和效用的质量与水平。显然，如果先天就是个精神错乱、反应愚蠢的白痴，再怎样努力都是无法获得正常的智慧素质的。

第四，智慧素质与生理素质关系也很紧密。智慧素质直接取决于健康水平和精力实量。如果成天没精打采、有气无力、疾病缠身，那么智慧素质就是本来不错也无法表现出来，而智慧素质在本来不高的情况下就几乎不可能得到激发、生成、积累和发展了，这时充其量也就只能有一些低级的心智活动。这就是说，没有健康、优质的生理素质，智慧素质就缺乏必要的生理依托，在生理幼年和早年阶段就难以形成，在生理中年和老年阶段就难以充分发挥——除非有特定条件，如战国时孙膑是齐国的军师；二战时的罗斯福虽然患有小儿麻痹症但却出身于富贵之家，同时还是总统；当代的霍金则是借助了一个美国人设计的随身交流工具。事实上，智慧素质比其他任何素质都更依赖于生理素质，特别是生理素质中的大脑和神经系统；大脑和神经系统等生理素质如果低劣，则无论如何也无法形成智慧素质，如果优质则十分有利于生成优异的智慧素质。如果说遗传对智慧素质有影响，那么这个影响则主要在于遗传造成的大脑、神经系统和体质支持；遗传决定的这些生理素质很优越，则就具有形成优秀智慧素质的很大优势。

第五，智慧素质与能力素质是“铁哥们儿”的关系。两者首先都是直接用来办事的工具性素质，其次是在实际运作和效用的过程中常常是彼此难分难舍、相互依存、相互支持和相互转变的。特别是智慧素质在能力素质的博弈能力部分就与能力素质达到完全重合；没有优秀的智慧素质，就不会有博弈能力；博弈能力其实就是智慧素质在能力范畴中的集中展现和精彩表演，是最实用而又迷人的智慧素质做功或释放能量的形态。两者的区别主要是，智慧素质是相对更高层次的工具性素质，而能力素质则是相对更低层次的工具性素质；前者以后者为直接发生作用的主要基础，后者则以前者为增强作用、提升档次的主要来源。只有当它们高度结合在一起的时候，一个人的主观能动作用才能完全发挥出来，一个人的能量才能最充分地释放出来。

第六，智慧素质与教育素质、文化素质和科技素质的关系也很密切。教育素质、文化素质和科技素质直接滋养着智慧素质，但其中的教育素质却是最主要的智慧素质来源。智慧素质可以凭其先天遗传而具备良好的基础。但是，如果没有后天的教育，不以深厚的教育素质为支柱，那么天资再好的智慧素质也将退化、消失，更谈不上能有什么大的作用和价值。事实上，真正有效而能成功的智慧素质完全是建立在教育素质基础之上的——而无论这个教育素质来自正规教育还是非正规教育，最主要是来自后天的勤奋学习、重大付出的——而无论这个学习是书面的学习、学校的学习还是经验的学习或是实践的学习。智慧素质说穿了就是一种教育、锻炼、升华而成的智能结果。

第七，智慧素质对其他所有素质都具有积极的反作用，都能极大促进它们的改善和提高，是确保它们高效发挥作用、充分实现自身价值的最宝贵手段和工具。

总之，智慧素质以身体素质中的精力领导素质为关键的物质条件，以思想素质中的思维领导素质为关键的思想条件，以能力素质为主要基础，以生活素质、社会素质和政治素质中的经验领导素质为最直接材料，以道德素质和思想素质为悟性的直接来源并构成其具实的核心。其中，道德素质最根本地决定着智慧素质的效用及发展的可能性和极限，而思想素质的质量和品位则最根本地决定着智慧素质的质量、品位、广度、高度和极限。应该说，道德素质是智慧素质的根本，也是智慧素质的制约因素；智慧素质只有在道德素质制约下才能成为造福的工具。智慧素质必须在道德素质的基础上存在和发挥作用。

2.3　领导谋略的智慧形态

领导谋略其实是在智慧基础上产生出来的能动结果，是比较典型的“形而上”的东西。但是，它并非虚无缥缈、不可捉摸、不可复制，而是有规律、有标杆、有路径、可推演的真实操作要法和务实行动，是能够高明解决实际问题的务实哲学和高端办法。实际上，它一方面具有针对一时一事、不成系统规范的通常务实形态，另一方面也有从专业逻辑上可以充分把握和运用的理论形态。

2.3.1　天赋、灵感、悟性和感应

1. 天赋

天赋即通常所说的禀赋、天资、天分或资质，是与生俱来的心智机能，主要表现为对某种情势具有特别优质而又内在的反映性、接受性和反应性。天赋越高，则预示该持有者智慧潜力、作用潜力、价值潜力和现实人生发展潜力均越大，可以说就是一个天才。一般来说，在智慧素质上和现实工作中，天赋高的领导者要优越于天赋相对低的领导者；但现

实中领导者又常能通过后天努力很好地弥补或者平复天赋的相对缺乏和低下，而最终取得非凡卓越的领导业绩。

2. 灵感

灵感不像天赋那样来自先天，而是来自后天努力的智慧素质，是通过勤奋学习、思考和训练而具备的一种心智蓄势，是一种优质、灵动而又潜在的高智能思想准备，实际上是一种应时而发、应感而动、伏机待创、新颖尖端的创造性机能。领导者具备这种领导素质非常重要，可以做出异乎寻常的反应和业绩，其开拓性、创新性常常依赖于此。事实上，往往就是领导者的灵感突然出现而改变了领导内容、领导作风或领导风格，也改变了领导主体和领导客体的基本面貌，使领导工作别开生面、焕然一新。

3. 悟性

悟性即通常所说的通悟或灵通，是以接受力和理解力为基础的、具有广泛贯通性的特殊心智机能，是一种随时进行感受、交流和应变的内在活跃状态。依凭悟性，就能够以巨大的潜能穿透事物表面而抓捕实质性、真理性、关键性的内涵，实现最大限度的通达，能够充分预测和把握事物的全局，能够走在事物发展的最前线，进而能够赢得更大的主动权和更多的成功机会；而且，能够防止头脑僵硬、心灵死寂、情智麻木等等病态的发生，有利于开展一切活动、搞好一切工作。

4. 感应

感应是一种与环境随时进行强大反应和交流并已经在随时扫描和捕捉环境信息且同时做出强烈反应或深远反应的显微心智机能；通常表现为直觉，主要以各种阅历和经验为基础。这是领导者形成和发展预见力、进行深思和体认的重要条件，也是领导者经常表现高超神秘、怪异奇特或者变化反复的最主要因素之一。优良的感应将有助于领导者保持高智慧状态，在思想道德的控制下做出创新的业绩。

2.3.2 关注、想象、联想、思考、推知、洞悉和预测

1. 关注

关注就是运用观察、注意、投射信息获取网等心智机能对具体的和抽象的客观事物与现实环境进行高水平的侦测、认知和把握的信息引进与获取过程。从根本上说，关注是智慧的入口处，是智慧的起始门，是智慧与现实的连接口。这里的性能和质量直接决定着真实智慧的高低强弱和真假优劣。

智慧如果脱离现实，可以说几乎就不是智慧，或者干脆就不是智慧，充其量也不过是胡乱臆想，弄不好就是精神错乱、走火入魔。智慧只有来自现实并回到现实，即必须始终面向现实，才可能是真正的智慧或有价值的智慧，因为智慧本身就是高水平加工、处理和制造信息的人类功能，不输入信息就无法证明是否存在这样的功能，而这就要靠关注来解决问题了。

优质的关注必须是：细致、清晰、准确、全面地观察，严密、认真、专注、集中、聚焦、投入——凝聚了极大的注意力，快速、迅捷、精确、系统、无障碍地获取多样信息，善于通过用大脑思维为镜子去拍摄和显示各种有价值的信息。通常从务实的角度所说的聪

明以及“眼观六路、耳听八方”主要就体现在这里。

2. 想象

想象是根据某种新的信息刺激（可以是主观的，也可以是客观的）而调动大脑中已有的相关信息储备，同时运用形象思维和抽象思维，以大脑形象功能区为屏幕，对未见或非实的事物进行描绘、显现。这是最普通而又最典型的心智活动。想象越丰富越具体，心智水平就越高越优良。鲜明、生动、具体、丰富、真实是想象的最优品质。想象对于领导工作没有直接的作用，但对于智慧素质整体却有着不可或缺的基础性作用。优良的想象可以极大强化灵动的性能和力量，表明智慧素质具有非常优质的内在基础。通常从务虚的角度所说的聪明主要体现于此。

3. 联想

联想是根据某种信息刺激（同样可以是主观的，也可以是客观的）而调动大脑中已有的各种信息储备，主要运用抽象思维，沿着形象逻辑、情感逻辑或形式逻辑，定点或不定点、定向或不定向、限定或不限定地推展想象、伸展触角、扩展思路。优良的联想是辐射的、快速的、敏捷的、活跃的、广阔的、深远的、无拘束的和会发生许多新启发的。它有助于拓宽智能空间，尤其有助于进一步实施科学化的思维判断乃至于形成思维结论、产生思想结果——最主要是“发现问题”。它的最大特点是由此及彼地发现更多的东西，形成越来越广阔丰富的信息积累。如果联想狭隘浅薄、迟钝粗糙，那么整个心智就肯定僵谔沉闷、怔忪迷糊而无法适应复杂多变、严酷尖锐的领导工作现实。

4. 思考

思考是根据已有的信息储备和新的信息刺激（包括主观的和客观的），严格按照科学的逻辑原则和实事求是的原则进行分析、推理、判断等一系列抽象的认知心理活动，借此剖析事物或问题的表面情况、内部结构、相互关系和内在实质，在精髓的层次上准确把握住达到思维过程中的事物或问题。它的最大特征就是由表及里地解剖事物或问题，准确地把握它们的实质和脉络。这就是通常所说的“分析问题”。可以说，深刻、细致、清晰、严密、严谨、可信、很有条理等等就是思考的优秀品质。

5. 推知

推知就是根据已有的信息储备和已经取得的思考结果，熟悉并综合所有的相关因素及其特性，摸准并抓住事物发展的逻辑，准确推导事物变化发展的下一步、下几步乃至最终可能，或者是准确推导出相关潜在因素、潜在情境、潜在问题、潜在矛盾、潜在危险、潜在需求和潜在机遇，全面把握住整个事物在理论上和逻辑上的运动主向、发展主流和最终结果，从而做到具有先见之明。这是洞悉的先决心智基础。

6. 洞悉

洞悉是基于关注、想象、联想、思考、推知而在更高层次上实现对事物更全面、更深刻认识的综合性心智过程，通常称为“洞察”。这种智慧因素其实就是“火眼金睛”和高灵敏度、全面度的雷达，对事物具有极强的穿透力、透析力和把握力，非常善于挖掘和获得潜藏不露的信息，善于揭示和把握暗中起作用的各种因素和内在关系以及客观规律，非常善于预测和把握各种现实因素的确切特性、实际利弊、要害部位、关键所在、潜在效应、未来动态和可能价值等情况，最重要的是能够察知和获悉别人的心思、动机、倾向、用意、打算和下一步举棋。这是领导者最应具备的睿智才具。

7. 预测

预测主要是基于推知和洞悉而运用直觉、常识、逻辑、数理等非理性和理性的心智机能对事物未来的性质、情形、趋势、动态、结果、影响进行充分的想象、设想、推论和确论，并以概率的形式将这些心智运作结果表述出来，形成具有可比较、可抉择但却不确定性很大、不一定是真实可能等特性的事物未来形态描述和论述。

以上诸项就是通常所说的"睿智"，是非常重要的心智品质，是非常有利于处理关系、解决问题、达到目标、严谨务实而又光明快乐的优秀智慧。在实践中运用它们，既可单独履行功能，又可联合发挥作用；在整个智慧素质范围内既是基础性的要件——对其他智慧素质的形成、发展与优化提供基本的支持和良好的智慧源泉，又是第一线的工具——直接投入或结合到实际工作过程中具体地进行操作以完成复杂的领导任务。

完全可以肯定，没有这些工具，领导者就无法进行工作，更无法做好工作；如果一定要说现实生活中有大量低智商者都在担当领导重任，那么就应该说这些低智商者不过是在落后、恶劣的组织人事体制和机制保护下一直在混饭吃罢了，这样的人和事绝不能证明智慧素质低下者可以搞好领导工作。

因此可以说，关注、想象、联想、思考和洞悉等是现代领导者必备的智慧素质，是做好现代领导工作所必须最经常引用或借助的基本智能工具。现代领导者必须确保自身在这些智慧素质因素上能够达到它们所应该达到的优良水平；否则，就是智能低下者、基本智慧素质不过关者和不能胜任领导工作者。

2.3.3 省照、通达、静默、机敏和幽默

1. 省照

省照是指基于天赋和悟性并根据已经储存的各种信息和新感受到的信息刺激对自己的身心，特别是灵魂以及周围的一切而进行细密深切的审度、揣摩、辨析、判断和把握。其实质是内省、反省、显照和揭示的综合。其功能是通过此类心智活动而从他人、自我、事物、社会、环境的现象和内在联系中发现和获得有价值的现实信息和潜在信息。

客观地说，省照是最聪明的资质之一。过去人们说的见微知著、举一反三以及"闭门造车"和"脚下打井"之科学性一面都是这一智慧的表现。但是，这个智慧只要没有道德素质做保障，如总是自以为是和抛弃实事求是，就十分容易失控和极端化而立即丧失智慧的实质和价值，转而变成臆度、瞎揣、杜撰、编造、罗织、虚谎、小心眼、疑心病和憎恨心，进而成为自我作茧、自我困惑、自我阴暗、自陷不解、焦虑横生、精神错乱、精神分裂等等心理疾病。

2. 通达

通达是指智慧触角与维度不会受障于心灵的闭塞、心气的梗阻，心中总是通畅、通透、明晰、光明坦荡而无障碍隐晦，不一定要有亲眼所见、亲耳所闻、亲身经历、亲身体验或者事必躬亲，而只需要一个重要信息的刺激、启发或引领，就能够轻易自如地联系、调动、沟通、囊括所有相关的信息储备和思维功能，将思维触角伸及事物的最深处和最边

沿，而后达成对事物整体特征和实质的最全面认识而做到融会贯通、心中有数，进而能够推知和预测事物的全貌、发掘事物的精髓、把握事物的精要、形成灵活有效的应对，能够轻便而随心所欲地拓展知识领域、认知空间、思维空间、心灵空间、容纳空间、回旋空间和应对空间。

其实质是以宽仁善德和精明洞悉为基础、以豁达开朗和沉雄自在为特点、以通情达理和自尊远见为内容、在一般性对人对事的过程中发生和表现的能动心智状态，是同时综合反映道德素质和思想素质的精神性智慧素质，体现或反映了智慧的高度和人格的高度。

这就是“秀才不出门，晓知天下事”，就是一种无障无敌的伟大智慧。它非常有利于极大提高智慧的品质和水平，也非常有利于身心健康、事业成功和智慧的持久与光芒。领导者具备之，就能够创造出丰功伟绩而万古流芳，永远为人们所敬爱；否则，就只能属于低层次的领导者，而且十分容易堕落成混饭吃的领导岗位占持者。

3. 静默

静默是指不露声色、不动情形地用心运智以进行体认、理解、参悟、透析目前的事物与事情，并始终登高望远、把握先机、高明运筹、算计精确、定策精当、应对有力而不声张显摆，总是低调动脑行事。这种智慧品质是非常重要的成功要件和特征。它与装腔作势、卖弄表演、谋求喝彩、追求虚荣、轻薄短视、喧嚣浮躁、张扬疯狂、形式主义和风头主义等等只能带来失败和耻辱的心理动机和心智品质完全相反。这其实是相当高的智慧境界——淡泊明志，宁静致远。事实是，天生聪明者自有之，后天修炼者自达之，粗质放任者永难及之。

4. 机敏

机敏是基于饱满精力的优质心智机能，即机灵、灵动、敏捷、犀利和敏锐的总和，通常也叫作机智。这是非常普通又非常可贵且总是令人喜爱的心智品质。它实际是特别依赖于生理健康、主要是精力因素的一系列优秀思维品性的动态集合和闪现，往往在关键时刻或紧要时候很能快速应对和有效解决问题，显示出智慧的美丽和魅力，是非常有价值的智慧因素。领导者借之则可以非常灵活地应付各种意外和复杂的事情与场面，而极大增加领导者的魅力。

5. 幽默

幽默是基于通达和机敏、饱含着自信和愉快的心智闪动与心灵互动，是充满调节气氛的能量和达到多种行为互动目的的有力工具。领导者借之可以获得沟通的自由而有利于取得工作顺利和成功，也可以激发和调动其他潜在的智慧进行更优质的组合并去取得更大的成功。

2.3.4 应对、构想、运筹及伏机与制胜

1. 应对

应对就是根据认知过程所获得的所有信息，包括推知和预测的信息而发生的心智过程。它其实就是以对付、应变和确定对策为内容的实用性心理反应，亦即通常所说的博弈过程或博弈活动，是智慧素质的实践过程、作用过程、能量释放过程和价值实现过程。

具体而言，应对主要基于思维品性，特别是思维的广阔性、敏捷性、敏锐性、主动性、活跃性、灵活性、针对性。其最大特点就是一切从实际出发，具体问题具体考虑，具体挑战具体应对，到什么山唱什么歌，在什么台演什么戏，遇到什么困难就解决什么困难，有什么事情就做好什么事情。总之就是兵来将挡、水来土掩，如钉如剑，势如破竹，非常犀利有力，能够卓有成效地解决问题、完成任务、达到目标；而不是东拉西扯、胡编乱造、搪塞对付、得过且过、忽视实质、自欺欺人或者懵懂浑噩、惘然无知、心无主见、六神无主、手足无措、被动挨打、坐以待毙。

2. 构想

构想是应对的进一步反应，也叫构思，是形成思想或主张、出主意或拿出完整见解和思路的心智过程。具体而言，就是基于想象、联想和思考，主要根据现实情境的需要与实况、具体工作的标准和要求，主要运用定义、推理、判断、演绎、结论等等抽象思维去寻求解决方案——“解决问题”。它的直接表现主要就是绘制领导蓝图、拟制战略规划、制定奋斗目标、确定努力方向、提出现实任务和考虑途径资源，总之就是形成一个可操作的设想架构和行动方案。构想必须是有条有理、有根有据、严谨缜密、务实切要、简约精当、新颖美妙和具体可行，只有这样才是非常优质而高水平的。

3. 运筹

运筹是更具目的性、针对性、博弈性、竞技性、计策性的特殊构想活动，主要就是根据历史和社会背景，特别是当前的形势，仔细地推究研判、审时度势、估计计算、分别比较、综合平衡和立谋决断，具体地提出和制定所要解决的问题、所要达到的目的和目标，所要采取和实施的计划、安排、步骤、方法、手段和途径，明确界定注意要点、关键要害、行动细节和恰到好处之所在。

其实，这就是具体出智出谋的过程，是专门为制胜竞争和挑战而发生和进行的心智过程与智慧活动，古人所说“运筹帷幄之中，决胜千里之外”即指这个智慧。它要求运用全部的信息储备和各种有效材料，同时动用所有优秀思维品质，而后进行全面、灵活、变通、有余地、有最强竞技性和博弈性的宏观考虑与微观设计。这里的质量和水平最关键地决定着整个智慧素质的水平和价值，最能代表智慧的高度和水平。

4. 伏机与制胜

伏机是明智、自信、善待时机和稳操胜券的竞智状态。制胜是直接指向最终行为结果的竞智过程。这两者均是直接显示智慧力量的动态智慧素质，有助于直接排忧解难、取得行为或活动的成功，具有相当精彩的现实内涵。领导者只有具备这种优秀的智慧，才有可能与各种困难、各种阻碍做斗争并尽可能取得领导工作的顺利和成功。

其实，上述诸因素中无论是应对还是伏机、制胜，最终都要归结于并表现为谋略。谋略是这三者的具体形态，也是最精华的智慧素质，更是智慧素质的最精彩表现。确言之，谋略就是在面对具体情境和实际问题时开动整台大脑机器、调动所有经验知识和其他信息储备、根据解决问题和任务目标的不同层次需要而思考制定的应对行动方案，是领导者在领导舞台上要借以经常表演的技艺工具，是智慧素质最集中、最精彩、最实用的表现之所在，直接构成重大实质性领导行为的核心内容、关键内容和精彩内容。

2.3.5 创造性和创造力

人类的一切社会性活动都蕴含着创造的空间，也都有创造的需要，而且每当获得创造的实质以后都总能变得更加富有质量和成效，更能显示出先进的水平和进步的力量。创造是最宝贵的，一切智慧素质都是为了创造，也都是必须用于创造，而且也只有靠创造才能证明其存在并真正具有宝贵价值。没有创造的智慧素质就不是智慧素质，真正的智慧素质就是以创造为实质的。可以说，智慧素质的一切内涵都充满了创造的精髓，都是以创造为任务、为目标的。譬如，前述的思维品性其实质效用全部都是指向创造的，而方法和行为艺术则完全是只有创造才可能发生和发挥作用。因而，创造是整个智慧素质综合起来发挥作用的最高表现。创造性和创造力是这个最高表现的两个集中表达和指标。

创造性即创造精神、创造倾向和创造习惯，最主要基于思维的独立性和批判性；创造力即由前述所有方法论方面的哲学素质释放能量而形成新智能结果的心智质量与水平，最主要基于创造性思维方式。创造性和创造力在实践过程中是不能分开的，始终是结为一体而综合表现的。这个综合表现主要体现为创见、创新和开拓三个方面。

创见是达到相当高度、具有独特视角和价值的思想见地，是一种开启思路的卓越智慧素质。创新是标新立异的心性倾向、思想机能和心智状态，是领导者常用的智慧工具。开拓是瞄准并倾向于涉足和开发陌生领域的心智机能，是一种实践性、操作性智慧素质，也是领导者常用的智慧工具。这三种智慧素质均是以创造为内容、为特征，反映精神活力和心灵质地的智慧，都是提高领导水平的最实际心智因素。这种因素越全面、越优质，领导者就越胜任领导工作；反之，则不能做好领导工作，就不能开创领导工作的新局面。

总而言之，创造力是智慧素质的综合表现，也是智慧素质的最高境界和最有力的证明。

以上诸方面是日常社会生活中存在和常用的真实智慧本身，是最灵巧达到目的的最有效工具，充满着无穷力量和魅力。持之则必能保持主动、处处先进、怡然自得而通天达地；失之则会处处被动、局促晦暗、矛盾纷繁而无门无路。这些智慧是真正的神通，但又是危险的双面刃：不够高明而班门弄斧则必定反受其害；道德素质不佳而惯于使用之，则不过就是“机关算尽太聪明，反误了卿卿性命”，必定是“聪明反被聪明误”。这就是说，如果缺乏制约，智慧就不会是智慧而只能是阴谋诡计，必将带来极大的祸害。因此，这些智慧都是需要不断砥砺、需要有思想道德素质来加以约束的特殊心智工具。

2.4 领导谋略与战略谋划

在具体、实战的领导实践中，领导谋略就是赢得竞争、克敌制胜的法宝，均首先表现为宏观战略正确而高超。领导者只有首先在战略上赢得胜利，才能保证在全局或总体格局上胜券在握。因此，任何睿智、成功的领导者都首先注重战略谋划，主要是以领导环境为基础，着眼宏观形势和全局性问题，进行“环境变我亦变，形势变我亦变”的战略变通，形成一系列坚实缜密的宏观规划、总体设计与长远安排，并以之为全局行动的总纲而后付诸实施。

2.4.1 什么是战略谋划?

战略谋划是领导者对于本组织或者本领导范围内的生存与发展大事进行通盘的考虑、设计和安排。为此，领导者既要充分了解组织内或领导范围内的基本情况，特别是内在的需要、目标、条件和可能性，也要充分掌握当前环境形势和未来的可能情况，而后进行周密的筹划与设定，形成一个着眼全局、整体协调、旨在宏观行动的长远规划或总体蓝图。这种战略谋划具有典型的宏观性、预见性和实战性。

1. 战略谋划的宏观性

战略谋划始终从整体情况出发，根据内部外部的总体形势及其总体的内在相关性，正确把握、区分和确定本组织的实际愿景、可能目标和应该目标，充分估计和把握住组织行动的内在潜力及现实条件，寻找通向组织目标、实现组织愿景的基本途径，确定本组织内上下共同遵守的指导方针和基本行为规则，为整个组织的生存、发展提供长远大计和总体方案。

可以说，这里处处都是从大处着眼，从大事着手，确立大的方向，超越眼下的时空，从整体架构和整体行动上进行构思和规范。这就是战略谋划的宏观性。这个宏观性既是战略谋划的基本特点，也是战略谋划的基本标准。没有这个宏观性，所做谋划就不是战略谋划；只有这个宏观性凸显，战略谋划才名副其实，才能取得总体上的成功。如果只盯住局部、为了局部而不知有全局，这样进行的谋划就不是战略谋划，就一定会造成战略失误，一定会给组织带来全局性的被动和失败。

一个单位的领导要使本单位发展良好，就一定要有高水平的宏观谋划；一个地方要在经济社会各个方面实现充分发展，就一定要有真正着眼全局、长期稳定有效的宏观谋划。在现实生活中，从上到下，各级领导和各个部门，都有自己的宏观谋划，制定出切合国情的，特别是自身实际的五年规划。这样的规划都具有十分充分而典型的宏观性，并由此成为能够带来巨大成功的发展战略。正是靠这样的战略，我们的改革和发展，才取得了举世瞩目的成就，即使在某个局部遭到挫折也没有发生严重的后果，没有也不可能影响到整体的战略走势。

2. 战略谋划的预见性

要搞好战略谋划，最关键的一条就是要有战略预见。当充分掌握了决策的基本依据后，特别是在把握了事物发展的形势后，就要对决策范围内的各种信息进行智慧推导，就要对目前面临的形势及其未来走势有一个正确的估计乃至准确的把握，还要对事物发展规律和变化可能性有一个正确的判断，有些时候甚至还要借助科学手段对未来情况进行精确把握。这样，在进行谋划时，就能看得远、想得远，就能在事情发生之前就先行做出正确反应，先行拿出有效应对方案，从总体上规避某种风险或危机，确保整个组织的未来行动顺利、安全、有效和成功。这就是战略谋划的预见性。

战略谋划的预见性非常重要。它事关该谋划的针对性、切实性和有效性，也事关该谋划的质量和水平，最终关系到整个谋划的得失成败。古人说得好："凡事预则立，不预则废。"这个"预"就是"预计、预见"。搞战略谋划是最需要"预"的最大"事"之一。没有预见的战略谋划，即使有一定的宏观性，也是不能成立的，因为它会变成无的放矢、混乱不堪、没有协调、丧失实践意义和操作价值的"瞎子行动"。而这就是盲动主义，会带来事业上的巨大损失甚至严重失败。

其实，预见性是领导决策的最基本特点和要求。不善于预见或者没有预见，都是不能决策的。这个预见不仅要看到决策环境、决策目标和决策条件之间的实际关系及可能联动，而且要看到目前这样抉择以后组织群体将会怎样做出反应、怎样具体行动并产生怎样的结果。这样，进行战略谋划就可以避远就近、行夷让险地拿出更好的方案，选定更好的路线，事先就能极大减少战略决策实施过程中各种风险发生所带来的震动、所强加的成本和代价。这其实就是决策过程中知己知彼在战略层面上的表现，实质是为顺利达成目标而事先进行并实现问题消除或风险规避的战略博弈。

领导者要善于战略谋划，就一定要有非凡的战略预见能力，并且还一定要赋予并确保战略谋划具有非常充分的预见性。

3. 战略谋划的实战性

战略谋划本身就是在大时空条件下对事务的总体处理，对重大目标和重大问题所进行的博弈互动；是在局部有可能做出让步和牺牲，而从总体上则一定要并能够取得重大进展和成功的系统化行动大计策；是一个组织群体今后行动的总方略和总依据。这就是说，战略谋划的实质、特点、作用和价值都是务实的，是为了并能够解决问题的，而不是笼统的行动宣言。这就是战略谋划的实战性。

实战性这一特征要求我们领导者在进行宏观决策时，从每一个战略目标的确定到每一个基本方式方法和途径的确定，从每一个指导思想的提出到基本构思的敲定，都要从整体运作的实际需要、实际问题、实际情况和实际条件出发，要把宏大的决策对象也当成一个具体的博弈对象。这样才能确保战略谋划是务实的和有效的，是解决问题的。不这样，所做战略谋划就会变成"银样镴枪头——中看不中用"，没有实战性，也就没有任何实践价值。

形式主义搞多了，就容易出现这种没有实战性的战略谋划。文牍主义很盛行，这种战略谋划就会变成一堆废纸。本本主义一出现，就会把战略谋划的实战性窒息殆尽。这些都是领导者在进行决策时必须避免的问题。只有注意避免这些问题，战略谋划才可能确保实战性。

总之，如果说战略谋划是领导谋略的最高表现，那么就应该说领导环境是战略谋划的客观基础和前提依据。只有紧贴、紧扣领导环境，才能确保战略谋划既是覆盖整体、赢在全局的，也是脚踏实地、务实扎实的。如果脱离领导环境，那么领导将不成其为领导，领导谋略将无从谈起，战略谋划则将是一句空话。很明显，领导环境是战略谋划首先必须面对并以之为依托的；战略谋划是必须首先从领导环境出发、与领导环境发生深刻、到位的具体互动的。

2.4.2 什么是领导环境?

1. 领导环境的实质与主要特点

所谓领导环境，是指在领导主体周围业已存在和即将发生并能影响领导活动及其结果的一切现实因素。它包括跟领导活动直接、间接相关的全部社会与自然的因素和条件；具体、现实和当前的时空、动态、基础、条件与依凭等实际情况是其最经常形态和最突出要件。

就领导实践而言，从领导者身边的少数人到整个社会即领导主体的整个周围因素都是领导环境。领导环境就是围绕在领导主体周围的所有能直接间接参与或影响领导行为或领导过程的有效因素的总和。

领导环境总是以整体环境的方式对领导活动发生影响，并由此进而促使形成领导战略和长远的领导结果；它也总是以最经常形态和最突出要件的方式直接参与现实领导过程，并由此促使形成领导策略和近期领导结果。它对领导过程参与得越深、对领导活动影响得越重，领导过程和领导活动的客观性就越大、科学性就越有保障，而领导成功的概率当然也就越大，领导绩效的提高就越有保证。因为这表明，领导主体的主观成分不仅极大地降低了在发起领导活动、左右领导过程等直接影响中的比重，而且还充分反映、根据和利用了领导环境，特别是领导环境的最经常形态及最突出要件。

领导环境既有一般环境的特点，也有自身独具的特征内涵，总起来主要有如下七个特点：

(1) 客观性。领导环境是独立于领导主体之外的客观存在，不以领导主体的主观意志为转移。领导主体必须时时刻刻从实际出发，确保客观、切实和科学，确保主观见之于客观，进而确保顺利和成功。这是领导环境对于领导成败所划定的最基本界线。

(2) 复杂性。首先，领导环境的因素多种多样，常常相互交织，难以区别。政治环境、经济环境与文化环境相互交叉，内部环境和外部环境同时作用，导致环境情况错综复杂。另外，即使客观环境相同，不同的领导者也不可能做出相同的事情，甚至可能会产生截然相反的反应，进而引起不同的领导活动和领导结果。而领导环境不同，则即使领导者相同，也不可能产生相同的领导行为和领导结果。其实，这也是领导环境客观性的具体反映之一。

(3) 动态性。领导环境是多变的，总是在不断地发展变化，即使在一定时间、空间范围内，影响领导活动的客观环境因素也不是固定不变的。这就导致领导环境总是有新情况新问题，给领导活动及领导结果都带来很大的外在不确定性，也给领导主体带来了来自环境的极大挑战。这种动态性看起来杂乱无章，但经分析就可发现，仍然具有一定的方向和规律。

(4) 可塑性。领导环境由于是动态的，所以不是固定僵化的而是可塑的。这就是说，领导主体在客观环境面前并非无能为力，而是可以通过正确认识领导环境并发挥主观能动性来深入分析和正确掌握它的变化发展和规则规律，并部分或全部地利用、改造和建设领导环境，使之更适合于领导活动的实质、特征和需要而更有助于成功。

（5）前提性。领导环境是领导主体发挥作用的前提和依据，也是领导活动的基本前提与基础。领导主体必须依之而后能够进行领导思维、领导决策和追踪决策及其他领导活动；否则，一切领导活动都只能造成浪费和损失、带来灾害和严重后果的主观武断与瞎指挥。其实，这一点要求，领导主体必须依据，而且要正确依据作为前提的领导环境。

（6）制约性。领导主体的一切行动本质上都是现实、务实、踏实和实际的，亦即都不能脱离或超越客观的领导环境，而必须也必然始终受制于领导环境所提供的现实依据和条件。这一点是说，领导环境是领导的信息来源——初始信息和反馈信息；领导主体只是领导信息的加工处理器，尽管能够充分发挥主观能动作用，但也仍然是加工处理领导信息的过程，只不过是高质量或与众不同而已。因而，领导活动就始终为领导环境所限制所约束；领导主体、领导过程与领导环境之间其实就是紧密互动、无法脱节的相互关系。

（7）特定性。这有两层含义。一是指领导环境只围绕并适切于领导这种最重要的社会活动；其他一般意义上的环境并不直接构成领导环境，亦即并不对劳动活动发生直接、有效的影响。二是指微观领导环境对于特定领导主体，特别是领导者的特别适合性；某一具体社会系统中的原领导主体，特别是领导者在原地能够得心应手和顺利成功，但换到另一种领导环境中却甚感吃力，难见成效，而不一定适应得了，也更难说可以成功了；然而，某领导主体或领导者在某一具体社会系统不一定适应、适合而总是难以取得什么政绩和成功，但不能说在别的领导环境中和领导条件下仍然不能如鱼得水、最终成功。

上述特点决定了领导活动必须充分依据领导环境并在同时针对不同的环境特点而后展开。只有这样才能确保做到审时度势、因地制宜、有效应对，才能进而增强领导的适应性、有效性、胜任性和成功率。

2. 领导环境的构成

领导环境不仅因素多，而且组合在一起的方式和层面也很多，因而所提供的可观察和可依据的侧面也就很多，每个侧面都构成一类领导环境。从实际情况看，领导环境最主要有如下几种类型：

第一，从基本性质看，领导环境分为自然环境和社会环境两种。自然环境是指领导活动所依凭的自然条件和所关联的自然因素，包括地理环境、气象环境、生物环境、自然资源等等。社会环境是指领导活动所依凭的社会条件和所关联的社会因素，包括政治环境、外交环境、军事环境、治安环境、经济环境、文化环境、历史环境、教育环境、科技环境等等。

第二，从范围上看，领导环境有两个层面上的划分和构成。一是内部环境和外部环境。内部环境是指领导主体所在的具体社会系统的内部状况、内部条件和内生因素，包括领导者的素质、领导班子的结构、人际关系、单位性质、组织文化、价值、愿景、需求、目标、人才、资金、信息、规模等等，还具体分为体制环境、制度环境、政策环境、组织环境、机构环境、关系环境、决策环境等等。外部环境是指领导主体所在的具体社会系统周围的情况总和，既包括直接相关的上级单位和领导，也包括整个社会环境与自然环境。二是宏观环境和微观环境。宏观环境主要是指国际环境与世界形势、国内环境和国内形势，微观环境是指与领导主体活动息息相关的所有具体因素和条件，特别是内部环境。

第三，从助益性影响看，领导环境有顺境、逆境和沌境三种。顺境是指凡有助于领导活动正常、高效进行，有助于实现组织目标的客观环境。逆境是指凡不利于领导活动的进行、不利于实现组织目标的客观环境。沌境是指对领导活动不产生良好影响或者不良影响的客观环境。这三种环境都有客观渊源和主观渊源，但主要是客观上对领导造成的助益性影响。

第四，从主观能动性上看，领导环境有可控环境、部分可控环境、不可控环境和失控环境四种。

上述各种环境是领导环境的基本形态和主要构成，对于具体认识和把握领导环境很有意义。这些不同的环境在领导实践中最使领导主体关注的是内部环境，因为内部环境对于领导主体及其领导行为常常具有决定作用，是领导主体的具体依凭。因而，内部环境应该成为认识和把握的重点。

总之，由于领导的综合性和高层次性，所以领导环境比其他任何一个学科门类或专门领域的环境都更为广大和复杂，不仅包括整个社会环境、历史环境和现实环境，而且包括自然环境，还包括具体领导范围内的各种情况的综合和领导世界内部的相互关系。

3. 领导环境与领导主体的关系

领导环境与一般环境既有联系又有区别。一般环境可以理解为整个客观世界，包括自然界和人类社会。而这里所说的领导环境只是指整个客观环境中介入领导过程、与其具体活动和结果紧密相关的那部分，是一种具有相对于领导而言的专门性或特别适用性的特定环境。这部分虽然并非整个客观环境，但却比管理活动乃至其他活动的相应环境要更专门特定。

事实上，领导环境既是领导主体的基本载体，也是领导活动的基本平台；既是领导资源和领导能量的出自处，也是领导资源和领导能量的作用处、回归处；既是诸如得失成败等领导结果的最重要前提和原因之一，也是领导活动所影响的对象和所创作的作品。

领导主体就是生活在现实环境中的各种具体主体之一；其思想意识乃至素质整体都受环境制约，其行为则不仅直接受来自环境影响的领导素质的制约，而且还受由环境决定的可能条件和现实条件的制约。这些制约左右着领导行为的正常或偏差，并由此决定领导成败的不同情况。领导者对环境及其影响力的认识，在很大程度上左右着对其自身、被领导者、领导客体、领导关系、领导手段等诸多领导常量和领导变量的把握、理解、判断和评估，因而直接或间接地影响到领导的决定与实施、领导的质量与成效。

然而，尽管说领导行为是领导者的主观因素（需要、动机、智慧、能力、性格、情感等等）和客观环境（制度、体制、形势、舆论、气氛、组织机构等等）这两方面共同作用的结果，但是其中的客观环境对领导行为的走向和性质常常起到关键的，甚至是决定性的作用。换言之，领导环境就是领导成败的外在原因，实际也是产生和塑造领导的外部因素和力量，虽然要通过领导的内部因素主要是领导素质才能发挥作用，但多数情况下都起着关键的作用，有时也会有决定性的作用。

领导者在进行领导活动时无不要充分参考这些环境因素的制约性和有效影响的程度；否则，就必定会造成大小不同的领导失误、领导后果和领导失败，也就不可能真正正确而有效地履行领导职能和领导职责。换言之，领导者没有充分认识领导环境及其特点，对领导决策和整个领导过程的把握就不可能摆脱盲目状态和主观武断，其最终结果就只能给领导客体带来灾祸。而这样的领导其实就脱离了领导环境而不受其约束和调整，不仅是纸上谈兵、空中楼阁和只能带来无穷隐患与祸害的空想主义、主观主义、形式主义和官僚主义，而且会是只能制造“人祸”的权力滥用、重大的失职渎职和彻底的领导失败。

可以说，领导环境直接、间接地影响了领导过程，并成为导致领导成败的重要方面。领导环境就是同领导成败得失密切相关的外在条件，是领导主体赖以生存、发展和发挥作用的综合性客观基础与客观条件。领导者不仅要高度重视自身的素质问题，而且要高度重视周围的环境问题，并且要达到这两个因素之间的最佳配合与平衡，然后才可能形成并展现优质的领导活动，取得最后的成功。

因此，领导者必须在具体的工作过程中最充分了解和掌握领导环境及其对领导活动的可能影响，还要自觉、有效地培养自己的环境意识，特别是还要善于把自己与环境联系起来并做物我分离的认识。否则，一切领导都将变得毫无意义、毫无价值，都将只能走向失败，甚至走向堕落、犯罪与灾祸。

总之，领导环境是领导主体的总依托、总渊源和总舞台。脱离领导环境，就无法想象还能有领导的存在、作用与价值。

4. 领导环境与领导者的关系

无数事实证明，领导成败的内因或内在前提是领导素质，而领导成败的外因或外在前提则是领导环境；如果说领导素质是领导成败的根本因素或主要原因，那么就应该说领导环境就是领导成败的关键因素和基本原因。完全可以说，领导环境其实不仅是领导成败的直接渊源之一，而且也是领导成败的间接渊源所在，譬如通过影响领导者的素质、情绪之类来间接作用于领导过程。总的来看，领导环境对领导整体一直发挥着基本而又全面的影响。

应该说，领导环境与领导者和领导活动之间非常紧密地相关、相接和相互影响而相互联动。一方面，领导者及其领导活动都是在也必须在某一具体环境中存在，领导环境是领导者和领导活动所必须依赖的平台与载体，也对领导者的思维和行为发生各种各样的影响；另一方面，领导者可以通过对客观环境的认识、适应、利用和改造，创造出更加适合领导工作需要的客观环境，实现有效而科学的领导。具体而言，这可从以下几个方面来理解和把握：

第一，领导环境是领导信息的发生体、产出体和最终接收体，它产生的领导信息进入领导主体，特别是领导者的信息加工过程当中。领导者在处理来自环境的具体信息时不仅会将这些信息直接加工成领导产品，而且还会依据这些信息所含带的潜在信息和所调动的相关信息来制造更多的领导产品，由此形成具体的领导行为、活动和产出。此即，领导活动原本是如此依据、如此而发的，并由此基本决定了会有什么样的领导结果。

第二，领导环境影响领导者的素质。不同的领导环境要求领导者具有不同的适应性，因而对领导素质就提出了不同的要求。事实上，领导环境是不断发展变化的，这导致领导者面临的客观形势和任务也跟着发生变化；领导者如果不能使其素质及时跟上，那就无法适应变化了的环境，也就无法应对新形势下的新挑战，无法完成新情况下的新任务。显然，当领导环境发生变化时，领导者的素质就自然要做相应的改变、提高和发展，但侧重点各有不同。这就是说，领导环境最主要地决定着领导者的构成材料和质量，极为重大地影响甚至决定着领导成败的内因即领导素质，并由此又间接地进一步影响领导行为和领导结果。

第三，领导环境影响领导者的即时反应、即时成效以及由此积累而来的总体成效。良好的自然环境可使领导者心情轻松舒畅，大大提高领导的积极性和有效性；良好的社会环境，如路线方针正确、社会稳定、经济繁荣、技术进步、文化发达、法制完善、国际和平等，则将直接影响到领导者的现实反应，使之增强信心，振奋精神，正确运用领导的职能、方法艺术实施领导。反之，不良的自然环境和社会环境就必然使领导者产生消极性，甚至包括恐惧感、压抑感和厌倦感等等，或者使领导者不能发挥其特长和才干，或者扭曲领导行为和领导表现，最终影响、制约并削减着领导的效能和领导的业绩。

第四，领导环境影响领导者对领导方式的选择。不同的领导环境决定着领导者会选择不同的领导方式，和平建设时期的领导方式与战争年代的领导方式基本不同。领导方式总是因环境不同而不同，随环境变化而变化；在经济领域则主要由经济环境所决定，在社会领域则主要由社会环境所决定。事实上，正常的领导者在不同的历史条件下也总是会选择最适合当时实际情况和需要的领导方式。

第五，作为一种最大的客观存在，领导环境具有强烈约束领导主观性的客观性。这一客观性要求，领导者不仅必须清醒地认识到，人不是万能的，领导不是万能的，在领导之外还有一个不依赖于领导意识的领导环境独立存在着、独立发挥着似乎看不见但却无处不在的现实作用——基本制约着意识和行为的作用。无论领导者能否或愿否认识和把握它，它都必定照样独立发挥出自己的实际作用。

第六，领导者乃至整个领导主体对于领导环境不是被动地适应甚或成为它的奴隶，而是积极主动地适应、把握乃至利用之，能够极其显著、有效地反作用于领导环境，包括影响、改造或塑造环境，进而总能成为，也通常就是最强大的环境主人或主宰。领导环境总是会留下不同领导主体，特别是不同领导者的鲜明印记和个性特征，特别是在领导结果产生并影响环境，甚至作为环境的新因素之后就更刻记着领导主体及其行为的完整特征与作用，进而成为领导的重要作品之一。事实上，领导主体对于领导环境就是能动的而非被动的。

总之，领导环境对领导者及其行为选择的影响均集中表现为：宏观环境对领导者的一般行为及选择产生普遍的影响，微观环境对领导者的具体行为和具体选择产生特殊的影响。领导者和领导活动完全受到领导环境的影响和制约；不同的领导环境要求领导主体采取不同的领导方式和领导方法，并由此形成不同的领导特点。

5. 关于领导环境的重要结论

根据领导环境与领导者、领导成败的关系，可以得出对于领导环境的、表现为领导取向和领导原则的几个重要结论：

第一，领导环境对领导行为和领导绩效具有极为重要的影响，同样的素质在不同环境下其作用大不相同，不同的环境因素直接影响甚至决定领导行为和领导绩效；领导素质的效用将因环境不同而产生差异。为了取得最佳领导绩效，就必须将领导素质当作一种资源，进行和实现最佳的配置。

第二，领导者要正确认识和把握领导环境。由于客观环境是复杂多变的，因此对客观环境的认识必须是全方位、多角度的。而对客观环境的认识程度，是由领导者的认识能力和水平决定的。所以，首要的是提高领导者的认识能力。如果一位领导者不能充分认识客观环境的类别、特点、变化规律及其对领导活动的影响，不能综合分析研究客观环境的发展趋势，那么他就不可能牢固树立客观环境意识，自觉而深刻地认识客观环境，取得良好的领导效能，促进事业的发展。因此，领导者要按认识论的规律在实践中不断主动、积极地认识客观环境。

第三，领导者要积极适应和利用领导环境。有些客观环境问题是一个组织无法改变的，或在一段时间内无力改变的，这就要求领导者要积极去适应它，否则将导致领导工作的失败。适应客观环境不是消极被动的，要注意利用客观环境，做到适应中利用，利用中适应。对有利的客观环境，领导者要充分利用；对不利的甚至是有害的客观环境，领导者要尽最大努力避免不良作用的发生；对双向的客观环境，领导者就要注意趋利避害。

第四，领导者要积极地改造和优化领导环境。领导者只有影响、率领、引导被领导者不断改造客观环境，改造客观世界，才能从自然界中获取更多的财富，创造物质文明和精神文明。领导者对客观环境的改造有助于领导职能的运用和发挥，领导职能在运用的过程中，必然会遇到客观环境问题，顺利的客观环境有利于领导职能运用，但领导者高超的领导能力在不良的环境中更能够充分表现出来。领导者经过努力，使客观环境向着有利方向发展，为运用职能提供良好的条件。同样地，领导者对客观环境的改造有助于提高自身的修养和素质。可以说，良好的领导素养是在客观环境和主观世界中形成的，它反作用于客观环境的改造，从而提高改造客观环境的主观能力。

第五，领导者对于领导环境要予以高度的重视，不仅不能消极地对待，不能成为在领导环境中穷于应付、疲于奔命的被动者、调弄对象、失望者以及失败者，而且要战胜消极的环境，克服环境的不利因素和消极影响，富有建设性地积极对待、主动适应，最充分明智地加以营造、爱护和利用，特别是最充分利用和调动环境的积极因素并发挥其积极作用，由此成为能够把握领导环境并进而把握自身命运、组织命运和领导客体的强大主人。事实上，领导者在领导环境中如果无能为力、无所作为，就不可能成为真正的领导主体。具体的领导环境是领导者，乃至整个领导主体价值和质量的试金石。

总之，领导者要想取得理想的领导成效，就要正确地认识和把握客观的领导环境，必须确保领导意图或领导选择、领导行为和领导过程都适合环境要求，必须针对不同的具体的领导环境来灵活应变和实施领导。

2.4.3 紧贴领导环境做战略谋划

既然领导环境是战略规划的依托和前提条件，那么领导者要炼成和发挥制胜全局的领导谋略，就一定要紧贴、紧扣领导环境，使眼光和思维都完全落地于领导环境，使领导环境中的所有重大因素和重大信息都提取到战略谋划的过程中，使战略谋划始终着眼于并切实覆盖整个领导环境，由此确保所做战略谋划是领导者对于本组织或者本领导范围内的生存与发展大事所做的通盘考虑、设计和安排。具体来说，这个战略规划的步骤和要点如下：

第一，对于总体环境和形势的现状和趋势，要准确把握、正确判断。这以定性方法为主，以定量方法为辅，主要要借助基本的科学数据、客观事实和正确结论。

这里的核心是一定要最充分了解组织内或领导范围内的所有基本情况，特别是要充分掌握当前环境形势和未来的可能情况，对全局了然于胸。

第二，对于已经为大众所选择所期待的愿景、所接受所支持的目标，要从本组织或本领导范围内所可能提供的条件和现实基础出发，把握住历史性、全局性的重大信息。

这里的核心是一定要对领导环境决定下的需要、使命、目标、条件和可能性进行透彻掌握，确保对这些情况完全是心中有数。

第三，对领导环境中的有利因素、不利因素、重大关系、重大问题、重大矛盾、重大现象等等重大信息进行专题调研、深入分析和透彻掌握。

这里的核心是一定要首先明确非常具体的大对象、大焦点、大抓手，确保能够进行具有完全针对性而不是放空炮、放瞎炮的动议大思路、大对策和长效机制。

第四，对于本组织或本领导范围内的基本情况、总体需求和愿望、历史使命和主要职能职责，要有一个完整、正确而清晰的把握，从中提炼出相应的组织愿景和组织目标，并使之成为整个组织群体的共同愿景和共同目标。

这里的核心是一定要客观、全面了解和掌握本组织内各种组成因素的性质、质量、能力、潜力、担当性、有效性、相互关系、涉及全局的所有矛盾问题和负面因素。

第五，结合整个领导环境审度可利用的组织外潜力和可能，借助专家智库进行发散式、开放性思维碰撞、认知交流、感悟交换、相互启迪和综合梳理，最终形成一个切合实际、积极有为、路径明确的大思路、大对策。

这里的核心是一定要从促成本组织与领导环境实现更好结合的角度出发，充分发挥整个团队的智能作用，特别是第一线经验的作用，有效完善大思路、大对策中的举措要点，使得决策方案更加充实饱满、切实可行、管用高效，有效推进和最终完成愿景、使命、任务、阶段性和总体性安排等等方面的周密筹划与设定，形成一个始终着眼和落足于全局、旨在整体推进和协调宏观行动的长远规划或总体蓝图。

2.5 领导谋略与战术谋划

古人说得好："谋定而后动。"战略谋划完成以后，就需要付诸整个组织去执行、落实了。但是，仅此还不足以有效实施领导、达成组织目标。这个时候还需要一种着眼微观层面和具体事项来考虑有效解决问题的战术谋划。这个谋划就是在某一特定的具体情境下进行的领导权变，即"敌变我亦变"，确保领导举措具有高度的针对性和有效性。

2.5.1 什么是战术谋划？

1. 战术谋划的实质

所谓战术谋划，就是在战略谋划的框架内，在某一特定的时间、地点、对象和相关条件下，就某一局部事项和具体问题采取具体制胜策略的应对活动；实质是一种只针对特定情境和对象而出点子、找路子、精密筹措、细致施治的综合用智过程。其主要做法是精细运筹；其主要实质是确保组织系统内的人、财、物、时间、信息、权力、关系等等资源得到最合理的运用，使其避免浪费，效用最大，扎实有效地实现局部目标，不断造就和积累战术上的一个个成功与胜利，最终获得全局性的成功和胜利，亦即最终达成战略目标。

由于这里所面对的情境、问题和事务都是特定的，所以这里进行的应对活动也都是特定的、专门的和有限的，基本不能通用，应随机应变、一事一议。因此，战术谋划一般都是局部的、阶段的、微观的甚至是点上的。要做好这项工作，领导者必须善于设身处地进行具体问题具体分析、具体对待和处理，在不突破原则性和大战略的前提下实行最大的灵活性、变通性，确保领导在特定情境下处理特定事务、解决特定问题的针对性和有效性。

在战术谋划的实战中，领导者就是要从实际情况出发，充分拿捏特定情境下特定对象的特定性，全面分析清楚具体的形势、情况和利弊得失，准确抓住当前关系的症结、要害和关节点，并从当前最有利和最可能的角度来盘算达到目标的最佳出路、要略和点子，具体拟构和确定奇招妙举。为此，有时还可以在战略谋划的主轴上进行一定程度的超越变通，也就是绝不能刻板、僵化来对待微观工作层面上经常出现的特定性。当然，战术谋划总体上是必须控制在与战略谋划相一致的范围内的，有时的灵活也仅仅是实现战略谋划的一种迂回策略，而非对战略谋划的真正背离。

应该说，在战略目标之下，还有战略子目标、孙目标；它们彼此构成目标体系，但相互之间则存在多层现实空间需要过渡，还有多重具体事务需要处理，更有多重实际困难需要克服，在不少情况下一些关键性的细节还会发挥特别的作用，往往能“四两拨千斤”，用1%扭转、颠覆99%的局面。因此，要在特定情境下做好特定的复杂工作，就一定要高度重视这些微观层面的特定性和具体性，由此所做谋划才能形成务实扎实、强效有力、解渴管用的领导谋略。这个时候要求领导者非常细心细致，甚至要善于发现蛛丝马迹的关键信息、关键细节，确保战术谋划因时因地、因情因人以行权变而至一丝不漏、缜密周全、完全切实管用。

2. 战术谋划的特点

从实践看，战术谋划有许多特点，其中最具本质性的特点如下：

（1）特定性。在微观层面的每个具体情境、事物、问题、关系等等都是专有甚至独有的。这决定了战术谋划重在应景，多是一时一用、一事一议，而不是长期长用、大处大用。这就决定了战术谋划具有特别凸显的特定性。因此，如果一个决策即将过时失效，领导者就应赶紧着手进行及时调整，当然也可视实情或予以放弃，或以更加专门适合的点子来替代。

（2）灵活性。既然一般都是一时一用、一事一议，那就要求领导者善于跳出原来的思维模式、路径依赖进行最具适应性的具体变通，在战略规划的大框架下出得去、回得来，不生硬，不死板，没有包袱，不受羁绊，思绪解放，反应快速，机智敏捷，睿智深刻。

（3）变通性。在微观层面上，领导情形总是连续不断地变化着的，或者是一个接一个地发生，或者是多个一齐出现，常常变得十分复杂。这套模式、点子、做法在那时适合那个特定情境和对象，但到这时就已不能适用于这个特定情境和对象了。如果要确保领导谋略是务实管用的，那么就一定要调整视角、心态、思路和角度来重新拟构新的特定点子、方法和思路。这种情况太经常了，往往是一个情境变换一次，轻则调整一下，重则另造另用一个新招。这正是通常所谓的“权变”或“领导权变”。

（4）针对性。战术谋划要涉及具体的目的、时间、地点、环境、条件、依据、方式、手段、物资、人员等等诸多因素。这些因素就是具体的变因。进行战术谋划，就是要充分考虑这些因素的优缺点、可组合性以及组合在一起以后的最大效用性，同时还要充分考虑这些因素一旦启用以后可能带来的收益、成效、影响、成本和风险，最后还要考虑如何在决策目标的统一下实现这些因素的最佳组合。

（5）精确性。战术谋划因为是要立即付诸实施的点子、招数，不仅要确保能对症下药，而且要确保行动过程能够顺利对接、顺畅实施，因此，这个谋划过程就必须是一系列精细的考虑、精确的计算和复杂的掂量拿捏，确保思维过程与结果都是精密准确、切实到位的。精确性低的谋略会造成顾此失彼、疏漏有误而“差之毫厘，谬以千里”，上一步与下一步不紧切，整个方案实施起来并不能有效解决问题，动用很多投入、付出极大代价也不能得到多少合理的收益，决策成效极其低下，决策风险极其巨大，决策后果极其严重。

（6）周密性。战术谋划既然是必须精确的，那么也就必须是周密的；只有做到滴水不漏、完备周详，才能具有适合组织系统实施所需要的系统性、全面性和操作性。为此，战术谋划必须做到运筹缜密、思量精明、策略科学、安排合理、方法有效、所有相关因素组合得好并发挥得好，把智慧发挥到极致，把各种可能性都估计得很充分、应对得很切实，而与此同时做到成本低、风险小、解决问题、达到目标、成效显著。

（7）特适性。战术谋划是针对具体的目的、时间、地点、条件和对象的微观决策，其实就是在特定范围内的特定决策，没有普适性，只有特适性。这个特适性就是决策的个性，表明这个具体的决策只是适合特定范围内的特定条件和特点需要。一旦这些特定情况发生变化，也就意味着这样的特定决策已经开始丧失特适性了；如果特定条件和特定需要完全变化，则意味着这样的特定决策已经没有了存在的基础，当然就没有了作用或价值。这样的基本特点概括起来就是战术谋划的特适性。

这个特适性还可以理解为“在其境有效，过其境作废”。其中所谓的“境”就是以时间因素为经，以其他因素为纬，组织起来的一个特定范围。做战术谋划，忽视时间因素，就会首先失效或无效；忽视其他因素，即使重视时间因素，也不能取得应有的时效。所以，战术决策特别要求把决策者的眼睛完全聚焦到最具体、最特定的适合性上而后进行运筹用智、判别抉择。

以上这些特点表明，领导者进行战术谋划，就必须坚持联系的和系统的观点、发展的和动态的观点来看待每一个决策，来灵活处理领导过程中无法回避的决策稳定性和连续性问题。一旦情境变化，领导者不能不做及时反应，不能既不调整原有决策，也不系统、动态地把握各决策之间的关系；必须高度注意、及时避免在决策过程中出现任何教条、迟疑或犹豫不决。在这一点上如果缺乏必要的应变力，就意味着缺乏必要的决策力和领导力，就必定导致决策失误和领导失误，直接产生决策的风险和危险，导致重大损失和领导失败。

根本而言，战术谋划的上述特点就是要求领导者必须顺时应势、随机应变、因境而动、因时因地制宜，随时空环境变化而变化；或者调整，或者新构，确保切实切要、对路对症、管用高效、及时到位。

3. 战术谋划的基本内容与方法

战术谋划的基本内容和方法有很多，根据现代领导决策要求，主要应把握如下实践要点：

第一，对于可计量因素或所有变因中的可计量一面，都要尽可能用精确计算来进行把握和处理。这里包括运用数理知识、统计知识和计算技能，要善于记存和使用数据。

第二，要恰当选用科学的决策模型和决策方法，利用计算机软件和技术，进行精确决策。

第三，对不可计量因素或所有变因中不可计量的一面，进行初步的定性分析和合理考量。

第四，要尽量利用好外脑，借助外脑来处理一大堆变因，并由此获得极有价值的信息处理结果。特别是要最大限度地发挥出专家的内行性、卓越性和启发性，由此找到更高明、卓越、全面的可行思路和有效对策。

第五，要尽量整合上述各阶段所做的各种结论、所得到的各种新信息，然后进行获利最大、风险最小的比较判断和抉择。

2.5.2 什么是领导情境？

1. 领导情境的实质

领导情境是指领导者在某个具体的时间地点正处于某种状态的有关事物、人员、关系、矛盾、问题、心理、刺激因子和工作条件等等微观因素的总和。显然，这是一种随时、直接和全方位影响当前领导心理和领导行为的具体领导环境，最突出的特点是紧贴于领导身边和领导过程、与领导者和领导过程紧密发生瞬时信息互动。

在这种微观具体的领导环境中，无论愿意不愿意，领导者都必须做出即时反应：或者是朝着有利、正确的方向做出反应，或者是朝着不利、错误的方向做出反应。这些领导反应直接形成产生现实影响和结果的领导关系与领导活动，并由此逐步引发和推展领导过程；与此同时，这些领导信息也随时、直接回馈并影响领导情境。可以说，领导者与领导情境之间是一个紧密交融的全方位信息互动关系，是领导实践中最重要的综合性范畴之一。

在不同的领导情境下，领导者面临的具体问题、工作要求和行动约束是不同的，因而领导活动及与之相匹配的领导方式、领导风格是不同的。这就决定了实际操作过程中显现出来的领导类型是不同的。为此，领导者必须在素质上具备特定的适应性，确保在相应的情境下选择使用或运用适宜的领导方式。

事实上，领导方式和方法乃至领导风格都没有抽象而言的好坏之分，只有是否务实适切之别。例如，在内部、封闭和传统的情境下，交易型领导就成为主角；在外部、开放和新世纪的情境下，变革型领导就成为主角。这两个不同的领导情境就要求实施不同的领导类型。为了创造优良的领导绩效，就必须强调不同的领导者应该跨越由不同背景差异造成的各种边界，发展全面的素质，增强更大的适应性。

2. 情境领导理论

情境领导理论（situational leadership theory）是国外最为盛行的领导学理论之一。其最主要代表人物是该理论首创者赫塞（Paul Hersey）和布兰查德（Kenneth H. Blanchard）；其理论精华是情境领导模型，被誉为20世纪最重要的15项管理学研究成果之一。这个理论提出40多年来，一直备受瞩目，受到广泛关注，特别是受到企业界的大力追捧。

1969年，赫塞与布兰查德合作编写、出版了经典作品《组织行为的管理》（*Management of Organizational Behavior*），至今已经出到第12版了。这本书首次提出了“情境领导”，首创了情境领导理论。这个理论的核心是：在领导和管理公司或团队时，不能用一成不变的方法，而要随着情况和环境的改变及员工的不同，改变领导和管理的方式；领导者依员工的不同成熟度分别施行不同的领导（具体参见情境领导模型）；管理的重点在于领导者自身。对于这个理论，布兰查德后来发现其中有些关键性理念并不太切合实际，于是在充分参考当时领导学界和他们自己的最新调研成果后，提出了第二版的情境领导模型。赫塞也一直在研究和完善该理论，成立了自己的领导力研究中心，2000年前后还出版了一本个人专著《情境领导者》（*Situational Leader*），主要以讲故事的方式来诠释情境领导理论。

20世纪90年代后期，情境领导理论也开始遭到一些学者的质疑和批评。例如，伊利诺伊大学的格里夫（C. L. Graeff）撰写的《情境领导理论的发展：批判性回顾》（*Evolution of Situational Leadership Theory: A Critical Review*）、关岛大学的弗尔南德斯（C. F. Fernandez）和圣母大学的韦奇奥（R. P. Vecchio）撰写的《情境领导理论的再认识：关于跨职审视的一个验证》（*Situational Leadership Theory Revisited: A Test of an Across-Jobs Perspective*），都对情境领导理论，特别是其所推行应用的情境领导模型进行了质疑和批评。

3. 赫塞、布兰查德的情境领导模型

无论是否遭到质疑和批评，赫塞、布兰查德的情境领导理论都是领导学理论的一个主流，赫塞、布兰查德的情境领导模型都是情境领导理论应用的一个标杆。因此，充分了解和把握这一具有主要代表性的学说概貌很有必要。这一理论和模型的内容主要如下：

领导的效能取决于下属（或雇员）接纳领导者的程度。无论领导者的领导风格如何、领导行为如何，其效果最终是由下属的现实行为决定的。领导者所处的情境是随着下属的工作能力和意愿水平而变化的。下属的技能、能力与意愿水平是非均质的、多样化的；下属不愿意工作，往往是因为他们缺乏必要的技能和能力，或缺乏自信心和安全感。领导者应对下属的特征给予更多的关注和重视，根据下属的具体特征确定适宜的领导风格。例如，对于能力不足或缺乏自信的下属与对于技术熟练、工作能力强而且充满自信心的下属采取不同的领导风格。因此，下属的成熟度就成为实施有效领导的前提性情境因素。

成熟度（maturity）反映了下属成长状态和工作胜任特征，是领导者应首先关注的情境因素。具体而言，成熟度是指组织成员对自身行为直接负责的能力和意愿。它包括两个要素：(1) 工作成熟度，包括一个人的知识和技能。工作成熟度高的下属得到良好的教育和培训，拥有足够的知识和能力，经验丰富，能够不需要他人指导而独立完成工作任务。(2) 心理成熟度，是指一个人做某事的意愿和动机。心理成熟度高的下属自信心强，工作积极主动，不需要太多的外部激励，而主要靠内在动机的激励。这样的成熟度大体分为四个阶段。

第一阶段：下属缺乏执行某项任务的技能和能力，不胜任工作；同时又不情愿去执行任务，缺乏自信心和积极性。事实上，当一个人刚刚接手一项陌生的工作时，出现第一种情况是很普遍的：他往往感觉自己处于一种无所适从的状态，处于一种消极被动的尴尬地位。这时，成员的工作状态是消极的学习者：工作水平低，工作意愿也低。这可以简括为"没能力，没意愿，也不安"。这以 R1 表示。

第二阶段：下属缺乏完成工作任务所需的技能和能力，但愿意执行必要的工作任务，具有积极性。事实上，当他对工作的性质和基本内容获得比较全面的了解之后，就会产生一种很快适应和胜任工作的愿望，但还缺乏必要的能力，因而会积极主动地去提高自己。这时，成员的工作状态是热情的学习者：工作水平低，工作意愿高。这可以简括为"没能力，有意愿或自信"。这以 R2 表示。

第三阶段：下属有较高的工作技能和较强的工作能力，但却不愿意去做领导希望他们做的工作。事实上，一个人在长期的工作中获得了能力与经验，他因此也拥有了一定的资本。这时，他可能会提出一些有利于自己职业发展的要求，寻求广泛的参与机会，试图在参与中体现自己的价值并得到组织或上级的肯定。如果这些愿望得不到满足，他会深深陷入一种挫折感之中。当然，如果这些愿望得到满足，他会更加努力和主动地工作。这时，成员的工作状态是谨慎的执行者：工作水平高，工作意愿低。这可以简括为"有能力，没意愿或不安"。这以 R3 表示。

第四阶段：下属既有能力，又有很高的工作意愿。事实上，在过去工作中不断取得成功而更加自信的基础上，员工可能产生更高的要求，开始追求自我实现，试图发挥更大作用、实现更大价值，包括控制局面，为此希望获得独立决策和行动的机会。这时，成员的工作状态是高效的执行者：工作水平高，工作意愿高。这可以简括为"有能力，有意愿并自信"。这以 R4 表示。

显然，处在不同成长阶段、具有不同成熟度的员工在工作中的心理行为是很不相同的，领导者要分别采取不同而合适的领导方式才能收到较好领导效果。因此，领导者应充分考虑和基于下属不同的成熟度，采用不同的领导方式，分别实施相应的领导。针对四个阶段上的四种成熟度，领导应采取如下四种不同的领导风格或领导方式：

(1) 告知式（telling）。此即针对第一阶段下属成熟度和工作状态的有效领导方式。这里要求：领导者要引导并指示员工，对员工的角色和目标给予详尽的指导，包括对下属进行分工并具体指点下属应当干什么、如何干、何时干；同时，密切监督员工的工作成效，对其工作成果经常进行反馈。这以 S1 表示。

(2) 推销式（selling）。此即针对第二阶段下属成熟度和工作状态的有效领导方式。

这里要求，领导者既给下属以一定的指导，解释工作内容以及工作方法，同时注意保护和鼓励下属的积极性，继续指导员工去完成任务。这以 S2 表示。

（3）参与式（participating）。此即针对第三阶段下属成熟度和工作状态的有效领导方式。这里要求：领导者要和员工共同面对问题，制定解决方案，并给予其积极参与到工作中来的大量鼓励和支持，和下属一起更好地发挥作用、解决问题。这以 S3 表示。

（4）授权式（delegating）。此即针对第四阶段下属成熟度和工作状态的有效领导方式。这里要求：领导者要完全相信员工的能力，把工作放手交给员工，提供适当的资源，由下属自己独立地开展工作、完成任务；不做更多的指点，重在实施监控和考查。这以 S4 表示。

综上所述可知，组织成员处在不同的成长阶段，具有不同的成熟状态和表现，如果对他们只实施一种领导方式，那么就没有一种方式能够确保有效而满足胜任领导的需要，其有效性最多只占 1/4。然而，如果对他们加以区分，起码按其成长四阶段而至少分成四大部分，而后分别施行相应阶段的领导方式，譬如，S1 对 R1，S2 对 R2，S3 对 R3，S4 对 R4，那么一种基本的领导方式就能有效作用于一种基本的工作对象，其有效性就能接近百分之百。换言之，在以组织环境或成员成熟度为核心的领导情境里，领导者要至少在四个层面上变换不同的领导方式来实施领导。这样的领导者能够对成员或能动的工作对象发挥更有效的影响力。而这就是聪明的领导、应变的领导，亦即情境领导。

很明显，将员工的工作状态和领导方式对照联动，就形成一个完整的情境领导模型，具体见图 2—1。这四种领导方式的运用，完全取决于组织成员的成熟度，即依其所处成熟阶段而分别以相应的领导方式应对之。这就是组织环境下的领导谋略，比较适合组织情境下的领导把握和有效运作，避免只用一种工作方式乱套乱搞，导致低效、混乱和失败。这里的实质就是要对员工实施差异化、相对个性化和针对性的领导。

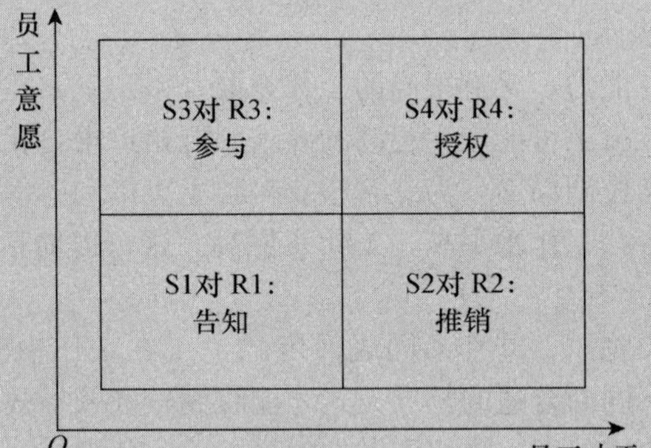

图 2—1 情境领导模型

以上这些情境理论和情境模型都是建立在组织内部的组织行为上的，因此相对专门化和适用性有限，一方面在相应的领域层面上可供领导实践参考，另一方面可供由此及彼、举一反三的推演应用，考虑其他领域层面上的具体情境如何运用类似的原理进行建模、分析、推演并进而很好完成战术谋划的任务。

2.5.3　紧贴领导情境做战术谋划和领导权变

1. 权变与领导权变

权变是典型的中国古词汇，原意是指移动秤砣，即随重量的多寡将秤砣移动到适合的刻度。由于这个意思很能表明视情况而动的各种应变反应，所以后来就在日益复杂的社会生活中被赋予了更大涵盖面的释义功能，泛指一切随形因势的临机应变和变通运作，其中的机是指以时势、时务、时机、机会或机遇为核心的具体情况，因此也被称为机变、应变或变通。人们口头上常说的“看菜下饭”“识时务者为俊杰”就是这个权变的俗称俗说。它的反义词就是顽固保守、墨守成规、一成不变和守株待兔。

领导权变是典型的外来新词，即 contingency of leadership，本意是指领导者根据具体的领导情境而拿主意、做工作、办事情。但在理论应用过程中，人们常常为了说、用的简便而把领导权变简称为权变（contingency)。其实，此权变非彼权变，在领导学范围内就是指领导权变。这样的领导权变可从以下四个方面来加以具体的把握：

第一，从领导权变的视角透视和综合领导现象的复杂性。作为一种最重要的社会现象，领导是极为复杂的，领导是涉及了多个社会层面的。领导现象的现实过程不仅是领导者本人的行为结果，而且还是综合了领导环境，特别是组织情境、组织成员等等多方面因素的结果。这比以往任何一种领导学说都更全面系统，避免了诸如领导特质理论和领导行为理论只注重领导者来探求领导规律而陷入的片面与局促，使领导学变得更加切合实际，凸显了多种因素特别是被领导者和领导环境在领导过程中的作用。

第二，从系统的和全方位的视角，把领导者、被领导者和领导环境联系起来，构建更系统全面、切实可信的领导学理论。该理论认为：领导是一种动态的群体过程或社会过程，领导过程实质是领导者与被领导者相互影响。其中，领导者是发生影响作用的主体，被领导者是被影响的客体。没有被影响的客体，发生影响作用的主体也就失去了存在的依据。因此，只对领导者进行研究，就难免管中窥豹。

第三，一反机械片面的领导方法认知模式，改用综合、创造性的方式来理解和探索有效领导方式。领导学研究在过去的多个阶段都聚焦于领导者，既想挖出其成功的特质和案例，概括出一套理论形态的、真理普适的领导方式，又以之为可供普遍参照和应用的领导标杆。该理论在扩大理论视野的基础上探索多因素互动情况下更真实有效的领导方式，以及在不同对象、不同情境下这些领导方式的恰当选用；其核心观点是：没有唯一的或最佳的领导方式，只有切实、合用的领导方式；只要符合一定的环境特点和客体特点，任何领导方式都是合适、有效的领导方式。显然，两种研究思路虽然都紧扣了领导学的实践本质，但却在方法论上出现了重大的路线差异，而这个理论却更令人信服。

第四，基于系统论，综合多学科，先天有优势。领导权变理论始终注重组织的系统性和绩效因素，特别强调：一切权变都不是为变而变，而是为绩效而变。领导过程本身是一个组合了多种因素的动态系统。其中，领导者和被领导者都是最重要的能动要素，心理变化和影响具有独特而重要的作用；其他因素是一种投入和消耗，因此，必须有产出、有绩效。在一个组织内，这样一个领导过程就涉及目标价值系统、组织结构系统、心理社会系统和管理系统等等；各系统内部的构成与运转的质量、各系统相互间协同与整体运转的质量都深刻影响着整个领导过程及领导结果，亦即影响到领导诸要素的效用和整个组织的绩效。其中，领导权变理论的最大特点是，把组织内外部环境等因素看成是自变量，把领导思想、领导方式和管理技术看成是因变量，因变量随自变量的变化而变化。领导者应根据自变量与因变量之间的函数关系来确定一种有效方式。

2. 领导权变理论

领导权变理论是围绕领导者面对特定情况、运用特定方式、实施特定领导以确保领导成效而展开的一整套学说，涉及领导素质、领导风格、领导方式、领导环境、组织情境、组织目标、组织任务、组织成员、人力资源、领导过程、绩效管理等等方面，旨在探求不断提高领导成效。

这个理论起自 20 世纪 50 年代初。当时人们已经认识到，要找到一个适合于任何组织、任何性质工作和任务、任何对象的固定的领导性格特质、领导类型和领导行为方式是不现实的，明白了组织管理应根据组织所处的内部和外部条件随机应变。于是，领导权变理论便跃然兴起，在学界得到广泛接受、传播和发展。它既给很多学者和领导学理论以启发，使之因此取得很大学术成就而闻名天下，又从连续不断的后续研究与成果中得到充实和发展，加上这个理论中的实用价值可以广泛用于实践探索，所以，领导权变理论自诞生以来就一直备受世人关注和重视，在学术研究和实践探索中得到广泛引用，成为当今西方领导学理论的主流，也成为当今世界最有影响力的领导学理论之一。

这个理论的核心观点是：领导成效与领导者所处的具体情境和环境有关，不能用固定的模式实施领导、进行管理；领导过程就是一个由领导者、被领导者及其环境因素组成的方程式，即领导成效＝f(领导者、被领导者、环境)。

事实上，以菲德勒（Fred Fiedler）为代表的领导权变理论，充分参考了各家领导学理论以及紧密相关的管理学、组织行为学和应用心理学，并以此为基础，探究领导方式与组织效能之间的关系，强调在不同情境中的不同领导行为会有不同效果，侧重把领导行为与情境因素结合起来研究领导方式，主张根据具体的情况来确定有效的领导方式，并为此进行了理论和实践反复的探索，在理论界和实践领域都产生了广泛的影响，形成了许多分别适用于不同领导力形成、不同领导运作环节的分支权变理论及相应的模型。

总之，领导权变理论是世界上最著名的领导学理论之一，是当代西方领导学理论体系中最重要、最有特色和实践价值的一种理论成果，其中不乏新的视角、新的框架和新的工具，有助于人们更好地理解、把握和应用领导学中的科学精髓，对于领导学学科的发展和建设也是很有参考价值和重要推动作用的。可以说，这个理论不仅成为现代西方领导学界中最有影响力的主流理论，而且还标志着现代西方领导学发展进入了一个新阶段。

3. 菲德勒的领导权变理论

菲德勒从 1951 年开始研究领导学，通过对管理心理学和实证环境分析两个方面的长期研究，发现了组织绩效和领导态度之间的关系极其重要，发现有的领导风格很难改变，而因领导环境不同调换更合用的领导方式却是可行的，而这就是领导权变。1962 年，他正式提出了领导权变理论，在 1974 年又正式提出了领导权变模型。他于是成为领导权变理论的创始人和最主要代表。他的这个理论成果开创了西方领导学理论的一个新阶段，使以往盛行的领导形态学理论研究转向了领导生态学研究的新轨道。其理论观点和模型主要如下：

领导者的行为特点是固定不变的，领导者所处的环境是不断变化的，领导者要通过调整自己的特点来适应领导环境的特点，以确保领导行为能够切实、有效。要确保领导研究是务实而全面的，那么就要把领导特质研究与领导行为研究有机地结合起来，并将其与情境分类联系起来研究。领导者的行为及其所要追求的目标具有多样性。这种多样性的存在，是由领导者之间在基本需求方面的差异决定的。因此，应当以这种需求结构来界定领导方式。

领导方式或者领导风格可以归纳为两类：(1) 员工导向型领导。这种领导类型主要以搞人际关系为主而以做好工作为辅。(2) 工作导向型领导。这种领导类型与前一种恰好相反，以做好工作为主而以搞好关系为辅。对此，菲德勒认为：领导方式是领导者的一种人格特点，这种人格具有持久性和不易改变的特征。

事实上，有效的领导行为依赖于领导者与被领导者相互影响的方式，以及情境给予领导者的控制与影响的一致性。任何领导形态均可能有效，其有效性完全取决于是否与所处的环境相适应。而能影响领导者行事风格的环境因素可以归纳为如下三个方面：

(1) 职位权力 (position power)。这是指与领导者职位相关联的正式职权以及从上级和整个组织各个方面所得到的支持程度。这个权力的大小实际取决于领导者对下属所能施加作用的具体范围和实际程度。领导者所处的职位能提供的权力和权威是否明确充分，在上级和整个组织中所得到的支持是否有力，对雇用、解雇、纪律、晋升和增加工资的影响程度大小。只有这种职权在得到充分明确时，组织成员才会变得更顺服、听从，而有利于组织绩效的提高。

(2) 任务结构 (task structure)。这是指工作任务的明确程度和有关人员对工作任务所担职责的明确程度。如果工作任务本身十分明确，组织成员也十分明确所担工作任务和职责，那么整个组织就会明确聚集在统一的工作方向和明确的协同状态之下，这样领导者对工作过程的控制就会变得容易起来。

(3) 上下级关系 (leader-member relations)。这侧重指领导者对下属的关心爱护程度以及下属对领导者信任、爱戴、拥护和追随的程度，显示出非常重要的群体气氛。这对履行领导职能至关重要。组织可以控制职位权力和任务结构，但控制不了上下级关系和群体氛围。

上面三个因素是三个用来评估领导情境的权变变量。领导者与成员关系或好或差，任务结构或高或低，职位权力或强或弱，三项权变变量综合起来，按领导的顺利程度从最顺利到最不顺利，排列出八种不同的情境或类型的连续体，每个领导者都可以从中找到自己的位置。这样，就形成了一个"有效的领导权变模型"(contingency model of leadership effectiveness)，而这就是著名的菲德勒模型 (Fiedler model)。

一般而言，任务取向的领导者在非常有利的情境和非常不利的情境下能够把工作做得更好，关系取向的领导者则在中度有利的情境下能够把工作做得很好。要克服领导风格的不适应性以提高领导效能，要改变风格去适应变化的情境是不可能的，但可以采取以下两个办法：

(1) 替换领导者以适应环境。如果经评估，目前的群体情境十分不利，而领导者又是一个关系取向型领导，那么就可以替换一个任务取向型领导，群体绩效就能因此提高。

(2) 改变情境以适应领导者。这主要是改善群体气氛、职位权力和任务结构。领导者可以通过改组下属构成来改善与下属的关系，包括把下属的经历、技术专长和文化水平调整得更为合适；任务结构可以通过详细布置工作内容而使其更加定型化，也可以对工作只做一般性指示而使其非程序化，领导的职位权力可以通过变更职位充分授权，或明确宣布职权而增加其权威性。

菲德勒模型的效用已经得到大量研究的验证，虽然在模型的应用方面仍存在一些问题，比如LPC量表的分数不稳定、权变变量的确定比较困难等，但菲德勒模型在实践中还是具有重要的指导意义的。事实上，这个领导权变理论自提出起，就一直吸引和启发了许多学者沿着权变的思路进行深入研究，形成了许多更专门、具体、深入的领导权变理论。

4. 豪斯的领导权变理论

20世纪70年代初，加拿大多伦多大学教授豪斯（R. J. Howse）又提出了一种新的领导权变理论，即“目标一路径理论”（path-goal theory）。该理论把期望理论与俄亥俄大学的领导行为二因素理论结合起来。

这个理论认为：某些领导行为之所以有效，是因为它们在当时情境之下有助于下属人员达成和工作有关的目标，实际是领导价值主导力的表现和成功。而这在本质上就是一种激励。领导实际就是一种激励部下的过程，领导方式只有适用于不同的部下和环境时才是有效的。因此，领导者要用抓组织、关心生产的办法帮助职工扫清达到目标的道路，用体贴精神关心人，满足人的需要；帮助职工通向自己预定的目标。这个理论其实体现出一种实施领导价值主导的精神，通过权变运作可以极大增强领导的价值主导力，因而可以从效用原理上将它归为价值主导性领导权变理论。

豪斯认为：领导方式是可变的，领导方式存在弹性。同一个领导者身上是可以出现多种领导风格的，也是可以实施多种领导方式的。这是因为，领导者可以根据下属的不同情况进行斟酌、选择，在实践中采用最适合于下属特征和工作需要的领导方式来实施领导。领导者的责任就是根据不同的环境因素来选择不同的领导方式。如果强行用某一种领导方式在所有环境条件下实施领导行为，必然会导致领导活动的失败。现实生活中的领导方式多种多样，但大体可归纳为如下四种基本的领导方式：

(1) 指导型领导（directive leadership）。领导者对下属需要完成的任务进行说明，包括对他们有什么希望、如何完成任务、完成任务的时间限制等等。指导型领导者能为下属制定出明确的工作标准，并将规章制度向下属讲得清清楚楚。指导不厌其详，规定不厌其细。

(2) 支持型领导（supportive leadership）。领导者对下属的态度是友好的、可接近的，他们关注下属的福利和需要，平等地对待下属，尊重下属的地位，能够对下属表现出充分的关心和理解，在下属有需要时能够真诚帮助。

(3) 参与型领导(participative leadership)。领导者邀请下属一起参与决策。参与型领导者能同下属一道进行工作探讨,征求他们的想法和意见,将他们的建议融入团体或组织将要执行的那些决策中去。

(4) 成就取向型领导(achievement-oriented leadership)。领导者鼓励下属将工作做到尽量高的水平。这种领导者为下属制定的工作标准很高,寻求工作的不断改进。除了对下属期望很高外,成就导向型领导者还非常信任下属有能力制定并完成具有挑战性的目标。在现实中究竟采用哪种领导方式,要根据下属特性、环境变量、领导活动结果等不同因素,以权变观念求得同领导方式的恰当配合。

要实施这种以下属为中心的领导,关键要充分考虑下属的具体情况,特别是个性差异,包括员工素质和环境因素。员工如果是内向型的,就更适宜使用参与式领导;如用指导式领导,就会遭遇抵触。员工如果是外向型的,就更适宜使用指导式领导;如用参与式领导,就会发生冲突。一个人如果自视甚重、自评过高,就比较容易抵触指导式领导;如果自视不高、信心不足,就会害怕授权式领导。员工如果是教条的和权力主义的,而任务又不明确,组织的规章和程序也不清晰,那么选用指导型领导方式就最为适合。如果面对的工作是结构层次清晰,但又令人不满意或者令人灰心,那么使用支持型领导方式就最合适。

总之,领导行为被下属接受的程度取决于下属的实情。因此,要根据并针对下属的不同实情,采用不同的领导方式。此即,领导方式的施用要有权变性。

5. 贯穿权变的情境领导

情境领导就是一种在某种具体时空构成的特定环境中针对领导主客体,特别是领导者与被领导者之间的特定互动需要来做出特定反应、实施特定举措的领导。

情境领导的最大特征就是特定化和个性化。此即,针对具体的工作对象实施量体裁衣式的领导,既在客观上形成了一个又一个不同的领导作为和领导特色,又在主观上带来了必须不断应变或变通的领导压力和领导艺术。

情境领导的最大实质在于应变或变通。此即,情境总是不同的,领导总是得跟着不同的情境不断变换着领导的内容和形式、观点态度和方式方法、策略措施和分寸色彩。在不同的领导情境中,以不同的领导方式实施不同的领导行为,产生不同的领导效果。

显然,只有情境领导才是真正脚踏实地、切实有效的领导,也只有这样的领导才是有担当、能担当,以及做得成事所必然要这样想、这样做的正常领导。换言之,情境领导本来就是一种在正常思维、正常判断和正常选择下必然要这样做的普通领导,实际就是没有什么特殊之处、普通得再不能普通的一种正常领导。

事实上,无论从本质上看还是从实际操作的基本形态上看,一切正常的领导原本就应该是也必然是情境领导。这是因为,所有的领导都是在一个个不同的具体情境下发生、进行、完成并产生结果的;只用一种领导根本无法适应和适用于不同的领导情境;没有适合特定情境的特定领导,就不会有一个一个的领导成功。而这显然是只用简单逻辑就能明了判断的一个基本事实。既然如此,那又为什么还要专门提出这样一个"情境领导"的概念或范畴呢?大概有如下三个方面的缘故:

第一,这个看似简单的逻辑判断和选择偏偏在有的领导实践中会"犯迷糊"。在不少情况下、不少领导主体那里，常常会出现老化和僵化、狂妄而自大、一着鲜吃遍天、以不变应万变的领导。这种领导显然不能适应总是摆在跟前的一个个不同的领导情境，当然也就不能依不同情境而做出及时、必要的特定调整和变化即应变，结果是不断产生剧烈消耗和震动、风险和危机直至失败衰亡。然而，即使这样，也照旧不变，给人的印象是悬崖不勒马也是对的或正常的。这样一种领导显然不正常，不会是情境领导，而只能是一种失去活力和弹性、没有创造和前途的病态领导。很明显，这样一种现实与必须，也必然要施行情境领导的正常判断与选择是完全相反的和拧着来的。而这就是一个重大的实践悖论和现实矛盾，需要提出情境领导以便从更务实有效的操作化角度来唤醒迷糊的思维，促进领导随情境实施应变而最终使领导健康正常。

第二，这个看似简单、普通、正常的领导形态似乎只用一个领导就可以了，然而，如果从揭示有效领导、有力领导的机理这个角度看，专门提出和倡导情境领导就显得非常有必要了。它不仅表明正常领导原来就是要依不同领导情境来不断变通运作而后符合领导规律和实践要求的，而且具有提醒正常领导必须着力克服主观自大、唯我独尊的毛病，避免因忽视领导常规而导致领导失败。根本而言，这有利于促使领导主体，特别是领导者能够不断与时俱进、因地制宜、常变常新而充满健康活力和无限希望。

第三，这个提法看似普通得几乎没有替代普通领导的资格和必要，然而，它确实原本就没有着意于替代普通领导，而是因为其固有的学理内涵和实践价值在领导学研究中形成和发展起来的一种学说和流派，即情境领导理论。这里所做的探讨、所得出的结论都是很有助于认识、开发和增强领导应变力乃至整个领导力的道理，或许有些学术化，但却更实践化甚至不乏一定的理趣。

6. 战术谋划要与战略谋划衔接

战术谋划与战略谋划显然是明显互不相同的。它们有各自的关注点、侧重点、基本特点和基本方式，但又属于同一个领导过程，是一个过程中的两个层次，不是孤立存在、特立独行的。此外，它们必须在某种状态下达成统一，形成一个相互呼应、相辅相成的完整谋划体系。这就是说，它们之间必须是相互衔接的，确保宏观谋略与微观谋略相互对应、内在连接，进而形成一个完整、有效的领导谋略体系。

在进行宏观决策时就要考虑如何确保微观决策能够主动、自觉乃至高质量地服从和维护宏观战略；否则，战略谋划尽管具有实战性，也会被以灵活著称的战术谋划所掏空或架空，以致战略谋划不能得到落实，战略目标不能得到实现。

战术谋划虽然可以也必须灵活，有时甚至可以超越战略框架进行灵活，但是这一切都不是自我个性的胡乱张扬，而完全应该是战略谋划的具体化和操作上的分解活动，都应是围绕战略目标和整个战略谋划展开的行动。这就是战术谋划的存在价值和必要性的关键所在，也是战术谋划与战略谋划进行衔接的最主要所在。诚如前文所述，战术谋划如果忘记或脱离战略谋划，就会变成从根本上丧失目标和意义的胡乱决策，变成必将导致混乱、无效而又大量消耗和浪费决策资源的愚蠢行动，会对全局带来严重影响和后果，会造成整体上的被动和混乱。这样，无论战术谋划多么高明，其结果也就只能是失误、失败。注重与战略谋划对接，就可以极大减少乃至坚决避免这种不明大局、不顾大局、因小失大的问题。

2.6　领导谋略与变革创新

领导谋略的最高表现就是能够确保领导自身始终站在时代的前沿，始终发挥引领、率领的先导作用，始终胜任充当组织群体心脏、共同事业核心。为此，领导谋略首先通过战略谋划来支撑和推动领导总是在大的格局上主动顺时应势、保持先进、走在最前沿；其次通过战术谋划来切实保障领导能够脚踏实地、步步扎实、事事成功，以善干事和干成事来确保领导始终有实力、始终能胜任发挥先导作用、成为强有力的组织心脏和群体核心。而这一切就是在领导规律的作用下由领导战略主导和推动、领导战术来落实和实现的变革创新。可以说，没有变革创新就没有领导的先进性和始终胜任性；而没有领导谋略就没有领导的变革创新。事实上，领导的变革创新就是由无数个具体谋略付诸实施的过程，而其本身就是综合性、根本性领导大谋略。

2.6.1　国外关于领导变革的理论

1. 领导变革理论的缘起与主要内涵

20 世纪 70 年代末，国际环境发生了深刻变化，世界经济不断发展，科学技术日新月异。社会环境越来越趋于全球化与多元化，企业所面临的经营环境不断信息化和高度竞争化，这样的发展在给全社会带来巨大财富的同时，也带来了更多的问题和挑战，既包括组织与外部的关系和互动有效性的问题，也包括组织内部的问题，特别是领导适应性和有效性的问题。面对这样的变化发展，世界各国普遍开展变革创新运动，以求不断增强自身的适应性、竞争力和赢得成功的优势。

就是在这样的背景下，有些领导学者提出了重要的相应命题：领导者要不要走在时代的前面，通过改善自身、增强自身活力和动力来胜任改革、推动变革、引领潮流？什么样的领导行为或领导风格才是最佳？怎样顺应潮流进行变革以增强领导力？这些问题成了领导学的难点、焦点，虽经几十年探索，也未找到完全的共识，至今仍争论不休，成为了“世界级难题”。在这个过程中，出现了一个较有代表性的领导变革理论（transformational leadership theory）。

领导变革理论的最主要代表是伯恩斯（Burns）和巴斯（Bass）等领导学者。他们提出的基本理论和研究工具影响很广，被广泛应用于招聘、甄选、晋升以及培训与发展，还适用于机构重组、团队改善、决策制定、质量改进、工作创新等方面。

领导变革理论认为：领导者的影响力包括职权影响力和个性影响力。职权影响力不能持久，特别是不能影响到人的心灵深处；个性影响力在正面导向下直接构成领导魅力，恰恰能够弥补职位影响力的不足。因此，变革型领导要重点培育和发挥好个性影响力。为此，变革型领导首先要身先士卒、发挥模范带头作用，先注意做好领导者自身的操行，让下属信服而愿意追随和拥护，确保在风险环境中团结一心、共渡难关；其次要以员工的需求为中心，充分了解下属的个性化需求，向下属提供富有挑战性的工作和智力激励，通过这些过程，将领导者和下属的需求统一到团队的目标里，领导者和下级的目标合二为一，团队上下群策群力，为实现共同的目标而奋斗。

领导变革理论重视领导的有效性，把领导绩效作为研究重点，常常通过创制和运用测评工具与手段来开展实证研究。在这方面，其基本主张是，领导有效性的测量指标包括两个方面。一是绩效指标，包括：(1) 客观绩效，即实际的绩效数据；(2) 主观绩效，即管理人员或者其他人员的评价；(3) 额外努力；(4) 上级领导评价。二是情绪反应指标，包括：(1) 员工满意度；(2) 对领导的满意度；(3) 组织承诺；(4) 公民行为。以此为起点，通过许多实证研究，包括现场研究、实验室研究、现场实验和分析等等，这个理论发现，变革型领导与领导有效性关系极为紧密，与正向指标、负向指标分别存在着极其充分的正向关系、负向关系。

领导变革理论重视实证和应用，主要是根据上述原理和取向，对变革型领导进行了维度划分，并依之编制了能够用来测量领导有效性的各种量表。这些维度和量表在不同国度进行了实验和论证。实证结果虽然有些差别，但还是找到了更多的通同性，为变革型领导理论发展提供了有效支持，证明现行理论框架是正确的和可行的，而其具体的理论内涵则有待进一步研究和挖掘。

其实，这个领导变革理论与领导权变理论是同根同源的，即同样以变化的领导环境为背景。它与领导权变理论的不同之处在于，它关注领导环境的大变动，着眼于领导更主动适应环境、更积极反作用于环境，并为此敢于，也必须显示出不可置疑的自我改革和带动改革的勇气与力量，由此确保领导的强大活力和效力。所以，这个领导变革理论也被称为领导动力学，尽管实际上只是领导动力学中的一个重要代表。

2. 领导变革理论的主要代表伯恩斯及其主要观点

领导变革理论最早是由著名领导学者伯恩斯在 20 世纪 80 年代前期提出来的。他在其著作《领袖论》(*Leadership*) 中提出了领导变革理论。其主要观点和核心内容在于提出了适应时代变化发展特点与需要的变革型领导和传统落后的交易型领导。

(1) 变革型领导是一种相对于传统领导而言的现代领导类型，是指领导者通过让员工意识到所承担任务的重要意义和责任，激发下属的高层次需要或扩展下属的需要和愿望，使下属为团队、组织和更大的政治利益超越个人利益。这是因为，领导者本质上就是能够激发追随者的积极性从而更好地实现领导者和追随者目标的个体。

事实上，领导者的使命决定了他必须通过变革来营造组织活力的基础和奋斗向上的氛围，通过激励来调动整个团队的积极性和动力，为实现共同愿景和目标而竭尽所能。领导者要拥有变革型领导力，就要在组织内营造起变革的氛围，推动组织的适应性变革，确保富有效率地完成组织目标；同时，还要通过自身行为表率为下属树立可信的标杆，关注下属需求，促进成员互动，提高上下级之间的互动水平和道德水平，共创良好的组织氛围，确保整个组织群体在高度协调中参与和完成改革、推动和完成共同目标的实现。这就是典型的现代领导。其最大特点是好动、好变革，要在光明透亮、为了共同目标的变革中实现动态的进展、完善和成功。

变革型领导具有四个重要特征：1) 超越了交换的诱因，通过对员工的开发、智力激励来鼓励员工为群体的目标、任务和发展前景而超越自我的利益，实现预期的绩效目标；2）集中关注较为长期的目标，强调以发展的眼光鼓励员工发挥创新能力，并改变和调整整个组织系统，为实现预期目标创造良好的氛围；3）引导员工不仅为了他人的发展，也为了自身的发展承担更多的责任；4）能在组织中制造兴奋点，产生强大的影响力和冲击力，也能帮助个人发现工作与生活的价值与兴奋点。其最突出之处是关注人的发展。

（2）典型的传统领导与现代领导恰恰相反，好稳、好保守，总想玩暗箱操作，常常是为了自己的和局部的利益而不断进行默契式运作，潜规则在其中起关键作用。这个过程实际就是领导者和被领导者在某种体制和制度框架内进行着不断的交换，领导者将手中有形和无形的资源奖励作为条件，被领导者则以对领导者的服从作为条件，按照一种“默契契约”即潜规则来完成彼此的互动。这整个过程类似于一场默契契约型的交易。所以，由此而来的领导就可谓是一种契约式领导了，但由于其实质是一场交易，所以又叫作交易型领导。

换言之，传统领导就是交易型领导。从大量实证案例看，交易型领导是实质性引导和鼓励自己的追随者追求其自我利益，只是这以追随者认真顺从领导为前提。这种领导并不在乎下属是否有积极性、工作热情和奉献精神，而只在乎下属是否忠实于自己；也不在乎包括制度、文化、愿景等各种软硬件在内的工作环境是否合时、能否保证生存发展有效率，而只在乎自己能否感觉一切如常、没有任何变化式的不安或威胁。因此，交易型领导是不希望有变革的，不仅不能使组织获得进步与成功，而且还会扼杀组织的活力与生机，最终使组织在激烈的竞争中遭到失败和淘汰的命运。

3. 领导变革理论的重要代表巴斯、阿沃里奥等人及其主要观点和结论

巴斯也重点围绕变革型领导展开了研究。他把变革型领导划分成六个维度，后来又归纳为三个关键性因素，还依之设计了量表“变革型领导问卷”，进行了一定的实证研究。1988 年，巴斯与海特尔（Hater）合作开展调查研究，结果发现：不管是优秀的领导者还是普通的领导者，只要实施变革型领导，就能得到更高的下属遵从度和满意度；只要实施交易型领导，就只能得到相对低得多的下属遵从度和满意度。此外，在同样实施变革型领导的前提下，优秀领导者的得分要高于普通领导者的得分。

1996 年，洛威（Lowe）等人对以往的 38 项研究做了元分析后发现，变革型领导与领导有效性的各项指标之间有着明显的正向关系。1997 年，索西克（Sosik）、阿沃里奥（Avolio）、卡海（Kahai）等人从针对团队的研究中发现，变革型领导比交易型领导具有更大的团队效能影响力。

阿沃里奥在前述各种研究成果的基础上又做了进一步的研究，认为变革型领导集中表现为四种基本的行为特征，具体如下：

（1）理想化影响力（idealized influence）。这是指能使他人产生信任、崇拜和跟随的一些行为。它包括领导者成为下属行为的典范，得到下属的认同、尊重和信任。这些领导者一般具有公认较高的伦理道德标准和很强的个人魅力，深受下属的爱戴和信任。大家认同和支持他所倡导的愿景规划，并对其成就一番事业寄予厚望。

（2）鼓舞性激励（inspirational motivation）。这是指领导者向下属表达对他们的高期望值，激励他们加入团队，并成为团队中共享梦想的一分子。在实践中，领导者往往运用

团队精神和情感诉求来凝聚下属的努力以实现团队目标，从而使所获得的工作绩效远高于员工为自我利益奋斗时所产生的绩效。

（3）智力激发（intellectual stimulation）。这是指鼓励下属创新，挑战自我，包括向下属灌输新观念，启发下属发表新见解和鼓励下属用新手段、新方法解决工作中遇到的问题。通过智力激发，领导者可以使下属在意识、信念以及价值观的形成上产生激发作用并使之发生变化。

（4）个性化关怀（individualized consideration）。这是指关心每一个下属，重视个人需要、能力和愿望，耐心细致地倾听，以及根据每一个下属的不同情况和需要区别性地培养与指导每一个下属。这时，变革型领导者就像教练和顾问，帮助员工在应付挑战的过程中成长。

阿沃里奥认为，以上四种行为是变革型领导的标志。只有同时具备这些特征，才算是完整意义上的变革型领导。这些特征在领导过程中会显示出强烈的价值取向和理想导向，能成功激励员工超越个人利益而致力于为实现团队目标进行合作和奋斗。

综上所述可知，领导变革理论实际是领导权变理论在更大着眼点上的延伸。这个着眼点就是20世纪七八十年代开始形成的世界性变化发展环境和普遍出现于各国各领域的变革创新运动。显然，这一着眼点已经大大改变了国外领导学关于领导环境的视野和把握，使领导学界对于领导环境的认识和关注由最初的组织情境放大到社会环境、国际环境和时代环境。这是一个重要的突破。但是，从具体内容和研究层次看，这个领导变革理论仍然很大程度地局限于组织环境条件下的领导变革，相对微观，还不足以全面、透彻地把握和反映出适合时代发展的领导变革压力与动力以及相关原理和参考思路。因此，在充分注意这种理论的科学价值的同时，还要看到和超越其局限性，从更广大的视野和更高的着眼点来对领导变革和创新进行新的研究和把握。

2.6.2 领导变革和领导创新极其重要而必要

1. 领导环境发生深刻变化，决定了领导者必须变革和创新

进入新世纪以来，全球化过程在加快，经济社会发展也在加速度推进和变化，整个国际环境、社会环境乃至自然环境都在发生深刻变化，人们的交流互动、生活方式、观念意识、需要诉求、心理状态等各方面都在发生巨大变化；当然，大国博弈与国际竞争、市场博弈与市场竞争、实力博弈与实力交锋也同时变得更加尖锐激烈。各种老问题堆积交融，各种新问题层出不穷，这也同时带来了比以往任何时候都更复杂、更沉重的负担。这一切都是新世纪条件下领导者所面临的新环境、新压力和新挑战。

原有的领导环境和工作基础在变，现有的工作目标和任务在变，现实的工作条件和工作关系在变，领导主体要在如此深刻变化的情境中正常运作而成功实施领导，那么就一定不能陈陈相因、刻舟求剑或者守株待兔，不能以不变应万变或一成不变，不能以旧思维旧观点看待新情况新问题，不能以旧体制旧机制应对新状态新要求，不能以旧方式旧手段解决新问题新挑战，以免落在时代的后面甚至最后端，而只能不断地变革创新，由此确保极大增强对新阶段新环境的适应性、主动性乃至主导性和引领性，走在时代的最前端。

应该非常肯定地说，在新的历史阶段要做好领导工作，第一重要的正确选项就是必须主动进行、广泛开展变革与创新；从观念到思路，从战略到策略，从体制到机制，从方式到路径，从内部到外部，都要切实做到与时俱进、变革创新。

事实上，无论是国际社会中国家与国家之间，还是国际市场中企业与企业之间，抑或是世界科技与文化之间，其相互竞争与较量、其竞争力与综合实力都最关键取决于领导的变革与创新。无论在政党、政府、国家还是在企业、团体，更不用说在科技、文化等等各事业领域，所有变革都首先是领导变革，所有创新都首先是领导创新。领导的变革创新是每个具体变革创新的心脏和动源，是整个创新活动与潮流的火车头，是整个创新体制与体系的能动核心和决胜关键。

可以说，在充满变量、不断增速的现代生活中，领导变革与领导创新始终起着主导的和决定性的作用，是一个事关得失成败、生存发展和能否拥有未来的重大战略焦点。没有变革或者不搞变革，就会死气沉沉，当然就没有希望，没有出路，没有未来；没有创新，就没有生机，没有活力，当然就没有进步。没有领导的变革和创新，就不会形成时代变革与创新的核心力量，就可能丧失自我成长和强大的机遇，丧失必要的实力、能力和条件去平等地参与竞争、交锋和较量，就很难赢得成功或胜利而生存发展下去。

无数事实一再证明，在新阶段面对新情况，领导非变革不足以新适应，不足以突出重围、找到出路，非创新不足以新突破，不足以引领变革、保持领先。领导变革和领导创新已经成为整个变革创新的动力源泉和关键要素，事关能否占领新世纪生存与发展的制高点，能否获得赢取新世纪竞争和挑战的更大胜算；事关组织群体在新的压力和条件下、在新的竞争和挑战中强弱兴衰与生死存亡。

总之，领导环境和领导面临的问题总是在不断地变化，领导目标和领导战略总是在不断地向更高更远处调整、更新，领导任务和领导对策也总是在不断地变动、翻新，领导的思想观念和方式方法也都得不断地改变、革新。这就决定了领导必须是与时俱进、不断变革和创新的。只有这样，领导才能胜任下去而不断取得新的成功。领导创新已经成为事关领导主体能否更好地提高领导水平和执政水平的永恒主题与战略选择。

2. 领导的本质决定了领导者必须变革和创新

领导的本质决定了领导必须是不断变革和创新的；实践无止境，创新，特别是领导创新必定无止境。而领导创新就是领导的本质表现与要求，更是领导的实际过程与主流，也是整个领导主体和领导过程永无止息的追求，已经成为新世纪的普遍观念与主要潮流。它与领导的得失成败和进步落后息息相关，跟每一个组织及其中每个人的根本利益息息相关，同能否实现新世纪战略目标息息相关。

由于领导就是站在大家前面和时代潮流前头引导、率领大家不断向前奋进和夺取胜利的活动或过程，所以领导天然就包含着不断创新的实质。领导只有不断创新，才能给领导客体和整个事业带来新的生机和活力、新的前途和希望，才能激发并创造出新的生命力、创造力、竞争力和发展力，才能确保先进、带头和率领，亦即才能真正胜任“领导”二字本身。

事实上，领导不仅有带头创新的工作责任和内容，而且有促进自身革新的需要和要求。这在于社会就是发展的关键，在于经济就是增长的关键，在于企业就是生存和做大的关键，在于科技就是突破和超越的关键。领导创新创造并代表着先进的生产力和先进的文化，符合并代表着领导客体的根本利益。它不仅给全社会的进步与发展带来不竭的动力，而且还直接形成核心的生产力和竞争力，形成直接而丰硕的现实成果。

这就是说，领导的本质就充满了变革创新的精髓，决定了领导不能不努力创新。领导本来就应该不断地创新；领导创新本来就是普遍存在的，是整个社会创新体系中最重要最核心的部分，是一切社会创新的关键。领导创新比其他任何创新对现实的影响都更重大、更深刻、更久远。换言之，领导的本质决定了领导必须是不断创新的。而领导创新就是领导的本质表现与要求，更是领导的实际过程与主流，也是整个领导主体和领导过程永无止息的追求，已经成为新世纪的普遍观念与主要潮流。

应该说，领导创新就意味着组织群体拥有一个健康有力的心脏而不断获得新的动力、生机和活力，拥有一个强大的火车头和推进器而不断得到激发和推动。领导客体将因此而调动并迸发出无限巨大的潜在生命力、创造力、竞争力、制胜力和发展力。领导主客体都将因此而变得更能驾驭新形势，应付新情况、新问题，变得更能赢得新竞争、新挑战，进而不断创造新的成就、博取新的胜利、实现新的发展、变得更加坚实强大、达到新的水平和高度。这对全面推动生产力和先进文化的发展以及对实现民族复兴都有决定性的作用。

然而，如果领导不创新，便意味着整个发展都将面临落后、保守、僵化的领导而陷于严重的危难，不能获得动力，不能有所前进，没有希望和光明；也即意味着组织群体将丧失活力、生存力、竞争力和发展力，很快变得落后而被淘汰出局，积小弊成大病，积虚弱至衰亡；同时还意味着领导自身不能确保先进和健康，不仅落后而不能真正发挥领导作用，而且还背弃领导本质而对全面的进步与发展造成阻碍和破坏。

这就是说，没有领导创新，就不会有任何集体性或组织性的创新，就不会有社会的变革和升华，当然也就谈不上能有真正的文明、进步与发展。显然，领导创新能够带给人民以幸福，带给现实以光明，带给社会以发展，带给历史以进步，带给领导以成功和光荣；而领导不创新却只能带给人民以苦难，带给现实以黑暗，带给社会以停滞，带给历史以落后，带给领导以失败和耻辱。领导是否创新决定着组织群体、社会生活是否创新和是否能够创新，也表明领导主体是否有资格代表先进生产力、先进文化的发展方向和人民的根本利益。

总之，对于领导主体和领导工作而言，领导变革与创新是一个永恒的工作主题和重大的现实问题。要创造越来越好的组织绩效和工作局面，就一定要不懈地变革、创新。

2.6.3 领导变革创新的实质与基本形态区分

1. 领导变革创新的实质

领导变革创新就是以新的视野和思维，以新的勇气和胆略，更以新的智慧和创造精神，破除旧的思想观念束缚，突破框框，打破常规，超越传统，超越固有的模式、路径和影响，因时切境，灵活应变，提出新的问题和取向，进行新的探索和发现，确立新的目标和思路，探求新的答案和出路，发明并运用新的方法和工具，采取新的措施和对策，进行新的行动与运作，更有成效地应对和解决各种现实问题，创造新品，满足需要，实现新的进步与发展，达到新的目标、境界与水平，构建新的模式、框架、理念、内容和形式。

可以说，变革创新是活力、生机、强盛和发展的源泉，更是生产力和社会进步的真正源头。其内核就是改革与转型、革新和发明、优化和完善、进步与发展、科学与文明；其实质就是与时俱进地取得新成就、形成新文化的创造过程，代表着充满活力、健康优质的先进、发达与强大。

领导的变革创新就是要根据领导环境的变化和领导本质的要求，用批判精神、扬弃意识和最新的科学观念与文化成果来推动领导创新，用新视野、新思维、新知识、新方法、新方式和新对策来适应并驾驭新情况、新形势，来发现和解决新矛盾、新问题，在领导工作中不断地变革、创造和弃旧图新；既确保领导本身不断创新，包括优化领导素质、领导构成和领导过程，也确保领导真正切实激发、鼓励、引导和推动整个社会生活的变革创新。

从本质上看，领导的变革创新是指领导主体顺应时事、切合实际、实事求是、解放思想、主动变革地应对形势和环境变化而积极地探索、创造性地解决各种现实问题、不断图强图优图新的核心发展过程。这一过程集中表现为在理论基础、信息视野、观念意识、思维方式、领导方式、工作方法、内在构成、体制机制、系列系统等等许多方面的不断变革与优化，显示出其中最新的思路、对策、战略、方针、政策和动力。

从根本特征上看，领导的变革创新就是由领导主体在实际领导范围内创造生机和活力、推动进步和发展、引领潮流、打造辉煌的一种创新。而这其实就是一种带动、发起、催生和推进其他创新的动力性、核心性创新，体现出最实质的创造性、先进性和光明性。

从领导学原理上看，领导的变革创新就是现代领导的本质属性，领导的本质要求领导必须不断地创新。领导创新与领导过程和领导业绩息息相关，更与领导客体的命运福祉乃至领导主体本身的成败得失息息相关。没有创新或者不以创新为实质的领导必定会异化成给领导客体造成致命伤害的落后势力、腐败势力或邪恶势力，给领导主体自身则会带来毁灭的后果。

这是因为，领导普遍存在于社会生活之中，各个领域、各个层次都有领导。企业有领导，社会有领导，国家有领导，就连科研小组也有领导，整个社会无处不深受领导的影响。社会生活中的领导通常以一个组织为单位而存在着，而且是这个组织的核心，既常常决定着它所代表和影响的群体、组织、社会或国家的命运，也历来都是组织之间进行交锋较量的机枢和关键所在。领导的特殊性决定了领导在组织群体当中的核心地位和原动力地位。没有领导，组织性群体的变革创新活动就开展不起来；没有领导的组织其实是不存在的。因而，领导创新与否就直接体现在领导工作的方方面面，产生或形成常态或变态的领导和社会生活，直接影响领导客体的命运和利益，直接造成重大的社会现实后果。

不过，这里特别强调领导创新的目的。此即，领导的变革创新不是单纯为新而新、搞什么新花招而出现新的形式主义，更不是变着花样和手段去不断扩大权力和影响以图更好更方便地滥用权力捞取私利和违法乱纪，而是要以更加科学、积极、务实、负责的态度，以更加与时俱进、变革图强的精神，应对快速变化的环境与趋势，拿出更好更果断的办法来解决各种各样的问题、矛盾、症结或痼疾，为民众、为其他创新更好更直接地服务。如果离开这个目的，领导创新就会变质而无价值，就会有害而后果严重。

2. 领导的变革创新与两种基本领导形态

由前可知，领导变革和领导创新是一个非常重要的理念和实践，对领导的影响深及领导的基本性质、基本特征和基本作用，决定着领导的基本形态。可以说，对于基本的领导形态来说，领导的变革创新就是一个标志、一个分水岭。由此向前，就是变革、创新，形成以不断变革、创新为基本导向的领导，本质上就是正常的领导，因为领导本来就是要变革、创新的，所以这种领导就被称为常态领导。在此向后，就是领导不变革、不创新，就是领导的保守、穷守和僵化，形成以没有新质和消灭新质为导向的领导，本质上就是反常的领导，因为它不符合领导的基本规定性即天然要不断创新，所以这种领导就被称为变态领导。

领导的变革和创新首先以自己的强大活力、创造力、开放性、通达性、灵活性、主动性、积极性和适应性来面对周围的一切。它强烈倾向于和必定表现为广泛接纳、快速反应、高强处理、求异求新、突破固有、打破桎梏、超越传统、开拓未来、实现发展的意识和能力。它欢迎、吸引、聚集、勉励和鼓舞着所有的创造性因素，特别是具有创新精神和能力的人，组织成强大的创造整体，形成强效有力的创造机制，发起和推动领导范围内的创新运动，不断扩展组织群体内各项创新的业绩，有力地提升本组织群体的生命质量和价值水平，并影响其他组织群体的变化发展，还构成社会文明进步与经济发展的主流和动力。事实上，领导创新就是生产力发展的发动机和推进剂，能够创新的领导就是符合社会需要的正常的社会性核心力量及运作过程，而这就是常态领导。

常态领导是一种积极务实、严谨有序、开放光大、不断进取创新的领导，能带来幸福和尊严，惠及广大而长远，能使社会生活各领域得到极为全面、健康、充分和持续的发展。在这种领导之下，组织群体或者人民群众内部蕴藏着的无限创造力或创造能量就能够得到最充分的激发而非常自由且非常愉悦地迸发和发挥出来，形成极其巨大而不竭的现实力量去推动进步和发展，去创造前无古人的崭新历史和辉煌文明，由此形成一种稳定有序、积极有为、充满活力和能量、充满变革精神和创新精神的社会生活，而这样的社会生活就是需要并依赖于领导创新的常态社会生活。

然而，领导如果不变革、不创新，则必定趋向于和表现为狭隘、封闭、落后、无知、保守、僵化、专制、武断、蛮横、暴虐、黑暗、扭曲、脆弱、腐败和衰朽，并逐渐变得不能适应新情况、新变化，对新思想、新方法、新方式以及其他新事物由基本不能接受到完全排斥和反对甚至担忧和恐惧，当然就不会也无法容忍创新了，更不可能支持、鼓励、带动或推动什么创新了，也最不能容忍有创新之能或创新之质的人了。这时的领导就已经堕落成为压制和破坏创新的领导。这种领导已经和正在最严重地压制、阻碍和破坏生产力的发展及社会的文明进步，是一种反动的、腐朽没落的领导，也就是变态领导。

变态领导本质上并不是领导，而是占据核心地位的邪恶势力及其运作。其最突出特点就是陈陈相因、消极麻痹、保守顽固、机械僵化、自私自利、虚妄浮夸、称王称霸、恃强凌弱、造谣中伤、阴险恶毒、烂贱无耻，没有也不需要领导变革和创新，允许和推崇领导保守，千方百计地确保领导能够重蹈覆辙而不在乎这是否疯狂和危险、是否会走向衰败和灭亡。

在这样的领导之下，任何社会性创新都不可能真正发生；而一旦发生，则要么被中伤打击而很快夭折，要么是浅薄粗陋或装模作样的表演而自欺欺人。这将扭曲人们的心灵和社会生活，造成深刻持久的矛盾、争斗和混乱，带来不尽的耻辱和无边的苦海。这就是说，变态领导将使组织氛围、社会生活扭曲变态，充满诸如保守僵化、顽固落后、自相践踏、动乱争战、迷茫惨淡、惊恐悲惶等等消极阴暗和动乱不安的因素。

很明显，常态领导与变态领导是以领导变革创新与否为边界的，构成了两种最具代表性、现实性的领导典型。它们无论在性质、内涵还是效用、结果上都是截然相反的，实际上代表了进步与反动两种基本的方向和力量。当然，在它们之间也存在一些“过渡地带”，即灰色的领导形态，但这些灰色的领导形态依然在是否是变革创新的分水岭界定下分别归属于两种基本的领导形态。另外，领导形态同社会生活密切相关，甚至可以说有什么样的领导形态，就会有什么样的社会生活形态。因而，两种基本的领导形态就从根本上决定了社会生活也有常态和变态之分。

创新领导与常态领导和常态社会生活是完全对应的，常态领导和常态社会生活根本上来自领导创新。领导创新是创造或形成常态领导和常态社会生活的根本条件。领导不创新是变态领导和变态社会生活的必然原因，而变态领导和变态社会生活则根本上来自领导不创新。只有常态领导才是创新的领导，才能带来正常稳定的秩序和强劲发展的动力。只要存在领导不创新，就存在变态领导和变态社会生活，就会打乱社会生活的正常秩序，破坏正常发展的机制和动力。

可以说，不创新领导与变态领导和变态社会生活是完全对应的。如果领导是创新的，那么领导和社会生活就都是常态的；而如果领导和社会生活是常态的，那么领导就是创新的。如果领导不创新，那么领导和社会生活就容易是压抑或变态的；而如果领导和社会生活都是变态的，那么领导就是不变革、不创新的。

事实上，领导的变革创新是本义上的领导实质和领导内容，正常的领导必须也必然以领导创新为根本，时时体现着与时俱进的领导特征和领导本质；而一切异化的或丧失本义的领导则不喜欢、不赞成、不支持创新，更不会接纳或实施领导创新，逆时逆势，反进步，反发展，代表和固守着愚昧落后与黑暗邪恶。因而，在是否领导创新上就可以看出在某一组织群体内的领导是正常的还是变态的，是本质的还是异化的，是进步的、先进的还是落后的、反动的。因此，领导是否变革创新已远不仅仅是是否有谋略、用谋略的问题，最主要还是关于领导能否保持先进性、始终成为胜任的领导等大是大非的原则性问题。

总之，领导一定要不断变革创新，这是基本的领导规律。因为领导是组织群体和共同事业的权威核心，是要成为方向标杆和进步动力的；只有始终确保率先做到主动适应新情境、主动率先保证自身常变常新，才能保证自身是健康正常、充满正能量和不竭动力的，才能走在最前沿、一直发挥领导作用，不断引领和推动组织群体与共同事业朝着先进的和更高级的方向发展，同时也始终能保证给组织群体和事业发展不断输送正能量和正动力，确保组织群体健康正常、充满活力，共同事业兴旺发达、充满希望。而这一切都要靠战略层面的领导谋略来加以保证，靠战术层面的领导谋略来加以落实。可以说，领导的变革创新是最富创造性、革命性的谋略运用，需要运用各种领导谋略加以运作；而其本身就是一种领导大谋略，就是领导大谋略的战略施展和激动人心的开拓创造。

复习思考题

1. 谋略与权变、计谋、智谋、策略、战略以及诡计、权术有怎样的联系和区别？为什么？

2. 领导谋略是否就是领导者自己的谋略？主要是做什么用的？为什么？

3. 领导谋略是否可以直接等同于领导的智慧？有什么具体的工具性内容？为什么？

4. 与权力相比，领导谋略有无独立关系领导成败的能量？是否是可以与权力匹敌并行的领导手段和依据？为什么？

5. 领导者越有谋略就越能制胜、越是无敌，在让人欢欣鼓舞的同时有没有什么隐忧？为什么？怎么看待和面对才理想？

6. 领导者要很有谋略，主要取决于领导者个人的内在条件还是外在辅助？为什么？

7. 从领导谋略的角度，谈谈现代智库的建设和作用发挥的问题。

第3章 领导决策

3.1 领导决策的一般原理和理论模型

领导决策是领导过程的第一步，是第一个实质性领导行为和主体阶段。在本阶段，领导的核心任务就是要制定决策、出台决策，领导的主要作为就是运用领导智慧、领导谋略，把领导环境中的决策信息变成决策方案，为整个组织运转提供常态化的行动指导和行动依据，确保组织任务得到完成，组织目标得到实现，组织职能得到履行。

3.1.1 决策的基本实质与重要意义

决策就是通常讲的“拍板”，是领导者明是非、抓问题、定目标、提任务、拟计划、找途径、出点子、拿主意和发指令等一系列活动的总和。这些活动不是零散存在或者随意发生的，而是一个分别发挥作用又有效组合在一起、具有高度内在协调性和共生性的有机整体，是一个各环节前后相关、各阶段依次推进的完整信息过程。

就在这样一个完整信息过程之中，汇集了大量复杂的决策要素。这些要素包括决策主体、决策素质、决策权力、决策客体、决策环境、决策信息、决策问题、决策目标、决策价值、决策标准、决策倾向、决策空间、决策筹码、决策依据、决策基础、决策条件、决策途径、决策方式、决策手段、决策工具、决策技术、决策模型、决策规则、决策机制、决策体制、决策关系、决策渠道、决策公开、决策参与、决策支持、决策程序、决策活动、决策产出、决策方案、决策可行性、决策有效性、决策可接受性、决策实施、决策控制和决策监督等等。

从决策实践看，上述所有这些具体的决策要素都可以归结为静态因素和动态因素两大类。这两类因素之间存在复杂的相互关系和机理，以不同的角色、作用和方式参与到决策过程中，对决策发挥出不同的影响。

在所有的决策要素中，决策条件是事关决策能否发生、正确或成功的最现实因素。决策条件分为内在条件和外在条件两部分。其中，内在条件主要是领导素质、领导体制和领导机制；外在条件主要是由决策环境和决策对象直接构成的现实决策依据与源泉，即决策问题和决策相关情况，实际是从事领导工作所需借助和充分考虑的一切必要条件。而决策方案则是决策条件的权威转化结果，是整个决策内容和过程的最终表现形式，也是整个领导活动和组织行为的权威依据。可以说，决策条件不同，决策结果就不同，决策方案也会不同。因而，决策条件是决策的变量，而决策方案则是决策的因变量。抓住这两种要素有助于简明扼要地理解、把握和实施决策。

从领导过程看，决策是领导过程的开始，是领导的第一步和第一环节。从领导效用看，决策是最实质的领导，整个领导活动都以之为前提、随之而发生、由之被决定成就水平和最终结果。领导活动要正常展开，领导工作要正常进行，都必须首先从决策开始。领导决策通常成为群体或组织乃至社会的行动依据和指针，规划和指导着群体或组织乃至社会的具体行为，直接影响到行为方向、行为内容和行为结果，直接造成群体或组织乃至社会的某种必然。这种必然是人为的、可控的、有强大主观因素参与而产生的现实结果，其影响具有根本性。可以说，没有决策就没有领导。显然，领导决策是一个非常复杂的系列活动，是领导主体履行职能职责的最重要行为，实际也是最常规、最重大的实际领导活动。

事实上，领导决策不仅能深刻影响乃至决定后续所有领导行为的得失成败，而且还能带来重大的现实结果或严重后果；不仅决定成败祸福、事关全局长远，而且还常常影响到甚至决定着组织群体或者社会系统的前途、命运。可以说，决策直接构成最重要的领导实践内容。领导工作的成效根本取决于决策的正确程度，取决于决策的科学水平。因此，做领导工作、搞领导活动就应抓住决策这一环，在决策的正确性和科学性上大做文章，靠决策确保整个领导活动的成功。

领导决策同主观因素最密切相关，比其他任何领导行为都更依赖于领导素质。决策过程中领导者的思想素质、智慧素质和能力素质就起着最为关键的作用。这些领导素质的品位到底如何、素质中的能量纯度力度效度到底如何，都将直接决定决策的质量和水平。政治素质和道德素质在这个行为中表现得最为根本，直接决定决策的取向和性质，特别是在重大的决策中、在国家层次或社会层次上的决策中所起作用就更大。如果这些领导素质高，就会在决策中倾向于顾全大局、体恤百姓，进而使决策有利于大局和百姓；反之，就会使大局受损、使百姓遭殃。决策错误就会造成全局性被动或失败；决策正确才能为领导活动、群体活动和组织活动带来顺利和成功。

3.1.2 决策的基本类型与基本形式

根据决策的根本特征和领导实践，可以发现整个领导行为存在两种基本倾向：一种是获取利益的倾向，另一种是分配利益的倾向。这两种倾向也基本上把领导行为划分成了两大类：一类是以获取利益为主要内容的领导行为，另一类是以利益处分为主要内容的领导行为。这就是说，以利益为轴心的领导行为根本上就分为这两大类。

因而，这就决定了作为领导行为第一环节的决策行为也同样分为两种基本类型：一类是以获取利益为主要取向的决策，这可叫作创业性决策，以开拓创造、团结齐心、谋事求成为主轴，以科学原理为主要手段（但也总是要依赖和运用有关艺术），以科学性为主要特质，形成决策并由此展开相应的领导活动。另一类是以利益处分为主要取向的决策，这可叫作分享性决策，以分配利益、守成保有、应付人事、协调关系、平衡利益为主轴，实际上只以经验原则为主要手段（常常也夹杂着运用科学手段），以艺术性为主要特质，形成决策并由此展开相应的领导活动。

这两类决策尽管都需要以智慧为绝对基础，但由于其目标取向存在极大的不同，因而其形式和特性也存在极大的区别，在现实操作难度及造成现实结果上也表现出极大的差异。

创业性决策由于是以获取利益为取向的领导行为，所以能够吸引有关力量共同行动，因此，获取利益就成为形成向心力和凝聚力的原动力。这种以获取利益为内容目标的决策有自己特定的表现形式，其形式目标主要是分工负责、共同进取、呼应配合、顾全大局、强调奉献、完成未来行动任务，其形式结果主要就是计划安排。这就是说，创业性决策在过程上表现为计划过程，在形式上表现为计划或计划方案。这里所要面对和处理的矛盾主要是来自外部的条件困难，内部的问题暂时不会居于主导地位。

分享性决策由于是以分配利益和配置资源为取向的领导行为，所以十分容易引起利益的失衡、矛盾和纠纷，因此，分配利益和配置资源就成为形成离心力和松散力的原动力。这种以利益得失为内容目标的决策也有自己的特定表现形式，其形式目标主要是根据阶级阶层和权力地位进行相应比例利益配置的未来行动方案即利益处分方案，其形式结果主要就是政策。这就是说，分享性决策在过程上表现为政策制定过程，在形式上就表现为政策或政策方案。这里所要面对和处理的矛盾则主要是来自内部的人际困难，外部问题已经极大弱化，内部问题已经居于主导地位。

这就是说，其他所有决策都不过是这两种决策类型的衍生或以另一种面貌存在的特殊形态。不管是私营部门还是公共部门，不管是家庭组织还是经济组织或者政治组织，其领导主体的决策均不过是创业性决策和分享性决策这两大类，其决策形式均不过是计划和政策这两大类。当然，其决策的基本性质也是相同的，即都是未来行动方案及其制定。这也说明，计划和政策亦均可同时归结于决策，均有同样的决策原理作基础，有同样的决策技术作手段，亦即均有领导科学和艺术在其中发挥作用，只是该作用程度乃至作用方式存在不同而已。

从领导活动的实践看，决策就必定产生计划或政策，而计划和政策就必定是领导决策的结果。不可想象，领导决策不会是计划制定或政策制定，计划制定或政策制定过程不会是领导决策过程，计划或政策不会是领导决策的直接产品。

当然，这里应该明确，这两者中所能有的区别就是领导主体的性质、内容、特点、地位、作用等方面存在大的不同，而且在决策上亦即在计划制定或政策制定上，在计划或政策的性质、内容、作用、特点和范围上存在不同。不可否认，即使是企业厂长在做出关于发展性或建设性的创业决策时也是在做计划，而在做出关于分享利益的决策时则也是在制定政策，只不过是企业的计划、企业的政策而已。

在已有的实际研究中，有人把计划只界定在管理的层面上，也有人把政策只界定在领导活动的层面上，而且都不把这两者归结为决策。这在学术自由上当然是无可厚非的，但是从科学的角度看，这就存在一定的局限了。因此，从计划和政策本来意义上对其做出客观、一般的研究是非常必要和重要的事情。事实上，完全可以在这个一般研究的基础上纵深研究和学习作为分支学科的决策领域两个方面，即管理的计划和行政的政策。显然，这是意指任何群体或组织均存在计划和政策这两种基本的决策范畴。

3.1.3 决策的具体构成及其内在关系

1. 决策的具体构成

根据国内外关于领导决策的研究成果，可以从多个角度看待领导决策，系统地得出一系列具体的决策类型，进而透彻地把握整个决策构成。

一是从领导层次的角度看，决策分为高层决策、中层决策和基层决策。

二是从覆盖范围的角度看，决策分为宏观决策、中观决策和微观决策。

三是从运作规模的角度看，决策分为战略决策、战役决策和战术决策。

四是从时间方式的角度看，决策分为传统决策和现代决策。

五是从科学标准的角度看，决策分为科学决策、经验决策和非科学决策。

六是从内在把握的角度看，决策分为理性决策和非理性决策。

七是从工作态度的角度看，决策分为严谨型决策、随意型决策和不负责任型决策。

八是从覆盖内容的角度看，决策分为专项性决策和综合性决策。

九是从目标取向的角度看，决策分为单目标决策和多目标决策。

十是从创造含量的角度看，决策分为常规性决策和非常规性决策。

十一是从操作的角度看，决策分为确定型决策、非确定型决策、风险型决策和竞争型决策。

十二是从实现程度的角度看，决策分为超优决策、最佳决策、满意决策和次决策。

十三是从效用范围的角度看，决策分为行业决策、专业决策、外勤决策和内务决策。

十四是从系统过程的角度看，决策分为初始决策、执行决策、监控决策、协调决策、追踪决策和补救决策。

十五是从作用领域的角度看，决策分为政治决策、领导决策、法制决策、军事决策、安全决策、外交决策、经济决策、人口决策、环境决策、生活决策、社会决策、文化决策、科技决策、教育决策、历史决策和国际化决策。

上述决策种类确实非常多样，而这其实就是在不同审度视角下出现的不同具体决策，分别适合于相应情况下的具体领导活动情境和需要。这些不同的具体决策构成了一个庞大的决策体系。这个体系反映了领导决策的实际构成状况。另外，上述各种具体的决策也都可以分别归结为创业性决策和分享性决策这两种基本决策类型。也就是说，这两种基本决策类型实际上是其他所有决策种类在性质上的基本形式，实质性地贯穿于所有决策类型之中。这样也就构成了一个完整的决策类型体系。

可以说，以上不同的决策类型实际上是对抽象的决策整体从不同的角度进行的理论解剖。这种解剖在理论上呈现出了决策的不同具体组成部分，可以使人一目了然地把握决策整体，非常方便了解各组成部分的独立性和相互关系，有利于更深层次地揭示决策行为和决策现象中所包含的内在规律，进而有利于推动决策科学化，提高决策质量和水平。

2. 决策构成的内在关系

从决策研究和决策实践看，决策随领导情境变化而变化，并因此而出现质和形上的不同。每种实际情况都可能导致或形成新的相对独立的决策类型。不过，具体的决策实践及其类型无论如何变化，都可以归结到前述某种决策模型上。换言之，任何具体的决策实践都有一个相应的决策模型在直接参与。

另外，决策整体的这些具体组成部分一方面具有各自相对的独立性，另一方面也有相互之间的一般内在联系和特殊内在联系。这些独立性和内在关系是一个非常博大渊深的研究领域，需要单独纵深研究，在此只能对部分主要问题，从以下四个层面进行分述：

一是前述第一至第三种角度是相互重合的，实际上都显透出层次上的特征。按三类角度划分出的决策应该是基本对应的。但在领导实践中却不完全这样，而是在不同领导层次之间存在不同层次的决策，两者有着相互交叉的关系。这类决策称为层次类决策。

譬如，高层决策仅仅作为高层领导行为时，才有可能使决策触角伸向中层领导领域，甚至基层领导领域，而做出中观决策乃至微观决策。中央领导在对全国全局性大事做出决策即宏观决策的同时，也做出诸如大企业合并这样的中观决策，也做出诸如针对某一具体单位某一具体重大问题直接提出非常具体的权威意见的微观决策。

同样，由于所管辖的范围实际上比高层的某一部门还更综合更全面，如一个乡就比行政机关的一个普通处具有更广泛更实际的领导面、领导权力权威、领导职能职责和领导影响结果，这就决定了领导主体也必然要对本领导范围、在本权阈内的重大事情和长远发展做出决策，而这些决策就不仅限于最低层次的决策了。所以，在基层领导中也存在宏观决策、中观决策或者战略决策和战役决策。因而，不同层次决策的原理也就必须为所有决策者所掌握。

二是前述第四至第七种角度实际相同，即都以价值判断为特征，都是对决策的适用性、有效性和科学性进行价值上的判断。这一层面上的各种决策在方式上和价值标准下内在地相互通连。这类价值判断明显的决策可以称为价值判断类决策。

传统决策同经验决策直接相关，实际是以经验决策为主要内容。而经验决策又常常是随意性决策、非科学决策和非理性决策，科学决策和理性决策的实际比例比较小，因而不负责任决策就常常成为主要的决策情形。所以，传统决策实际上是统括了这些被认为不良的决策——它们也可以被认为是传统决策和经验决策的分支或构成。

当然，传统决策和经验决策并非一无是处，其中也有许多仍然有用，甚至不可取代的决策实用价值即具有民族色彩的决策艺术，包括决策思维和决策智慧，应该说是一种科学内核。对此，可以也应该继承和发扬光大，有助于保持和提高领导的决策质量与决策水平。

现代决策同科学决策直接相关，实际是以科学决策为主要内容。科学决策充满民主精神和科学精神，包含和代表了理性决策和严谨型决策，也不排除吸收经验决策中的科学成分。所以，现代决策实际上就是指科学决策，是现代领导工作的核心，是现代领导过程的最关键环节。基于现代领导的实践需要，所探讨决策只能是科学决策。

三是前述第八至第十二种角度是同类性质的角度，主要反映决策在具体操作上的科学性、技术性特征。所谓科学决策，其具体就体现在这些决策类型上。这些决策类型的科学含量和技术含量都很高，具体地体现出现代决策的科学技术内核，包括数理统计、运筹学、预测学等等方面的决策技术。这类决策也可以称为技术类决策。

专项性决策和综合性决策，单目标决策和多目标决策，常规性决策和非常规性决策，确定型决策、非确定型决策、风险型决策和竞争型决策，超优决策、最佳决策、满意决策和次决策等，都是决策技术含量和科学含量很高的具体决策，是科学决策的具体所在和具体代表。没有这些决策，或者没有在这些决策上过关，科学决策就只能是空谈。科学决策的实际内容或具体内容就在于这些决策。

四是前述第十三至第十五种角度是同一类角度，以领导职能职责为内在的共同特征。充分体现领导职能职责的决策能够从根本上说明领导决策的具体性质。这些决策就是为了履行，也专门适合于履行一定领导范围内专门领域和专门阶段的领导职能职责而进行的具体决策。这类决策可以称为职能性决策。

实际上，这样的决策也反映了领导的实际内容或决策的实际内容，可以更好地理解层次类决策和价值判断类决策，尤其是可以更好地理解基本决策类型即创业性决策和分享性决策，可以更好地理解出自领导决策的计划和政策。

在现实中，在科学研究的视野里，通常把第三大类决策作为主要研究方向，即强调和突出现代决策或科学决策的研究和实践，并由此用决策的科学原理将所有决策类型贯通起来。

3.1.4 决策系统与决策体制

1. 决策系统的构成

决策系统就是直接进行或参与进行的决策主体。不同的决策系统发挥着不可替代的专门作用，共同构成了一个完整的决策主体体系，也就是一个完整的决策机器。它们及其运转的理念、规则和实际做法都会直接而深刻影响到决策体制的形成与作用。健全、发达的现代决策系统有助于保证领导决策更加科学正确，有助于决策体制理得更顺、效果更好而为领导决策带来更好的环境支持与保障。不同时代和领导情境下，决策系统的情况是很不系统的。就当今的决策理论与实践情况看，现代决策体系主要由如下五个具体系统构成：

一是决策中枢系统。这是决策体制中发布指令、统率全局的首脑机关。它处于决策中心地位，对各方面的重大问题做出抉择或决定。拥有决策权的各级有权部门的领导者是决策中枢系统的核心。与其他系统相比，唯决策中枢系统有权就一定范围内的领导问题做出决策。

二是决策咨询系统。它是决策中心系统的参谋部，亦称决策智囊系统。它以各类专职或兼职的决策筹划人员为细胞、专门知识性机构或先进技术性机构为基本构成单位的决策智囊集团，基本任务是为决策中枢系统提供决策依据、备选方案、优化理论。

三是决策信息系统。这是指为满足决策需要而建立的专门收集、分析、传递、储存信息资料的机构、部门和单位的总称。行政信息是进行决策的基础、联系决策体制内各部门的纽带、促进决策方案正确制定和执行的媒介。

四是决策执行系统。这是指按照决策中枢系统的指令负责指挥实施决策方案的职能机构。它由各级领导及其职能机构组成，基本任务是配置可资调遣的资源，负责决策执行的全程操作。决策执行系统与决策中枢系统都是决策体制不可缺少的组成部分。

五是决策监督系统。这是指通过监督反馈来帮助决策中枢系统控制决策制定、决策执行和预定目标实现的组织体系的总称。其基本任务是向决策中枢系统报告决策制定、执行的状况，协助中枢系统搞好控制。

2. 决策体制的意涵与特征

决策体制是关于以领导主体，特别是领导者为主干的决策主体、决策权力权限、决策信息、决策辅助、决策程序规范及决策结果责任等整个决策系统的制度性总和。它通过规范、约束决策过程与决策活动来对最关键、最重大的领导环节施加直接的影响。它直接构成领导决策必须高度适应和契合的特定环境，即通常所谓的体制性决策环境。领导决策就是在这个特定的具体环境中具体发生、运作、推进和完成的。所以，这个环境实际是与领导决策过程最紧密贴合、融合甚至完全一体化的具体环境，与领导决策活动得失成败最紧密关联在一起。

无数决策事实证明：良好的决策体制将使领导决策避免错漏失误乃至失败，而这也就意味着领导成功，至少是在最关键、最重大的领导环节上的成功；而粗陋拙劣的决策体制则十分容易鼓励领导主体滥用决策权，肆意妄行领导决策，导致领导决策联翩失误，最终则是决策失败、领导失败而领导资源浪费、领导客体遭殃。

旧有弊端依然在危害甚至恶化决策体制性环境，以致产生了一系列严重领导问题，其原因就在决策体制的不完备。此外，它还产生诸多现实问题，如：决策系统机构臃肿，功能交叉；执行系统被动、消极地执行上级的政策；咨询系统机构不健全，经常受决策系统权力意志支配或影响；信息系统薄弱，尚未建立或健全信息网络系统，信息来源少，信息传递失真失量严重；监督系统尚不完善；等等。这些问题都需要在决策科学化和整个改革发展过程中不断加以解决。

在现代治理价值取向和实践条件下，决策体制主要呈现出如下四个方面的基本特征：

(1) 科学化。在现代决策体制当中，“人”“机”结合日益明显。决策体制中的各分系统均有一定的现代化技术装备，配备有较高科学素养的人员；现代决策过程中既要运用数字化、模型化、计算机化的“硬技术”，也要利用社会心理学成就的“软技术”。科学技术在领导中迅速而广泛的应用，推动了决策体制由传统的按经验进行决策，发展为按科学的原理和现代技术手段进行决策。

(2) 民主化。现代决策体制是对传统决策体制的否定。它按照谋断分离的原则建制，保证了咨询系统的独立和集体智慧的充分发挥；其与集体决策方式相联系，促进了传统的个人决策向民主的集体决策的转移；实行首长负责制，否定了个人专断的决策方式。现代决策体制以其能够保证决策参与者的民主地位，避免领导者凭主观意志个人决定重大问题的成功，证实了自身存在的价值。

（3）法制化。构成现代决策体制的分系统，都是由各个领域的专家或不同知识界的专家集团组成的。他们独立地只对责任范围内的问题依客观规律进行研究，或提供专业性的优质成果，与其他决策分系统互不干扰，相互配合仅依契约规定从事（包括工作内容不受中枢系统权力意志的支配）。各系统的权利、义务和相应的责任，明确的法律地位，相互间的辅助和制约关系，均以法制形式相规定。

（4）系统化。现代决策体制是一个以决策中枢系统为核心，经决策咨询系统、决策信息系统、决策执行系统和决策监督系统综合构成的更大系统。它在高度分工与高度综合的基础之上，具有明显的封闭性和整体性特征。现代决策系统自上而下，层层相连，明确的分工与密切的配合，使其高层次的战略决策同中下层次的战略决策和战术决策结合紧密，从而形成完整的决策体系。此即决策体制的完整统一性。

事实上，决策体制是一个历史范畴，其权力的分化与协调带有浓厚的时代特色。随着社会的进步、科学技术的发展、决策思想的变化和实践经验的丰富，决策体制正日趋科学和完善，正以具体的决策体制性领导环境形式对领导过程发挥更大更直接的影响和作用。科学的决策体制具有以信息为据、广泛咨询、集中决策、分散执行、独立监督、及时反馈、不断调节等特点，是提高决策质量、确保领导成功的最重要因素。

总之，决策体制影响领导的直接性、重大性超过任何一个环境因素或外在因素。它对领导工作过程、领导质量和领导水平的提高都有极端关键的影响。要想取得领导上和事业上的不断成功，就一定要在决策体制性环境的改善和优化上多做一些工作。

3.1.5 国外比较有代表性的决策理论和决策模型

1. 国外比较有代表性的决策理论

国外研究和应用决策理论已经有一个多世纪的时间了，形成了许多较具代表性的理论观点和理论体系。

较具代表性的经验决策理论是泰罗的管理科学理论，旨在探求最有效的工作方法或最优方案，以最短的时间、最少的支出，取得最大的效果。其实，在复杂的领导情境和决策活动中，“最佳”的情形和方案是很难定的，甚至是不存在的，因而，这样以追求最佳为思路的理论所含科学性也是很不足的。

较具代表性的科学决策理论起自第二次世界大战的运筹学理论及其应用。当时，以杰出物理学家布莱克特（P. M. S. Blackett）为首的一部分英国科学家为了解决雷达的合理布置问题，发展起来了一种数学分析和计算技术，即运筹学。主要特点是：在既定的物质条件（人力、物力、财力）下，为达到一定的目的，运用科学的方法，主要是数学的方法，进行数量分析，统筹兼顾研究对象的整个活动所有各个环节之间的关系，为选择出最优方案提供数量上的依据，以便做出综合性的合理安排，最经济有效地使用人力、物力、财力，以达到最大的效果。其实质是一种以定量分析为主、兼用实验的科学方法，包括六部分内容：

(1) 规划论。用来研究如何充分利用企业的一切资源，包括人力、物资、设备、资金和时间，最大限度地完成各项计划任务，以获得最优的经济效益。规划论根据不同情况又可分为线性规划、非线性规划和动态规划。

(2) 库存论。用来研究在什么时间、以什么数量、从什么地方供应来补充零部件、器件、设备、资金等库存，既保证企业能有效运转，又使保持一定库存和补充采购的总费用最少。

(3) 排队论。主要是用来研究在公用服务系统中，设置多少服务人员或设备最为合适，既不使顾客或使用者过长地排队等候，又不使服务人员及设备过久地闲置。

(4) 对策论。又称博弈论，主要是用来研究在利益相互矛盾的各方竞争性活动中，如何使自己一方获得期望利益最大或期望损失最小，并求出制胜对方的最优策略。

(5) 搜索论。用来研究在寻找某种对象（如石油、煤矿、铁矿以及产品中的废品）的过程中，如何合理使用搜索手段（包括人、物、资金和时间），以便取得最好的搜索效果。

(6) 网络分析。是利用网络图对工程进行计划和控制的一种管理技术，常用的有“计划评审技术”(PERT) 和“关键线路法”(CPM)。

在运筹学之外，还有一个经典的咨询决策理论，即系统分析理论。这是1949年美国兰德公司首创的。它认为：事物是极其复杂的系统，所以在解决管理问题时，一定要从全局出发，要引入和应用系统的思想观点和方式方法，特别是数学方法，对事件进行系统的分析和研究，然后再进行策略决定。为此，要采取如下五个步骤：(1) 弄清并确定这一系统的最终目的，同时明确每个特定阶段的阶段性目标和任务。(2) 必须把研究对象看作一个整体，是一个统一的系统，然后确定每个局部要解决的任务，研究它们之间以及它们与总体目标之间的相互关系和相互影响。(3) 寻求达到总体目标及与其相联系的各个局部任务和可供选择的方案。(4) 对可供选择的方案进行分析比较，选出最优方案。(5) 组织实施各项工作。

20世纪70年代，西方还出现了一个“管理决策学派”。该派理论的核心就是主张“管理就是决策”。其代表人物是曾获诺贝尔经济学奖的赫伯特·西蒙（Herbert Simon)。其理论要点主要有五个方面：(1) 决策贯穿于管理的全过程。(2) 决策过程包括四个阶段：一是搜集情况阶段，即搜集组织所处环境中有关经济、技术、社会各方面的信息以及组织内部的有关情况。二是拟订计划阶段，即在确定目标的基础上，依据所搜集到的信息，编制可能采取的行动方案。三是选定计划阶段，即从可供选用的方案中选定一个行动方案。四是评价计划阶段，即在决策执行过程中，对过去所做的抉择进行评价。这四个阶段中的每一个阶段本身都是一个复杂的决策过程。(3) 在决策标准上，用“令人满意”的准则代替“最优化”准则。以往的管理学家往往把人看成是以“绝对的理性”为指导，按最优化准则行动的理性人。西蒙认为事实上这是做不到的，应该用“管理人”假设代替“理性人”假设。这种“管理人”不考虑一切可能的复杂情况，只考虑与问题有关的情况，采用“令人满意”的决策准则，从而可以做出令人满意的决策。(4) 一个组织的决策根据其活动是否反复出现可分为程序化决策和非程序决策。此外，根据决策条件，决策还可以分为肯定型决策、风险型决策和非肯定型决策，每一种决策所采用的方法和技术都是不同的。

(5) 一个组织中集权和分权的问题是和决策过程联系在一起的，有关整个组织的决策必须是集权的，而由于组织内决策过程本身的性质及个人认识能力的有限，分权也是必需的。

与管理决策学派关系密切、又几乎齐名的是信息中心学派。其代表人物是李维特(H. J. Leavitt)、申农（Claude Shannou）和韦弗（Warren Weaver)。该学派认为：管理人员就是一个信息中心，其作用就是接收信息、贮存与发出信息；每一位管理人员的岗位犹如一台电话交换台。它还强调计算机技术在管理活动和决策中的应用，强调计算机科学同管理思想和行为的结合。大多数计算机科学家和决策理论家都赞成这个学派的观点。

现代西方决策理论中还有一派比较著名，即系统管理理论。其代表人物是卡斯特(F. E. Kast)、罗森茨威克（J. E. Rosenzweig）和约翰逊（R. A. Johnson）等。这个理论强调全面分析和研究企业与其他组织的管理活动和管理过程，重视对组织结构和模式的分析，并建立起系统模型以便于分析。该理论的代表性观点主要有如下方面：

(1) 企业是由人、物资、机器和其他资源在一定目标下组成的一体化系统，其成长和发展同时受到这些组成要素的影响。在这些要素中，人是主动的，其他要素是被动的。

(2) 企业是一个由许多子系统组成的、开放的社会技术系统。企业是社会这个大系统中的一个子系统，它受到周围环境（顾客、竞争者、供货者、领导等）的影响，也同时影响环境。它只有在与环境的相互影响中才能达到动态平衡。在企业内部又包含五个子系统：一是目标和准则子系统，包括遵照社会的要求和准则，确定战略目标；二是技术子系统，包括完成任务必需的机器、工具、程序、方法和专业知识；三是社会心理子系统，包括个人行为和动机、地位和作用关系、组织成员的智力开发、领导方式，以及正式组织系统与非正式组织系统等；四是组织结构子系统，包括对组织及其任务进行合理划分和分配、协调它们的活动，并由组织图表、工作流程设计、职位和职责规定、章程与案例来说明，还涉及权力类型、信息沟通方式等问题；五是外界因素子系统，包括各种市场信息、人力与物力资源的获得，以及外界环境的反映与影响等。此外，还有一些子系统，如经营子系统、生产子系统，等等。这些子系统还可以继续分为更小的子系统。

(3) 用系统观来考察管理的基本职能，可提高组织的整体效率，使管理人员不至于只重视某些与自己有关的特殊职能而忽视了大目标以及自己在组织中的地位和作用。

2. 国外比较有代表性的决策模型

国外在兴起决策理论的同时，也出现了不少决策模型。其中一个比较著名的决策模型是领导者—参与模型（leader-participation model)。这个模型由维克多·弗罗姆（Victor Vroom）和菲利普·耶顿（Phillip Yetton）在 1973 年提出。这个模型基于领导环境视角和领导权变理论，把领导方式即决策方式同员工参与决策联系起来，根据员工参与决策程度的不同，提出了三类五种领导风格和决策方式：

(1) 独裁 AⅠ：你使用自己手头现有的资料独立解决问题或做出决策。

(2) 独裁 AⅡ：你从下属那里获得必要的信息，然后独自做出决策。在从下属那里获得信息时，你可以告诉或不告诉他们你的问题。在决策中下属的任务是向你提供必要信息而不是提出或评估可行性解决方案。

(3) 磋商 CⅠ：你与有关的下属进行个别讨论，获得他们的意见和建议。你所做出的决策可能受到或不受下属的影响。

（4）磋商CⅡ：你与下属们集体讨论有关问题，收集他们的意见和建议，然后你所做出的决策可能受到或不受到他们的影响。

（5）群体决策GⅡ：你与下属们集体讨论问题，你们一起提出和评估可行性方案，并试图获得一致的解决办法。

在这个模型中，弗罗姆认为：（1）有效的领导者应该以决策者有正确经验为基础，根据不同的环境来选择最为合适的领导风格。不存在对任何环境都适用的领导（决策）方式，但在某种相应的情境下，五种领导行为中的任何一种都是可行的和有效的。（2）各种类型的决策最终有效性都取决于决策者对决策质量、决策的可接受性以及决策耗时等因素的重视程度，同时也取决于采用不同的决策方法所获得最终结果的差别程度，因为决策方法本身是不会随环境变化的。（3）领导者在进行决策时，应当将精力集中在认识环境的性质和特征上，以便更好地针对环境要求选择领导方式和制定决策。

以上要点中充分显露出领导权变理论的实质，其核心是领导者可以通过改变下属参与决策的程度来体现自己的领导风格，所以这个模型又被称为"决策参与权变理论"（decision participation contingency theory），或被称作"常规决策理论"（normative decision theory）。

为进一步分清基本环境和问题特征以构建规范模型，使领导者能够根据自己的条件正确认识所处环境的特性并有效地使用规范模型选择决策方式，弗罗姆用两类七个问题对决策环境进行了概括。这两类问题分别与决策质量和决策者掌握的决策所需信息有关；对于其中七个具体问题，决策者通过逐个做出"是"或"否"的回答，用"决策树"的方法，按照选择法则的逻辑程序，筛选出一个或若干个可行的决策方式。

为保证决策质量和决策的可接受性，弗罗姆还提出了七项基本法则：（1）信息法则。如果决策的质量很重要，而你又没有足够的信息或单独解决问题的专门知识，就不要采用AⅠ方式。（2）目标合适法则。如果决策的质量很重要，而下属又不将组织目标当作大家的共同目标，就不要采用GⅡ方式。（3）非结构性工作问题法则。如果决策的质量是重要的，但你却缺乏足够的信息和专门知识独立地解决问题，而工作问题又是非结构性的，就排除采用AⅠ、AⅡ、CⅠ这三种方式。（4）接受性法则。如果下属对决策的接受是有效执行决策的关键，而由领导者单独做出的决策不一定能得到下属接受的话，就不要采取AⅠ、AⅡ方式。（5）冲突法则。如果决策的可接受性很重要，而领导者的个人决策不一定被下属接受，下属对于何种方案更适合可能抱有互相的看法。这时不要采取AⅠ、AⅡ、CⅠ方式。（6）公平合理法则。决策的质量并不重要，而决策的可接受性却是关键，这种情况下最好采用GⅡ方式。（7）可接受性优先法则。如果决策的可接受性是关键，专制决策又保证不了可接受性，而如果下属是值得信赖的，应采用GⅡ方式。

弗罗姆认为：对某一个特定的工作问题，如果应用这些基本法则进行选择，决策者可以得到一组可行的决策方式。在任何决策环境中，该模型均能满足决策者的要求，具有满意的实用效果。

3.1.6 决策的理论模型与技术模型

1. 方式性决策模型

决策模型就是决策的基本方式。自有领导活动以来，领导者决策的基本方式不计其数，但是就至今仍活跃在领导实践中的决策基本方式来看，则主要有如下诸种：

第一，科学决策模型。这种模式也称为理性决策模型，强调完全的理性原则。它是现代决策中最常用、最主要的理想模式，是现代领导运用得最多的决策工具。它包括科学程序和科学方法技术两部分内容，是操作性很强的决策实践工具。

第二，超理性决策模型。这是不顾是否合理或者合理程度有多大而进行决策的基本方式，是一种可能有很大的随意性而不一定可靠，但却也可能有很高艺术性而极为高超巧妙地解决问题的决策模型。这种模式产生的决策结果可能是合理的，也可能是不合理的。在现实中，领导者面对的领导客体常常是超理性的，因而常常需要采取这种模式进行决策。这样才能使以决策为核心的领导活动适应特定的领导环境和领导对象。

第三，顺序决策模型。这是一种等待决策条件成熟而后进行决策的基本方式。其含义是：当意见不一致或材料不充分时，以包容的办法暂时肯定各种决策的可能性，等到意见较为一致或材料很充分、有了新的认识时再行抉择、再做决定，最后完成决策。

第四，渐进决策模型。这是一种稳妥、稳健、严谨的决策模型。它只确定适度的未来行动目标，避免或反对把很远很高的未来行动目标拿来充当近期或当前的决策目标，旨在使决策目标水平适度，使拥护和执行决策者（主要是领导对象）不会有超现实的目标压力，能够适应这种适度目标的压力，从而能更好地完成决策任务、实现决策目标。这种决策模型十分强调照顾领导客体的心理承受能力而把有相当高度的决策目标分解成多个逐级上升的分目标，追求逐步实现最终目标。这种模式有稳定人心、不挫伤积极性的好处，但是也有拖拉散漫以致虎头蛇尾、不了了之的弊端。

第五，突进决策模型。也叫突变决策模型，是一种不计困难、不顾心理承受能力而一锤定音或一步达标的决策模型。它强调决策的高目标水平及其超一般现实承受力，追求决策的最大效果和效应，突出决策的果断性、强力性和实效性，把未来的理想目标变成近期内就要实现的现实目标，以重新设计未来并以之替换现状为基本特征，拍板决定后雷厉风行地予以实施。这种决策模型具有惊天动地、轰轰烈烈、翻天覆地的现实反应，有一步到位、创造奇迹的功效，但也有造成剧烈震动、脱离实际、后果严重的危险。

第六，未来牵引决策模型。这是一种顺应潮流、借力（借潮流之力）进行决策的基本方式。其具体含义是：在由领导环境直接造就的决策环境中，领导者凭其直觉和洞察力发现、抓住并借助环境中存在的理想感召力、未来目标吸引力和由此构成的使领导客体自觉不自觉趋之而动的未来牵引力，及时而高明地进行决策。

第七，历史决策模型。这是一种逻辑推演的决策模型。它一般强调根据过去、现在、未来相互之间的逻辑关系，推论出有关可能，并由此而做出决策。

第八，比较决策模型。这是一种根据时空上的现实对比进行决策的基本方式。它主要指领导者往往对不同群体或组织乃至社会进行不同的比较，也对它们所处不同历史阶段的情况进行比较，然后胸有成竹地进行决策。

第九，直观决策模型。这是一种创造性很高的决策模型。它主要指领导者根据已有的经验知识和大量的各种现实材料，对目前和未来所要解决的问题、所要满足的期望进行形象的解释、表征、模拟、确定，并由此形成决策构思、决策决心和决策行动。

第十，超优决策模型。这是由美国政策科学家斯图亚特·内格尔首先提出的一种双赢决策模型，特别适用于利益平衡和两难状态下的决策需要。它特别强调不能按传统的单方面思维去考虑利益，不能以单方面的利益最大化为抉择标准，而要超越利益双方的自我局限，找到一个最有利于双方的平衡点，使双方都能得到在现有条件下的最大利益。这不同于通常说的最佳决策——它是从如何能够使单方面获得最大利益的角度进行的一种决策。

第十一，无为决策模型。这是一种不决策的决策模型，是在现实中使用得最多的模式之一。领导者往往对一些事情不做决策，采取等待、观望、听任、自然解决、自动生效、保持平稳的做法，似乎消极无为，实际也是一种有效决策。从积极角度看，有些欲擒故纵、艺术高超的色彩；但从消极角度看，这种决策则容易培育和掩护官僚主义。

第十二，综合决策模型。这是由埃特奥尼首先提出的决策模型，也叫综合观察决策模型。它强调先运用渐进模式，而后运用科学决策模型，最后把运用这些模式所产生的结果综合起来，进行更全面、更稳妥、更高效的决策。

第十三，权变决策模型。这是由美国心理学家弗罗姆和耶顿于20世纪70年代首先提出的一种决策模型。它强调要紧随情况的发展变化，不失时机地因时、因地、因人、因事迅速做出反应，根据当前的情境特性和决策问题的特性采取不同方法果断决策。这将首先从决策应变水平上保证决策的有效性和及时性。

第十四，模糊决策模型。这是针对决策情境和决策问题的边界不确定性、交叉性、重合性、瞬时变异性和不确定性等模糊特性的一种决策方式。它强调根据这些模糊特征对决策进行模糊技术处理，主动表现得折中妥协、模棱两可、故意糊涂，使决策由此获得较大的机动性和灵活性，该精确时即精确，该模糊时就模糊，该原则时就原则，该退让时就退让，可以使领导活动获得较大的成功。

以上不同决策模型使领导者在面对不同决策场合和决策任务时能够灵活、及时地完成决策工作。这些决策模型将通过领导者的决策活动直接产生一系列不同的具体决策，直接形成决策的具体构成。

2. 技术性决策模型

技术性决策模型是运用大量数理知识与技能，特别是运筹技术与统计技术等工具建立起来的精准决策技术系统。对于规律性明显的决策问题和情况，它能够建立技术模型来首先进行基本的技术处理，然后找到最佳的解，即理想的决策方案。

在大量的决策实践中，这类模型有很多，具体包括：(1) 连续性模型和离散性模型；(2) 描述性模型和指示性模型；(3) 确定性模型和不确定性模型；(4) 物理模型、思维模型和混合模型；(5) 宏观模型和微观模型；(6) 静态模型和动态模型；等等。

但是，在实际的活动过程中，这些技术性模型则主要有如下四种：

第一，形象模型。它把现实物体的尺寸加以缩小或放大，使经过模型处理的事物看起来和实际的东西基本相似。

第二，图表模型。它以最少的文字、简明的数字和直观的线条，形象地表现出系统的本质和规律。

第三，模拟模型。它主要是利用某一种系统取代或近似描述所要研究的系统。

第四，数学模型。它主要是运用数学方法去描述系统变量之间的相互作用和因果关系，通过揭示数量之间的内在关系和规律来精确地反映系统的真实状况和本质，具体分为线性模型和非线性模型。这是使用得最多最广的模型。

技术性模型的特征主要有：(1) 对实体的抽象或模仿；(2) 由与分析系统相关的主要因素构成；(3) 能集中表明这些主要因素之间的关系；(4) 能有效反映被描摹事物或决策对象所蕴含的关系和规律；(5) 多次反复使用或运作而效果相同，可以验证，科学性极其充分、鲜明；(6) 在决策过程中成为决策信息的科学处理器，为决策提供科学处理结果或决策参考；(7) 最终目的是要帮助决策者科学地形成最优化的决策方案。

3.2 领导决策的三大价值基点与“三化”

中外理论无论怎么说，都必须首先回答一个最基本的理论问题，那就是领导决策的起点在哪里，是什么？很明显，由于领导决策是最重要的领导权即决策权的正式运作，因此行使这一权力的过程和活动乃至其方式方法都必须依据权力的来源与责任，而这就构成了领导决策的价值基点。只有从价值基点出发，才能厘清领导决策的基本理论与实践问题。

3.2.1 领导决策的三大价值基点

领导决策的价值基点就是决策的价值取向、价值定位与价值约束，是领导决策乃至决策后续实施行动的价值渊源和动力原点，也是领导决策的程序构建与完善乃至其他决策活动的渊源和依据。显然，这对决策实践来说具有根本性的意义。从人民领导的本质看，领导决策的价值基点就在于：决策必须经得起历史的检验、人民的检验和法律的检验，使行政管理从决策起就最充分体现出为人民服务的有效性、原则性和责任性。

1. 决策要对历史负责，要经得起历史的检验

决策是一个历史过程，要产生历史结果、历史影响和历史责任。决策正确与否、优劣如何，根本上就是科学与否，都要由时间来验证、由历史做出结论。因为决策付诸实施并产生结果都需要时间，其过程和结果是否符合实际、是否正确有益，亦即是否科学需要时间才能得到证明。根本而言，只有科学的决策才会被历史证明是好的、负责任的；不科学的决策必将在一定的历史阶段内逐渐显现出各种严重的问题与后果。可以说，没有科学，决策的质量和有效性就无从谈起，决策在时间旅途将被证明是一盘败棋烂局。

事实上，只有科学才能保证决策的质量和水平，才能支撑决策以其过硬的科学实质来经受住历史的检验。因此，凡是重要决策都要面向历史、心对历史，做出明白而正确的交代，决不能敷衍打发或玩弄欺骗历史。历史对决策必会做出公正的裁判，得出正确的结论。凡是重要决策都要十分慎重，重在确保决策能够准确反映客观事物、客观规律和客观要求，有效解决客观问题和客观矛盾，确保决策符合实际、务实切实、科学合理，确保决策顺应历史的需要、潮流和发展方向。

这就是说，决策能对历史负责，要经得起历史的检验，就要确保科学化，实行科学决策：始终以科学的精神、态度、思维、原则来对待决策、约束决策，用科学的原理和方法来开展决策、做好决策，用科学的程序和机制启动决策、完成决策。这样的决策才能确保充分科学、正确而有效，确保能够对历史做出正确、过硬的交代。这样做其实是一种决策原则，即科学决策原则，是有质量、保成功、经得起历史检验、对历史充分负责的首要原则。

作为首要的决策原则，科学决策要求：从理念到行动，从程序到抓手，从过程到结果，决策都必须讲科学，都必须充分做到既能准确反映客观环境、客观事物、客观规律和客观要求，又能有效解决各种客观矛盾与问题，使人的主观与客观达成高度一致。大量的事实证明，科学决策是令领导决策负得起重大历史责任的根本保证。

2. 决策要对人民负责，要经得起人民的检验

决策权是人民交托的最重要权力。拥有决策权，是因为得到人民信任；行使决策权，是因为要为人民服务；用好决策权，是因为不能辜负人民信任。从实践看，领导决策不仅是正式用权履职的开始，更是处理重要公共事务的开始；虽然专职且专业，但必须得到人民的赞成和批准；虽然专配于某一机关、某一领导岗位，但必须始终突出人民的主体地位；虽然是形式上领导意志的充分展现，但内容上却必须是人民的意愿与诉求。

因此，无论是规划未来还是治理现实，无论是关于人还是关于事，也无论是分配利益还是工作部署，更无论是民生抑或国是，领导决策都必须从人民的利益和立场出发，按照人民的要求和愿望展开，确保人民得益、人民满意，确保得到人民的理解、拥护和支持，确保真正做到对人民负责。

然而，要确保决策能够对人民负责，经得起人民的检验，就一定要靠民主来做保证，主要是必须能始终以民主的精神和原则来对待决策、约束决策，用民主的思维、原理和方法来开展决策、达成决策，用民主的程序和机制来启动决策、完成决策。这就是民主决策，也是能顺民意、得人心的决策实践，更是确保决策经得起人民检验、对人民完全负责的根本原则。

作为根本的决策原则，民主决策就必须是凡做决策都必定依靠民主、发扬民主、确保民主，旨在确保决策既符合社情、切合时势、务实切要，又顺应人民的意愿、需要和期待要求。其实质就是决策民主化，从理念到行动，从程序到抓手，从过程到结果，决策都必须讲民主，都必须充分做到既能充分反映社会环境、社会心理、社会规律和社会需求，又能有效解决各种社会矛盾与问题，使决策主体与人民群众达成高度一致。

其实，民主决策就是一个能保证虚心听取意见、广采博纳、集思广益的决策机制与过程；旨在准确抓住为人民群众所关心关注的重大现实问题，准确获得真实的人民意愿与诉求并体现到决策中，确保能够真切顺应人心民意，充分发挥人民当家作主的精神和积极性、创造性，广泛赢得方方面面的充分理解、积极合作和大力支持，最后形成解决重大实际问题的集体智慧、行动方案和公共力量。这是领导决策必须从根本上加以坚持的根本原

则和不能逾越的底线。大量事实证明，领导决策必须是民主决策，唯此方能充分保证领导决策经得起人民的检验，能够切实对人民负责。

3. *决策要对法律负责，要经得起法律的检验*

领导决策是最典型的公权行使活动之一，是要产生重大现实结果、现实影响和现实责任的最重要领导行为之一。而公共权力与公共责任却是孪生兄弟、如影随形。一方面，公共权力是法定权力，要通过法律来赋予，要按照法律规定来行使。因而，领导决策要时刻面对法律，确保对法律负责。另一方面，公共责任随着公权的产生和配置而产生并带来，在用权的第一时间就具体形成了现实的责任状态，这一切都同法律紧密相关乃至直接对应。因而，领导决策要由法律来衡量和审定，同步达成程序正当、内容合法、权责一致；从根本上确保决策权力完全限定在法律框架内行使，确保在关键部位真正做到把权力关进制度的笼子。这就是说，决策是必须对法律负责的，必须要受法律约束并经得起法律的检验。

然而，要确保决策经得起法律的检验，就一定要靠法治来做保证，主要是必须能始终以法治的精神和原则来对待决策、约束决策，用法治的思维、规定和限制来开展决策、掌控决策，用法治的机制和程序来启动决策、完成决策。这样做就是依法决策，也是保正当、求合法的决策实践，更是确保决策经得起法律检验、对法律真正重视并负责的基本原则。

作为基本原则之一，依法决策就是凡做决策都必定循规蹈矩、依法依规，旨在确保决策合规合法、公正规范、权用责随、有失必究，从根本上确保决策的自由裁量权不被滥用、决策权不受约束、决策后果无法落实责任。其实质就是决策法治化，从理念到行动，从程序到抓手，从过程到结果，领导决策都必须讲法治，严格遵循法的精神、要求和规定来运行，确保步步依法、件件合法、端正可靠，确保越轨难行、有责必追、违法必究而权不滥用。

许多历史教训表明，没有法的约束，决策就会滥权。这集中表现为长官意志、权力第一、主观随意、肆无忌惮、为所欲为等不良的决策倾向与行为，不把结果和影响当回事，不把有限的资源和机遇当回事，不把责任和良心当回事，根本而言就是不把历史和人民当回事。这实质是不尊重科学、不尊重民主的表现，也是没有严格的法治来严加约束的结果。而这在决策价值原点和原则上是决不允许的，在宪法法律上也是决不允许的。

众所周知，宪法在赋予崇高决策权的同时，实际也赋予了要对决策负责到底的责任与义务，即决策必须过得了"历史关"和"人民关"，必须经得起历史和人民的检验。而这正是所做决策必应担负的终身责任。历史证明正确、人民最终赞成的决策就是好决策，就是过了关；历史证明不正确、人民终究不认账的决策就是孬决策，就是没过关，就要接受责任追究。

这就是以法治确保依法决策。其重要内涵主要体现为如下三个层面：一是以最高规范的形式将科学决策、民主决策加以整合和表现，形成一套能够同时兼顾科学和民主的法定决策程序，为依法决策提供可循的操作机制。二是作为决策活动调节者和控制者、决策秩序维护者和保证者，克服决策不科学、不民主的倾向和表现，防治决策偏执僵化、不顾大局、放纵不节、混乱无序、敷衍塞责等等极端民主的倾向与问题；确保决策的一切态度与立场、行为与活动、过程与结果都纳入法制约束之下，都能严肃严格、认真负责、有规有矩、依法进行。三是通过确保依法决策，带动所有后续组织行为都能依法进行。这里的核心是，要借助法制把科学与民主高度整合在一起，形成一套简便易行、行之有效的依法决策机制，确保决策能够沿着科学、民主的轨道和程序而规范、有序地进行。

3.2.2 领导决策的“三化”：科学化、民主化、法治化

领导决策通常关联和牵动着广泛的公共利益与公共关系，必须是定则必成、行则必功、策出责随，可谓涉及面广、干系重大、不可随意。这就要求，领导决策必须时刻奉行科学决策、民主决策和依法决策的原则精神，确保决策具有最为充分的科学性、民主性和法治性。在具体转化为领导实践的过程中，这就集中表现为决策高度科学化、民主化和法治化。

1. 领导决策的科学化

一直以来，领导决策科学化都是一个沉重的历史话题。许多决策实践反映出来的最突出问题之一，就是不讲科学和不科学，在决策实践中出现了许多主观主义、盲动主义、官僚主义和权力至上主义，常常以虚无对待科学、以虚妄排斥科学、以厌恶摒弃科学、以愚昧嘲弄科学、以意志代替科学、以权力践踏科学。科学决策原则常常得不到应有的重视，更常常得不到充分的遵守和坚持。这使主观与客观在决策中严重背离，使决策与实际情况和目标结果严重背离，造成决策严重主观化、随意化、糊涂化和冒险化，失误不断，错误严重，失败惨重，教训深刻，代价沉重；不仅劳民伤财、后果严重而必遭诟病责骂，而且错失机遇、无法挽回而必有负于历史。这都是痛心疾首、千夫所指的决策通病，症结在于违背科学，不实事求是，不务实负责。

决策科学化就是解决这种通病的特效方。此方要义在于，以制度推动和确保决策主体始终保持高度的科学意识，自觉坚持和奉行科学精神与科学原则，一切按照客观实际和客观规律办事；以制度推动和确保决策过程始终有一个充分反映决策的基本规律与基本原则的科学决策程序和决策机制，使决策从酝酿、启动到出台实施和评估反馈都在科学轨道上运行、推进和完成。由此确保一切决策活动和决策参与活动都不出科学精神与科学原则之右，始终都能普遍而真实地尊重和遵循科学，最终是借助科学最大限度地避免盲区和误区，避免偏差、失误或错误，确保决策针对性强、可行性高、风险性低、合理性大、客观切实、管用有效。而这正是科学化给领导决策带来的过硬质量和很高价值，实际也正是领导决策成功的所在和获得生命的标志。

可以说，决策科学化就是从科学的视角、精神、程序和机制上赋予决策生命。决策科学化是保证决策正确和成功的第一要素，是保证决策经得起人民和历史检验的先决条件。领导决策要靠谱、靠得住、做得成、走得远，经受得住历史检验，能够为历史带来容光而不被钉在耻辱柱上，就一定要充分科学化，确保实事求是、科学为大而非主观意志为大。

2. 领导决策的民主化

决策民主化同样是一个沉重的话题。因为它是在现实中始终都在喊，却一直有待进一步做实做好的现实难题，常常成为只是挂在嘴上、放在梦中的理念与原则。许多决策实践

反映出来的最突出问题之一就是不讲民主和不民主。在决策实践中常变得只强调要集中而废掉了民主，出现了自高自大、刚愎自用的专制主义、霸道作风和暗箱操作的情况，出现了脱离群众、替民做主、代人决定、强加于人的情况。这其实就是践踏了民主，违背了民主集中制，是最典型的权力任性和对民众的不负责任。这样的决策就必然不会得到多数人的理解、拥护或支持，相反会遭到人民的唾骂和反对。如此决策岂能不败？后果可想而知。这些问题也成为决策实践中最常见的一种通病。

决策民主化是解决这种通病的特效方。此方要义在于，通过制度建设和机制建设，使领导决策从动机和用心到取向和内容都充分反映人心民意，从动议和提炼到定向和定案乃至监督和反馈都有广泛、负责的公共参与，由此形成一个能确保民主参与、形成多数同意和满意结果的民主决策程序及行之有效的民主决策机制。在此程序和机制下，所有决策活动都必须经过充分的民主酝酿、民主协商和公共参与，整个决策进程都能尊重和遵循民主，由此充分获得和吸纳主流民意、多方意见与集体智慧，最大限度照顾到大多数人的意愿与诉求，确保获得最好的民意基础、社会基础和现实支持，确保决策之树顺利成长并开好花、结好果，使决策达成双赢、多赢和理想结果并得到广泛拥护与支持。而这正是民主化给领导决策带来的民意支持和可靠保证，实际也正是领导决策成功的根由和获得灵魂的标志。

可以说，决策民主化实际是从民主的视角和机制上赋予决策方向与灵魂。决策民主化是保证决策正确和成功的第二要素，是保证决策经得起人民和历史检验的核心依据。事实上，民主决定着决策的民意基础和有效性，并由此保证决策能经得起人民的检验。而这是决策真正过关的表现，首先体现了宪法精神，从根本上做到了以人为本、依法决策。

应该说，领导决策要对人民高度负责，要确保扎实做好，做到人民的心坎里，就一定要充分实行民主化。其核心要义在于，领导决策必须自觉坚持民主精神和民主原则，用谦逊的态度和正确的方法，充分发挥集体智慧和人民当家作主的精神，时时凸显人民的主体地位，广泛汇集、真切顺应人心民意而非代人决定、替民做主，确保兼听兼顾、集思广益、公平公正而非偏私有隐、独断专行、为所欲为，确保切实解决人民关心的各种重大现实问题。只有这样，才能保证从根本上按照人民的意愿行动而不断成功，进而保证过得了人民关而完全对得起人民群众。

当然，决策民主化也需要讲科学、讲合理、讲秩序，因此在实践中也要注意防范、坚决摒弃不当的民主情形，包括偏执一方、极端民主、无序民主等等。否则，决策民主化就可能走向反面，可能会变成决策多头化、混乱化和被利用化，结果就与民主化的初衷南辕北辙。

3. 领导决策的法治化

领导决策法治化主要是运用法制手段来解决领导决策不规范、太任性、不负责和无人负责的问题。其核心要义在于，要建立和实施一系列决策规范，而且要建成并推行一套与科学决策、民主决策高度兼容对接的依法决策程序和机制，使整个决策主体都能自觉按照法治精神和法治原则、运用法治思维和法治手段开展决策活动，由此推动整个领导决策过程和活动都纳入这样的法治轨道上，使所有不受约束的主体决策行为和参与决策行为都受到及时的强力约束、敲打和管控，从根本上保证决策完全依法依规、有序进行，保证任何滥用决策权乱决策的行为都将受到严厉的惩罚。可以说，决策法治化的核心在于确保决策不任性、决策责任化，杜绝决策乱作为、不作为。

很明显，领导决策必须依法进行，必须尽快全面法治化。只有这样，才能确保决策责任在法的强制下能够得到彻底的落实，进而确保能够自动自觉、严肃认真地对法律负责；也只有这样，才能确保领导决策自觉有担当、保规范；才能确保作为最重要权力的决策权变得真正和自觉依法而用，不会也不敢继续乱用、滥用，进而确保决策全面规范、全面依原则而动。应该说，依法决策是领导决策必须常态化坚持的基本原则和不能碰触的红线。

对此，党的十八届四中全会已经出台了一项具有历史性影响和重要作用的决定，即建立决策终身责任追究制度及责任倒查机制，对决策严重失误或者依法应该及时做出决策但久拖不决造成重大损失、恶劣影响的，严格追究决策者、负有责任的其他领导人员和相关责任人员的法律责任。从此以后，领导决策将要承担终身责任。

4. 领导决策科学化、民主化和法治化内在紧密相关

基于领导决策的价值基点，领导决策科学化、民主化和法治化之间存在高度紧密联系在一起的内在联系，既相互独立，又相互关联。

一方面，决策科学化、民主化和法治化是决策实践中三个相对独立、各负使命、各有功能、各起作用、不可轻忽、相互无法替代的重大现实范畴。

决策科学化赋予决策质量、价值和生命。这主要是借助能够确保有效科学办事的科学决策机制，使决策从酝酿、启动到出台和实施都符合客观实际与客观规律，使一切决策活动与决策参与活动都能够尊重和遵循科学而不出科学精神与科学原则之右，从科学上最大限度地避免盲区和误区，避免偏差、失误或错误，确保决策针对性强、可行性高、风险性低、合理性大、客观切实、管用有效，确保决策过得硬、经受得住历史的检验。可以说，决策科学化正是保证决策正确和成功的第一要素，是保证决策经得起历史检验的先决条件。

决策民主化赋予决策基础、内涵和灵魂。这主要是借助能够保证自觉顺应人心、充分尊重民意的民主决策机制，使决策从动机和用心到取向和内容都能充分获得与吸纳主流民意、多方意见及集体智慧，从动议和提炼到定向和定案乃至监督和反馈都有广泛与负责的公共参与而最大限度照顾到大多数人的意愿与诉求，使整个决策进程都能充分尊重和遵循民主而确保获得最好的民意基础、社会基础及现实支持，使决策达成双赢、多赢和理想结果并得到广泛拥护而经受得起人民的检验。可以说，决策民主化正是保证决策正确和成功的根本要素，是保证决策经得起人民检验的核心依据。

决策法治化赋予决策正当性、合法性和安全性。这主要是借助能够确保依法行事的依法决策机制，使一切决策的态度与立场、行为与活动、过程与结果都纳入法制约束之下而严肃严格、认真负责、有规有矩、依法进行，使领导决策不会践踏或挑战法律法规，使行政管理从决策开始就避免权大于法、有法不依、违规违法，确保决策经得起法律的检验。其实，决策法治化正是保证决策不出重大失误、没有重大责任后果的高明举措和顶层设计。

显然，这三个方面都是决策在不同层面上应该分别达到和做好的工作取向，也是需要完全转化到决策程序的内在基本架构的。然而，依三大基点的内在关系，就必然存在分别适用于贯彻落实三大基点的三大系列专有决策程序。这样一来，在三大基点内在关系框架下就呈现出一个决策程序基本体系了，这个体系彼此间只能互补而不能相互等同、相互

替代。

另一方面，决策科学化、民主化和法治化又是决策实践中三个相互紧密关联、相互依托、相互配合、相互支撑、共创实效的重大现实范畴。

决策科学化是决策民主化、法治化的前提。民主决策、依法决策要使决策变得切实可行、有操作性、管用有效且经得起历史检验，就要有科学化来做保证。没有科学保证，决策再怎么民主和依法依规，也是不解决问题、不管用的，亦即没有质量并经不起历史检验的。特别是在科学性不足时，决策要定甚或要以法制的形式加以固定，那么这时的法治化就难免要把不科学的东西加以权威化或法治保证了，结果就会危害更大。事实上，没有科学保证的任何行动都存在盲目性、无效性及其带来的巨大风险。只有以科学做支撑，决策的民主化和法治化才能做实、做活而不会发生虚化或僵化，才能发挥作用而保持应有的价值与意义。这就是说，决策要民主化、法治化，就应首先充分确保科学化。

决策民主化在事关民生利益的重大事项上可以极大拓展和完善决策科学化；而在获取决策信息和决策智慧以极大提高决策成功率上，决策科学化则是高度依赖决策民主化的，甚至是必须也必然要与决策民主化同化为一身的。另外，决策民主化要靠决策法治化来保证健康、正常、有秩序，决策法治化则有助于彻底克服无序民主、造成乱象而全力增进民主决策的理性、规范和可靠。这些表明，决策民主化与决策科学化、法治化是从根子上就彼此紧密联系在一起的，在有关决策环节和活动中表现得高度一致，甚至是同一个事物的两个方面。

决策法治化一方面要以决策科学化、民主化为基础，另一方面又是决策科学化、民主化的保证与强化。事实上，决策法治化对决策民主化、科学化既是一种坚决保证和有效保障，也是一种有效促进和杠杆动力。从既有的实践探索和重要文件精神看，决策法治化都包含了科学决策、民主决策的核心内容，而且还从根本上解决了不科学、不民主无人担责的问题。因此，实行依法决策就要充分基于科学决策、民主决策，而进行科学决策和民主决策则需要充分依赖依法决策来获得权威保障。

以上要义显示，决策科学化、民主化和法治化相互之间存在着紧密而深刻的内在联系；表面上依不同价值缘起和价值效用而各有不同，实际上在根本层面和总体层面却又是高度一致且一体化的。因而，在必须充分反映这一基本关系状态的导向和约束下，领导决策程序则又必然是、实际则必须是融合到一起的综合性一体化程序。这其实是一个采撷了基本程序体系中交叉或重叠在同一关系脉络和功能效用点上的环节而组成的通用决策程序，是一个兼顾了三大价值基点、集中反映现代治理规律和特点的通用决策模型。这一决策模型充分体现了科学决策机制、民主决策机制和依法决策机制，是综合实现决策科学化、民主化、法治化的正式决策程序，具有必须得到严格执行的法定性、严肃性和最高权威性。

3.3 领导决策的一般原理和基本模型

作为领导决策的三大价值基点，科学、民主、法治不仅直接决定了领导决策的三大现代治理取向，即科学化、民主化和法治化，还进而相应形成了三大决策程序，即科学决策程序、民主决策程序和依法决策程序，其中分别包含了若干决策原理、原则和机制。

3.3.1 科学决策程序

科学决策程序是决策程序之母。它充分体现了科学决策的本质、基本规律和基本原则，也形成了相应的科学决策实践机理和机制，具备了确保决策符合客观规律、经得起历史检验的核心功能。这就决定了，围绕决策程序，无论再怎么添加其他因素、用意与功能，从其他何种视角来加减、演绎或诠释，决策过程和决策活动都完全纳入在科学框架内而必定正确、有效、有价值和有生命。

一般而言，决策程序的构成根据不同习惯和实际做法有很大不同。决策科学和实践经验所包含的决策步骤有很多，各有侧重，提法多样，表现复杂。但是，从认知心理学和行为科学看，也从目前决策科学的一般总结，特别是中外决策实践的各种模式和大量成功决策实践看，使用频率最高、基本联成一体、更具广泛性和普遍性的主要做法和基本步骤则主要有七个，即发现问题、确定目标、拟订方案、抉择决断、试点试验、颁布实施、追踪决策。

这七步虽然操作上分步，但在领导活动中则基本上已成为一个决策工作整体，构成了能充分反映决策科学精髓、具有普遍实践价值的科学决策程序，形成了一个能把领导决策活动纳入科学轨道的科学决策机制。这些做法在式样上是通同的、通用的、一般的和常态的，在特性上则都是科学（结构化和程序化）的、理性（务实而合理）的、艺术（变通而智慧）的和有效的。这一点在决策科学理论上得到了更符合决策规律的印证，在决策实践上则更是得到了大量现代成功决策范例的一再证明。可以说，这七步决策程序正是目前最为成熟的一般决策模型，实际就是一个完全定位在满足决策应用与运作实际需要上的基本决策模型，也叫常规决策模型（见图3—1）。

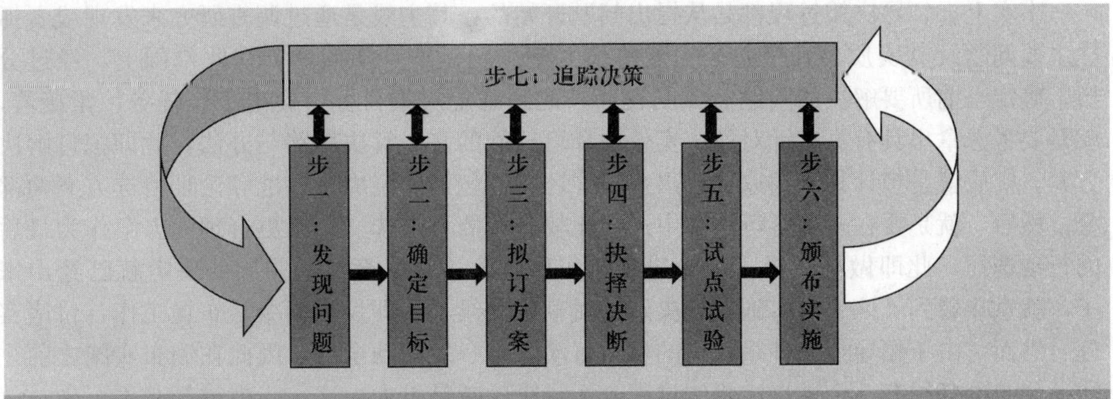

图3—1 基本决策模型（常规决策模型）

上述这七个步骤其实就是领导决策过程的七个部分、七个阶段和七个环节。第一环节提出问题，以调查研究为基础、为主要内容，属于决策的前期工作和基础工作，所以叫作前期决策环节。而确认目标、拟订方案和抉择决断等环节都是在第一环节基础上先后进行的中间决策过程，所以叫作中间决策环节。至于试点试验、颁布实施这两个环节则是领导谨慎行事和用权履责的决策结口行动，所以叫作结口决策环节。第七环节追踪决策，重在进行决策实践的审视、评估、反馈、修正与调整，对前面每个环节乃至整个决策行动整体都做紧密、即时的交叉互动，所以又叫作交叉决策环节。

从内在关系上看，这七个决策环节和决策步骤其实是一个有机整体，不仅前后联动、依次推进、有序展开、紧密关联在一起，而且在正常情况下不可疏漏或残缺任一环节与步骤。就是这样的有机整体构成了完整、规范的决策程序和决策过程。但从形态上看，这样的决策程序就是科学的基本决策程序，这样的决策过程是常态的基本决策过程，而这两个基本的决策形态则又共同构成常规的基本决策模型。

这个模型显示，这七步总体上是一个不断行动和作为的决策循环。从第一步到第六步都是依次单向推进的，一般不可逆、互动少，主要是先后联动。第七步与前六步则不是单向推进的关系，虽然是发生在整个决策的最后过程，但却是处在统管全局的顶部，对已发生的六步随时进行紧密的互动和联动，正常情况下是对现有决策各环节的活动和结果或结论进行科学审视和实践修正，由此确保决策能够最大限度地正确和完善。当实际情况发生很大变化而既有六步及其结果与之已严重不符，也无以调整修正时，或者当实际情况发生根本变化，而原有决策已经不适用亦即过时时，第七步就可以，也必须终止活动，而进入下一个决策循环，或者就原议题、在原领域开始换角度的新一轮决策，或者就新议题、在新领域开始新的决策。这个决策模型中的各个环节、各个步骤一般就是这样的相互关联和运作运行，构成了常规状态下领导决策的内在运行机制。这个运行机制反映了领导决策的一般规律。

一般而言，科学而成功的常规决策都必然包含这七个环节和阶段，都必须走这七个步骤和程序。既不知，也不按这些做法来开展决策活动，在正常情况下都可以归结为“乱弹琴”，不仅容易失败，而且容易直接引起混乱、不满、矛盾和危机。很明显，决策实际是一个多环节、结构化、程序化、科学严谨和事关重大的领导活动。

事实上，领导决策过程都是从提出问题开始的：其主线是通过调查研究来发现或者抓住主要问题及其实质，其核心是完成价值判断、明是非、抓问题。在此基础上，经过分析，确定当前所要解决的问题点或问题面，此即确定决策目标、提出工作任务。紧接着，就是要考虑拿出具有高度针对性、实效性和可行性的多个解决思路与办法，此即拟订解决方案，实质就是拟计划、找途径、出点子，还特别包括确定决策标准和论证待选方案两部分。然后，就是要在多种可行方案中进行比较、权衡和挑选，选出更合理的方案作为最后的行动选择，此即做出抉择、进行决断，实质就拿主意。至此，领导的决定就已经出来了，就意味着到了该颁布实施领导决定的时刻或时候了，即发出指令、布置工作、付诸实施。然而，由于领导是一种很特殊的权力行动，牵一发而动全身，因此在颁布实施之前往往还会，也必须有一个试点试验的过程，而且决策越是重大，这一步就越是必不可少。就这样，这六个环节构成了一个产生决策产品并交付实施的决策主体过程。

然而，领导与管理的实践一再表明，在这六环节以外，还有一个跨环节的环节，那就是“追踪决策”。通常情况是，当决策颁布实施之后，这一环节就开始了，而且还可能因为问题的复杂而导致这六个环节或者说一个基本决策过程一再重复进行。这也就是说，领导有可能围绕一个非常复杂、重大的事务或问题，反复多轮地进行决策，直到把问题彻底成功解决为止。而这部分的决策活动无论是一轮、两轮还是多轮，都要靠这个追踪决策来保证实施。追踪决策就是要针对初始决策实施后出现的各种问题，对正在进行的这六个环节分别进行反馈，而这六个环节也会对这些环节分别做出积极回应，由此就产生了高密度的内行性决策互动。这是领导决策的最一般情形，也是一种通常而基本的决策机制，实际就是一般决策模型或通用决策模式。

由上可知，决策机制各环节已经完全涵盖了领导者明是非、抓问题、定目标、提任务、拟计划、找途径、出点子、拿主意和发指令等各项活动。换言之，领导的这些决策活动都可以分别归结于、事实上本来就已经属于决策机制中的某一个环节。

不过，从决策内容看，还可以发现，有一种东西流动并穿过整个决策机制，而这个东西就是信息。从决策开始到决策结束，一直都贯穿着、充盈着决策信息。决策信息在一开始表现为问题和主观意愿等等原始材料，或曰决策资料；一旦经过各个决策环境或步骤之后，就变成了一种新的决策信息即决策产品，或曰决策成品。因而可以说，决策其实就是信息输入、信息加工处理、信息生产创新和信息输出的信息过程。

就领导决策实践看，正是在这样的信息过程中，加入了来自领导环境的决策信息，也同时加入了领导者和利益各方的价值观、需要、诉求、目标要求、任务约束、原则约束、精神意志、经验知识和智力运作等等要素，这些要素混合在一起，最后形成新的信息即决策结果，构成决策产出。因此可以说，领导决策实质就是输入和加工主客观信息、酿熟并产出凝结领导意志、具有权威效用的新信息的信息处理与创造过程。其最大特点是信息流变：原始信息输入并经过决策机制之后，就会产生出性质不同、内涵不同、价值不同、作用不同但都事关重大的新信息。

如果将这样的信息过程从构成上加以把握的话，那么就可以离析出与决策环节对应并涵盖之的五个信息环节：(1) 决策信息的获取与输入，合称信息输入。这里涵盖了一个前期决策环节，即以调查研究为基础的发现或提出问题。(2) 决策信息的确认与加工，合成信息处理。这里涵盖了三个中间决策环节，即确定目标、拟订方案和抉择决断。这是最重要的决策核心环节，是不断消化原信息，产生新信息即未来行动方案的领导创造过程。(3) 决策信息的验证，合称信息验证。这里涵盖了试点试验。(4) 决策新信息的输出，即领导决策结果的权威颁布与实施。(5) 决策信息的反馈与调整，合称信息修正。这里涵盖了一个全面交叉互动的决策环节，即追踪决策。

用此决策模型不仅能充分诠释大量决策范例的成功机理和失败原因，而且能为构建完善的依法决策机制提供一个具实的科学基础和科学框架。一方面，只有按科学决策程序办事，才能确保决策不出科学之右而可靠、可功，使依法决策基于此成为必然；否则，就只能是经验决策、主观决策而胡拍板、乱行动，常常是“差之厘毫，谬以千里”，后果重、苦头多，教训深刻，使依法决策无法得到科学支撑和保证。另一方面，只有用科学决策程序来筑底为干，才能确保依法决策机制踏实靠谱、终可完善；不以科学决策程序为基础、为主干，依法决策机制就可能陷于各种零碎的经验总结或主观偏重而不得其实、难以健全。无数的决策教训表明，越要依法决策，就越要首先做到科学决策；越要健全依法决策机制，就越要首先系统把握科学决策程序或现代决策模型。

显然，这个决策模型正是一套具备丰富、完整科学内涵和科学价值的科学决策程序，一个由科学机理支撑、组织而成的科学决策框架。其中所含的科学内涵主要有如下四个层面：

一是认知科学与认识规律。要让主观更好地反作用于客观，那么就一定要让主观更加真切、全面地接触和掌握客观，更要让主观的后续反应都完全基于这些已获得的客观，而决不是让主观或多或少、有意无意地挤压、更改或替代客观。这被叫作真知，更被称为明智，是决策成功的第一前提。

二是行为科学与行为规律。在责任或目的均存在或明确的前提下，能动主体就要对现实事务做出行动反应，主要就是了解和掌握需要或问题，赶紧弄清楚它们，用正确的方式方法或途径去满足需要或解决问题。而这是一个最基本的行为单元。有多少个需要或问题要得到满足或解决，就有多少个事务要办理，那就有多少个这样的行为单元要发生。只有没有需要或者没有问题，才会没有这样的行为单元；只要人类存在，这样的单元将永生不息。而这就是决策的必然和实质所在。

三是信息科学与信息规律。信息是主客观真实存在的反映，包括观念意识、立场倾向、动态变化、历史文化、资料数据等等；常以文字表格、声音图像等等主要形式显示出来并进行自由的完整运行，包括发生、流动、异化、梳理、整合、加工、创新、存储、利用等等许多环节，其中基本的环节就是信息输入、信息处理（梳理、加工和创新）、信息验证、信息输出、信息修正（反馈、互动和完善）等。而这一科学本质恰恰吻合于完全体现为决策过程的认知与行为科学，使决策程序开始具备了更加坚实的科学实质和可操作化的技术形态，构筑起了科学决策程序的科学底质和基本框架。决策因此在实质上就可称为有创造性飞跃的一种信息过程和信息流。

四是管理科学与管理规律。管理是以目的性、目标性、任务性、手段性、时间性、成本性、效益性、责任性和规范性为最大特征的正规化组织行为。它不仅以决策为起点，而且决定了决策这一行为绝对是必需且规范的。从本质上看，它显然是行为科学中的一般实质与情形在组织化、正规化之后的集中、演变、升华和定格；所不同的只在于其目的性、目标性更加明确、突出，其过程形态更加有意识化、常态化和正式规范、严肃严格。因此，充当管理行为起点的决策就必然要在管理科学的主导和约束下严加规范，由此形成一系列可证伪、可重复使用和普遍适用的决策步骤。

以上四层科学本质与科学规律综合构成决策科学的本质与规律。可见，科学决策程序就是具有一套完整科学内涵、受管理深刻影响的基本决策程序，实际正是一套在决策科学化导向下找到能够最精粹反映决策科学理论与实践、充分反映决策本质与规律的决策操作规程；本质上就是一个符合认识规律和行动规律、有效解决实际问题和促进工作的信息创新过程能动化、程序化与操作化之和。对于领导而言，这个决策就是化旧创新的政务信息处理变化过程，这个决策程序就是高度科学、规范的政务信息加工创新程序。显然，领导决策程序是要充分尊重并基于这一现代决策模型即科学决策程序的，其实质是决策科学化；只有科学决策程序才能为它提供切实可靠的科学保证和根本支撑。

在现代治理取向下和科学决策框架内，决策其实是一个充分符合并遵循信息规律、思维规律和创造规律的信息创新过程；同时也是一个完整的能动过程，包含提出或发现决策问题、分析这些实际问题、通过制定解决方案来解决这些问题等等。因而，科学决策实际上就是一个符合认识规律和行动规律、有效解决实际问题和促进工作的信息创新过程能动化、操作化与规范化之和，直接构成了一套完整的科学决策程序。

3.3.2 民主决策程序

民主决策程序是决策程序之魂。它充分反映了民主决策的原理、原则和机制，首先担当着确保决策公平公正、合情合理、顺应人心、符合大多数、经得起人民检验的功能，也完整体现出了决策的民主本质和民主规则。它既是对广开言路、广纳众议设定的实质性参与机制和平台，也是对决策权这种最重要权力进行公共规范与约束的权力制衡机制和方式。

由于决策其实就是一种权力过程即决策权的运作，而决策权则是最重要的公权，并要由某种能动主体来具体掌握和行使，因此，如果没有民主程序，即使拥有完善的、能保持正常运行的科学决策程序，也难以解决决策权不被偏用和滥用的问题，都有可能造成权力失控、倾斜不公和严重腐败，进而导致群众的反感和反对乃至社会的不满与变质。显然，民主决策程序具有不可替代的功能和价值。因而，在科学决策程序之外，还必然存在，也必须要有一个民主决策程序。只有这个程序健全而完善，才能从根本上管住权力，确保权力规范运行。

就本质看，民主决策程序就是一套充分反映决策主体相互关系、主要是互动规律规则与职责的决策操作规程。它既要适合社会公众参与，又要适合专家智囊参与，更要确保决策层全体成员都能积极、有效参与。在这样的民主过程当中，各决策主体既依职责分别发挥作用，又彼此对接吻合、相互补充完善；既公开兼顾，又自然实施并完成了在决策层面上的监督约束。所以，民主决策程序其实是关于决策权行使和决策过程的一种高明设计。

就务实、有效的民主实践与探索来看，比较成熟、较可广泛接受的一般民主决策活动有很多形式和步骤，但按逻辑过程和实际操作顺序则主要有如此十个环节：公开动议、广征众议、质询听证、专家论证、共同研究、协商协调、集体决定、方案公示、修订通报、公众监督。这十个环节基本反映了民主决策的全过程，可以说是一套自成体系的民主决策基本程序。这是一套独立的决策操作规程，在整个决策程序体系中起着灵魂的作用。

但也应该看到，民主与科学在本质上存在根子相通、精神相连、互为依赖的内在联系。这就决定了民主决策程序与科学决策程序即使在形态上各有不可替代的特质和机制而各有独立的一面，也同时存在高度一致、相互支持、紧密配合、对应联动乃至交叉重合的实际内容及操作层面。其中，公开动议、广征众议配合、对应于发现或提出决策问题即信息输入，质询听证、专家论证、共同研究、协商协调、集体决定等分别配合、对应于确立决策目标、拟订方案和抉择决断即信息处理，方案公示、修订通报则配合、对应于试点试验即信息验证，修订通报、公众监督配合、对应于追踪决策即信息反馈。民主决策程序与科学决策程序之间内在通连、本质一致，实际构成了充分体现决策科学原理和实践需要的民主决策机制。

显然，民主决策程序虽然在运行上是一套独立的操作规程，但本质上则与科学决策程序存在非常紧密的内在联系，是有效增进决策科学性、合理性的一套手段和机制。这样，科学、民主决策程序虽然表面上各有一套体系，但实际则是可以统一起来的，至少在内在本质上是通连统一且可能集中整合而简约便行的。这对领导决策来说十分重要，不仅可以在内容上保证决策科学、民主而经得起历史和人民的检验，而且在程序上有了实现集约化和便利操作化的完全可能。

决策民主化是依法决策能够获得现实基础和支持的政治保证与力量渊源。要健全依法决策机制，根本在于决策民主化导向下找到能够最精粹反映决策科学理论与实践的民主决策程序。民主决策程序是一套充分反映决策主体的相互关系和互动规律的决策操作规程。上述这一切表明，民主决策要经得起历史和人民的检验，那么根本上也要服从于能确保决策科学这个大局，民主决策程序也要依科学决策程序而后成立和展开；否则，民主就是乱套的民主，不能保证科学、合理、有效，也就意味着不能解决问题，实际就是没有用处。因此，偏执一方、极端民主、无序民主都不能对应科学决策，不能确保决策科学，在决策实践中要得到坚决摒弃和防范。

3.3.3 依法决策程序

依法决策程序应是决策程序之体。它是从法律上明确规定的决策所必须采取和经过的环节与步骤，所以也叫法定程序。显然，只要是法定程序，无论有什么样的决策环节和步骤，都必须在法律的约束和保证下得到完全的遵守与依照。否则，无论只按科学程序还是只按民主程序，所做决策即使再符合实际和民心，也都是没有按法定程序而成为非法或不合法的，要遭到法律的追究。

可见，法定决策程序才是正式的决策程序实体，是以国家强制力作后盾的唯一决策程序，充分反映了依法决策的原理、原则和机制。而科学决策程序或民主决策程序则不是必须实际得到操作执行的正式决策程序。这样一来，就出现一个大前提式的基本问题，即决策是否就可以不要科学决策和民主决策？只要对法律负责而无须对历史和人民负责？

其实，这个问题的真正发生是有前提的。这个前提是法定程序与科学程序和民主程序是否相互排斥、相互背离。如果是，那么这个问题就真成立，法定本身就站不住脚，法定程序就只是一具没有有效内容，却有无穷害处的程序僵尸，因而绝对不会得到人民的赞允和拥护，更不会得到历史的肯定与维续。如果不是，那么这个问题就不成立，彼此之间就肯定有一种高度契合的内在联系和整合关系，彼此之间互为表里、互相依赖，是实际的同一个事物的三个方面。这样，即使只按法定决策程序操作执行，所做决策实际上也都必然同步遵循了科学化、民主化原则，依照了科学程序和民主程序。显然，在后一种情况下，就没有这类大前提式的基本问题了。然而，这种情况能够发生吗？实际会有这样的前提吗？

应该说，法治社会是最成熟、理想的社会。实行法治、推进法治化本身就是对科学化、民主化深切理解和孜孜以求的主流表现。因为法治本身只是一个要用国家强制力来保证有效性的正式手段或方式，并不排斥，更不取消科学民主等实质内容；从务实角度看，法治还是专门为了确保有效推进和实现科学化、民主化而来的，是为科学化、民主化提供强制力后盾和法律保证的。

因而，可以肯定地说，能够制定颁行的法定决策程序必定充分尊重、维护并融合了科学民主决策程序实质内容的权威决策程序，它不仅以国家强制力为权威，更以科学民主的实质为权威，这样才是健全和完善的，也才是有生命力的。其实，脱离科学民主，法治将没有内容；没有科学民主决策程序的实质纳入，法定决策程序就只能是华而不实的。这一切表明，科学、民主、依法决策在理性条件下的内在关系决定了依法决策程序是科学决策程序和民主决策程序的权威载体，而后两者则是前者的实际内容，由此而来的正式决策程序将实际成为兼顾三大价值基点、集中反映现代治理规律和特点的通用决策模型。但要客观地说，目前的依法决策程序深入研究还很不够，对于科学决策程序和民主决策程序的把握、提炼与采撷都还没有做多少工作。但这不是说依法决策程序就不行了，而恰恰是推进依法决策的开始。

在以科学化、民主化为前提的决策法治化上，领导决策程序尽管在实践中已经有了不少地方实践，但是所面临的深度问题仍然很多尚待深入研究解决，然后才能得到进一步的健全与完善。这里的工作集中表现为，法定决策程序如何全面、准确、最佳纳入并整合好科学决策程序和民主决策程序，亦即将科学决策程序和民主决策程序的有关步骤同法治化步骤和环节对应起来，整合成并上升为法定程序。而这正是三大决策程序亟须对接整合起来的一大焦点。

在这一点上要想实现突破，就一定要始终能够正确对待和处理好决策科学化、民主化和法治化的关系，能以更高的科学理性和责任心、更大的智慧和务实性来提炼、设定通用决策模型，主要是研拟能够同时充分兼顾价值基点、体现不同决策原则和机制的一体化决策环节与步骤。只有这样才能确保领导决策程序既体现科学民主法治理念与价值，又体现集约简便易行与可持续。

党的十八届四中全会不仅为此提出了指导思想和基本原则，而且还提出了若干决策步骤作为主要的法定决策程序，包括公众参与、专家论证、风险评估、合法性审查、集体讨论决定等；其中，除合法性审查是纯法律活动外，公众参与、专家论证、风险评估、集体讨论决定等都是基于科学审慎的民主过程。可以说，这为构建完善的依法决策机制、将科学民主决策程序整合为法定决策程序指明了方向，特别是对于领导决策程序的构建与法定化来说尤其如此。为此，根据最新研究成果，基于基本决策模型，即得出一个初步的依法决策模型（见图 3—2）。

应该说，这个依法决策模型其实是在充分推进决策科学化、民主化的基础上集科学程序与民主程序于一体，寓决策法治化于其中，凸显更细化一些的具体操作步骤，形成一个充分展现科学民主精髓和效用的法定决策程序，进而形成一套引导和促进所有决策实践都自行依该法定程序进行的制度和做法，最终形成一个完善的、行之有效依法决策机制。

应该说，这样的依法决策机制实质是一种确保决策主体认真按照法定决策程序进行科学决策、民主决策以保决策经得起检验的制度安排和运行模式，核心在于如何把科学民主决策程序以及相应决策责任整合出一个更加集约、可行而又系统、全面的操作性法定决策程序。就既有的决策规范化探索来看，法定决策程序大体包括公提决策议题、公定决策目标、公出决策思路、公拟备选方案、专家智库论证、可行性评估、风险性评估、合法性审查、民主协商协调、综合平衡分析、集体讨论决定、公示通过颁行、试点试验总结、效果

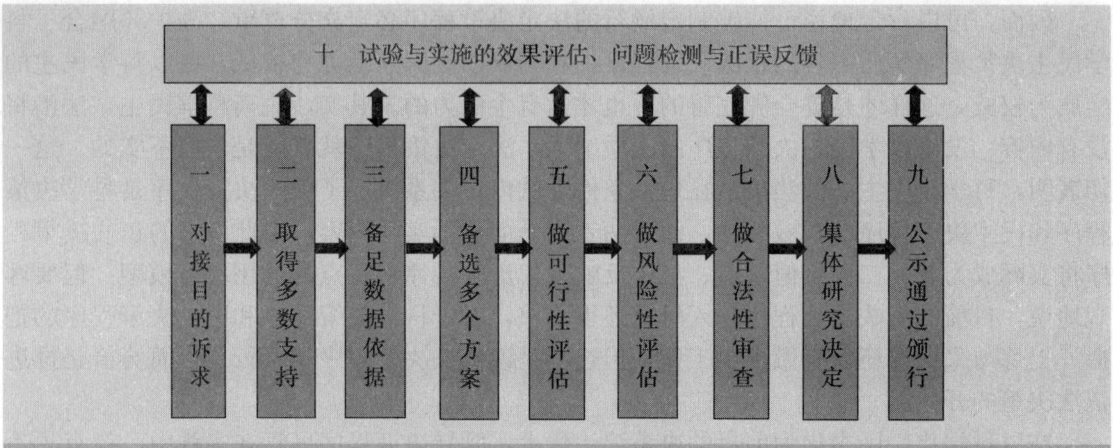

图 3—2 依法决策模型

评估反馈十四个环节与步骤。这样就既把科学决策程序的精髓更具体、更有效操作地延纳了进去，也把利益攸关方、当事方、公众、专家、智库、专业机构、法律顾问等等民主因素都纳入了进去，使得决策程序大体能够涵盖科学民主决策程序，并可进一步确定为所有决策所必经的法定程序。当然，老实说这在目前还只是一种以领导实践形态存在的探索归纳和积累提炼，相应的法理研究、专业研究和应用研究则还远未跟上，至于一套完整、成形的法定决策程序则更是尚待努力。因此，亟须着眼于顶层设计，首先从理论形态上尽快拟构出一个接近完善的法定决策程序，其次从立法层面上解决该程序的权威与出台等问题，最后要将该程序适用到所有决策机关和决策岗位上去。

就目前实践看，这个依法决策机制的核心目标主要还在于建立和实施领导决策责任追究制度，主要包含如下三层实践要义：

一是建成并实施决策终身责任追究制度。领导决策一般均结果重大、影响深远、极富复杂性和挑战性，最需科学明智和正确安全。稍不注意，就有疏忽；若程序有漏、任意践法，就会产生更严重的后果。从法治的角度看，心里无责、眼中无法、违规违法的决策是不可容忍的，决策权力不坚决配定决策责任是无法允许的，决策主体只会用权而不担责任则更是不可想象的，因而必须从制度上设定权责一致、用权担责、责跟权走、权乃一时而责为终身，使决策者有责受追、终身担责而不得不依法决策、谨慎用权。这样就很好地解决了决策者责任心不强、决策责任最终无人承担的问题，能有效避免决策责任空虚不实，切实确保决策权力不被滥用。这是完善领导决策程序最得力的一环。

二是匹配建立完善的决策责任倒查机制。决策责任终身制要得到切实确立和有效实施，关键要有一个完善的领导决策责任倒查机制。借助这个机制，决策责任就可以穿越时空、溯源而追、落根肇始，确保谁决策谁负责，而不会前任决策、后任担责。这样不仅更公平，而且更有对决策权力行使的震慑力、约束力和规范力。那些习惯于耍决策大权威风、逞一时权欲之快、追一时决策目标的心理和行为就将因而消失。

三是通过严格的责任追究来防止决策失误、权力放纵。凸显责任追究，是法治决策的利害所在。这个机制将对久拖不决、不依法作为或者轻率鲁莽、不科学严谨而严重失误、损失重大、影响恶劣的决策实施严格的责任追究；直接、间接的相关责任人都要承担相应法律责任。这对决策权的行使将实现强有力的倒逼约束，使决策者在用权决断时不得不事先看到最后，从而保持对权力的高度谨慎和敬畏。决策权力因此再也不会、实是不敢有任何任性了。

总之，推进依法决策、健全依法决策机制意义重大，不仅可以对决策全过程进行切实有力的规范、约束和驾驭，极大推进依法决策和法治领导建设进程，而且还将从根本上实现对权力的有效治理，把权力彻底关进制度的笼子，彻底杜绝权力不可约束、任意任性。

3.4 领导决策基本程序的操作要理

起自决策价值基点的基本决策模型（见上节）实际就是充分体现了科学决策机理和机制的基本决策框架，其中各步各环节都是科学的决策步骤和决策环节，具体构成提供决策质量保证的科学决策程序。这样的决策程序不只有一种理论形态，而且有很具体的操作要理。

3.4.1 发现或提出问题（信息输入）

领导主体展开工作所要做的第一件事就是要知道该干什么。要知道该干什么，就是要确定工作问题。在不了解工作问题的情况下，领导主体是无法做什么的，也就不会有什么作为。显然，领导工作的第一步就是要抓问题，以问题为导向是领导工作的本质特征。而这也正是领导决策的第一环节。这个环节就是完成在领导活动中经常提到的“发现问题和提出问题”的任务，即要确定决策问题。这些问题是领导主体的第一个决策之源，也是决策函数中的第一个决策变量。

1. 考察决策环境，收集问题信息

领导主体为完成领导职能职责，在就任之始就以当家人的身份来考察所做的工作及其所处的实际环境了。领导主体最应该关心的就是决策问题的如下基本层面：

一是所做的工作是什么性质，有什么特点，有什么实质性内容，有什么背景和条件，有什么问题和压力。

二是所领导的人是什么样的，有什么样的面貌、关系、特点、愿望、需要、意见、优点和不足，还存在什么困难、问题需要加以解决。

三是所处具体环境有什么特点，对领导工作有什么要求、有什么影响和阻碍，有什么难题和压力，还存在什么需要领导出面加以解决的问题等等情况。

四是在整个领导体系中自身处于什么位置和状态，应该有什么样的具体准则、要求、规范或标准，已经有什么样的来自高层和法律的领导指针与要求，当前处在逆境还是顺境、为什么，要开展工作实际还缺乏什么、还面临什么困难和挑战。

五是所在的组织群体本身质量如何，有何特点，存在什么矛盾、困难和问题，面临什么紧迫问题，可能有、应该有什么样的发展前景，等等。

上述这些问题信息是最实际最具体的领导工作启动信息。缺乏它们，领导工作将无从做起，决策过程也不能起步。透过上述问题充分掌握各方面的真实信息，就能真正熟悉和把握决策条件而做到心中有数，就能真正踏实、科学地进行决策并展开随后一系列的领导工作了。

总之，领导主体应该极其敏锐地意识和觉察决策环境或整个领导环境中存在的各种问题，广泛、深入地考察决策环境，在真正实施领导之前做好扎实的调查研究工作，尽可能多、广、细地收集各方面实质性的问题信息，摸清存在的大部分问题和工作的主要脉络，为领导工作提供实实在在的现实工作基础。

2. 了解实际情况，消化现实材料，感知和摸准实际问题

第一，调查研究。这里要求带着探寻问题的明确目的展开系统的调查研究。为此，在实践中要注意如下两个要点：

一是迅速掌握各种具体的相关资料和数据以及尽可能多的相关信息。首先，可以运用诸如访问法、座谈法、观察法、体会法、反证法、测验法、问卷法、抽样调查法、个案法、统计法等等方法，直接收集第一手材料，其中包括所有问题的历史背景、形势条件和当前状况，也包括是否存在竞争对手或敌手以及他们的所有情况，等等。其次，可以运用资料法、文献法、翻译法、新闻媒体等等许多方法直接收集有用的第二手材料。最后，把这些情况系统地分类、积累、建档备用。

二是要最充分地利用这些材料、数据和各种有用信息。首先，要深入这些材料信息之中，寻找与决策问题密切相关的各种有用的具体信息，并适当地进行微观归类，对每一类信息都大致地确定其性质、特点、价值和效用倾向。其次，要从这些资料、数据和信息中具体地提炼出与决策问题直接相关的观点、论据，并且界定这些情况可以在解决问题的什么时候、什么场合适用，如何能够支持决策、哪些是最有效最有力的佐证和支持，等等。再次，要根据对问题的初步思考和倾向，审度现有的资料、数据和信息是否还有不足或者欠缺，并迅速着手加以弥补。最后，要在研究资料、数据和有关信息的同时，逐步加深对决策问题的理解和把握，使得材料信息与决策问题保持有机的联系和同步的研究；待到研究完毕时，对于问题的看法和处理意见已基本成熟了，便能做到心中有数、从容自信了。

第二，经验估计。经验是对现实生活的长期观察、体验、认知、总结的结果，是行之有效的直接知识和技能。尽管其中掺杂了大量非科学的主观成分，但是也同样包含了大量的科学成分，特别是直接反映了现实中人们的行为规则、心理状态等等这些关于人的行为逻辑、心理规律和行动规律，是真实、实际的而非书本上所能得来的知识。

经验丰富可以对现实生活中出现的问题进行基本的推论和主观预测，有时仅凭直觉就能够把问题和情况看准看透，把所要决策的问题的实质抓准抓实，能够较好地把握事物发展的走势、可能发生的各种情况和运动变化的实质，进而走在事物发展的前头，确保决策和整个领导活动的高明和主动。

这种经验实际上是一种潜力和智慧的表现，在决策和整个领导过程中都表现为高超的决策艺术和领导艺术。任何一位领导者或决策者都要适当地发挥自身的这种潜能，以便提高决策的水平和质量。这是对前述科学的调查研究所做的必要补充。不过，这一点不能滥

用，不能只凭这种经验估计吃饭，否则就会出现大问题大失误。

第三，科学预测。这一步是为解决已经发现或提出的主要问题而提供直接相关的重要信息，为具体地确定决策目标和解决方案提供科学素材。

科学预测是完全在调查研究的基础上对局势与未来所进行的一种现代把握。这是一个非常有用的微观决策步骤，是对经验估计的一种科学验证和补充，而且还能直接提供有力的决策参考意见。借助预测，领导主体将始终站在解决问题的最前沿。没有这一步，决策就会有极大的盲目性，领导工作将会严重缺乏预见性和针对性。要成功地完成这一步，就要借助有关专家、有关智囊进行科学预测。

一般地说，科学预测即根据事物自身固有的规律和节奏，利用调查研究得来的真实资料和有效信息，运用科学预测的方法手段，以概率的形式比较准确地反映事物的现实状况和未来可能。特别是与领导主体最关心的问题直接相关的情况会有什么必然的变化、在假定进行处理的框架内会出现什么样的危难等等情况，为领导主体决策提供可信的数据和决策信息，提供“兵牌”和“王牌”，帮助决策者打开视野、树立信心，使之在随后的决策过程和整个领导过程中心中有数、敢于打“牌”，直接带给决策者做出决策的科学依据和决心勇气。

3. 诊断和提炼问题，全面掌握、具体确定决策问题

面对大量的问题信息，要从决策需要的角度，从整个领导工作需要的角度，对这些信息加以判断、界定、整理、分类和筛选，进行细致深入的加工处理，建立一个完整的决策信息和决策问题系统。这里主要有如下四个方面的工作要点：

第一，诊断问题。这是要对已经收集到手的现实问题信息进行价值过滤和科学过滤。判断不同问题信息的性质、分量、类别、原因、根源、症结、重要性和可能性。这就需要进行大量的科学研究，确认问题的实质、本原和面貌。

第二，提炼问题。这是要在已经弄明白问题信息的基础上对主要的问题、重要的问题、紧急的问题和尖锐的问题加以概括、提炼，同时还要确定主要问题的主要方面。此外，还要善于不断发现一些新问题，透视问题的深层次内在关系和潜在信息，分离出大小主次各类不同的具体问题。最后，对问题加以权威的确定，并送入目标确定阶段。

第三，建立问题系统。这是要在问题清楚的基础上建立一个完整的领导工作问题系统。这个系统也是决策所要处理的所有现实问题的基本框架。可以说，这些现实问题只要存在，不管如何变化，均能直接构成决策问题系统，直接构成领导决策的问题库，也均构成领导主体提出工作目标和任务的现实源泉与决策源泉。一般地说，这些问题均可按如下两类基本标准加以归类和构建成方便于领导工作与决策活动的现实问题体系：第一类是获取利益与分配利益两个标准，第二类是人和事两个标准。这两类标准都是同领导二字最密切相关的实质性标准，由此构建起来的问题体系才能切合领导工作及决策的实际。

第四，弄清问题关系。既然工作问题已经确定，那么就要弄清楚问题与问题之间的相关关系和有关情况。这些情况就是决策相关情况。应该说，所把握的这些情况就是领导的第二个决策之源，是决策函数中的第二个决策变量。而把握这些情况实质上正是“知己知彼”。为此，要做好以下三点工作：（1）要把握住同解决这些问题密切相关的最直接情况，包括问题的性质、类别、现状、基础、背景、条件、变化、发展趋势和各种现实可能。

(2) 要了解清楚领导主体自身与此相关的各种因素，包括适应性、条件、能力、智慧、处理该问题的各种力量和基础。(3) 要充分了解本组织及各成员的所有相关情况，尤其是愿望、情绪、倾向、需要、心态、能力和其他各种素质构成以及资源储备（包括决策系统支持、关系支持、物质支持、时机成熟与否、形势与环境等等各种具体的客观条件）。

以上四步构成确定决策问题的完整环节。特别需要强调的是，这整个环节都是一个必须由领导主体自己来完成的调查研究活动。这个调查研究非常重要而复杂，是整个领导工作的初始。没有调查研究就不能完成这个环节的工作。低质量的或缺乏深度的调查研究都不能真实地反映现实问题，其内容就不会是充实的、实际的和真实的，而只能是肤浅的、空洞的，甚至是哗众取宠的。这就不利于科学决策，不利于领导工作。

3.4.2 确定目标（信息处理1）

确定目标是领导决策的第二步，非常关键而重要。目标定对了，后续一切工作就能顺利有效推进；目标搞错了，所做努力将大打折扣，有可能发生很大挫折和曲折，还可能全部付诸东流。如果说整个领导决策过程是一个创新过程，那么这个创新就是从确定目标开始，因为这里就开始正式加入领导智慧和群众智慧了，由此赋予信息流以新质。

1. 及时做好目标确定工作

在问题明确、情况清楚的基础上，就应该考虑选择合适、可行的工作目标了。这时应考虑朝什么方向走、到什么地方去、找什么事情做、具体要解决什么问题、怎么从根本上解决问题等。这是领导主体最重要的核心工作之一，是最重要的科学决策环节之一。从纯领导过程看，这是领导主体在领导工作中把关掌舵的事情，是只有领导主体自己才能完成的工作。

从组织行为界定下的功能定位上看，目标是指在一定环境条件下解决问题要达到的结果和目的。目标具有定向、定时、定量的特点，本身是一种激励。但是并非所有的目标都会产生良好的导向激励作用，只有那些内容科学，具有一定的挑战性，形式简明、内容集中、能成为下属自己目标的总目标，才能真正具有导向、激励作用。这里要求，不仅要确保静态性目标正确——在制定之初即确保正确，而且还要确保动态性目标正确——要注意根据环境、形势和条件的变化随时进行检测、调整和修正。

确定目标不单单是为了决策的需要，更重要的是为所代表所领导的群体或组织乃至整个社会提出目标、指明方向，为所属整个领导主客体提出明确具体的目标和方向。这些目标常常被称为群体目标、组织目标或社会目标，实际上就是领导主客体的共同前进方向，是大家要努力为之奋斗的共同目标，是具有权威性、合法性的集体行动总依据，也是协调大家行动、凝聚群体人心的精神标的和旗帜。

这就是说，在这里领导者要确定作为领导工作所要处理的问题，并根据所掌握的相关决策情况在目标层次上拿出一个处方，做出先决性的处理，即在目标方向上首先做出抉择。显然，这个环节正是决定将要把一个群体或组织乃至一个社会引向什么方向、带到什么地方的决策。这一步本身就是决策，是一种确定方向的决策。这比拿出具体的行动方案还更重要、还更为关键。

事实上，领导主体的决定地位和权威地位就集中表现在这里。高明的或者称职的领导主体或决策者都是在这一步狠下功夫的。要很好地完成这一步，最重要的是要有思想、有创见，有十分明确、清晰、坚定、牢固的方向感。

2. 确定决策的目标体系

领导主体所要确定的目标主要分为三大类：一类是以获取利益为基本内容的进取性目标；二类是以利益处分为基本内容的分享性目标；三类是兼有获取利益和利益处分的目标，可以称为综合性目标。在这样的目标下，还有各种具体不同的目标。这就在理论上构成领导决策的现实目标体系，为领导主体确定自己的目标体系做了准备。

领导主体对于所面临的具体问题和所掌握的具体情况，要反复进行比较、研究，要深入地分析每一种问题及其相互关系。然后，根据一定的价值标准，主要是目标的合理性和准确性对这些即将确立为目标的问题进行判断，确定哪些是当前及未来领导工作可能和必须确立的目标，这些目标就是可能目标和绝对目标。最后，把这些不同的目标按照一定的逻辑关系，特别是问题本身的内在联系进行组合、排序，并由此构成一个完整的目标体系。这个体系实际上就是领导主体未来行动所要面对和解决的问题框架。

由于任何领导活动都有特定的领导目标，所以领导目标必然丰富多样，并可按照不同标准进行分类。

按领导领域划分，领导目标可以分为经济领导目标、行政领导目标、科技领导目标、教育领导目标、组织人事目标、社会管理目标等等。

按领导职能划分，可以分为决策目标、计划目标、组织目标、协调目标等。上述各种领导职能目标，从领导活动的过程来看，它们是一致的。只是在领导活动过程中，各项领导职能目标的侧重点是不同的。

按领导层次划分，可以分为高层领导目标、中层领导目标和基层领导目标。这种领导目标的划分是相对的。如从全国范围来看，国家领导目标是高层领导目标，省级领导目标是中层领导目标；但从一个省的范围来看，省级领导目标是高层领导目标，市县领导目标是中层领导目标。

按领导目标实现期限划分，可以分为长期领导目标、中期领导目标和短期领导目标。通常十年以上为长期领导目标，五年左右为中期领导目标，一年以内为短期领导目标。

为了方便说明问题和确定领导目标特性，才将领导目标划分为若干种类。实际上，在领导活动过程中，领导目标往往会以综合的形态表现出来。

3. 审度决策目标，深度把握目标关系

审度决策目标主要是对已经纳入考虑范围、即将确定颁布的目标再做一次检查、评判，确保不出遗漏和错误。这主要从以下几个方面入手：

第一，目标水平。检查目标水平是过高还是过低、过激还是过缓，是否会超过群众和群体的现实承受能力。一定要确保目标水平适度。一般是通过民意测验、民心把握、成员意见和愿望测验与把握，确定目标水平。通常是把目标水平同群众接受程度极限偏下的高度作为最高目标水平的定位极限，而不能与接受极限重合，而且还要适当考虑在加大压力以后所要采取的压力缓解措施和补偿措施。否则，就是过激目标，不容易实施和兑现，甚至还会适得其反，导致决策失败。

第二，目标期望值。这主要是考察目标所带来的期望值是否适度、覆盖面有多大、所代表的对象有哪些、是否真实而全面地反映了群体的共同愿望。这决定着群众和群体对所确定目标是否具有很高的认同性、归属感和向往感，决定着该目标有多大的向心力、凝聚力和对领导的支持力。如果确定的期望值过大而到时兑现不了，那么就会有欺骗之嫌；如果确定的期望值过低而又满足不了群众和群体的需要，那么就会影响领导主体的威信和作用。

第三，目标偏颇度。这里主要是检查所定目标是否存在偏颇，其偏颇度是大还是小；确保及时纠正偏颇现象，彻底端正所定目标，保证目标具有完全的正确性和准确性。现实中，往往因为顾虑各种意见、照顾各种要求而迷失应有的正确界限和方向。当然问题最大的是决策者自身带有偏颇的倾向，特别是较差的素质会造成目标的偏颇和失准。因此，审度、把握和消除目标偏颇度就成为科学决策的关键一环。这些目标如不端正，就会引发腐败和失败，就会贻误整个领导事业。事实上，最好的决策目标是偏颇度为零。领导者的良好道德素质是达到这个水平的最大保证。

第四，目标的准确性、明确性和具体性。这里主要是检查目标是否模糊、混乱，是否准确、有针对性，是否会把人们的思想搞乱、把集体行动搞乱，能否为所有领导主客体所理解所明白，能否充分调动积极性，是否方便于具体操作和逐步实现等等。好的决策目标是具体明确的，好理解，好掌握，好实施，好检测，好考核，能够保证决策的效度和领导的效度。

第五，目标的实在性和可行性。这里主要是检查目标是否实实在在地有针对性、能解决实际问题。要确保最充分考虑决策目标的现实基础，分析和把握有哪些切实可用的条件、有多少支持目标的资源，有多大的可靠性和成功可能。要绝对排除任何假大空或好高骛远的毛病，在确定目标之初就把可能导致决策失误和领导失败的因素排除掉。

第六，目标规范性。主要是检查所定目标与大系统范围内的最权威目标之间是否冲突、异样，与最权威的各种法律法令、制度规范是否矛盾、冲突，与一般原理原则乃至伦理道德是否存在冲突，与一般的目标确定行为是否相冲突。总之，要规范、严谨。

第七，目标的决策函数关系。这里情况比较复杂。相对于决策之源来说，决策目标就是因变量。决策目标将因决策问题及情况而被决定。但是，相对于方案制定而言又是决策的变量了，目标的变化将直接引起决策方案的变化。当然，目标一旦确定，一般就不会再发生大的变化；决策变量再有变化也只是决策问题，特别是所掌握的各种主客观情况在变化。具体地说，就是要在确定目标的过程中充分注意目标的两种角色、两种作用以及对整个决策函数关系的影响。

第八，目标的主次之分。在目标框架下，有很多目标都要进入领导过程中，首先是要进入决策过程中。但是，它们要一齐进入是不可能的。对此，一要按照唯物辩证法，确信确定目标应有主次之分。二要根据领导性质、工作重点、发展需要、环境条件、合理性和可行性，特别是要根据领导客体的正当愿望和要求以及公共道德和客观真理，对目标体系中的各种目标进行为主为次的筛选和择定。三要把主目标确立为今后一段时间内领导工作和全体所属成员、所有力量均要为之奋斗的总目标，亦即未来组织行动的方向和标杆以及领导工作的内容主线。四要按照目标性质、目标范围、目标时间性和空间性、目标的相互关系，划分出各种子目标即分目标，根据目标关系把它们组合成一棵目标树。五要高度注意在整个目标确立的过程中与全体组织成员进行沟通，征求他们的意见和建议，争取他们的认同和支持。为此，可将所确定的目标作为一种阶段性决策结果进行公布和征询意见。

第九，目标协同程度。这主要指对目标体系内部大小主次目标之间、目标与手段之间进行协调配合的审度考察，确保目标之间均匀配合、取长补短、有效协调、整体平衡，确保目标与手段、条件之间的同步性、适应性和系统性。特别要处理好同向目标、异向目标、冲突目标等内部关系和相互关系，要处理好长期目标与短期目标、远期目标与近期目标、量化目标与非量化目标等之间的关系。从实际出发，充分考虑人心、资源及其他条件的可能支持度，确定好目标体系的大小、其中所含目标的性质种类和数量多少。要在确定目标的阶段就全部排除目标之间的冲突，事先化解在决策过程和领导过程中因目标的不协调而产生的不必要矛盾和内耗。作为决策者的领导主体对这些问题没有仔细搞清楚，或没有妥当地处理好，就会导致决策失败，掉入自己所设的目标陷阱而不能自拔。

第十，目标的群众支持度。目标最后的决定还要看群众的意见。在这一点上，民主化和科学化是一体的。领导主体在领导过程中的民主水平和科学水平在这里就可以得到充分验证。群众的支持度是最后确定目标的标尺。这要求在公布目标之前必须验证群众对此目标的支持度。在制定目标时就要有群众的广泛参与，这才能充分吸收群众意见，确保正确性。如果群众根本不能理解或者坚决反对，那么所定目标就很有可能因得不到群众的理解和支持以致半途而废——这其实是领导的失败。有不少领导主体喜欢在确定目标时武断独行，而后来则往往无果而终。还有的领导主体则唯上级马首是瞻，根本不考虑群众的意见、不顾及群众的情绪，排除群众参与。这些都是决策不民主不科学的表现，领导必定失败。

4. 目标确定的原则

决策目标实际就是领导目标，要确定这样的目标，就必须充分贯彻和宣导相应的领导价值，同时还要贯彻科学、民主、合理的精髓并综合运用相应的方法和规则。为此，在确定目标时，要切实遵循以下七条准则：

第一，目的在先原则。目的是行为主体对活动过程未来结果的打算和期望，是反映其主观愿望的行为取向设想，也是建立目标的依据。领导目的就是领导主体在实施领导之前对领导活动或领导过程的最终成效与结果的预想、打算和期待，是领导目标的起始和来源。而目标就是行为主体对活动过程最终结果的明确设定和指向，是目的的明朗化、确定化、具体化和任务化，是约束行动集中指向预期结果的指标以及现实与未来的行为取向规定。领导目标就是领导活动所要达到的明确预期结果，是整个领导活动都必须集中指向的未来标的。总而言之，领导目的和领导目标都是关于领导行为的未来规定，是领导主体的主观见诸实践客观的开始。从领导活动的第一个环节到最后一个环节，它们贯穿于其中，成为影响领导资源流动和效用、影响领导活动成就和结果、决定领导行为性质和方向的因素。

第二，以人为本原则。领导的目的和目标取决于领导价值和领导取向，而领导价值和领导取向则取决于领导之本。因而，领导的目的和目标根本上取决于领导之本，也同时面向领导之本；既可以说是领导价值和领导取向的具体化，也可以说是领导之本的愿望和期待；既是领导决策的价值依据和具体方向，也是整个领导活动和群体活动的总方向。所以，领导的目的和目标其实都是领导之本的反映。这就是说，领导的目的和目标均一切围绕领导之本，一切为了领导之本。在中国的领导实践中，领导的目的和目标均是一切围绕人民群众，一切为了人民群众。因为领导主体就是为人民群众谋福利的，是来自他们、代表着他们、为他们服务的，没有其自身任何特殊的利益。

第三，目标适度原则。决策目标不同于其他任何行为目的或目标，能够非常权威地指导和修正领导行为及每个领导活动，系统地影响大量资源并最重大地影响社会系统命运，非常实际，极端严肃。它们不仅是领导行为的具体取向，而且是领导行为的直接动力，也是领导活动的直接依据。一旦为整个社会系统所公认，就是合法的最具权威的该系统的目的目标，通常表现为诸如群体目标、组织目标和社会目标等等，实际成为该系统诸因素都必须为之努力的共同行为方案。该系统的所有资源都将集中到这些目的目标上，是祸是福，在此一举。然而，一旦领导目的充满幻想，领导目标好大喜功，则一切严重后果必将接踵而至。而一旦领导目的中肯而切实，领导目标宏伟而科学，则必定开启无限光明的前景，带来连续不断的成功和胜利。因此，领导目的和领导目标的内容及其把握和制定都是事关重大的，也是必须做科学做切实、能够让人放心并给人以鼓舞的。所以，目标确定就一定要确保合理适度。

第四，科学可行原则。目标的确定一定要有科学的方法和依据，以科学的预测为前提。因为只有进行科学的预测，才能预见领导工作未来的发展趋势，从而为领导目标的制定提供科学而可行的依据。在领导目标的确定中进行科学的预测，不但要进行定性预测，而且要进行定量预测；不但要有良好的主观愿望，而且还要进行深入实际的调查研究，要进行多因素、长时区的定性分析和定量分析，包括对潜在问题的论证与分析。只有这样，才能保证领导目标既有科学性，又有可行性。

第五，目标优选原则。领导目标的制定，必须坚持方案选优的原则。这要求在领导目标的制定过程中，首先要制定出多个选择方案，然后通过科学决策和可行性分析，从多个方案中选出一个满意的方案。所谓满意的方案，应符合以下三个标准：一是领导目标要具有效益性，既具有经济效益，同时又具有社会效益；二是领导目标要具有先进性，既要有一定的创新，又要有一定的强度；三是领导目标要具有可行性，即要切合实际，通过努力能够实现。

第六，信息反馈原则。在坚持以上原则的基础上所确定的领导目标，并不一定能保证领导目标有足够的科学性、先进性和可行性，主要有以下三个方面的原因：一是人们的认识在一定时期内总是有一定的局限性，在当时看来，有些认识是科学的、合理的，事后有可能会发现其仍有不科学不合理的地方；二是实践是检验真理的唯一标准，领导目标的科学性、先进性和可行性如何，最终还是要在领导活动的实践过程中来检验；三是领导对象、领导条件是在不断变化的，领导目标在领导活动中可能会出现一些偏差，这也是必然的。由于上述原因，制定领导目标一定要坚持信息反馈的原则，要在目标的制定和执行中不断收集反馈信息，及时纠正偏差，不能满足于领导目标的一锤定音和一成不变。

第七，群众参与原则。领导目标的制定，不应只是领导者个人的事情，还应广泛发动群众共同参与目标的制定。发动群众参与目标的制定，不仅可以听取群众的要求，集中群众的智慧，从而增强领导目标的科学性和可行性，而且能够获得更为重要的群众基础，有利于调动和发挥全体成员的积极性、创造性，有利于领导目标的贯彻执行。这也是民主决策所要求的。事实上，民主决策在形式上是听取意见以调整目标、完善选择，而实际却是调动群众积极性和宣传动员群众参与决策活动的重要过程。

卡内基认为，民主决策要取得群体一致意见，其目的是让所有成员都同意某个决策。现代心理学研究证明，当人们经过思考后对某事物表示赞同后，他们就会采取相应行为去追求那一事物所确定的目标，而不会背弃它；当群体中多数人赞同追求某一行动目标时，群体中就会产生一种压力，可以导致从众心理的产生，会形成群体行为规范，群体中的个体便不愿冲破这种规范，从而同群体一道去追求某一目标。

应该说，领导目的和领导目标从萌动之始、动议之初就同许多资源和命运结果联系在一起了，也同领导的成败直接关联在一起了，而且这些目的目标一旦确定，一个社会系统的命运就基本上确定下来了。因此，领导目的和领导目标事关重大，确保领导目的和领导目标的端正、正确和科学就显得极端重要，必须在所有领导主体和领导客体高度关注及参与之下才能最后确定并付诸实施。从某种程度上讲，领导目的目标的确定已经属于领导决策范围了，也已经算是领导活动的开始了。没有这些目的目标，领导主体和社会系统、领导行为和群体行为就都将失去动力和方向，领导不能形成，群体行为也不能形成。

3.4.3 拟订方案（信息处理2）

拟订方案就是针对所发现或已提出的问题，根据所确定的目标，以腹稿或书面稿的方式构思出一套或多套应对思路和解决办法，形成解渴管用的解决方案。这个过程是最实质、最富有挑战性的创造创新过程，成为决策创新的关键环节和核心阶段。为此，通常的做法是：小问题小解决，就用一两个小方案甚或腹稿；大问题大解决，就要用两个或多个书面方案，确保问题解决的构思不仅能紧紧针对着实际问题和确定的目标，而且还能充分切合实际条件和各种可能等不确定因素。这样就能增进决策过程的稳妥性和适应性，确保拟订方案过程乃至整个决策过程优质高端。具体来说，主要有以下几个层面的实践要理：

1. 确定决策标准

在目标明确以后，就应该考虑达到目标的具体标准了。这是一个要为决策明确科学、规范的指导思想或决策标准的问题。其实就是要直接为设计方案、论证方案、选择方案、评估方案提供一整套保证适合达到目标的有关准则、规范和原则，做到决策有章可依，避免随意性，避免随后的抉择和执行行为走样。这一步显然很重要，确保着决策方案同决策条件始终紧密地挂钩，是决策科学化、规范化和现代化的关键一步。

从领导实践中可以看到，过去很少有人重视标准问题，也很少有人把标准问题引入领导过程，特别是决策过程之中，说话、做事、争论、思考、选择等等均无客观标准，几乎无公共依据和最高依据，结果是权大者说了算，权力就成了言行标准，这就是过去决策和整个领导工作为什么总是有那么大随意性的原因。

应该说，决策过程和领导工作没有标准，就不可避免地要走入主观随意、权大于理、权大于法、以势压人的死胡同；决策的客观性就大打折扣以至于丧失客观基础，进而就势必丧失科学性和真理性。因此，确定标准是非常严肃、必要和科学的取向，是一个非常重要的决策环节，是现代领导决策必经的一个科学步骤。

决策标准是科学决策的规划依据、论证准则、仲裁规则和检查标准，是价值标准和科学内容的规范性综合，必须科学、规范、可行。这要由领导主体和有关专家共同协商，把思想标准、价值标准和科学依据糅合到一起，形成决策所要依凭的权威参照和公正准则。

能权威界定和指导决策实践的具体标准必定是不同的，但在确定决策标准上却有三个共同的依据：一是占主导地位的领导价值和公共价值；二是未来行动以进取创业为基本取向；三是未来行动以守成分享为基本取向。这其实是进行决策的三种价值取向、三个价值依据。在这三个基本依据里，每个决策者和决策参与者都可以万变不离其宗地有效制定具体标准，不仅可以充分确保适合自身实际情况而有明显的个性化，也能确保方向不乱、大体不含糊，甚至尽量达到科学化了。

2. 设计备选方案

既然目标和标准都已经明确，那么就要根据目标和标准进行决策备选方案设计了。这也叫方案制定或方案拟订，是具体落实领导意志和客观需要的关键一步。

从根本上说，这个环节就是要对未来行动提出具体设想、安排，也就是要描绘未来行动蓝图，实际是决策制定过程。它针对获取利益这个基本目标，就是制定未来行动的具体计划；针对分配利益这个基本目标，就是制定界定利益划分、分享、配置的具体政策。具体地说，这个环境就是要根据所确定的目标和已经明确的习惯情况，针对所要解决的问题开出具体的处方，即为具体地解决问题进行具体的方案设计。

这个设计必须以决策目标为主轴，针对主要问题，对所有相关材料进行综合分析和提炼，从各种各样的可能中探索解决问题的具体对策、办法和措施，探索达到目标的所有手段和途径，做出所有有利于解决问题、达到目标的合理规划和精密安排，从而形成一系列可以论证的各种具体行动方案。这也就是说，必须始终注意变量和因变量的紧密关系，确保方案制定能够及时反映决策条件的变化情况，进而保证正在拟订的方案是触角最前、内容最新、信息最可靠、对策最切实的高质量备选方案。

显然，不同的具体决策背景和决策条件会有不同的决策可能，不同的决策目标会有不同的决策思路。在具体起草方案的过程中，情况则更是千差万别，没有定法。在这里，将发挥方案拟订者的全部学识和才智，运用全部的精明和谋略，也将最充分地发挥出决策者和决策参与者的全部潜力。稍微偏差、自私或无知，都将造成方案不科学和有失公允，都将带来严重的决策后果和领导后果。

这就是说，政策制定者的专业知识水平、道德水平和政治水平都将直接影响决策备选方案的性质、倾向、质量和水平。这里的最高境界就是具有超越其他决策者，特别是对手的最高明智慧。在这里，决策艺术成分就要占有很大的比例了。不过，这里仍然有一定的规律可循，有一定的规则可依。一般地说，有如下几个步骤：

第一，参考或借鉴已有的经验和做法（包括自己的和别人的决策历史），运用新的思维角度和优良的思维方式，思考对策，提出有力的措施。

第二，从现有的问题和情况中寻找和确定解决问题的各种机会与可能。对每一个细节都不忽视，都要进行一次或多次解决问题的可能性试探；对每一种可能都不放过，都要作为设计一种解决办法的突破口。这种拟制方案的做法是最具适应力和创造力的做法，能够适应各种新问题和没有借鉴的决策情况。

第三，按照逐步成熟和由简单到复杂、由初级到高级的事物发展基本规律，初步拟订一个简单的方案，然后逐步推开，衍生出多个方案和复杂的方案，最后完善和成熟。

第四，结合决策实践、领导实践和集体工作的具体展开，分步进行决策方案的拟订。首先，拟订微观、局部的方案，并先行局部应用，作为尝试或实验；其次，总结经验、摸透规律，重新进行多角度、全方位的审视；最后，制定多个备选决策方案。

第五，对于新问题、新情况、新思想，要善于运用恰当的概念加以准确的表述。没有现成的概念，就要创造新的合适的概念。往往一个新的概念就会产生出新的思路，进而形成新的对策和办法。对这一步骤，有很多学者都把它叫作"决策的概念化阶段"。因此，形成概念的能力在领导决策中就显得十分重要。在现代领导过程中的领导主体和决策参与者如果没有形成概念的能力，就不能进行现代决策；勉强为之，亦不过是传统决策或经验决策的翻版。

总之，在这个决策环节上，要不断地改变思维方式和思维角度去进行创造性的思量与审度，对决策的变量做出系统而正确的反应和灵活而合理的反应，运用全部智慧求解决策函数。这个决策函数的解往往是多个的，也可能是唯一的，能否找到较好的解或最佳的解，就取决于制定方案者的能力和智慧、功夫了。

3. 论证备选方案

在未来行动方案已经初步成形又有明确的决策目标和决策标准的情况下，就可以对方案进行充分论证了。这一步主要是确定一系列备选决策方案，目的是要给领导主体拍板定案提供直接的科学前提和依据，便于其下定决心、做出抉择和决断。这一步如果完成得好，就能将这些方案递交给决策主体；那样，领导主体要做出科学抉择就会容易得多了。

这一步其实就是被选方案的可行性论证，是要对具体方案在优劣、长短上做出比较和分析，回答哪个处方更能解决问题，更能达到目标，更有操作性，更有实效。与此同时，还要论证解决问题的成本是否合适，所有有用资源是否最充分而又最节省地得到利用，所设计的方案是否最佳、能否超优。特别是要考虑和论证这种处方开出以后会有什么反应和后果，会有什么副作用，会有什么实际困难和障碍，会出现什么意外的事情，有什么后续处理措施和应急措施以及对付意外事件的备用方案，等等。这里主要以专家审议、分析和评价为主轴。

论证决策方案其实是最充分发挥专家特长的决策阶段或时机。领导主体要组织各种专家和有代表性的专门决策咨询机构对这些备选方案进行考察、审度、计算、比较、分析、批评、举证、反证、挑战、答疑、论战、辩释、提议、佐证、添补、完善和肯定。这对现代决策来说是必经的一个环节。这个过程其实就是运用大量的科学原理、客观事实、有力论据和严密论证，对各种备选方案进行科学性和可行性分析与证明。这是保证决策科学和科学决策程序正常运行的关键一环。

进行方案论证需要最大限度地发扬民主、尊重科学、服从真理；要坚决反对唯意志论，更要坚决反对唯权力论和唯地位论。是否有兼听和容人的领导美德在这里就要起到关键的作用，甚至常常决定着领导主体的命运。如果这时领导主体无法听取各种不同的意见，甚至反对的意见，那么就有可能丧失客观性和正确性，进而铸成大错，导致失败。如果这时能够最充分利用或发挥外脑智囊的作用，那么就还来得及修改、完善方案，就能够汇集更大的智慧去审度和定夺未来行动蓝图，最大限度减少失误，在领导之初就消除失败之源，从而确保决策和整个领导的成功。

事实上，只有经过如此充分民主、科学严谨的论证，所拟订的决策方案才可能真正日臻成熟，才可能高水平高质量，才可能是较有说服力的科学可行的可选方案，才能有资格进入下一个决策阶段。在这一关，尽管也可能有高明的决策者凭其经验、智慧和天才能够制定很好的决策，但是一般而言，如此通过的决策方案其风险都很大，其科学性都很可疑。

3.4.4 做出抉择（信息处理 3）

做出抉择实际是方案选优，实质是领导者甄别备选方案后做出采用某一具体思路或解决方案的决断即抉择决断，也就是通常所说的“拍板”。从整个决策过程看，做出抉择正是最核心、最关键的决策步骤，对整个领导的得失成败起着决定性的作用。在这里，领导必须“善断”，也就是必须善于正确选择备选的解决方案。然而，在高度复杂的现代治理实践中，领导要真正做到“善断”却不是一件易事，要求领导者要有很高的决策的素养，要有战略的系统的观点，科学的思维方法，丰富的经验判断和很强的鉴别能力。

1. 抉择决断的真实含义与意义

抉择决断就是领导者对各种备选方案进行择优挑选并由此正式做出决定、出台组织价值方案或未来行动方案的领导活动，是决策意见上会、上心、定调、定局、定案、出台而最终转变成正式、权威的价值或行动方案等活动的总和。这种活动实质是在一定决策体制机制和习惯规则下进行权威抉择、产生权威决定的领导运作。这里所谓的权威抉择和权威决定，就是指所做方案一经出台便成为组织和成员必须信奉遵守、服从执行的共同观点与行动依据；实质是以领导权力和组织强力为后盾而得到确立和推行的组织意志、统一意见和统一举措。

其实，抉择决断正是领导者集中用权、正式做出权威决定的活动。这个活动很特殊，其特殊就在实质性行使和运用权力来达到某种目的或目标。正因如此，抉择决断就成了唯一的核心决策环节和核心领导活动。这种活动的最大特征就是不仅始终贯穿领导权力权威，而且还将统一整个组织的观念和行为并投入各种力量与资源，确保把所做的权威决定转化为预期的实际立场、实际行动和现实结果。事实上，这个环节的决策行为将一锤定音，相关政策问题将因此立即解决，相关领导客体的命运也将因此而被权威地决定。

另外，抉择决断实际上是同一个决策行为的两个方面。所谓抉择，就是必须在充分对照比较和权衡利弊得失的情况下择其优者而定之的行动，旨在正确选择可行方案，亦即产生出领导主客体均要服从和执行的具体方案，确保该方案能够充分体现出领导的价值和目的、组织的态度和目标、共同的立场和取向、成员的任务与要求，由此体现出来两个最大的特征，即理性和客观性。而所谓决断，就是要根据明确的决策目标和趋利避害的考量，从主观态度、决心恒心、勇气毅力等方面给予抉择以关键的和最后的支持，在决策中的作用巨大，由此体现出来两个最大特征，即个性和精神作用。

然而，由于决策情况很复杂，根本上是因为领导环境、领导客体和领导活动都很复杂，特别是抉择决断本身就大量涉及权力、权利、需要、利益诉求、风险、代价、压力、困难、价值理念、伦理道德、决心、勇气、胆魄、胆略等等众多主客观因素，而且还最主要关系到人力、财力、物力、时间、机会、关系、信息等等大量资源的配套投入，所以在领导决策实践中常常会遇到意想不到的不正常情况。在此情况下，抉择决断往往就不是做备选方案的从优选择工作了，而更多的是做决策层内部或者领导主体内部关系处理而后做正式决定的工作了。在这一点上，抉择决断实际总是表现为领导者为了某种主张而形成某种定论或采取某种措施而在领导场合中发生的最集中、最典型的权力博弈。

事实上，抉择决断就是整个决策过程中最实质、最重要的核心环节。这可从以下两个方面来理解：一是此前的各个决策环节都没有这么实质和重要。因为它们或处于基础阶段，或处于清议阶段，总体上没有具体加入权力等各种资源，因而不具备或难以形成正式决策的实质性，而只有为形成正式决策而做前期准备及服务的辅助性和程序性；即使备选方案做得很好、很成熟，也不是权力运作及其结果本身，而有可能到了抉择决断环节被弃置不用甚至被拙劣点子所取代。这就是抉择决断往往要、实际是常常要超越已经成熟的备选方案来办事。二是此后的各个决策环节也没有这么实质和重要。因为它们或是验证和修正（这包括第五环节试点试验和第七环节追踪决策），或是走程序、做宣布以从外在形式上给决策以权威包装，以便准备付诸实施和得到更权威、正式的贯彻执行，总体上是决策的后期和后续的辅助与服务，其中有的在形式化甚至象征性上还占很大比重。

总之，抉择决断是人的主观能动性诉诸客观对象、领导主体正式作用于领导客体的核心环节和决定性活动。就是在此环节上可以说所确定的问题已经被正式立案并在决策层上得到解决了，所确定的领导价值和目的、组织目标和任务已经正式方案化、举措化和组织行为化了。至于决定能否完全兑现预期、变成未来的客观现实，则取决于决定的贯彻实施成效了。

2. 抉择决断的策略要点与原则要求

决策过程中所面对的时局、时机、条件、利益、价值、人际、班子、权力、责任机制乃至备选方案本身常常不尽如人意，都有可能、实际上是常常给抉择决断带来两难或多难的问题和困境。就是在这样的经常性情况下，领导“拍板”面临的情况总是很复杂。因此可以说，抉择决断其实是最为复杂、最有难度、最有挑战性的决策过程和领导活动，是对每个领导者的最大考验所在。

从中外大量决策实践来看，要把这种高难度的抉择决断工作做好、做出色，领导者不仅要使出浑身解数、全面发挥出自身潜力，显示出一定的个性和艺术，而且要确保在方方面面的表现上做得切实及时、合适得体，显示出全方位应付各种复杂情形的综合才干和原则操守。具体而言，做好抉择决断工作的行事要理和通则要略主要有如下几个方面：

第一，理性、务实。抉择决断不仅本身是实操、实务、干实事，而且由此涉及、引发的一系列组织行为、成员反应和社会反应都是完全实际的和现实的，特别是此中直接涉及和关联的都是利益与相应关系等等极端现实的问题。因此，抉择决断本质上不是讲理念、究哲学、谈理想、使意气、喊口号、唱高调、说空话、搞宣传、摆姿势、做广告、造形象或者演艺术，而只是一项关系利弊得失、必须尽力趋利避害的实际工作。因此，抉择决断必须紧密关注一板拍下之后会有什么好处和坏处、会产生什么结果或后果、根本利益是得益还是受损。显然，这里要坚持两害相权取其轻、两利相权取其重的原则，坚决防止鼠目寸光、局促狭隘、贻误大局。

第二，精细、精明。抉择决断不仅要在原则上趋利避害，而且要在决策的具体依据、把握和技术操作层面上确保实实在在地进行着和能够达成趋利避害。善于敏锐发现、果断抓住、切实用好时机和机遇，确保抉择决断的及时到位和领导的有力有效。对于人、财、物、时间、机会、关系、信息等各种资源配套投入的质和量以及运作后的产出，包括成本代价、风险系数、压力困难、效益效果、效用影响、结局结果最终将会如何等等，都要尽量做到心中有数、举步踏实，为此要对这些情况看清楚、算清楚、有数据、有把握、基本能够准确预期和预知。显然，这里要坚持四个要则，即时机时效原则、风险最小原则、先见先行原则和理由充分原则，确保精明强干、抓住时机、当机立断、择优决定，杜绝空泛疏漏、心里没底、迟疑犹豫、糊里糊涂和一问三不知。

第三，稳妥、稳健。抉择决断关键要正确权衡和得体应对决策所涉的各种利弊得失，头脑要明智、清醒，表态要慎重、严谨，举止要得体、适度，想法要合理、可行，行动要周密、周详，理事要郑重、严格；随时顾大局，总是看长远，用战略指导战术，用战术充实战略；分阶段、有步骤、有原则地着眼和着手当前与未来的工作事务，以理智和现实利害考虑来确保着眼点、立足点、出发点和归宿点尽量达成直线和一致，在此基础上保持和发挥充分的灵活性。此外，还要注意做到并保持决策的妥当性、可靠性、有效性、连续性和可持续性，还要确保决策者场内场外的一致性和可靠性。显然，这里要坚持明智原则、适度原则、稳重原则、可靠原则和全局性原则，坚决杜绝狂妄自大、不可一世、急躁冲动、急于求成、简单粗暴、意气用事、鲁莽草率、盲目闯关、主观随意和蒙混凑合。

第四，负责、诚信。抉择决断是一个严肃的决策行为。为确保这个决策行为不走岔、不流产，也为确保决策结果不变异、不失效，在做抉择决断时就必须特别做到以下几点：定了就算数，定了就不变；保守秘密，遵守纪律，奉行规则；会上说得好，场外不乱说，不做风筒漏桶；光明正大，顾全大局，坦荡无私，剔除阴暗和污垢，变暗箱操作为透明运作；坚决克服和防止并力争根绝各种不负责、不诚信的行为，包括别有用心、阳奉阴违、暗中拆台、设陷使绊、阴险狡诈、反复无常、易涨易退、翻云覆雨、兴风作浪、颠三倒四、小人无信以及乐于搞无原则纠纷、阴阳怪气、流言蜚语、谗言恶语、卑鄙龌龊等等。显然，这里的核心就是要坚持阳光原则、无私原则、正气原则和讲人格原则，决不能做掩耳盗铃、自欺欺人、玩弄权术、堕落自毁的事情。

第五，协商、兼顾。抉择决断其实是一个平衡利益各方的过程。要成功实施和完成这样一个重要的决策活动，首先要尽量考虑和满足各利益攸关方的切实关切和情绪意向，注意其相互之间的分歧与鸿沟，找到和抓住其共同的利益点以为共同基础，事先进行台下运作和准备，包括商量、协调、妥协、让步和整合，然后再上台表态、议决和终决；其次要在抉择决断的不同部分确定合理的权重和利益布局，要特别关注和倾斜于弱势群体，尽量全面、合理地照顾各利益攸关方；最后要注意班子成员的意见主张、态度立场、气氛关系，把握工作制度和规则，加强内部意见交流，提振正气清气，事实主导而不独导，乐于共裁而不独裁，强调说服而不强迫，促成同心而不强制，消除纠结而不内耗，汇成合力而不纷争，相互补台而不相掐，确保全体皆为事业而来、为事业而动、以事业为先。显然，这里要坚持恰当的兼顾原则、正确的主导原则、坚明的团结原则、凸显的事业原则和稳定原则。

第六，良心、良知。在当家用权、当事用力的抉择决断之际，常常出现奇怪现象：聪明人办傻事，高级人犯低级错误；平常时看似聪明，一遇事就犯糊涂；在小事上很聪明，临大事就糊涂；等等。这表明，各项决策机理要则并不容易做到、做好，要坚持、坚守就更加不易，特别是要做到高风亮节、合理得体、和谐顺利、收到良效就更不容易。然而，这个问题的避免和解决其实并不需要多高的智力、并非有很大的难度，往往只需要有良心、有眼力、有勇气就可以了。现实生活中这里之所以往往做不好，主要就是因为决策的主导者、参与者和相关者往往都难免存在人性的弱点、缺陷乃至劣根性，包括突出的“鸵鸟钻沙”和“皇帝的新装”等等不良心态，遇事回避，遇责逃躲，厌恶认真，放浪形骸，得过且过，一叶障目，让灰尘或私心蒙蔽住了通明的良心与良知。所以，要确保抉择决断从根本上正确无误，根本一条就是要克服人性的弱点，剔除梗心塞智的劣根性，始终保持高度的良心、良知，对已到这个环节的所有决策想法和行为进行合理性、正确性、风险性、后果性的把握和正视，而决不随意加以混淆、模糊、淡化及由此偷取表面的和谐与安荣。

第七，专业、操作。抉择决断是继前面诸决策环节而来的关键一步，有着高度的决策专业性、连续性和操作性。要走好这一步，应重点理解和实施以下几个要点：(1) 严格对照决策目标、决策标准，仔细审度所要解决的问题和所要达到的目标是否真实全面地体现到了决策方案中，仔细审度方案中的目标和所要解决的问题是否在体系上、内在关系上还存在不协调甚至冲突的情况。筛选出矛盾和问题最少的方案。(2) 从方案的效能和可行性方面进行优势比较，确定出不同优势的备选方案序列。与此同时，还要始终注意决策方案与决策条件的函数关系并以之为决断的科学依据。(3) 凸显四个维度，即符合领导的价值、目的和意图，切合当时的时机、需要和实况，抓住问题的要害，解决问题的力度和效度，审度备选方案，并建立选取序列。(4) 瞄准可能效果是最好而副作用最小、成本最小而收益最大的备选方案，力求全面优化，但不责备求全，由此作为最中意的抉择，最后决定采用。

3.4.5 试点试验（信息验证）

试点试验就是将决定采用的方案在交付全面实施之前进行试实践。之所以要这样做，是因为领导者对决策方案的有效性并无实际的把握。此即，刚刚从决策机制中出炉的决定或解决方案并未经过实践检验，领导者对它的实际成效和可能产生的影响与副作用并无任何把握，甚至对方案本身的完善性和生产制造该方案的前期努力与过程是否真正完善亦无把握。在这一点上，即使是经验丰富、广经波澜的老领导、大领导们，也都是不敢轻易越此环节的。

应该说，重要决策，特别是重大决策一般都要进行试点试验，主要是在一定时空范围和条件下求证对策的可行性，研究在一般时空范围和条件下推行决策的要点，验证、调整或完善已经试验的解决方案。经过一段时间的试行，看看还有哪些关节点不符合实际或有效性不足，或者看看会引起哪些负面反应和其他意想不到的情况，然后完善方案，使新的政务信息更务实、更可行、更有效；最后正式定稿，以为正文，成为实施领导和治理的正式依据。

事实上，在正式颁行、大规模付诸实施之前，所形成的未来行动方案有很多方面都是未知数，即使在当初拟订、论证过程中做过科学的评估、推论和预测，也无法替代或超越实践检验来获得更多的真实数据和结论。只有进行必要的试点试验，才能发现方案在论证之外的许多重要参数和证据，包括方案对于领导客体实际有效影响度和最终致变力以及由此而来的相应群体心理反应和社会心理反应，方案对于领导环境的对接度、适应度和有效影响度，方案对于领导主体带来的反作用和相关影响，方案的正面效应和负面效应到底如何及应如何应付，方案本身的实际完善度、适用面和可推广面，方案的配套要求及准备工作到底如何，方案的欠缺修补、不足调整、偏差修正以及总体的完善，制定和完善方案的思路、手法、手段之类的合适与调整，如此等等。

只有在这些方面找齐了答案，领导者才能在客观上真正做到心中有数，并能尽快妥善处理完这一系列主要的和相关的决策问题，同时还能充分考虑实施方案的各种附加举措。只有经过试行并验证无重大疏漏欠缺、不会产生重大后果并得到充分完善之后，这个方案才可以说是通过了实践检验，是可以正式颁行、推而广之了。因此可以说，抉择决断之后，很有必要进行决策实验，而且越是决策，就越有必要进行试点试验。从这一点上看，决策方案即使出来以后，都还有很复杂、很繁复的工作要做。很明显，要做好一项重要决策确实是很不容易的。

不过，不是所有的决策都需要试点试验这一环的，有时甚至是决策也没必要、常常是没有可能进行试点试验。甚至可以说，除开规范的且涉及面大的重要决策外，大多数决策的这一步都是可有可无的，特别是在紧急情况下的决策完全没有必要走此一步。这主要是因为很多决策涉及面都不广，也没有时间、空间及其他条件允许试点试验。

然而，只要不试点试验，无论什么决策都必然存在有效性与安全性方面的未知性、不确定性和无把握性，进而存在一定的风险。在此情况下，要确保决策有效和领导成功，就只有冒一定风险，把胜算的筹码交付给两个方面了：一是前面各步决策的到位程度，二是领导者在前期决策的表现和在后期实施的表现与主观能动作用。显然，试点试验是决策过程中很重要但非绝对必要的一步，由于这样做能帮助抉择决断极大降低或减少风险，而且还可以极大增进决策的科学化和规范化，所以，在现代决策模型中它具有不可动摇的应有地位。

试点试验的做法通常有三种：一是实地试验。此即，找一个或一组估计不会引起重大影响、不会产生无法收拾局面的实验体，如群体、单位、社区、地区、领域、社会阶层等等，将决定施于其身，实时观察、记录并分析之。二是实时试验。此即，找一个适宜的时间段或者抓住一个合适的时机、难得的机遇，在一定的范围着手试行；边试行，边完善，边与其他决策和总体战略结合起来不断完善与推进符合时代需要和发展方向的决策成果体系。三是模拟试验。此即，借助各种模拟手段特别是计算机模拟技术进行模拟实验，这样做可以超越时空限制甚至其他很多现实条件限制进来做实验，特别是可以做很多科学性、专业性很强而没必要也常常不可能在实地试验的决策试验，由此得到的数据更科学、齐全，而所付出的成本、所可能的风险都很小。

总之，试点试验是很有意义的现代决策环节，其实质是决策信息的实践验证与完善行动。

3.4.6 颁布实施（信息输出）

颁布实施是一种信息产出，即决策新品的诞生和权威推行。总体而言，颁布实施在运作活动的内容上相对简单一些，但在运作活动的形式上却要比其他任何环节的活动及其结果都要更正式、更严格得多。其实，这个决策环节的颁行活动就是决策方案要正式生效前所必须走的一个权威化程序、所必须有的一个权威化包装，亦即所必要的一个权威形式化。决策方案不仅在书面形式和口头形式上要确保合乎严格的规范，而且在考虑颁行的方式、生效的时间、责任的主体及相关关系等等很多方面都要加以权威化处理，确保令出能行、令出必行。

可以说，所有正常的领导决策都有这个环节。只有这个环节，决策活动才算基本完成，也才算有一个健全的决策生命。如果这个环节的活动做得马马虎虎、粗糙随便，那么就意味着决策方案虽有其体，但无其尊，远不足以成为有影响、有权威的号令和统一行动方案，决策的有效性和领导的成功率都将骤然下降直至为零。如果没有这个环节，那么就意味着决策是功亏一篑，方案是胎死腹中，前期所有决策努力都付诸东流。所以，这个环节即使偏重形式，也是完全必要且绝对不可缺少的。

不过，这个阶段的形式还是比较多样的。大多数情况下，这样的颁布实施工作不需要更多的领导投入了，而只需要交付给有关机构和程序，让领导决定或决策方案履行高度严密、严格和权威化的组织程序。而在不少情况下，这样的颁布实施都由领导者以极其简便的方式、秘密的方式、暗示的方式以及其他种种方式来直接完成，虽然没有通常的权威形式化，但却仍然具有足够的权威赋予和权威内蕴，能够确保决策和领导的权威性及有效性。

总之，颁布实施是新的决策信息正式产生和完全产生的标志，也是决策信息输出的权威化大门和端口。在领导主体范围内的决策信息流变过程就到此完全结束了，实际上的后续领导行为就将从此开始了。此即，随着新的决策信息的输出，决策产品将从此开始引导新的组织行为，导致新的状况发生和现状形成，导致在领导范围内的一系列新变化了。

3.4.7 追踪决策（信息修正）

1. 追踪决策的基本含义与特点

决策信息的反馈与调整。在决策执行过程中，反馈信息通过信息系统传输到决策中心，决策中心根据反馈信息，又必须对原有决策进行修正或追踪决策。在这一决策执行完成后又必须进行新的决策，因而使决策过程处在连续不断的运动之中。

所谓追踪决策，是指在决策执行过程中由于发现原有决策失误或无法继续执行下去而对决策目标和方案所做的一种根本性修改，它本质上是就原有决策问题在新的情况下所做的一次重新决策。追踪决策实质上是就原来的问题重新进行决策。不言而喻，它应该按照决策程序图所示的科学程序重新进行一遍。然而，这种重新决策又不是简单的重复，因为主客观情况已今非昔比了。它有更多复杂的问题和因素需要考虑。

首先要通过区别追踪决策与纠错来分清追踪决策的特征，以便更好地理解和把握追踪决策，并在实践中做得更好。追踪决策与纠错的区别主要有如下四点：

第一，追踪决策必须以原有决策失误或原有决策无法执行下去为前提。一般来说，原有决策的失误主要表现为决策目标太高或太低，以及与之相应的决策方案的错误。

第二，追踪决策必须从根本上改变原有决策目标。这是因为，之所以要实行追踪决策，就在于原有决策的失误或因情况的改变使原有决策无法实现，这就首先要求对原有决策目标做重大调整，或者使之更加正确，或者使之符合新的情况。

第三，追踪决策过程中，为了实现新的目标往往需要重新制定方案，至少也要对原决策方案作重大调整。

第四，追踪决策往往造成原有决策执行过程的暂时中断。因为如前所述，追踪决策是在原有决策失误或因情况的变化使原有决策无法执行的情况下进行的，因此，追踪决策不可能像纠错那样在原有的决策执行过程中进行，而是在原有决策执行过程暂时中断的情况下进行的。从这个意义上讲，如果说纠错是决策过程的一种量变，那么就可以说追踪决策是决策过程的一种质变。

2. 追踪决策在操作上的几方面原理要义

第一，回溯分析。一般决策是在分析当时条件与预测未来的基础上寻找最佳方案。而追踪决策是在这样的情况下进行的，原有决策业已实施，而在实施中情况发生极大的变化，追踪原有决策面临失效的危险，必须重新决策。因此，致使决策的分析过程，首先应从回溯分析开始，对原有决策的产生机制与产生环境进行客观分析，列出失误的产生过程并究其原因，以便去误取正，转误为正，使追踪决策建立在现实的正确的基础之上。反之，如果不能正确地总结出失误的原因，就不可能找到有效的对策，那么追踪决策就可能是又一次的失误。

回溯分析必须从原有决策的起点开始，一步一步地顺序进行，才可能看出在哪一步开始失误。越是在前面的环节出了差错，其影响也就越大，可谓“差之毫厘，谬以千里”。因此，找出最初几个“失误点”的意义更为重要。如果大呼隆地胡子眉毛一把抓，当然也可以找出一些原因，但是常常理不出头绪，分不清主次，很可能抓了芝麻丢了西瓜。而且，由于最近的事态记忆犹新，最容易引起注意，反而可能忽视掉最初几个“失误点”。

第二，非零起点。一般决策指的是人们为了达到一定的目标，从两个以上的方案中，经过分析比较，选择一个最佳的或满意的方案。这种决策所选定的方案，尚未付诸实施，处于“纸上谈兵”的阶段，客观对象与环境也未受到人的决策的干扰与影响。

所以，就这一点而言，一般决策乃是以零为起点，而追踪决策则不然。它所面临的对象与条件，已经不是处于初始状态，而是经过人们按照既定方案，对之施加了一定时期的改造、干扰与影响。也就是说，原有决策已经实现了一段时间，这种实施不仅伴随着人、财、物等资源的消耗，而且这些消耗的结果已对周围环境发生了实际的影响。因而，追踪决策极为重要的一个特征，即是非零起点。这一特征是决策者进行追踪决策时，万万不能等闲视之的。

“非零起点”这一特征必然导致追踪决策的两个基本要求：(1) 必须慎之又慎。任何鲁莽都可能带来巨大的损失，而失去追踪决策的意义。(2) 必须尽力抓紧。拖延不得，拖延一分钟就会有一分钟的后果。拖延时间越长，后果越严重，而且大多是不利的后果。

第三，双重优化。一般决策的方案优选是从几个并列的方案中一次择优敲定即可。然而，追踪决策的方案的选择，却具有双重优化的性质。此即，在进行追踪决策时，必须确保所做抉择优于原有决策方案。追踪决策不是简单地改变原有决策，而是这种改变可以带来比原有决策更多的好处，否则就没有意义或者是多余的浪费。此外，还必须确保所做抉择在各种新方案中是进一步的择优，能够达到比原有决策更优，以此获得最佳的决策成效。

第四，及时纠错。所谓纠错，是指在已做出的决策基本正确并能继续执行的前提下，为了更好地实现决策目标，对决策方案所进行的部分调整和补充。进行决策纠错很有必要。这是因为，决策的正确性总是具有相对的意义，任何一项决策都很难说在一开始就是绝对正确，它的完善需要一个过程。经验表明，一项决策即使正确，在它刚制定时也总是显得不够完善，而是随着执行过程中的不断修正逐步地完善起来。为此，要理解和把握以下五个要点：

一是其前提必须是原有决策基本正确，且有条件继续执行下去。这就是说，纠错并不是因为原有决策已经错误或因条件的改变而无法执行的情况下决策的根本改变，而是使正确的并正在执行且将继续执行的决策更加完善化。如果原有决策本身或因条件改变无法执行，那就不是一个需要修正的问题，而一个需要重新决策的问题。

二是纠错以不改变原有决策目标为原则，也就是说，纠错并不是为了确立一个新的目标或达到一个新的目标，而是为了更好实现原有目标。因此，纠错又是在决策目标基本不变的基础上进行的。当然，决策目标的基本不变并不意味着一点也不变，在必要的时候也可以做小部分的改变，但无论如何不能做根本改变，否则就超出了纠错的范围。

三是纠错主要是对决策方案的修正。不是对原有方案推倒重来，而是对原有方案稍加改变，即做适当调整和补充，主要是去掉一些可有可无的措施，增加一些必要的新措施。

四是纠错是在决策的执行过程中进行的。一项决策一旦做出，紧接着的就是进入执行阶段。在执行过程中，执行者发现原有方案还存在某种缺陷，并将信息反馈于决策中心，于是决策中心一边指挥执行，一边对原有决策方案做某种调整和补充，方案执行中的调整和补充便构成了纠错的一个重要特征。

五是纠错在决策中是经常性的。这是因为，正如前面所述，领导决策的环境极为复杂，由于受到主客观条件的限制，绝大多数的决策都不是一次完成的，都要经过多次修正，直到决策执行阶段完成并达到原有目标，甚至对于有些决策来说，决策目标最初本来就是不十分明确的，只有在决策的执行过程中通过对决策的边执行边修正才逐步地明确目标。在这种情况下，纠错还包括对决策目标的明确和小部分的修改。

总之，在决策的执行过程中纠错不仅是一件正常的事情，而且是不可避免的。它本身就是决策过程中不可缺少的一个重要组成部分。可以这样说，对决策而言，没有纠错就没有决策的完善，因而也就不可能有完善的决策。

第五，心理效应。心理效应在决策中占有重要地位，而对于追踪决策，这个效应更为强烈。因为追踪决策是在原有决策已经实施而又要改变的背景下进行的。这必然地会给人们在心理上造成一定的影响，因为这些人已经与原有决策发生了一定联系，包括各种利益关系和情感关系。这种心理影响又会反过来影响追踪决策的进行。因此，在进行追踪决策时，必须把心理效应放在更重要的位置上。

综上可知，较之一般决策，追踪决策实在是更为复杂、更难决断。所以，决策必须谨慎冷静，提倡三思而行。为此，在追踪决策时必须注意处理如下四对关系：

一是是与非的关系。在领导决策过程中，追踪决策的前提是原有决策的失误或因情况的变化使原有决策无法执行（这在一定程度上说也是一种失误，因为决策者对情况变化的可能性估计不足或不准确）。原有决策失误并不是没有一点正确之处，因此，在追踪决策过程中，必须对原有决策进行认真的分析，既要找出其失误的地方，又要找出其正确的、在追踪决策中可以吸收的东西。在对原有决策进行分析时，应从原有决策的起点开始，采用顺藤摸瓜的办法，一步一步地按顺序进行，直至找到失误点为止。通过分析找出原有决策的“是”与“非”后，尤其是要注意深入分析其失误的原因，在此基础上调整决策目标，修改或重新设计新的决策方案。对原有的决策中正确的东西必须加以保留或吸收；失误的地方必须坚决抛弃并针对其原因采取补救措施，使之成为一项新的正确的决策。

二是功与过的关系。追踪决策是在原有决策的基础上进行的，这必然地要涉及原有决策制定者的“功”与“过”的问题。原有决策失误，其决策者当然应承担一定责任，也就是说有其过错，但需要追踪决策的原因是多方面的，有的是因为客观情况发生了重大变化，有的是因为主观情况发生了重大变化。即使原有决策失误，也不能过分地责备其决策者，因为绝大多数的决策者从主观上来讲都希望制定出正确的决策。尤其值得注意的是，在追踪决策之前及其过程之中千万不要急于评价原有的决策制定者的功过，否则就会因为牵涉到复杂的人际关系而失去客观标准，从而造成新的决策的失误。

三是旧与新的关系。决策在本质上就包含着创新，追踪决策要使原有决策实现一种新的质变，当然也离不开创新。但是，由于追踪决策具有“非零起点”这一特点，因此在追踪决策时不能一味追求新，认为越新越好，而必须结合实际情况，将原有决策已造成的结果考虑进去，制定切合实际的决策目标和方案。

四是事与人的关系。心理效应的存在，要求领导者在追踪决策时要正确处理好事与人的关系，即决策改变有关现实关系，防止因有关人员的消极心理现象而影响追踪决策的进行。

追踪决策必须改变原有决策，这就在有关人员的心中引起了强烈的感情，容易失去公正的客观尺度。同时，因为原有决策已经实施，它就必然使决策对象的内部和外部人员处在既有利害之中。从内部而言，参加原有决策实施的人员，不仅不可避免地对自己的劳动成果充满感情，而且会有命运相系的心理。

在重新决策时，他们容易因前途未卜而产生不安的骚动。这一切会反过来影响追踪决策的进行。就外部而言，决策是一个系统，与外界有各种各样的联系，因此也会引起一系列连锁心理反应。倘若追踪决策的论证尚在进行之中，而决策方案的主要精神已经外泄，就会引起某种社会心理的浮动，特别是与之相关的系统就会纷纷采取对策，结果必然会改变追踪决策最初赖以确立的客观条件，反过来严重影响决策的进行。

心理效应对追踪决策的影响，我们不能仅仅从消极方面去理解，而应该积极地利用它。对于上述两种情形，应该采取积极的态度去加以克服。为了克服内部人不安心理状态对追踪决策的消极影响，较好的办法是让不同层次的内部人员了解不同程度的情况，参与追踪决策，以使他们消除心理上的不安。

为了克服外部人员的不安心理状态对追踪决策的消极影响，在追踪决策完成之前，对外必须严格保密，在实施过程中逐渐解密。尽可能做好思想工作，处理好人与人之间的关系，也是消除人们的不安心理状态对追踪决策所产生的消极影响的一个好办法。因此，在追踪决策时，必须做好人的思想工作，在追踪决策完成后，必须做好宣传解释工作。

3.5 领导决策的主战类型及其原理

在丰富复杂的领导决策实践中，具体的种类非常多样，正如本章第一节所述。但是，在这众多的决策类型中，人们耳熟能详的决策类型则比较有限，在日常公共生活中最经常使用、最富有挑战性和创造性的决策种类就更是屈指可数，比如风险决策、博弈决策和同向决策等等。对这类主战型决策多加关注和运用，不仅能激发雄心和才智，而且能创造高端乐趣乃至奇迹。

3.5.1 风险决策

风险决策，顾名思义，就是充满风险和不确定性、挑战巨大、“压力山大”的一种决策，也可以归结为充满戏剧性、极为刺激、“玩的就是冒险和心跳”的一种决策。从理论实质看，风险决策就是一种充满不确定性的决策形态。

此中的不确定性包含两层基本意思：一是决策环境和决策信息常常不确定，致使决策困难，不能充分保证决策的准确、全面、可靠。这使领导决策在前提上就很难做到心里有数。二是决策结果常常不确定，主要是决策完毕之后究竟会产生什么结果、会有什么收效和影响、能做什么预期或设想等等很难做到心里有底。客观而言，这里的风险实质就是变因很多、变量很大，使得决策过程变化大、决策结果也跟着变数大。这使很多人不敢下决心、做决定，深度考验着决策者的预见性、智慧和勇气。

风险决策的这一实质决定了它有两个最大特点：一是随时存在失败的可能，没有确保必胜、全胜的把握，只能摸着石头过河，必须进行适当的冒险，必须准备承担某种风险乃至极端严重的后果。二是决策的风险系数与收效系数往往成正比：风险越小，回报越低；

风险越大，回报越高。也就是说，风险决策一旦成功，最终的收获可能就会好得出乎意料。其中，前一个特点让人害怕，后一个特点却让人勇敢。然而，一旦真正身处风险决策情境，那么无论什么偏好的决策者就都难免会左顾右盼、犹豫不决、迟疑难定或者做起来极其费劲困难、难下决心。

在有些领域特别是微观的市场活动和客观的自然界，由于可把握、可推导的因素更多，所以决策者还能运用一些定量方法，至少能借助概率原理和运筹学来进行一系列的风险筛查、排列、评估和排除，并做出有利化的抉择，由此争取提高克服风险的成功率。但是，在更多的社会领域，特别是受人心、人性、文化、国际形势等等定性因素影响的领域，定量方法和概率方法就基本派不上用场了，要靠也只能依靠决策者自己的预见力、判断力、知识、经验和智慧等主观因素及相应方法了。而这就更增加了决策的不确定性和难度。所以，风险决策是非常难办的事情。对任何领导者来说，这都是一个挑战。

在实践中，这种决策往往带有一点押宝竞赌的特性。可以说，好比砒霜，虽然危险，但只要用好了、用得恰如其分，那就会毒药变良药；这种决策只要用好了，其成果和收效都会出奇地好。当然，万一有闪失，那后果就会不堪设想而无后悔之药、输得惨极了。这是不确定性即风险带来的。

的确，风险决策充满了不确定性。面对不确定性，谁都会感到决策起来很为难、很困难，要下决心真的是很难。为什么呢？就是因为不确定性带来很大风险，一板拍下去，就将面临不确定的结果，有可能是很大的损失甚至失败，有可能不可挽回。但也有可能取得好回报，而且往往是风险系数越大，一旦决策成功则回报越大。这就是风险决策的戏剧性和挑战性。这就是众所周知的风险原理：风险越高，获得特别收益或成功的可能性就越大，当然伴随而来的负面、危险也同样会越大。风险越低，可得到特别收获或者成功的可能性就越小，当然行动的安全性和无后果性也就大大提高。风险决策就是决策者有意追求风险背后的特别获得（有时也是不得已）而决心冒险一拼的特别决定。

有时，有的决策者还真是靠“押宝”，押宝押对了，就取得超常的成功、特别的胜利和意外的惊喜；押宝押错了，就不得不宣告失败，或接受，或逃避，或他制，或自裁，后果惨不忍睹。当然，更多的决策者还是非常理性和睿智的，至少是有知识、有经验、懂门道、不瞎搞、不莽撞的，对风险总是能保持高度的敏锐、警惕和明智，从得手可能和成功概率的角度进行精密周详、科学正确的分析和把握，从空间、时间、速度、手段、手法、分寸等等主观能够负责、把控的层面上百倍用心，结果就是风险虽有而不发生，危险巨大而不近身，虎口夺食安然自在，看来不能却完全可能，非常老练稳妥、有实力有底气。

在广泛的领导决策实践中，对于风险决策，有的领导者则是能回避就尽量回避，因为觉得这种决策的危险系数高，没必要给自己带来那么大的担惊受怕，宁愿没有这份成功及其带来的特别收效，也要确保自己平安无事、不必在恐惧和压力中度过一段时间的分分秒秒。然而，有的领导者则与此相反，天生有闯劲、有胆略、有智慧，虽然自古就有“智者千虑，必有一失”的劝诫，但是仍然敢于甚至偏好冒这个险，进行风险决策，而且这样的实践还往往屡试不爽、惊喜连连、成功瞩目、创造了卓越。“明知山有虎，偏向虎山行”正是这种领导的特别写照。可以说，这两类领导广泛存在于领导阶层，分别代表着十分典型的风险倾向，对领导决策、领导风格、领导结果、整个事业和历史都会留下深刻的影响甚至永恒的烙印。

从严肃、复杂的现实生活看，风险是最广泛的客观存在之一，差不多跟空气一样普遍存在。领导者将比普通人更大得多的概率要遇上并正式面对各种风险，包括风险性的各种情境、关系、问题、事务、时刻等等。普通人碰到风险完全可以按自己的意愿绕着走，能躲则躲，当避就避。但是领导者却不能这样，因为责任在身，面对的风险经常是绕不过去的，既不能躲，也不能避，无论愿不愿意、害不害怕，都必须迎着上；否则，就是失职渎职，就是逃兵可耻，就是罪莫大焉。在风险面前，关于做决策，领导者只有职责，没有选择。显然，风险决策是领导者必须做的事、必须闯的关。领导者必须接受并赢得这样的考验和挑战。

事实上，由于职责所在、良知昭昭，很多优秀的特别是卓越的领导者都已经超越了普通人的心理特点、个人偏好，无所谓冒险不冒险，纯粹就是为了工作、为了事业、为了集体的成功和荣誉，高度理性，富有经验，科学严谨，主动自觉，非常安全自在地进行着一系列的风险决策。也就是说，在整个领导实践中，风险决策已经不是愿不愿意、偏不偏好、选不选择的事，而是一个根据职责需要、组织需要和领导之本的需要必须为、当为好的重要工作了。显然，风险决策是领导生涯中最必做必为、最常见常历的决策活动之一。

这就是说，任何领导都不可避免地要进行风险决策。因为这是责任，不容迁就个人的偏好或选择。特别是在重大历史时刻，要进行重大的历史性决策，尽管要冒巨大的风险，但还是要做，而且要做好、做成功。这是极其不容易的，也是欲罢不能的。领导者在重大关头必须要闯关成功、真正过硬、确保胜任。

风险决策因风险种类无限多样而变得极其复杂。但就风险规律、决策规律、领导规律和心理规律来看，特别是根据风险管理规律和技术来看，进行风险决策的一般要点还是可以系统归纳和掌握使用的。为便于领导实践，择其要者简述进行风险决策的要点如下：

第一，对决策对象本身的稳定性和不确定性进行精确的计算或大体符合实际的估计预测。决策对象主要就是决策问题和决策目标，具体就是要处理的事务、解决的问题、应对的复杂情况等一切要施加决策影响的事物。这些对象在很多情况下只有很低的准确性可以把握，在某些场合、时段甚至基本没有准确性可供把握。面对这样的对象，首先要凭领导者自己的经验进行概率判断，其次要争取运用模糊数学原理进行更科学的概率分析和把握。由此确保把对象的不确定性及其不可掌控性降到最低。

第二，对决策者一方自身固有的真实实力、能力、经验、技能和综合条件进行客观、真实的综合评估或拿捏。对己方的正确认知十分重要，可以确保对自己做事的自身概率做到心中有数，是做风险决策的自信心来源。这是下决心做出风险决策的内在依据之一。

第三，对决策对象的外在支持或支撑因素、负面或不利因素及其可能发挥的影响进行客观、真实的预测评估，以及在此影响下会有哪些可能的变化情况和发展趋势。这是很重要的外围性情况分析，有助于更好把握事物的状态和发展变化，增加对确定性的掌握。

第四，对决策一方的外在支持或有利因素、负面或不利因素及其可能发挥的影响，以及在此影响下会有哪些可能的变化情况和发展趋势。这是对己方的外在依托所做的把握，同样非常重要，有助于更好下决心、拿主意。

第五，对决策对象和决策者之间的互动状态及其变化发展走向与趋势进行客观、务实的推论估摸。这是极其重要的实质性一环，可以直接增强对事物进行确定性把控的信心和进行风险决策的理性程度。

第六，对决策者一方充分发挥主观能动性的可能与限度，以及达到目的、实现目标的把握性做务实、负责的判断和预测。这一点是对己方的主观能动施加于某一对象之后的实际可能性进行自我把握，是下决心时很需要借助的一层重要信息支持。

第七，对在如此不确定性情况下进行积极反应和行动的结果与价值做必要的掂量和预估，大体搞明白投入产出的情况如何、冒此风险值不值得、所付代价值不值得。这是影响乃至决定做与不做风险决策的最直接因素和最主要依据。——这里特别要小心，要客观。风险决策出问题、出大问题，往往就出在这里，主要是往往会只盯住风险背后的收益或回报并把它想象和放大得特别大，而把危险和失败概率看得太淡甚至视而不见。从很多教训来看，这里对整个风险决策所起到的作用往往是最具决定性的，而万一真出现了片面看问题的情况就基本上决定了这场决策已经失败，而且结果非常惨重、不堪懊悔甚至不可挽救。

第八，综合上述诸考虑，对自己进行这场风险决策的风险率、成功率进行综合分析与评估，拿出大体符合实际的概率结论，作为决策的事实依据。

第九，基于综合分析与评估，对风险决策实施后可能发生的各种情况、主要是结果或后果进行大体的推想和设想，对最终出现的负面情况和意外情况、不理想结果或坏结果、代价及其他后果做好坚定、明白的心理准备和应急准备。这是风险决策必不可少的重要一步，也是帮助决策者下决心的一个重要因素。

第十，在以上细致准备工作做好的基础上，领导者要和相关责任主体，特别是智囊及其他决策支持系统都进行广泛、深入、细致的研究，力争做到万无一失。当然，在特殊情况下，比如，在真理确实就只掌握在少数人手中时，在有保密需要时，在重大历史关头或紧急状态下而同知者又不多时，以特别的担当精神、坦荡情怀和为公不怕丢官不怕死的劲头，下定决心，做出决策，不错过机遇，为组织立功。

总的来说，做风险决策要求领导者必须具备必要的甚至卓越的分析力、预见力、判断力和决断力，特别是要有非凡的战略眼光和事物洞察力，总能把事物看穿看透，总能使自己对事物的把握具有很高的准确性和超前性。

3.5.2 博弈决策

博弈决策是最常见的一种竞技性、竞争性决策。这种决策形态在下象棋、下围棋上体现得最为贴切一致，每走一步都是要充分考虑博弈双方实情和互动用心的决策，至于怎么走、往哪儿下棋子，那就是要靠制胜运筹来解决问题了。一步棋走好了，恐怕步步棋就都好走了，甚至一招制敌就赢了全局，这样的博弈就很高明。相反，每走一步都是个臭子儿，或者说其他步子都走得好，而仅这一步就走臭了，那么就都会给全局带来被动甚至失败。这种决策本质上就是一种竞争性决策。在领导决策实践中，这种博弈决策就不是棋盘上的游戏娱乐了，而是一项事关组织活动得失成败和群体现实命运的战术性智谋活动与竞争性决策工作了。

实质上，所谓博弈决策，是指两个及两个以上的决策主体在特定时空、特定现实条件和相互竞争关系下为了战胜对手、达到目的而展开的一种决策。它实质是一种异向决策（异向的异是差异的异），即不同主体带着不同的目的和想法来进行可能要涉猎众多社会层面或力量层面以求达到各自目的的一种决策。其基本特征是异向性、独胜性、挑战性、竞争性、较量性、矛盾性、智谋性和变通性，最大特点是高难度、高损耗、高成本、高压力和高风险。

博弈决策中的相互竞争关系，主要包括相互影响、相互算计、相互主导、相互比拼、相互对阵、相互排斥、相互压制、相互较量、相互斗争、相互对抗、相互冲突等由轻到重、逐渐升级的不同阶段和不同形态，显示出决策的不同性质、程度、力度、烈度和效果。

在一系列竞争关系中，从相互影响到相互比拼，其竞争性还在可控范围内，还有商量的余地和合作的可能，其结构还有减小损失、避免僵局、争取更好结局的希望。而以相互对阵为起点，博弈决策的过程和形态就开始变得越来越敏感、严重和激烈，甚至走向敌对，其竞争性就变得越来越不可控。特别是其中的相互斗争、相互对抗、相互冲突就更是敌对化和极端化的了。其结果大多数是一方胜和一方败，偶尔也会有零和（即归零、不分胜负）或两败俱伤（即蛮横顽劣、邪恶败坏、损人不利己、死顶硬扛、不顾后果）等情况。

博弈决策会不断升级、走向严重，主要是异向思维在起作用。决策各方从不同角度，特别是单方面利益顾忌的角度，以相互不一致的异向思维来看待和处理相互关系。在现实生活中，导致异向思维的主客观原因主要有以下三种常见情况：一是决策相关方初始关系原本就不可调和而被先天决定所致，二是各方在利益和原则面前互不让步而逐步演化所致，三是某一方的思想方法一般都是极端偏执顽固、狂妄自大、阴暗变态、故意而为、丧失底线、堕落犯罪等，由纯粹的人格疾病直接酝酿、孕育、刺激、加剧所致，诸如希特勒、日本军国主义分子以及其他极端人格者或人格变态者。

战国时期齐威王与齐国将领田忌赛马是最为经典的博弈决策。这君臣二人各用上、中、下三个等级的马来比赛。但是，同一等级的马相比，齐王均略优于田忌。所以，在同级的马之间进行比赛，田忌就肯定不能取胜，因为都只有劣势。而齐王和田忌过去却都是按照这个规则来比赛的，所以田忌就从来没有赢过。老是输，怎么办？当时孙膑在做田忌的门客，在看过这种老一套的比赛后，便给田忌出主意，变通力量安排，调整出手顺序：一是用自己的下等马对齐王的上等马——尽管是输也无所谓，因为这里本来就是最弱之处和最大劣势所在，是必输的，那就干脆放弃这个努力，不必在此计较；二是用自己的上等马对齐王的中等马，用自己的中等马对齐王的下等马，这样就都能形成相对优势，因而都能赢得比赛。田忌依计而行，结果是二胜一负，首次赢得了竞争，让齐王“大跌眼镜”。

这个博弈经典表明，博弈决策是非常有讲究的，也是非常需要讲究的，其核心原理就是：在总体明确的劣势条件下，己方要善于通过运筹计算、排列组合来扬长避短、造成或取得相对优势，并由此进而抵消或化解对方的相对优势，然后在实际博弈中就能使自己的优势和对手的劣势骤然得到扩大和加强，做到以己之长击敌之短、以最小代价换取最大胜利。这对于弱者而言就能做到以弱胜强，对于强者而言就能做到滴水不漏、周全稳健、全面强大和压倒性成功。

二战时期还有一个非常典范的博弈决策实战。二战末期，日军正在走向全面失败，日本帝国正在走向崩溃灭亡。整个残剩的日军开始变得气急败坏、日益丧心病狂起来，在太平洋上用零式战斗机向美国海军不断发动自杀式攻击，并取名曰“玉碎”。面对日本的疯狂，美军开始是感觉意外、手足无措，大量军舰不断毁于这些自杀性攻击之下，损失惨重，却无可奈何。为了尽量避免或减少美国军舰的损失，美国海军智囊团分析了477个战例，最后聚焦到一个点上，那就是在日机飞来撞舰时美国军舰究竟应该急转弯还是保持直行？经过精确计算、概率运算和初步运筹，结果得出一个较好的解，那就是根据舰体大小不同，采取灵活改变迎敌角度的策略。这个策略有两个具体要点：一是大型船只应该急转弯，二是小型船只不应该急转弯。——这一策略在随后的实战中得到应用和验证，结果是在同样不断遭到日机“玉碎”攻击的情况下，美军舰艇的损失比原先减少了18%。由此可见，博弈决策是要通过精确计算、概率运筹来谋划和实施制胜方略的一种高智商活动。博弈双方实际上比的就是决策者的智商，是一种实战性、有结果或后果的智力竞赛。

俗话说：交友全凭信义，用兵唯靠诡诈。诡诈之法尽在反常而动。在对抗博弈实战中，当与普通的形式逻辑和常规思维相反而行，由此用心谋计行事，可收意外之效，此乃相反相成之道。对此，《六韬·发启》就说：“鸷（鹰）鸟将击，卑飞敛翼；猛兽将搏，弭耳俯伏；圣人将动，必有愚色。”可以说，非诡计无以陷敌，非权谋无以善胜。无论是战场还是商场，也无论是局内还是局外，只要有博弈实质存在，就一定会发生博弈互动。而如果要在这样的互动中立于不败之地，就一定要善谋善算。只有善谋善算，才能保证克敌制胜。特别是当善谋善算达到炉火纯青时，甚至还能极大赢得先机和主动，迫使对手在博弈中未交手即失手，未开打即被俘，未攻而降，未击而破，未战而败，当然，这是博弈决策的最高境界了。

3.5.3 同向决策

与博弈决策相对，有一种同向决策。这也是一种常见的决策形态，主要以具有共同利益取向和共同行动约定为基础，而不以相互竞争、相互博弈、相互不可信任为基础。从当前日益丰富、复杂的现实生活看，这类决策在广泛的社会实践活动当中普遍存在。在各种不同的社会主体之间为了相同或相近目标而进行合作，包括建立联合组织、共同平台、共同准则、协同机制等等，进而由此产生的有关领导决策，无论是否高度协调一致，都是同向决策。

从实质上看，所谓同向决策，就是指两个及两个以上的决策主体在具体时空、具体现实条件和非竞争关系下为了同胜共赢而展开的一种决策。它实质是一种非博弈决策，即不同主体带着大体相同的目的和想法来进行可能要协同众多社会层面或力量层面来达到目的的一种决策。其基本特征是同向性、共赢性、挑战性、沟通性、协作性、兼顾性、平衡性、智慧性和变通性，最显著特点是低难度、低损耗、低成本、低压力和低风险。

同向决策中的非竞争关系，主要包括目的相近或相同、目标趋近或相同、用意用心根本一致、构思谋划相互关联与协同、意思想法相互启发和相向而行、决策过程相互合作与相互促进、决策结果相互满足且各自满意等对应平行的不同作用和不同形态，显示出决策的相似性质、程度、力度、强度和效果。

在一系列非竞争关系中，目的相近或相同、目标趋近或相同决定了决策中所涉各方之间展开竞争的基础微弱淡薄或者是原本就不存在，剩下的就主要是或只能是合作互动、合力成事了。至于用意用心根本一致、构思谋划相互关联与协同、意思想法相互启发和相向而行、决策过程相互合作与相互促进、决策结果相互满足且各自满意等等，就往往是双赢或多赢，而无论共赢水平有多高，基本没有一方胜而一方败、零和或两败俱伤等情形。

同向决策能够天然导致好的结果，主要是同向思维在起作用。决策各方虽然也是从不同角度来考虑问题，但却不是简单地就只考虑单方面利益，而是应该会自觉、充分甚至系统考虑各相关方利益，然后主动协同配合、同步合作、相辅相成、朝着共同目标前进。在现实生活中，导致同向思维的主客观原因主要有以下三种常见情况：一是决策相关方初始关系原本就可调和而被先天决定所致，二是各方在利益和意愿面前能够灵活处理，包括必要的相互妥协和互相让步而自然所致，三是各方表现出端正公信、宽厚光明、相互照顾、同心向好、共同成功和老练沉稳等积极的人格所致。

应该说，在一个公共组织体系内部，无论是上下级之间，还是平级各部门之间，在对待和处理同一公共事务上，原本就是在政府统一领导和协调之下形成同一取向并为此全面趋向一致的，包括目的一致、目标一致、纪律一致、想法一致和行动一致的，这是同一体系内各主体之间相互合作协同起来的基本本质和大前提。这些不同的职能主体的决策活动有所不同，是从各自职能职责的角度来分别发挥作用，围绕公共事务分别采取履行职责的行动；这些行动没有利益争夺，不存在一己之私，所以不会产生相互的疑惑与竞争，而会觉得对方的行动都是对自己决策目标实现的支持、配合、协同和必要条件，进而能够相互提携、相互促进、相互有利、相互信任。显然，同向决策原来是一种能够带来双赢或多赢、创造和谐与共荣的决策活动。

事实上，无论在公共部门之间，还是在公私部门之间，乃至在国际社会生活中，都可能发生也需要运用同向决策。因为共同的利益、合作的需要决定了彼此用心和决策是随时可能形成同向状态的，各自领导为了组织群体的最大利益都是必须实行同向决策的。

举例看，中国与东盟建立了紧密合作的“10＋1”对话机制。这是为了实现东亚地区最广大的团结协作、互利共赢、共同发展的共同目标而建立起来的一种基本合作制度。在这个框架下，各相关对话国均以创造更多经济成果、取得更好发展成效为目的来考虑和处理问题，致力采取包括相互之间实行零关税、免签证、通有无等等各种增进互信、发展经济的和平举措，彼此之间形成了一种相互依赖、相互寄托、同生共荣的紧密关系。这样，在中国与东盟之间就有了一个共同的决策取向、决策基础，无论是对话还是互动起来都会相互顺合、相向而行、相辅相成。在事关长远利益与和平繁荣的最大利益上，在这个“10＋1”机制之内的各国领导都会更多采取这种相向而行、相互照顾、相互扶助以求共同发展的同向决策，而不是也不应该采取相互算计、钩心斗角的博弈决策。

实践证明，在经济发展这个层面上，“10＋1”的机制是成功的，不仅直接促成了各对话国在经济上的相向而行，而且还推动了在政治上的相向而行，确保了中国与东盟之间最大限度的和平稳定。这就是说，“10＋1”机制造成在经济层面上的同向决策在很大程度上遏制了甚至是替代在经济乃至政治层面上的博弈决策。这就是获得和平发展的一个奥妙所在，也是领导决策高明的所在。当然，就当前实际情况看，“10＋3”机制、APEC机制都是要在经济层面上产生同向决策的，但是由于日本、美国在政治上存在严重问题并由此强力实施相应的博弈决策，所以这些同向决策的机制就受到挤压甚至破坏，这使和平发展就变得困难起来。

一般而言，原先已经启动并完成了初始的同向决策，后续决策及相应行动都应该是继续同向的，不应该发生不可调和的矛盾或纠结的。但在实践中常常会发生同向决策的异化，往往都会转变成博弈决策。因而，尽管决策所涉诸方在前期目标一致、行动一致、合作优良，使得双方获益日多、信心日增，但在后期互动上，即使目标仍然一致、目的仍然相同，也会由于一些实质性甚至非实质性的干扰因素在起作用而致后续决策各自为战、相互博弈起来，彼此之间因此不仅对接不上，而且还造成越来越多的误解和积怨、越来越深的矛盾和纠结。这种情况也是经常发生的，是很遗憾、很别扭的，从合作共赢的取向和结果上看也算是近乎失败、很不应该的。

在正常情况下，只要沟通得好，有事先同向决策做基础，本来就不会也没有理由产生矛盾或纠结，即使互动过程中真出现了矛盾或纠结，也是能够很快化解的。这就是因为双方原本就不是竞争对手，而是朝同一个目标努力、向同一个方向使劲的利益共同体。只要充分了解和熟悉这种同向决策的实质、特点和有关原理，那么就可以方便我们很好地规避这类决策问题及其附带引发的矛盾，即使矛盾发生了也能快速地解决掉。可以说，运用有关决策原理，将更好地解决大量的各种现实决策问题，切实提高决策质量和决策水平。

另外，关于同向决策与博弈决策的关系，需要再予理论把握一下。因为它们是相对的两种决策形态，所以必然存在一定的相互关联。特别是在复杂的决策实践中，它们还常常会发生实际的相互关联和相互转化，或者是博弈决策朝同向决策的方向转化，或者是同向决策朝博弈决策的方向转化，后一种情况在实践中更多、更普遍。这特别表现为如下两种情况：

首先，在一个上下决策体系内就存在同向决策转化为博弈决策的情况。本来上级决策和下级决策都应该是同向决策的，上级决策原本要靠下级决策来加以丰富和实施的，下级决策也本应该围绕中心、服从大局而进行落实性决策的。但是，由于上级决策常常是更原则性的和宏观的，下级决策则常常因为有自身利益的考虑而按照自己的利益逻辑来加以理解和落实，故而在实际决策过程中常常会不知不觉地就把自己的决策变成了对上级决策的博弈。这就是“上有政策，下有对策”的老大难问题。

其次，在一个平行决策体系内也存在同向决策转化为博弈决策的情况。一看哪个单位、哪个地方先提出一个什么发展名堂、闯出什么发展新路、搞出什么创新经验，其他单位、其他地方就一同来学习、借鉴，而实际上就是要实行拿来主义，大家一同来搞，结果出现了严重的同质化现象及后果，被学习、被追赶的那个单位、那个地方原有的创新亮点便很快暗淡下去，而已获得的创新优势也很快被抵消对冲掉了。本来的决策都是同向的，但到这时就都变成了相互竞争的和相互冲突的。

譬如，这个地方发现百岁人口占比很高，被命名为“长寿之乡”，那么，其他很多地方也就跟着一起来搞长寿之乡，都说自己这个地方90岁以上老人有多少、百岁老人有多少，发现的数据远高于联合国的标准，甚至远高于已被命名的“长寿之乡”。这种情况在发展旅游业、工业、农业以及相应的招商引资等活动中普遍存在。

正因为如此，所以有很多创新的单位领导、地方领导都打心眼里不愿意有人来“学习”，不是怕他们学走经验，而是怕他们成为未来的竞争者——这种竞争者都是十分善于搞“山寨版”而十分不善于自力更生搞创新。这里的问题是，大家在这个过程中只知道能争得一点好处，而完全不知道有一个“同质相斥”的规律在起作用，终于把同向决策转化成了博弈决策，结果是对谁都不太有利。

要防范或克服这个问题，关键在于要善于和勇于自力更生、独立创新、走特色化道路，而绝不要善于或勇于搞“山寨版”、走趋同化道路。这并不等于不要向别人学习，而是要继续积极向先进学习，只是要善于学习别人能够创新的缘故、机理和智慧，而且要充分尊重别人的知识产权和别人的首创权利，特别是要确保不搞一窝蜂，要随时明白趋同以后的结果是大家都得不到什么好处。

3.6 领导决策过程基本关系的处理

3.6.1 谋划与决断的关系

谋划与决断的关系是在领导决策活动中经常面临的一个最基本决策关系，需要切实把握好、处理好。谋划与决断，通常简称为谋与断，是领导决策的两个基本步骤和两个核心内容，两者之间是一个相互区别、先后相继、共同一体的关系。不同的领导者在进行决策时，对待这两个内容往往存在很大的差异，有的是有谋无断，有的是无谋有断，有的是多谋少断，有的是少谋多断，有的是善谋拙断，有的是拙谋善断，有的则是多谋善断。

从领导实践来看，谋断之间强弱不同是客观的，也是不能指望或要求所有领导者都有同样的谋断水平的，而实际情况是只能就谋断差异进行撇短取长、优势互补才行。唐初，房玄龄善谋而杜如晦善断，所以有房谋杜断之称，是谋断互补的最佳决策组合；而当时的李世民多谋善断，不仅能够很好地驾驭这一谋断组合，而且还可以很好地发挥出整体决策优势，所以就能开创一个伟大的盛世。要能达成谋断良好组合，就要掌握谋断关系的基本原理。

1. 谋划是决断的前提

谋划就是产生想法、初步进行思考、联系实际情况、比较利弊得失、确立目标、寻找途径、寻求支持、获取资源、划分行动阶段、构想对策思路、酝酿行动方案等一系列活动的总称。它其实就是决策的前期阶段，是进行和完成决策的必经环节，是领导决策中最实质、最重要的主体过程。

但是，从决策过程上看，谋划却直接构成决断的前提，是在决断之前发生的，也是必须在决断之前很好完成的基础性工作。谋划如果出现偏差，将为决断带来重大疑难，可能导致抉择错误和决策失误，从根本上埋下隐患，造成严重后果甚至灾难。谋划工作如果做细做精了，就会为决断创造非常方便、安全而又高效的条件。所以，要把领导决策的工作做好，就一定要首先把谋划的工作做好。

从科学决策的原理看，要使决断方便、安全而又高效，就要在谋划阶段首先有一个广大的视野，多几种思路和可能选择，并至少拟订出多套备选方案，而这就是要“多谋”。要在决断时可以比较方便而优质地进行，首先是能够方便地对多套备选方案集中比较判别，其次是方便从中挑选一个最佳方案并作为正式决策结果。所以，谋划阶段的工作做得好，决断阶段就轻松而方便了。

2. 决断是谋划的升华

决断的实质就是对谋划的结果进行正式抉择，是实质性决策活动的最后一步，也是领导决策的关键一环。如果决断出现误差，那么就意味着整个决策出现偏差或失误，前期所做的谋划工作无论再如何精心释意、准备充分，其努力也都只能付诸东流。反之，决断如果明智、睿智，那么即使谋划存在某种隐微的瑕疵，也能揪之、纠之并完善之，弥补谋划的不足，使决策达成至善。很明显，决断就是在谋划之后出现的最重要决策活动。

事实上，决断是谋划的自然延伸，更是谋划的质的升华。这是因为，谋划仅仅是“想”或“议”，还未付诸实施；“想”或“议”再多也不会发生现实后果；而决断则是“做”或“定”，是付诸实施的行动本身——只要一行动就会产生现实结果。谋划的后续内容就是决断，在行为逻辑上谋划就必然要发展延伸到决断；决断则必须使来到跟前的谋划发生质变，即把谋划的内容进行最后的质量鉴别和利弊权衡，并敲定最佳的谋划，使谋划得以确定成形、付诸实施并产生结果。

3. 谋划与决断内在统一

很明显，谋划与决断虽然在形式上是决策的两个阶段、两种不同目的和功能的行动，但在内容上则是相通的，在行为逻辑上就更是通连一体的。这就是说，谋划与决断原来就是内在统一的。进行决策，绝不能将谋划和决断切割分开，而必须统筹兼顾、紧密关联。

据此可知，领导决策既要重视谋划，也要重视决断；不能只看到决断的关键性，而轻视了谋划的基础性和前提性。当然，也不能沉湎于谋划的智慧舒展，更不能沉溺于决断的风光舒坦。在谋划阶段要最充分发挥所有外脑的作用，也最大限度地发挥自身信息、经验和智慧的优势，而在决断的阶段则要最充分依据谋划阶段所取得的成果进行严谨审慎、认真负责的抉择，高质量地完成主体决策过程。

3.6.2 在决策中发挥好领导者的作用

领导者是决策的实际主体和主要责任人。但是，不同的领导角色在整个决策过程中的地位和作用是很不相同的，发挥作用的特点和方式也是各不相同的。只有把领导班子中不同角色的作用都充分发挥出来了，才能形成一个强大而优质的决策合力，最终把决策工作做好。

1. 在决策中发挥好一把手的作用

要搞好领导决策，首先就要发挥好一把手的作用。一把手是整个领导决策的关键。如果说领导就是掌舵的，那么第一掌舵人就是一把手。一把手把舵往哪里打，就意味着整条船将往哪里走；一把手不发挥出积极作用，决策一事就基本上要停歇不成。这就是说，一把手是主帅，对决策的影响是巨大的、主导的、决定性的和不可替代的。没有一把手的参与、主导和支持，决策就只能是一句空话。因此，必须最充分发挥好一把手在决策中的作用。

那么，怎么发挥一把手在决策中的作用呢？这是一个大难题，也是一个最现实的问题。不过，从现代领导实践来看，至少有如下几点是可供参考的：

第一，要按照民主集中制原则首先确定一把手与其他领导成员的决策权限和相互关系，并据此明确一把手在实际决策中的具体地位、具体作用和影响范围。

这一条是正确发挥一把手决策作用的大前提。这里是实际工作中最难把握好、处理好的问题所在。有些时候，这里似乎界定清楚了，可是一运作起来就乱了套，有的一把手基本不受这种界定的约束，明的暗的、软的硬的各种手段和表现都出来了，为的是把个人的影响力放大到最大限度，竟至搞“一言堂”“一支笔”“一张嘴”。这个时候，这个样子的一把手就是已经做得颇为专断、骄横和集权了，在决策过程中发挥的作用就是极端的和绝对的了；最终导致的是失去民主，也失去科学，决策充满风险和不确定性，充满偏执、疏漏、失误和陷阱，由此导致整个领导工作面临巨大的风险和危机。这样的情况就表明，一把手的作用并没有发挥好，实际是发挥错了。

第二，在谋划过程中主要起着出指导思想、定基本调子、点主要内核、画基本轮廓、指基本线路、引导谋划思路、启迪谋划智慧、汇集各种意见、组织和督促民主参与及科学保证等作用，在决断过程中则主要起着组织发挥全体班子成员的积极性、以更卓越的眼光审度谋划方案、引导决策走向正确方向、投下只有一票作用的一票、下最后决心等作用。这一切就是一把手在决策中的最佳位置和作用。

第三，要组织、引导、协调和督促好整个班子成员在决策过程中适当地发挥出应有的作用，要确保每个成员基本在其角色范围内正常发挥作用，防止他们在决策中越位、缺位、无为、消极、混乱、不协调或者起争端，对于意见分歧较大或者恐怕会带来矛盾和后续隐患的争议要及早觉察并予以消除，确保决策的有序进行。这就是一把手在决策过程中的“弹钢琴”。

第四，要正确对待和处理决策过程中从班子成员大批专家学者和普通群众提出的不同意见特别是反对意见，做到兼听、包容、睿智和集大成。但是，讲民主也不能无原则，更不能放浪任行，避免无组织无纪律导致局面失控、破坏决策有序推进。

第五，要带头执行决策程序和正确行使决策权，维护班子的团结和整个组织群体的团结，维护决策的权威性、正当性、健康性和纯洁性，防止决策过程偏离主题轨道，防止决策权被滥用和错用，防止决策过程中出现其他不良情况或不正当现象。

第六，要为整个决策的进行与完成提供引导、支持、服务和各种保障。

2. 在决策中发挥好副手的作用

副手是一把手的协同者和配合者，既要独立负责某一方面的领导工作，又要从属于一把手的主导性和全局性的领导工作；既要独立发表意见、充分发扬民主，又要维护一把手的权威和中心地位。副手和一把手的这样一种关系，决定了副手在决策中扮演着特殊的角色，发挥着特殊的作用。具体来说，要发挥好副手在决策中的作用，主要应注意如下一些实践要点：

第一，按照民主集中制原则和分管工作职责，在决策上分别行使不同程度的自主性。这是发挥好副手作用的基本前提。

第二，在全局性和非分管领域的决策问题上，可以作为领导成员一分子、班子成员一张票，平等地发表意见、坚持民主，以党性和责任性来做出反应，进行表态和表决；对于存在的问题、风险和可能的后果要直接清晰地指出，对于很有意义、很有价值、有利全局的动议要给予极大的关注和支持；配合一把手，把好决策关，确保把事关组织群体前途命运的决策工作尽量做好。

第三，在分管工作职责范围内的决策问题上，就不能只作为普通的决策一员，而应该作为主要的决策者之一，不仅要坚持党性和责任性，而且还要始终明确这是在最关键、最重要的地方履行自己应当承担好的职能职责；不仅对具体问题要有主见和思路，能够提出具体的看法、建议和方案，而且还可以做某种程度的强调，表明基本的意志和立场，同时还要善于进行引导、宣传、协调和鼓动，力求争取到绝大多数乃至全面的支持。

第四，对于自己主管的每个决策事项，都要深思熟虑、反复酝酿，不到比较成熟时就绝不上会；做到在自己能够控制的范围内首先自己给自己把好关。这里最重要的一条是，不要把两只眼睛都用来关注自己分管范围内的重要事项，而要分一半心来考虑本单位的大局和其他领域或其他副手分管事项，确保在决策酝酿之初就把职责范围内的工作自动自觉地同其他领域、其他工作对接起来，形成本单位一盘棋。

第五，要以平常心和正确态度来对待与处理决策过程中遇到的种种问题，包括决策起草过程中和审议过程中存在的种种差异、发生的种种分歧，以及某项决策的不能通过或者遭到反对，一把手的选择和导向跟自己的倾向不相合，自己的意见正确而实际遭到否决等等问题。一定不能暴怒或者抑郁，更不能仇视、记恨和对立，而一定要有包容心、战略心、大局心和长远眼光来看待该事、回应该局和自我把握。

第六，要学会并善于进行事先、事中和事后的沟通协调，把敏感的问题争取事先解决或部分化解，以便上会后尽量没有阻力。在审议过程中如还存在某些争议和敏感纠结，则要在当时或随后多做交换意见的工作，力争把可能的分歧和震动减少到最小。这里最重要的一条是，必须尽量保持与一把手的沟通并赢得其真心的理解、重视和支持，这将为决策的顺利通过和成功提供最好的注脚。

3. 在决策中发挥好班子成员的作用

不像实际工作中正职主管全局而副职分管某一部分那样均有特定的代表性和权力性，班子成员只有一般的发言权和表决权。不过，在民主集中制下，整个班子，无论正职还是副职都与班子成员一样，在集体决策过程中的地位和作用是基本一样的，即都是基本的决策者，决策中的发言权均是平等的，每人一票，共同把关。所以，班子成员对于集体决策来说也是同样重要的，在决策过程中要正确发挥出积极作用，为此，要充分注意以下一些工作要点：

第一，坚持民主集中制和确保正确决策的原则，对于每个上会的决策动议或决策草案，都要本着对事业、对人民高度负责的精神进行科学审度、深入分析和严格把关，认真、有效地履行作为一名决策者的神圣职责。

第二，对于不成熟的动议或方案，要坚决避免其轻易得到通过；对于有偏颇或缺陷的动议或方案，要指出其问题所在并要求其重新研究；对于看起来成熟可行而实际却包藏不测的动议或方案，要及时指出其风险、危险或潜在问题，强调后果与责任，避免糊里糊涂地投下赞成票；对于一时看不透的动议或方案，要提议集体再行研究，待搞清楚、能把握时再上会。

第三，对于不正常的决策程序和决策过程要进行监督，要在班子会上指出不正常现象或问题所在，指出问题的实质、意味、暗示和警示所在，从改善班子作风、提高决策水平和领导能力的角度提出改革意见；在自己实际的职责和影响范围内，有效敦促、努力确保决策活动乃至整个领导工作走向健康正常。

第四，在整个领导决策生活中，要努力成为团结、协调、识大体、顾大局的模范，也要成为促进决策机制科学、民主、规范、透明的主力军，由此确保构成一个具有充分和谐性、胜任性、战斗力和公信力的领导集体。

第五，要在独立自主地发挥出决策一员作用的同时，讲究决策中的沟通、协调和运作的艺术，避免简单化、生硬化、强加化和形式化。特别是在遇到复杂的决策难题、关系难题、利益障碍乃至工作挫折时，要始终保持沉着冷静、清醒明智和原则大义之心，以更大的心灵空间和更长远的眼光气魄来看待与应对复杂局面，更讲原则，也更讲艺术和策略，正确而高明地处理好这类其实并不异常的实际问题。

第六，要超越具体领域、具体利益、具体关系，要综合直接的和相关的理论知识、经验教训和意见主张。要始终盯住本单位、本组织或本区域的大目标、大利益、大命运和主要任务，同时还要始终联系起整个社会、整个国家、整个民族的需要、要求和发展方向，而后坦荡放达、光明正大地用心用智，防范自己被诱导、被影响而蒙尘落土、失去清晰明智。

第七，对于决策中出现分歧，特别是因为自己的主张而导致分歧，既不用闷闷不乐、消极悲观、抑郁成病，也不能使着性子、横竖不管，做一个打着破伞的和尚——无法无天，而要确保沉稳通达、积极互动，或做在原则允许情况下的最大让步，或做更深刻系统的科学分析和理性梳理，而后充分交换意见，力求达成共识，通过科学力量和理性努力来尽量消弭分歧、取得一致，坚决防止走向对立、造成分裂，坚决防止出现其他任何极端化的动向与结果。

3.6.3 充分发挥群众和智囊在决策中的作用

1. 在谋划和决断中充分发挥群众的作用

群众是决策的基础。决策有群众的充分参与，将确保决策更加贴近群众、贴近实际，更加具有针对性、切合性和有效性，实际是更有群众基础、更务实可行。事实上，在谋划和决断中充分发挥群众的作用，主要是要注意倾听群众的意见，正视大力推进决策科学化、民主化的需要和重大实践，对改善决策具有最重大的现实意义。

群众对于决策的作用最主要体现在群众在谋划阶段对整个谋划活动的参与上。决策必须是从群众中来。群众的意愿和要求是决策的起点。首先，要让群众最充分地发表意见，把他们的意愿和要求最充分地表达出来，由此形成基本的或主要的决策主张，为正式的决策提供实质性原始依据和正宗的主体材料；其次，将这样的主张和材料放进民主集中的机制中进行加工处理，并形成正式的决策粗稿；再次，将这样的粗稿返回给群众，由群众对决策的价值取向、价值判断和价值选择进行再审度，直到群众认可为止；最后，形成正式的组织决策。这样所做的决策就能最直接、准确地反映民心民意，就能得到最广泛的群众支持，能够直接解决群众希望解决的问题，从有效性上直接满足群众的愿望和需要。这就是说，这样做出来的决策能够得到更好的执行并产生更好的结果。其实，这样做就是"从群众中来，到群众中去"的群众路线在决策中的具体应用。其具体要点如下：

第一，要坚持"群众利益无小事"的价值导向，始终把群众利益、公共利益放到决策指导思想的首位，要看到群众的目前利益和长远利益，并由此考虑、确定本单位、本组织的未来行动目标和主要任务。为此，要通过诸如与群众座谈、听群众意见、设群众热线等方式充分听取、汇集群众意见，并把这些意见作为每项决策之母，具体酝酿决策思路。

第二，要让群众在决策谋划阶段最充分地发表意见，但是也要对群众进行一定的引导，确保群众都能站在大局、站在兼顾普遍利益的立场上表达意愿和要求，从一开始就显示出很高的姿态和水平，一开始就能够团结一心、和衷共济。

第三，要让群众在决断活动中也发挥一定的参考作用，由群众来为领导决断提供更可靠的掌舵分寸和力度，主要是让群众对可行方案进行充分的酝酿和试抉择，由此形成正式抉择的直接参考；在大是大非、决策上，特别是战略决策上，要尽量提高群众抉择倾向在正式决断中的影响比重，最好是主要依据群众的抉择来做出决断。

2. 在谋划和决断中注意发挥智囊团的作用

智囊团是决策的宝物。决策如有智囊团的深度参与，就必定能使领导决策变得更加科学、理性和精致缜密，具有更大的科学性、高明性和有效性，使决策的质量和水平大幅提升。事实上，在谋划和决断中充分发挥智囊团的作用，正是大力推进决策科学化、民主化的需要，是切实提高决策质量和决策水平的要求，对优化决策具有重要价值。

智囊团是特殊的群体，实质是具有不同特长和贡献的专家群。他们绝大多数都有某一方面或某几方面的理论造诣和实践积累，对决策问题可以提供最新鲜、最先进、最睿智的信息、知识、理论、见解和思路，可以在科学性和合理性上提供极其宝贵的参考意见，能够直接或间接地从不同角度提出互补共构、完整一体的决策参考方案，对决策的实质性成形与推进具有不可替代的作用。这些就是智囊团的特殊价值所在。要把决策工作做好，就一定要最充分发挥好智囊团的作用。具体来说，决策中发挥智囊团作用的要点主要有如下五个方面：

第一，最充分尊重和重视每个智囊的专长与成就，以多种激励方式激发每个智囊独立发挥出相关理论的特殊价值和相应深度的研究意见，让每个智囊都能结合决策需要和决策问题来充分舒展与放达自己的思维触角并因此形成某种思路，确保智囊没有压抑或保留地为决策倾其所有。

第二，要以平等、谦虚和交朋友的态度，以民主的、学术的、研讨的和委托的方式，用开会座谈、单独听取、书面沟通、登门拜访、邀请报告、聘请顾问、立项咨询、共同研究等等方法，聚集专家智慧、先进理论、卓越思维，由此打开思路、寻求真知、找到出路、获得办法，使决策在谋划之初就有一个很高的起点和极佳的优越性。

第三，要相信专家的真心，要相信智囊的可靠，要采纳真知灼见，要追求和尊重真理，要绝对警惕和杜绝官本位主义、主观主义、权力主义和庸俗精神介入智囊对谋划的参与中，要善于汇集、整合和提炼专家贡献出来的精华。

第四，要正确对待、妥善处理专家的独立主张、质疑倾向、批评意见、反对意见、严重分歧甚或明显冲突，要以最大的善意、诚意和包容心来组织、协调和团结这些个性独立的不同智囊，而且要把这些专家由衷当成领导决策获得最真实意见、最有效信息和最宝贵参考的机会和资源，由此确保决策最大限度地避免发生失误或错误。

第五，要以战略的眼光和做法来对待与利用智囊团，长期听取他们的意见，也长期投入来培养一支最熟悉，也最适合本单位、本部门、本地方情况的专家团队，使之长期伴随领导决策活动随时地发挥作用，由此使之真正成为领导决策的外脑。

3. *在谋划和决断中还应坚持主帅一定要有主见*

由上可知，在整个决策过程当中，作为一个组织、一个部门或一个地方的一把手必然要面对一系列不同角色和作用的决策主体，要经历和应对这些主体对于决策的不同参与、不同活动和不同表现，要驾驭班子内外的不同力量、信息、意见和主张，要确保整个决策不会因为追求科学、民主而最终撒得开、收不拢，要确保决策始终能够沿着正确的方向和轨道正常地运行与前进。而能否真正做到、做好这一切，一把手是否有主见就成为最大的关键。

作为主帅的一把手面对决策的复杂情况，如果莫衷一是、犹豫不决，就会使整个决策活动陷入混乱而归于失败；只有具备明确而坚定的主见，才能有效掌控各种情况、引导和发挥各种积极因素而排除或削弱各种消极因素，把各种积极性、能动性和创造性整合到决策工作中，形成宝贵的决策价值和决策优势，最终把决策工作做好、做出色。

这就是说，要把决策工作做好，主帅就一定要有主见。没有主见的主帅，是做不好决策工作的，也是做不好领导工作的。可以说，主帅的主见就是实际决策过程中富有能量、富有引导性、主导性、区分性、提示性、参考性和整合性等能动作用的最主要组织因素。只有在这一因素的作用下，领导决策才能既放得开，又收得拢，既能充分发扬民主，又能充分确保科学和集中，使领导决策真正得以科学化、民主化，在质量和水平上都得到最大限度的提高。

在实际决策过程中，不仅正式的决策方案可能会有两个、三个、四个或者更多，而且还会因为在关键时刻出现不同的声音、力量、提法、思路、参照、背景、关系、需要和理由，决策过程容易变成纯粹的角力场，彼此之间都从自己的立场、利益、目的和主张出发进行实质性的博弈互动、角逐竞争。这个时候只有一把手的主见才能解决问题。一把手有主见，就能判别是非，分清优劣，断明好坏，控制局面，引导走势，适当照顾，综合平衡，最终决断，使领导决策有利于大局，有利于本组织本领域事业的健康发展。这就是说，一把手的主见在决策过程中一般都是关键性乃至决定性的，领导决策一定要发挥好一把手的这一作用。

3.6.4 严格执行科学民主的决策程序

由前可知，领导决策是一个极其复杂的过程，涉及众多主体因素、客体因素、权力因素和利益因素，当然也涉及价值理念、方式方法和手段途径，要真正做好做到位，没有一个科学、民主的决策程序（具体参见前述的常规决策模型及其中各步程序），或者是不能严格执行科学、民主的决策程序，都是不可想象的。这里的内容有很多，但从实际情况看，其中最突出的重要内容主要有后述三个方面：

1. *形成决策的初步意见后必须进行民主协商、科学论证*

形成决策的初步意见是谋划的成形，是决策初期长时运作的结果，而实质则是并不成熟、完善的决策草案。这样的决策草案是不能直接提交决策会议进行最后抉择的，当然就更不能把它当成一张势在必行、不可问质的“圣旨”；对此，必须经过一定的意见征求、研讨论证，具体就是要在高水平专业范围和最直接工作范围内，对草案进行细致研磨，做到段斟句酌、逐字推敲、审理要点、明断风险、直劈隘塞、区别高低、分辨优劣、去短添长、探寻新路、反复酝酿、多次修改，最终拿出一个或一套成熟完备、科学高明、可靠可行的决策备选方案。

上述过程就是领导决策过程中的论证程序。只有经过这个程序，才能进入下一个程序即讨论决断，而且要在获得一致通过或大多数通过后才能正式成为权威行动方案。而这只是最起码的决策常识，也是最突出、最重要的一个决策环节。

决策论证工作很有必要，是推进决策科学化、民主化的关键一步。决策实践中凡是想取得成功的或者已经取得成功的，无不对此高度重视，无不认真加以实践。有很多决策工作做得好、做得很经典的，就是因为十分注重决策论证这一环。比如，长江三峡大坝建设决策就是善于进行决策论证的典范。这个决策论证使这一决策做到了最大限度地排除风险和各种问题、提高安全和总体成效。

但是，在现实生活中，经常违反这种常识的情况却很常见，经常忽视、突破甚或践踏这一环节的做法也并不少见，因为在这一环的无知失范而导致决策程序遭到扰乱、劣化和破坏的情况则普通而严重，这就是决策科学化、民主化推进过程中面临的最大障碍之一。

事实上，在不同层次上有不少领导者确实素质较差甚至低劣，不仅习惯于拍脑袋谋划、拍胸脯决断，而且还十分愿意假装内行、自称高明地纠合出一个决策草案，然后进行形式化的公文旅行和实质性的机关运作。他们一方面似乎是征询意见而实质是炫耀高明、不可置疑和不可挑战，另一方面则是在正式决策之前对草案中的决策思路进行下达式和执行式的宣传与前期落实运作。这使各相关部门在似乎是研究如此草案的同时，事实上变成了是在提前学习、领会、掌握和准备实施如此没有得到过论证的决策方案，其结果可想而知——其中的很多漏洞、缺陷甚至错误造成巨大风险和高昂代价，带来长期、深重的危害甚或灾难性后果。现实生活中大量的错误决策教训其实并未远离我们，而恰恰是历历在目、痛感犹新。

2. *决策必须集体表决*

集体表决是所有班子成员参加投票的正式决断，是以全体决策者的智慧、声誉和责任心为内在支撑的最高组织行为，也是充分发挥民主集中制的优势和科学价值、充分发挥每位决策者的积极性和创造性、防止决策层权力过分集中或滥用的决策原则和决策模式。而实质就是决策集体对决策事项所进行的集体把关。

事实上，集体表决是饱含科学、民主精神实质的最重要决策机制。它不仅是正确行使决策权的最重要保证，而且也直接构成科学化、民主化决策程序中的核心环节。正确的决策都必须也必然会借助并经过这样一个环节，重大的决策则更是需要也应该通过这样一个环节——这还是现行党委决策制度中必须坚持的一条基本原则。

坚持重大事项集体决策原则与否，不仅是想不想把决策做成功、把领导工作做好的科学原则问题，而且还首先是坚持不坚持党性原则的政治问题。不少班子在决策中常常出现“一言堂”或者一把手“一言九鼎”、不受监督约束的现象，进而也常常造成一系列决策失误的结果或严重后果，就是因为违背了集体决策这一科学原则和政治原则。因此，应该明确地说，对于重大事项，搞个人决策是绝对不行的，只有认真遵守集体决策原则方才可行。

3. 认真执行决策失误的追究问责制度

对决策失误进行追究弹劾是科学、完善的决策体制和领导体制的重要组成部分。其重要性和必要性都是显而易见的，并为各级机关和大多数领导干部所熟知。这一制度在领导决策实践中有时执行得还好，但在很多情况下却执行得并不好或者得不到执行而形同虚设。该制度在执行上存在的问题严重影响了决策的质量和水平、决策权乃至整个领导权的正确行使、领导成效乃至整个施政能力和水平的提高。

在领导用人上的决策失误追究有时力度很大，很教育干部群众，也有利于极大提高领导素质和领导水平，但是，在领导用财用物、制定和实施政策、上马项目等等工作上的决策失误就基本上没有追究了。有的领导决策一次性造成几个亿、十几个亿甚至上百亿的损失，而有的领导上些项目从一开始就不仅是从不添效而且是从来就亏本添耗，有的则是不顾群众死活、不顾群众意愿和要求，有的则是愚弄和欺压百姓或者干脆就是直接与民争利，如此等等，不仅无效，而且有害，则或者视而不见，或者不作为问题来看待，因而从来不追究。

这样，就不仅在氛围上和实际机制上怂恿与鼓励了领导低效、领导无能、浪费无责、乱来可钦，由此极大提高了决策成本、领导成本和公共负担，对正在发展起步的公共事业、公共利益直接造成重大损失和危害，而且还给原本健康正确的制度带来致命的破坏和硬伤，直接造成施政能力、执政能力的急剧下降。

所以，要做好领导决策工作，要抓好领导队伍建设，要改进和完善领导体制，就必须认真执行决策失误的追究问责制度。

复习思考题

1. 领导决策与领导权力和领导职能职责有何关系？为什么？
2. 领导决策的基本科学原理是什么？与领导决策的艺术有什么关系？为什么？
3. 有哪些主要或常用的决策模型？如何把握其科学内涵、应用价值和使用场合？为什么？

4. 领导决策的立足点、出发点、归宿点是什么？它们能对领导决策带来什么样的影响？为什么？

5. 决策程序对于规范、优化领导决策有什么意义？整个领导主体特别是领导者在实施决策时该遵循什么样的决策程序？为什么？

6. 决策法治化开启了领导决策责任终身制。这到底能说明什么？起什么作用？为什么？

7. 为什么领导决策不仅是一个有科学决策步骤的最权威组织行为，而且还是一个创造新信息的信息过程？

8. 领导决策的基本步骤与信息环节具有什么样的科学基础、科学含量和科学关系？

9. 风险决策、博弈决策与领导谋略有何关系？在复杂的决策实战中，怎样操作和发挥才能取得尽量好的优势与结果？

10. 同向决策是一种有什么特殊功能和价值的决策类型？在复杂的决策情境和实践中容易发生异化，而这个异化一般是朝哪个方向运动？会有什么样的影响和结果？在处理复杂事务和关系的过程中，领导者应如何主导、把控和运作好同向决策？

第4章 领导实施

4.1 领导实施的实质构成

领导实施是继领导决策之后的第二个实质性领导行为和领导过程的第二个主体阶段。在本阶段，领导的核心任务就是要执行决策、落实决策，领导的主要作为就是运用领导智慧、领导谋略，领会、宣传、贯彻决策主张，把决策方案变成组织运转内容，把各方面积极性创造性调动起来，把各种潜力挖掘出来，把各种正能量和有效因素组合起来并发挥出其最大作用，用检查督促解决漏力失劲、散漫分散、梗阻误导、耽误失误等等各种低效无效乃至负效应的问题，确保决策得到饱满、完美的落实，也确保整个组织健康、高效地运转。

4.1.1 领导实施的实质

1. 领导实施的实质与构成

领导实施就是由领导抓执行、抓落实的具体办事活动。这样的活动不是一种，而是一组；不是单纯而普通的执行、施行，而是由领导牵头负责、贯之以领导权力权威和动力的决策执行及其配套来加以推进与保证的一系列组合行动。

这些办事活动或组合行动主要由一系列非常具体的办事环节和管理运作等构成，主要包括领会和对接领导决策，具体促成或直接做到决策落地兑现的贯彻执行，为执行决策而进行的组织动员、指挥调度、沟通协调、检查督促、控制管束、帮助指导、激励鼓舞、绩效管理、奖惩立标、总结反省、改进升级等等。这些都是直接产生工作效率和社会影响的组织行为，是一直在领导掌管下整个组织群体以落实决策为主线、为任务的系统行动。

所以，领导实施实质上就是以发挥领导作用、带领全体员工、开动整台组织机器去贯彻落实决策为主要任务的执行性领导活动。其中，关键在于领导者带头准确领会、忠实贯彻、创造性实现领导意图、决策精神和方案精髓，采取切实、高效的行动全面落实领导决策；最主要的日常性领导操心劳作之事在于组织动员、指挥调度、沟通协调、检查督促、控制管束等。因而，领导者要提高实施工作的质量和水平，当首先侧重抓住最重要的关键，同时抓好最主要的日常劳作之事。

可以说，领导实施虽然是一直由全体组织成员参加和共同负责的工作活动，但根本还是由领导负责、经领导具体操作抓宏观微观落实行为与成效的领导活动；体现出具体办事的领导能力，更显示出实际的领导绩效和领导贡献，证明着履行领导职能职责的实际胜任力。

2. 领导实施的歧说辨析

由前述可知，领导实施显然不是简单的执行或领导执行，而是领导继决策工作之后又一个非常实、非常严肃的领导履职过程，与纯管理阶层和管理过程中的执行是两码事。

从历来的成功领导实践看，所有优秀、卓越的领导者都是极其重视并能细心抓执行、抓落实的，都会把领导实施放到与领导决策同样重要的地位和高度来认真做好。这些工作都非常具体、非常细致，因为实质都是具体的事务办理、过程管理和活动铺展。因而可以说，在这里，领导的心还是要非常细的，领导的行还是要非常密的，领导风格则还是要非常实的；实际就是要高度重视抓细节，要在实施全程抓细节，要通过抓细节来促成绵密紧贴、扎实透彻、不遗余力的执行表现和执行成效。显然，这里的领导工作与领导决策，特别是战略谋划和战略决策时的领导状态完全不同；从工作要求到工作内容以及领导风格特点，两者都是两码事，都需要完全到位，都不能相互替代。

但是，当前个别说法流行一种观点，认为领导只需要抓战略、抓宏观、抓长远、抓高端，而不需要也不应该抓具体的事务，不应该细更不应该抓得太细。否则，领导就不是领导，而是管理；领导就没干领导应该干的事，而是去抢下属、办事员的活儿干，因而也就是错位而不胜任了，只配去当办事员。这样的观点是把两个不同层面和视角的领导实践简单甚至胡乱地扯到一起了，不科学，也不符合实际，理论上、逻辑上和实践上都是站不住脚的。

当然，这样的理论肤浅也不是没有某些现实影子和基础的。在过去非科学、不正规、纯传统、多失败的领导习惯中，确实有一种不屑于具体事务的倾向和做法，即“当甩手掌柜的”，正是具有大将风度的“举重若轻”。这种做法通常认为：只要当了领导，也就当了老大、老板，处于组织的核心，坐在群体的顶端，威风得不得了，哪还能去干“下人”或下边人干的活儿！当领导就是做决策、提口号、出辞令亦即发号施令，具体的事情都由下边去具体操办。其实，这是一种以浮夸、空谈为本质的领导文化，在实践中已有一定的历史了，似乎有市场、有现实基础，似乎能以“存在的就是合理的”来证明其合理性和正确性。

然而，纵观历史，大多数情况都表明，这种自视甚高的倾向和做法都不过是好摆官谱的不良习气而已，其中不乏愚昧自大的封建主义和官僚作风，结果往往都是虚妄不实、粗陋不密、疏漏有失，导致“领导短命”和狼狈笑话。所以，这是一种表面光鲜、实际愚蠢的谬论和误导。这种问题就是空谈误国、空谈误身、徒生败迹、徒添笑资。

事实上，决策重要，实施同样重要；决策要花大量的时间精力，实施更要花多上几倍、几十倍的时间精力和人力、物力。这个实施过程是始终需要领导的，要靠领导来启动、引导和推进；如果没有领导，实施就会松弛散乱甚至虚幻迷茫，以至于乱耗投入却无果而终。如果领导者在完成决策之后仍停留在决策环节，那么领导过程就会立即变成有头无身、有虚无实，领导工作就会变成哗众取宠、虚空不实的闹剧，这样的领导者就是一个彻头彻尾的办事不力、成事不足、败事有余之人。

换言之，以“当甩手掌柜”的心态和作风来对待领导实施就意味着放弃了需要细心、耐心和毅力抓好的贯彻执行工作，与领导决策一样重要的领导实施将出现严重疏漏和空白，整个组织机器在这样的情况下运转起来基本上都会失控，都会走向空转、散漫、梗阻、浪费、无效直至崩溃。而这恰恰就是严重的领导失职乃至渎职。很明显，藐视细节是科学管理的一个重大误区，需要特别防范。

应该说，细节是普遍存在的，决策中也存在细节，战略中也存在细节，即使是原来总把领导定位于战略层面的观点和实践中也有细节。在细节与实施之间绝不能简单地画等号。对于实施来说，细节很重要，甚至事关得失成败，因而绝不能像对待领导决策特别是战略谋划或战略决策那样来看问题、做工作、对待领导实施。

客观而言，领导工作是多层面、多阶段、多要求的，在前一个阶段某个部位需要“举重若轻”，而在另外一个阶段某个部位却是需要“举轻若重”的，岂能以一个“甩手掌柜”横贯全域、一概论之？另外，领导工作因为承担着重大干系，在什么时候、做什么事情都是需要非常谨慎缜密的，即使抓战略、看长远也是需要精细穿透宏观环境和总体形势的。

现实生活和领导实践都告诉我们，实施不仅同样是领导者的活儿，而且还是领导的大量日常工作或者常规事务。实施不仅为领导所天然含带，而且还成为事关领导得失成败的又一个关键因素和重要过程；领导者不仅天然具有实施的职责和任务，而且天然就要通过抓实施来抓决策的贯彻落实工作，特别是还要带头抓、从领导自身先抓起。决策之后，领导工作到底如何，就看领导实施做得怎么样了。

可以说，没有一个扎实实干、坚定坚决、高效有力的实施过程，决策再好也不会有结果；没有领导实施，领导过程就会有头无身、没有结果，领导决策就会落空，所做决策努力和所期领导绩效都只能等于空谈，领导也就只能是一句空话。

总之，领导实施实际就是最实质的领导活动之一，是按照决策方案来具体组织和投入领导资源并将其转化为领导业绩的资源效用过程。其中的最大实质就在于包含并运用了大量的权力权威，在具体操作办事上体现出完全的务实精神和实干能力。其中的最大鉴戒就在于领导必须务实、实干：空谈误国，实干兴邦；空谈误事，实干兴业；空谈误身，实干胜任。

3. 领导实施倚重领导行动力

领导行动力是指理解、贯彻决策精神要旨的能力和效力，集中体现为对于决策意图和方案的理解力、操作转化力、贯彻落实力和目标达成力。要做好领导实施的工作，就一定要有这种领导行动力做保证。没有正常、合格的领导行动力，就不会有扎实到位的领导实施。

确切而言，领导行动力就是领导者带头理解决策实质和方案要旨并将其转化为组织运作举措、成员行动和工作成果的能力与效力。它集中体现为对决策意图与方案的理解力、行动力、贯彻力和结果力，依不同的领导实施环节分别表现为以理解把握和统筹安排为核心的领导行动力，包括组织动员力、指挥调度力、推动完成力、系统控制力和结果负责力等。

领导行动力实际上就是领导者结合具体工作情境开始具体落实、实施、体现和实现领导决策精神的保证。没有这个保证，无论决策做得多好，都会因为没有行动力而执行不好、落实不到位，使决策落空。因此，对于领导者来说，要做好实际工作，就一定要有优良的行动力。领导行动力越强，领导成效就必定越大；领导行动力越弱，领导离胜任和成功就越远。领导者要胜任、要成功，甚至要走向卓越，就一定要具备优良的行动力，确保善于实施，甚至要非常具有创造性地开展实施。由此可知，领导的行动力就是最重要的领导力之一。

然而，领导者要有良好的行动力，首先就要善于吃透决策精神，要善于将决策意图和领导要求进行具体化和工作性细化，并依据本单位、本部门的主客观条件和实际资源情况，实事求是地进行运筹部署、做好计划与安排；要善于发动组织成员一起行动，给引导、给指导、给帮助，使之克服畏难回避、消极被动和凑合应付等等负面心理，以提高其积极性和主动性，发挥其最大潜力，做出其最大努力，确保其按时按质按量地完成工作任务。

与此同时，领导者还要善于沟通协调和进行精当指挥调度，确保组织资源的调配、配合和整个组织体系的运作得以和谐协调、高效低耗；还要善于采取包括激励、督察、问责等等手段在内的行动来施加组织影响，给责任、给压力、给动力，加强其能动性和责任心，敏锐发现、及时化解心理隔阂和分歧矛盾，坚决反对和抵制、及时消除和根绝无原则纠纷，确保大家齐心协力、团结协作、促成合力，确保每个成员和整个组织都能按时按质按量地顺利完成认任务、达到目标。当然，除此之外，领导者就是要善于以熟练和专业化的操作来兑现决策意图与领导要求，还要善于抓目标管理、过程管理、质量管理和绩效管理并将其同领导实施过程完全对应结合起来。只有这样，领导才有充分的胜任性。

4.1.2 领导实施的艺术

领导实施艺术是基于领导科学、管理科学而不断进行变通保顺、降耗增效的实用行为艺术，旨在把决策落实做得更扎实见效、把公共事务处理得更优质高超。

从实践看，实施不同的实施艺术，实施效果就大不相同。高超的实施艺术可以确保在处事过程中投入少、消耗小而产出多、收效大，直接形成很高、很强的行动力。反之，如果不讲艺术、愣头直行，或者不切实际、艺术低下，那么就会招致许多不顺和困顿而很难顺利、高效地贯彻落实，甚至会招致很大的阻力和痛苦而事倍功半，甚至功亏一篑、无功而返；虽大有投入、大为消耗且大做努力，但也不得其要、不得其果、无所成就、无以成功。

在实际工作中，总是有一些领导者习惯于事必躬亲的做法，事无巨细都要管，辛辛苦苦很勤奋，忙忙碌碌无闲暇，“日理万机”无尽头。这从表面上看似乎很努力、很奉献、很负责、很细致深入，但其实则不然，常常是适得其反。这主要是因为容易出现不分轻重主次、不分上级下级、不分各自责任，造成忙闲不均、忙者愈忙而闲者愈闲、闲者乐得懒惰推责而忙者凭空多累担责，不仅下属常常是想干事而不得干事、想下手而无从下手，而且领导者常常是替代下属、劳而无功，在客观上压制了下属的积极性、主动性和创造性，改变了分工协作的制度安排和合理机制，使整个组织运作和责任关系陷入混乱和被动，正所谓“吃力不讨好”“出力不会干，干得上下都埋怨”。这就是没有领导实施艺术的结果。

因此，在处理日常工作事务的实际工作中，领导者就一定要讲艺术；只有讲艺术，才能创造出领导的精彩，才能成就和证明高超的领导行动力。而所谓讲艺术，就是领导者要善于合理得体、巧妙高明地处理事务，前提是善于学习、掌握和运用实施艺术或办事艺术，要在日常工作中不断提高和优化领导者处理事务的艺术。只不过，领导实施艺术往往很具体，而且主要体现在各个环节的实施行为和活动之中，需在后续各个实施环节专论、专修和专为。当然，领导实施艺术也有集中表现和可以一般把握的形态，主要是体现在实施过程整体之上的一般实施艺术。这个一般的实施艺术有着极其丰富的内容，但更突出的实践要点主要如下：

第一，转变和抛弃不讲规矩、打破常规来做常规事务的习惯与作风。在实施过程中，领导者要把自己的注意力和焦点实际定位于牵头负责各项实施活动的总体把握和主线主导上，还要把这一条作为自己在工作中实际要抓的大事，把它作为自己的主要工作亦即正业。

第二，重在积极实施，谨防消极实施。在实施过程中，领导者要重在积极实施，也就是创造性地理解、把握和实施决策要义，要从抓住战略机遇、战术机会和一切有利条件着眼来考虑如何务实高效地实现决策，而不是等待、局促、死板甚至打折扣、偷工减料、不顾效果和结果地消极实施。

第三，扎实稳妥、稳步推进决策落实工作。在实施过程中，领导者要确保每步实施工作都是见效的或有效的，力争低风险而高顺利，确保稳中求进、稳中求快、稳中求效、稳中求成；但与此同时，还要谨防稳步变慢步、变小步甚至变停步。

第四，抓住关键，突出重点，做好重头工作。在实施过程中，领导者要善于抓关键、抓重点，使实施工作始终是重点突出，而不是“眉毛胡子一把抓”“大事小事一通揽”“一竿子插到底”“捡了芝麻丢了西瓜”等等；要确保集中精力抓重点问题、办重头事项和做关键业务，而不要总在不知不觉中变成了一个“瞎忙的人”和“吃力不讨好的人”。

第五，有所为而有所不为，增强工作的务实性和艺术性。在实施过程中，领导者要分清楚、把握住实施要务的实况：哪些可为和必为而哪些又不可为和应戒为？哪些可多为、快为和重为而哪些要应少为、慢为、轻为？不要把明天做的事拿到今天来做，不要吃消化不了的东西，不要背负超过自身能力极限的重物，但要竭尽全力和极限去抓住机遇、争取最大的成功，由此确保实施行为机敏明智、务实切实、有效有力和最后成功。

第六，先谋后动，动则必成，增强实施的务实性、责任性和成功率。在实施过程中，领导者要继续发挥主心骨的作用，就是要率先做好或者引领成员一起做好贯彻执行工作，主要是根据决策目标、任务轻重、时间裕迫、工作条件，特别是人力保障等等众多因素来考虑如何实施决策，确保科学务实、综合平衡、积极平衡、扎实稳妥、稳步快进。没有这个谋划，实施工作就有可能出现乱局，不能在行动中确保各方面协调一致、形成合力和推力。

第七，信任成员，倚重团队，做好任务分解、分配和落实到位的工作。在实施过程中，领导者要善于组织动员和用人，要借助整个团队来把决策落实好，主要是要把本可交付给下属或者本已分派给他人的工作或事务交还给其本来的担负层和担负人，把自己从这种原本不在领导层次、不应由自己负责处理的繁杂负担和琐细事务中解脱出来，只抓大节、抓大动、抓大为，确保整个团队的实施工作有主有辅、互助协调，从领导者到普通员工的实施行为均到位而不越位。

第八，动中求静，静中求动，随时反思以改进和优化实施工作。在实施过程中，领导者要善于求静，要从繁闹中抽身一边，仔细打量操作上的出入妥否，对实施行为进行操作性的利弊反思和调整。这里有两方面要务应该把握好、处理好：一是先把各种行为问题找出来，并对这些行为问题进行分类分析、分别处理，包括调整或替代；二是将实际事务进行分类排序，分清其轻重缓急、主次先后，确保有重点、有中心、成体系地开展工作。

总之，在实施过程中，领导者要善于从总体上考虑和把握工作安排、工作进程，确保各方面工作有轻重、有主次、有节奏、很协调地安排开来、运行下去，使每项工作都能有条不紊地推进而绩效可期，此即善于“弹钢琴”。只有这样的领导才是精明干练、得体明智、求真务实、卓有成效的领导，也才能得到上级欣赏和下属敬佩。

4.2 领导实施的贯彻执行

4.2.1 贯彻执行的实质与要点

1. *贯彻执行的实质*

贯彻执行本质上和基本原理上都属于决策范畴，但在内容实质上和实际特点上却只属于实施的范畴。作为决策范畴，贯彻执行与一般决策的机理和基本做法是相同的，但作为实施范畴，贯彻执行就有自己的特定含义和性质，特指为了贯彻落实领导决策、通过具体实施决策来实现领导意图和组织目标的实施性谋划与安排等活动，其实质就是对任何决策实施进行总体考虑和运作设计并以权威方式付诸组织落实。

事实上，贯彻执行的主要职能、任务和价值在于就如何兑现领导决策而专门进行工作安排。从总体上看，贯彻执行是整个实施过程的第一个环节，是决策在颁行之后、进入实施阶段首先遇到并经历的第一个程序，实质是将决策信息向操作信息转化的关口。只有在这个关口不发生信息偏差、信息流变或信息失真，才有可能确保决策信息在整个实施过程中不会发生偏差、流变或失真，才有可能确保全面贯彻落实领导决策。否则，领导决策就会在实施过程中走样甚至变样，与当初的决策目的和目标就会渐行渐远、越行越远甚至南辕北辙、完全相反。因此，贯彻执行对于领导决策乃至领导成功来说就极为关键、极端重要。

现实生活中的领导层与实施层经常出现的所谓“上有政策，下有对策”，就是首先在贯彻执行这一环节展开的相互博弈。实施者对于如何落实贯彻领导决策总是朝着有利于和方便于自我用意的方向来加以理解和解释，并由此形成自己实施该决策的行动设计与安排。这就是领导决策在实施的第一环节就开始被变异、加塞、扭曲和失真了。这样就必定没有什么行动力了。

当然，缺乏必要的变通，不能适应本地区、本单位的特定条件和可能性前提等客观情况，而一味地生搬硬套、机械僵化和强硬死板地解释和实施领导决策，也同样会出现走向变异乃至相反的状态，导致决策失败和领导失败。这不是决策信息操作化的扭曲或失真，而是决策信息的环境对接不足、可操作性不足和操作化失败，其实是没有行动力的另外一种极端表现。

2. 贯彻执行的要点

在贯彻执行这一环节出现的问题有很多，对实施乃至对决策和整个领导的得失成败都影响很大，甚至很关键。当然，在这里可以注意并做好这一工作的要点也有很多，但大体来说则主要有如下六个方面的要点：

第一，充分领会和把握领导意图与决策精髓。这是将决策信息转化为操作信息的第一个关口。领导决策颁行了，要通过本地区、本单位、本领导来贯彻落实，那么就必须首先在这个关口尽量得到百分之百的通过。在这个关口的领导者是第一重要因素；只有这里的领导者精确了解、全面把握、充分吃透领导的意图、决策的目标和方案实质，才能确保实施第一关不会发生不当的信息过滤和信息附加，进行确保实施与决策得以准确、顺利地对接。

可以说，大多数实施不好的决策，就是在这一环节的第一个关口出了偏差。所以，确保接受、掌握和理解领导决策的真实性、完全性和忠实性就成为这个关口工作的质量标准。只有达到这个标准了，才意味着在这个第一关口有了良好的行动力，只不过这个行动力的实质就是领导意图和决策精髓的理解力与把握力。这是做好贯彻执行的基础和前提。

第二，进行统一考虑、周密运筹。领导决策虽然包括预期结果和行动措施等等内容，但只是解决某种实际问题的权威方案。要将这样的方案付诸实施，特别是要具体落实到有关部门、有关人员的身上，转化为他们的日常工作任务和实际工作行动，则还必须进一步制定周密的实施计划。这个计划就是通常讲的工作安排，就是为组织动员、协调和配置本单位、本区域的有关力量和要素来实施领导决策而做的统筹考虑与设计，其实质是领导决策从决策信息自在化朝着与实施者主客观因素相结合的决策信息操作化转变。这是贯彻执行的第二关口、第二环节，是决策信息在进入实施过程或程序之后的最重要环节，是最关键的决策落实环节。这里的能力和质量高低将直接决定能把领导决策落实到什么程度，是最能体现贯彻执行力乃至整个行动力的关键和核心。而此处的这个贯彻执行力实质就是领导者的统筹安排力。

第三，酝酿一个有效实施决策的工作计划。这是在对工作进行通盘考虑、总体运筹的基础上，对具体工作计划所进行的深度推敲和把握。这看上去似乎有点务虚，但实际上却是贯彻执行所必不可少的一步，是从思想认识上对全局工作形成一种综合的具体把握。这主要包括以下四个方面的要点：

一是围绕工作任务进行总体的推敲和把握。这里有两个总体维度需要加以充分的考虑：(1) 根据决策目的和目标本身的要求及方案实施中遇到的主要矛盾，确定决策实施的战略重点、战术要点；(2) 根据决策实施的战略重点、战术要点及每个时期所可能提供的条件和所可能达到的水平来确定决策实施的战略步骤、战术步骤、时间安排、因素调配、资源配置、行动组合和标准要求。

二是对工作任务做具体的推敲和把握。这里的具体要求和具体要点主要有六点：(1) 准确认知工作目标的高度与要求；(2) 准确判知达到目标的难度和要件；(3) 准确把握完成任务的标准和要点；(4) 准确预见完成任务所涉事物关系；(5) 准确选择完成任务的切入点和路径方式；(6) 为准确实施和完成任务做好周密的前期认知准备。

三是对完成任务的主客观条件做综合判断。这是在进行任务分配或下达之前所做的再一次决策性审视和推敲，对工作计划进行深度的运筹谋划。这里的决策考虑和内容主要包括如下五个方面：(1) 工作能力，即基于自我经验和能力、员工平均经验和能力的适应性与胜任性；(2) 工作基础，即完成任务所依赖的既有工作基础以及各种相关的工作约束性；(3) 工作幅度，即完成任务所需要时空的约束性；(4) 工作量，即完成任务所需人财物的约束性；(5) 工作法，即完成任务所选方式方法的约束性。

四是对工作规划和安排考虑实行弹性原则。在推敲确定计划、考虑工作安排的过程中，领导者对于行使职能、确定具体目标和任务要留有余地，确保目标在实施过程中能够适应客观事物的变化，有条件、有空间得到及时的修正和调整并实行柔性的动态的管理。这就是弹性原则。弹性可分为积极弹性和消极弹性两类。积极弹性要求领导者处理事情“多一手”，进行科学预测，不仅在关键环节保持可调性，并且事先考虑内外部可能出现的一些意外情况，而预备好可供选用的多种调节方案，防患于未然。在领导实践中，主动运用积极弹性在领导活动中的重要作用。消极弹性是被动的，把留有余地理解为“留一手”，在特定条件下虽然也可以有限运用，但还是要多着眼于积极弹性。

总之，这一步是在领导者主观层面范围内把落实工作做得更扎实、深刻的重要环节，对贯彻执行乃至整个实施活动能否做得细致深入、周密可靠具有重要作用。这里的主旨在于要拿出一个实施决策的整体意见或设想，最大特点是最大限度发挥领导者在致力于实施时的主观能动性和务虚性。

第四，具体制定出具有完全实战性和责任性的决策实施工作计划。这是贯彻执行产品即实施方案的产出环节，是形成决策实施意见和工作计划雏形的关键一环，显然是正式形成核心行动力的最重要一步。这里的核心是要把决策意图和领导要求转变成进行具体操作的目标与任务，并将工作目标、任务、时限转化成进度表。

这一步具体包括如下五个要点：(1) 把决策意图提炼成任务名称；(2) 把领导要求转化成工作方向；(3) 把任务和方向变成工作主线；(4) 把工作主线转变成工作投入的具体安排；(5) 把总目标、总任务转化为阶段目标和任务，构建出一套实施目标和任务体系。

这一步的核心在于，领导者要根据目标和任务体系与客观情况，以时为经，以事为纬，实事求是地设定实施决策的精细工作安排表和进度表，使整个任务进程都按照并掐着

"时间点"。在此期间，领导工作重在将转化和兑现决策意图的所有想法都纳入工作日程、变成操作安排，而不要有意无意地脱离工作主线，转移注意力，或另立工作主线而错用了努力。

第五，把工作计划完全任务化。这主要是根据领导意图和决策要求，将工作安排转变成工作任务。简括而言，这一步主要包括四个要点：（1）将工作进度表转变成工作意识和工作约束；（2）使成员从理念到行动都统一到工作主线上；（3）使每个实施主体都明白各自应该做什么、怎么做、做到何种程度、应在何时做好；（4）把决策意图依工作计划或操作安排具体转化为一个个有效的实施行动。

这一步的核心机理在于：将工作目标从内容上分解为各种不同层次、性质和特点的分目标，每个目标都要确定明确的质量规定、数量规定和进度规定，并以合适性为标准将这些工作目标权威配置或指定分配给各有关部门、单位、岗位和个人，成为这些主体必须承担的任务和责任，由此确保决策实施计划或工作安排的层层落实，也使整个实施系统成为一个既有分工又有协作的目标责任系统和任务承担系统。

应该说，这一步是决策信息经由接受、转化之后的具体落实化环节，是贯彻执行的关键环节；其实质是发出实施决策的任务安排指令。没有这一步，就等于没有贯彻执行这一步，不仅此前各步贯彻执行活动将前功尽弃，而且还将因为在亟须用力促使工作计划转化为组织成员的工作任务和行动时乏力、缺位而使整个实施在关键时刻掉链、失败。所以，领导者在抓这一步工作时特别需要引起注意和重视，能不能办事、办事得力不得力主要就看这一步。

第六，进行通体运作考虑和配套应对。这是贯彻执行过程的收官环节，是辅助性产生完全行动力的最重要环节和活动。这主要是根据实际需要和实际情况，从组织理念、共同愿景和组织文化，到组织制度、组织机制和行为规范，都进行一系列的审视和考虑，或改进，或重构，制定出更合乎时宜的新范式、新举措，包括构建一套质量体系、标准体系、运作体系和有效管理手段与方式体系，诸如奖惩措施、激励措施、问责手段、有效调控手段等等，由此确保工作任务的顺利落实和完成，确保整个决策实施工作得以协调平稳地推进，确保领导意图和决策目标得以最后成功实现。

总之，实施领导决策是一个费时费力、涉及许多因素、涉及方方面面意愿和力量的实施过程，是一种必须事先充分理解和把握决策精髓以确保准确实施的工作。其中的关键就是要做好贯彻执行工作，由此确保领导意图和决策精髓能够贯穿于实施活动的各个环节之中。其核心就是要求领导者要围绕决策实施的目标要求、主客观条件和具体情境反复推敲、仔细思考、周密安排、稳妥配置，由此确保贯彻执行信息流在各步决策行动中得到充分的落实。

4.2.2 国外有关代表性学说

1. 目标管理方法

著名管理学家彼得·德鲁克提出了一个著名的执行理论，即目前正流行于世界的一种目标管理方法。这个方法以工作目标为中心，以科学方法为手段，以个人能力的充分开发为基础，鼓励每个成员积极参加目标任务的制定和分配、领受的活动；与此同时，领导者还要使每个成员在目标的实施过程中实行自我控制，自动自觉地完成本职工作中所承担的目标任务，确保总体任务的完成和组织目标的实现。其具体要略如下：

第一，进行目标分解。基本方法是将领导目标按单位内部的机构设置和组织层次自上而下依次进行分解。分解的要求是纵向到底、横向到边，即分解到每一个岗位和个人。领导目标自上而下层层分解，自下而上层层保证，互相联系，上下贯通，形成一环套一环、一层接一层的目标体系。

第二，制定相应对策。基本方法是按照层次，通过诊断分析，找出各部门实际情况与目标之间存在的差距，对这些差距进行归纳、整理、分类，找出必须解决的问题与问题点。针对问题点进行研究，制定对策，有的放矢地采取对策，缩短现实与问题点之间的差距，保证领导目标的最终实现。

第三，进行目标协商。在领导工作中，在上下级之间，总是要围绕目标的分解、目标的落实进行思想交流和意见商讨，这就是目标协商。在目标协商中，在维护领导总目标基本内容的前提下，要尽量尊重下级目标实施者的意见，这既有利于目标的统一，又有利于调动各方面的积极性。

第四，明确目标责任。在目标协商得到落实后，还要进一步根据每个人所担负的目标、任务，明确各自所应承担的责任，即明确在领导目标的实现中各自应该干什么、怎么干、干到什么程度、达到什么要求等。这样就能在目标实现过程中进行自我控制，充分发挥各自的主观能动性。

第五，编制目标图表。为了使每个人更直观地了解各自的目标和目标责任，要编制目标图表，用图表的形式将总目标、分目标及目标对策、目标责任等主要内容综合编制在一起，并公之于众，使每个人都能一目了然地明确总目标和自己的分目标，知道与自己有关的其他岗位在做什么，便于相互沟通、互相提醒和互相鼓励等。

第六，重视目标成果评价。目标成果评价是实现领导目标的最后阶段，也是下一个领导目标循环的开始。由于目标管理强调成果、重视评价，所以在实施目标的基础上，必须根据原定目标对实施结果进行客观评价。正确的评价有利于激励先进、教育后进，有利于总结经验，改进工作，有利于下一个循环达到更高的领导目标。

2. “SMART 原则”

“SMART 原则”是目前西方在决策实施的工作计划管理上盛行的一个方法。西方国家和企业习惯于用这个方法来具体设定工作任务。这个方法表示“聪明的原则”，但胜似聪明原则。它其实是五个实施性工作原则的头一个字母的缩写合称。

这五项实施性工作原则是：（1）S，specific，即把握目标的具体性；（2）M，measurable，即把握目标的可衡量性或可测评性；（3）A，attainable，即把握目标的可达到性，也就是务实可行的目标，而非好高骛远的目标；（4）R，relevant，即把握目标的相关性；（5）T，time-based，即把握目标的时间性和期限性。

其实，这个方法远不仅仅用于实施工作之初的计划安排，而且还充分照顾和适应于对整个实施工作进行绩效管理的需要、机制和运作；能够确保工作任务是前后一贯的，也是切实具体的，更是踏实可量的。当然，它的主要作用在于能够把工作计划安排得非常细致、具体，也就是能够把组织目标和运营任务科学、精确地细化，具体分解成可分配、可操作、可衡量、可有效实施绩效管理的细化指标。

4.3 领导实施的组织动员

4.3.1 组织动员的意涵

组织动员是领导者做人的工作以调动必要人力和精神力量、筹集必要物质以便调动必要物力和物质保障、安排特定机构进行日常化专门负责、撮捏成一股强劲合力去落实决策方案的一系列正式活动。这是做人的工作与做物的工作同步进行的典型组织行为，是领导实施的第一个实质性贯彻执行。这里的每一项活动都非常具体，非常实质，当然也就非常敏感，是组织内或者体制内正式行使领导权力权威来开启领导实施的重要工作。只有到了由领导出面组织大家、启用资源这一步，整个领导实施过程才算真正开始启动了。

从实际内涵和作用来看，组织动员不仅是决策实施的一个主要方法和手段，也是决策实施活动不可缺少的有机组成部分；既包括了对决策的宣布或公布，也包括了领导者对决策实施者及有关人员的教育、说服和鼓动。这些行动旨在对实施人员及各相关力量施加有说服力的影响，把决策意图灌输到他们的意识中去，促使和引导他们的行为向着领导者所希望的方向发展，确保大家都能积极投入、扎实实干、有效落实决策。

众所周知，领导决策出台了、颁行了，并不等于领导就大功告成了，非得首先走组织动员这一步不可。因为如果没有人理解并愿意主动执行、坚决贯彻落实，那么决策就只能是一句空话，而决不会自动落地、自动实施或兑现。另外，即使决策制定者了解领导决策，也并不等于各级决策实施者都能一样了解、自觉奉行该决策；或者即使决策实施者了解了领导决策，也不等于各参与方，特别是广大人民群众都了解了领导决策。因此，做组织动员工作特别重要，甚至极端重要。这个重要性具体有如下几点：

首先，它事关领导实施后各步将会怎么走、走得顺利有力还是困顿无力。只有组织动员做好了，才能为后续各步开一个好头；最主要是能够确保全体参与人员和所有能动力量都有信心、能坚持、敢担当、舍生忘死、奋勇奉献，当然就能确保领导决策得到坚决执行、既定方案得到强力兑现。组织动员没有做好，后续各步就会非常困难，常常会因为信心不足、信念不牢、意志摇摆、动力枯竭而消失湮灭，什么事都办不成，常常都是半途而废。

其次，它事关能否说服人们，促使人们改变观念，提高认识，正确对待和适应社会利益的调整及社会观念的新变化。为了落实决策，要对人们的眼前利益和固有观念做重大调整改变，就一定要充分发挥组织动员所具有的重要教育功能和作用。此外，组织动员还有舆论功能，即通过控制舆论趋向、创造特定的舆论环境来引导、劝说、规范人们的思想和行为，为决策的顺利实施提供保证。

最后，它事关领导能否在决策实施过程中经受得住重要考验和重大检验。组织动员是要走出小工作圈子、直接与社会接触的外向型行动。走到社会中间、民众中间、各种人力中间去做鼓动、动员的工作，领导者如果没有真本事，那就一定没人理睬，就会使整个领导实施在启动之初便偃旗息鼓、陷于失败；相反，如果有真本事，那就一定会得到大家的拥护支持，一呼百应，同心协力，没有什么事情做不成、没有什么决策不能得到坚决执行和很好贯彻落实。这对领导的胜任性和职业生涯来说显然是极其重要的一个关口。

的确，对于领导能力和领导水平来说，作为领导实施第一部分的组织动员是最能说明问题、最具说服力的；主要是最能说明领导者具有什么样的能量和能耐，最能深刻反映有什么样的社会基础、关系基础、民心基础、成熟程度以及背景、声望、影响和权威等等。因此可以说，组织动员确实是一个最能说明实际问题的领导环节和领导实践。

客观而言，要做好组织动员的工作还是有相当难度的，特别是在现代多元社会、网络时代，其困难和难度就更大。一般来说，其最大的难度和焦点在于：如何确保能够真正说服和鼓动各阶层、各部分、各群体、各利益主体和个人都由衷认同决策并愿为贯彻执行决策付出自己的全部努力和智慧，特别是让大家确立和保持高昂的意气与斗志、奉献的精神和决心、克服困难的勇气和毅力。

显然，组织动员的根本任务就是要让所有相关者都了解、熟悉、接受和支持领导决策，也就是接受直至愿意支持、积极拥护、认真落实领导决策。只是这样的组织动员过程很花气力，也很需要讲究方式方法和领导艺术。当然，其中最重要的就是要通过组织动员使群众认识到决策和他们的切身利益之间的紧密关系，使他们自觉自愿地接受和实施决策。只有这样，决策的实施才能获得坚实的基础。

应该说，在决策本身能够符合和满足人们利益的条件下，组织动员的目的是要加深人们对决策的理解和认同，推动人们努力去实施决策，这是组织动员的一个重要作用。

4.3.2 组织动员的内容

组织动员的内容包括两个方面：一是领导决策本身，包括决策的公布、宣传、解释、说明等等。二是实施决策的工作计划与任务安排，直接为落实决策和工作计划服务。

决策公布并不是一个简单的问题。决策公布的内容含混不清，或者相互矛盾，人们分析决策公布的内容时出发点和理解不同，都会给决策实施活动带来不同的影响。决策公布既要有时机的选择，以便把握决策的时效，在社会上产生特殊的影响效果；也要有范围上的控制，对决策实施者和决策对象、对这一部分决策对象和那一部分对象，采取有区别的原则，以利于决策的实施。决策的公布还是人们认识和看待决策的重要窗口。尽管决策的公布和决策的结果之间可能存在重大差别，但决策公布给人们造成的影响，仍然是人们评价决策的一个重要方面。因此，在实际的组织动员过程中，决策的公布往往不是对有关决策内容信息的简单传播，而是和决策的宣传、说明紧紧结合在一起的。

对决策的宣传、说明，就是通过各种有影响力的渠道和方式，向决策实施者、决策对象和社会各个方面传播决策的合法性、合理性、必要性和效益性等方面的信息，以获得决策实施者和决策对象对决策的理解、支持和接受，并形成有利于决策实施的社会舆论环境。社会舆论的发展方向和趋势对人们具有强烈的、直接的制约和规范作用。组织动员以决策为中心，但它又表现为新闻报道、艺术活动、理论研究、会议发言、课堂讲授、人们之间的互相交谈等广泛的形式，通过这些活动在社会形成某种特定的舆论趋势，引导人们的思想和行为。

在现实生活中，各阶级、阶层、集团和个人总是在特定的社会舆论环境中活动的，超出舆论许可的范围，其活动就会受到压制。组织动员就要创造这样的舆论环境，以“约束”人们的行为不向决策目标要求相反的方向发展。形成一定的舆论趋向和舆论环境的方法很多，在我们国家常用的有：时事宣传，形势宣传，理论、方针、政策的宣传和思想政治工作等。这些本身实际上也是组织动员的内容。

思想政治工作和组织动员有着紧密的关系。思想政治工作要保证党和国家各项方针政策的贯彻与落实，它可以加强组织动员中说服作用的效果。除了直接为决策和决策实施服务以外，思想政治工作还承担着提高人们思想素质、培养社会主义新人和建设社会主义精神文明的任务，这些任务的完成又为组织动员创造更高、更坚实的思想基础。

4.3.3 组织动员的原则

第一，启发说服的原则。这是正面引导、积极互动的原则，核心是理性说服、以理服人。

组织动员不是发号施令，更不是恐吓或强迫乃至限制人们的自由，而是通过摆事实、讲道理对人们进行正面引导和教育。决策实施过程中的组织动员活动的直接目的在于，使群众按照领导者所希望的方向去领会决策的内容，改变自己的行动或观念从而接受决策、实施决策。因此，组织动员就必须具有说服力，能使人感兴趣，使人信服。

如果群众和决策者的想法完全一致，组织动员就只是一种告知决策内容的作用，但实际上这种情况是很少的。人们的认识角度是不同的，认识水平包括对自己切身利益的认识也是不平衡的，再加上一些陈腐的观念和特定条件的影响与限制，并不是每个人都能正确认识和理解决策的真实含义，所以组织动员必须承担转变人们观念的职责，承担说服的职责。

第二，及时适时的原则。这是注重时效、避免失效的原则，核心是确保鲜活和现实性。

组织动员要及时、适时和迅速，确保不失时机、确切到位，确保对目标、任务和事件能够做出最先、最实、最可信的解释，不仅能迅速吸引人们的注意力，而且能在人们心目中留下深刻印象，具有先入为主的组织动员效果。而与此相反，试图消除这种影响的组织动员则要困难得多。

第三，用实事做解释的原则。在组织动员中利用现实事件可以提高人们对宣传内容真实性的主观评价。

当代社会发展速度很快，各种事件接踵而来，人们不可能对自己碰到的所有事实都进行详细的分析，不可能在更广阔的背景下了解某一事件，确定它与其他事件的联系、它的意义和可能产生的后果，人们也并非始终具有足够的经验、知识和见识对事实进行正确的解释。所以，大多数人都乐于接受对事实进行的适当分析和解释的组织动员手段。

第四，个性化原则。组织动员始终是面向广大群众的，但一般来讲，领会程度因人而异。

组织动员的措施之所以会产生不同的效果，一定程度上取决于社会中人们的社会地位、生活经历、所受教育和周围环境等方面的差别。这些特点极大地影响到人们的利害关系，影响他们对各种信息的选择和接受。个性化原则要求组织动员应针对每个人的特点进行，就是"一把钥匙开一把锁"。这个原则在我们党的思想政治工作传统中占有重要的位置。

4.3.4 组织动员的基本方法

组织动员的方法有很多，但是基本方法则主要有三种，即直接组织动员法、间接组织动员法和动态综合动员法。

1. 直接组织动员法

这个方法包括四个方面：

第一，发动群众，直接组织动员。这是一种经常使用的方法。为了形成大的行动局面，领导者要大张旗鼓地向全体群众做直接的组织动员。这种组织动员需要大的气魄、大的声势、大的覆盖面。比如，新中国成立初期，毛泽东对"三反"工作就做过这样的指示："应把反贪污、反浪费、反官僚主义的斗争看作如同镇压反革命的斗争一样的重要，一样的发动广大群众包括民主党派及社会各界人士去进行，一样的大张旗鼓去进行，一样的首长负责，亲自动手，号召坦白和检举，轻者批评教育，重者撤职、惩办、判处徒刑（劳动改造），直至枪毙一批最严重的贪污犯，才能解决问题。"

第二，讲话组织动员，亲自号召。这也是一种常用的组织动员方法。美国总统罗斯福的"炉边讲话"，很是被人称道。那时候还没有电视，但他在当政的12年间，在壁炉前通过广播面向全国进行过300多次讲话。每有国家大事，他都用这种方式同他的群众沟通情况，联络感情。作为一个国家元首尚且能不断进行组织动员，作为直接面对群众的基层领导者，就更应该经常把情况交给群众，向群众做好组织动员工作。

第三，下发文件，书面组织动员。这种方式虽然不如面向群众的直接组织动员影响力大，但也不失为一种可行的办法。它还具有较高的严肃性，而且比直接组织动员更为灵活，面可大可小，层级可高可低。

第四，现场组织动员，直接鼓舞士气。这是临战状态下的人们特别需要的。他们需要见到他们的指挥调度官，需要领导者向他们说说那些鼓舞士气的话。在1943年的十月革命节，在德军兵临城下、莫斯科岌岌可危之际，面对斯大林的检阅和满含激情的讲话，我们可想而知，那些军官和士兵是以何等勇气走向战场的。

2. 间接组织动员法

这个组织动员方法表现为两个方面：

第一，公之于众，让群众产生自觉行动。亚科卡说过一句话："我发现，发动人的最好办法是让他们了解工作计划，使他们都成为实现计划的力量之一。"无论遇到什么情况，尤其是困难的情况，把情况交给群众，让群众产生自身的驱动力，这都是一种十分必要的方法。问题是，一些领导者缺少对群众的信任，也不大懂得要把群众组织动员起来。领导者真的把情况说清楚了，群众得到了一种信赖，他们就算起不到直接的作用，也会从各方面支持领导工作。周恩来曾经说："任何政策的决定或改变，任何政策中之正确的部分或错误的部分，必须适时地不但向干部而且向群众公开指出，才能得到群众的了解和拥护而成为力量。"

第二，参与进来，在干中组织动员。任何观念和思想都是在实践中产生的，让实践本身来说服人，这是最有力的，所以使人参与也是一种组织动员。处于潮流之外的，让他参与进来，他就成了潮流里的人；处在工作之外的，让他参与进来，他就会从这个工作的角度说话、想问题。

3. *动态综合动员法*

因为领导实施是一个动态过程，作为实施决策的重要方法手段，组织动员要随着实施过程的发展变化适时进行，确保收到更好的落实成效。这里主要有如下三种具体的组织动员法：

第一，事先组织动员。这是指在决策正式实施之前对决策的内容和背景的说明与解释、号召和鼓动、激励与鼓舞等，另外还包括为决策的实施做好相应的舆论准备和宣传。

第二，事中组织动员。这是在决策实施过程中进行的组织动员活动。其目的是传播正在发生的事件的有关信息，使人们在最广阔的背景下正确理解和分析正在推行中的决策，针对人们在决策实施过程中出现的思想认识问题进行说服和教育，还承担引导和指导决策实施过程及相关舆论变化的功能。

第三，事后组织动员。这主要是通过对决策实施结果和对实施过程中的事件的解释与说明巩固决策的成果，或者为决策修正、发展或终结提供舆论准备。

4.4 领导实施的指挥调度

4.4.1 指挥调度的含义和方式

1. *指挥调度的含义*

指挥调度是一种具体的调遣力量、应对实际的过程，实质是专指通过组织动员、调动人力、调配资源、避免或降低阻力和内耗来提高办事成效、达到组织目标的领导行为。

事实上，指挥调度就是领导者采用适当的方式和科学的手段，把社会系统内各相关因素、主要是人员和机构集中到统一的领导意志下，并按计划或者按政策安排和调遣这些因素，使之有效地发挥作用，实现决策目标。由此形成的行动力叫作指挥调度实施力。显然，指挥调度是一个最具本质意义的重要环节，是直接产生行动力的一线领导行为，也是直接形成领导力的最重要环节之一。

应该说，指挥调度是科学的，因为有规律可循，万变不离其宗；但更是艺术的，因为充满权变，情境因素为主。指挥调度越有艺术，领导实施成本就越低，而行动力乃至领导成效就越高，实施决策达成卓越或奇迹的可能性就越大。优秀的领导者都会通过提高工作艺术来向指挥调度讨生产力，讨领导力。事实上，它在整个组织行为中、在整个一般性领导实践和理论上具有非常重要的地位与作用，在军事组织行为中的地位和作用则显得尤为明显、突出。

众所周知，即使有了正确的路线、方针、政策，有了正确的决策和计划，领导者都还必须依靠下属或全体组织成员的认真贯彻实施，才能落到实处，取得应有的效果。从这个层面上说，领导就是指挥调度。当然，事实上的指挥调度只是领导的一个具体环节，一个具体过程。指挥调度水平的高低，反映领导者的领导能力和领导水平。作为一个合格的领导者，应具有调动千百万人服从统一意志的指挥调度艺术。要不断提高贯彻决策意图的指挥调度力。

现代的领导活动，参与的人员较多，分工较细，协作复杂，连续性强，各项工作任务一环扣一环，相互联系，相互制约，必须有高度统一的指挥调度。通过有效的指挥调度，使决策实施活动从静态推向动态，沿着预定的轨道前进；通过有效的指挥调度，可调动全体实施人员的积极性和创造性，激发起高昂的士气。俗话说得好，“强将手下无弱兵”，就是因为强将有善于引导弱兵致强之道。反之，指挥调度无方，即使实施人马很强，也无法充分发挥作用。强有力的指挥调度必须集中统一，政出多门，多头指挥调度必然乱套。

2. 指挥调度的方式

一般来说，领导者进行指挥调度的方式主要有如下四种：

第一，口头指挥调度。这种指挥调度方式简明、及时、方便，因而最常用。运用口头指挥调度，要注意语言艺术，对不同对象指挥调度语气要有区别。

第二，书面指挥调度。在指挥调度层次多，时间、地域等条件又受到限制，不便口头方式指挥调度时，为了确保指挥调度信息传达不走样，以后又便于核查，适宜采用书面方式。但指挥调度者不可过分地依靠文字指挥调度，要防止滥发文件的文牍主义。

第三，会议指挥调度。实施前的组织动员会，实施中的协调会、调研会，实施后的总结会等，都能起到指导和推动工作的作用。在会议指挥调度时应特别注意提高会议质量，防止会议过多过长。

第四，现场指挥调度。比如在发生重大突发事件和自然灾害或重大事故时，领导者需要亲临现场，直接把握实情，当场拍板决定，及时调兵遣将，面对面地进行指挥调度，直接控制着事态的发展。这种现场指挥调度具有较强的应变性和时效性。

然而，从领导情境看，最基本的指挥调度方式实际上主要有两种：一种是常态下的常规指挥调度，另一种是紧急状态下的应急指挥调度。这是领导者经常面临的基本实施状态，也是最主要的指挥调度类型。其中，应急指挥调度最具挑战性，因为指挥调度的剧本即领导决策往往不那么齐全、齐备或成熟，处于一线指挥调度岗位和状态的领导者就必须也只能一边现场指挥调度，一边临场决策，用自己的决策来弥补正通过实施的决策的不足，有时甚至还得靠自己的完全决策来实施原本只有命令或要求而无方案的领导决策。

4.4.2　常态情况下的领导指挥调度

一般而言，领导在常态下实施指挥调度，既要高度遵循规章制度和原理规范，也要注意因时顺势、适时权变，重点在权变。

在常规状态下，组织行为一般均按照制度、习惯和特定要求来正常展开与推进。但与此同时，大量的具体行为和实际运作仍然受情境因素，特别是不确定性因素影响，因而随时都需要领导来加以及时、有效地指挥调度。

领导者切实有效地展开组织动员、调兵遣将、配置资源，要充分抓住如下几个要点：一要紧扣愿景，由此启动、调控整体运作。二要侧重抓好重大问题的处理工作，既要认真表示强烈关注以引起整个组织的重视，又要采取一系列能有效解决问题的务实策略以确保不流于空谈。三要在细节上下功夫，也就是要注意在细微之处用谋略力解决具体问题，此即在战术上重视敌人。四要综合考虑、统筹兼顾、系统谋划，着眼于战略、战役和战术三个层面立体交叉、联动权变，确保创造出最大限度的组织合力与应变力以更好地完成组织任务。概而言之，这里要求，必须分层次、重权变、分别增强行动力。

在依据制度规范和情境权变展开运作的同时，联动还应该根据组织伦理与团队心理来实施指挥调度。只有懂得组织伦理和团队心理的领导才能确保得心应手地进行指挥调度，才能确保切实有效而又轻松自在地实施领导。这就是高明的领导艺术之一。组织伦理主要是指组织层级决定的上下级关系及相应的基本互动规范。团队心理指在不同层级中的团队成员受该层级特定组织空间、组织文化、工作职责、工作地位、工作状态、工作任务、着眼点和生涯期待等因素影响而形成的一般心理特征。

一般而言，组织基层的团队心理是爱忙、观变，技术、地利，细节、期显；组织中层的团队心理是半忙、应变，战术、人和，环节、知止；组织高层的团队心理是会闲、求变，战略、天时，节奏、善藏。但是，每个具体组织、每个具体层级的任务和表现要求其实存在极大的不同，领导者要具体把握住本单位的这些具体情况，使自己对整个组织完全心中有数。

在明确前述原理和本单位实情的前提下，领导者要在实施指挥调度的过程中始终坚守一条原则，即确保自己在团队中有所为、有所不为。既然有中层，高层领导就没有必要也不应该跳过中层找基层、越级指挥调度而一竿子插到底；领导要做领导的事，相对来说，领导的事远不那么具体、那么多，大量具体的事务要分别交给中层去实施，再由中层组织基层去落实完成。概括起来，这就是领导者不要让自己多干，而要让下属多干；让自己在数量和微观层面上少点作为，但在质量、规模和影响上可以也应该侧重在大的作为上，与此同时，要让下属在数量和微观层面上多点作为；当真理掌握在少数人手里时，领导者有必要"独断专行"和让少数人有作为，但大多数情况下还是领导者不要也不应该自己单干独干，而要让绝大多数组织成员都能一起来共同行动、共创业绩。总之一句话：要以用他为主、用己为辅。

为了更好地适应现代社会、实施领导，领导者必须超越传统方式约定的指挥调度，这包括生产队长式的指挥调度、家族企业主式的指挥调度、个体户式的指挥调度、"甩手掌柜"

式的指挥调度等多种传统方式。很明显，这些传统方式只适合传统社会条件，在当代已无社会基础。如果不超越它们，那么它们就必定会锻造出不适应现代社会要求的传统领导。

此外，现代领导者还要摒弃习惯方式主导的指挥调度。所谓习惯方式主导的指挥调度，主要是基于人性特点和普通生活惯性而产生的领导色彩，不太受或者不直接受社会变迁影响，而能广泛存在、持续影响组织行为。由此产生的典型包括家长式的指挥调度、保姆式的指挥调度、霸王式的指挥调度和官僚式的指挥调度等等。事实上，在社会高度昌明、民主意识和公共参与高度现实化的今天，这些习惯方式决定下的指挥调度在领导工作中已无可持续性。

顺应时代潮流，领导者要注意学习、采用多样的现代方式来进行指挥调度，才能在现代社会中运作得如鱼得水。现代方式决定下的指挥调度有很多种类，其中更突出、常用的是导师式的指挥调度、教练式的指挥调度、公共参与式的指挥调度、多中心治理式的指挥调度、超级领导式的指挥调度等。按照这些新方式来进行指挥调度，将有助于极大改善领导、提高绩效。大量实践证明，现代方式正是现代领导的正确选择。

4.4.3 紧急情况下的领导指挥调度

平时，人们对常规状态下的指挥调度尽管不一定关注得多，但事实上的实践却很多，因为那就是领导的日常工作。然而，人们对紧急状态下的指挥调度却不仅关注不多，而且还实践不多，因为紧急情况尽管绝对量不小，但相对量却很少；很多领导者几乎都是一帆风顺，遇到紧急情况的概率和实数常常很小。这样一来，不少领导者在应对常态指挥调度的工作需要时还或许能够胜任，但在应对紧急情况时就出问题了，显示出了极大的不适应性甚至严重缺陷，在突发事件和重大危机面前反应迟钝、惊慌失措、乱了方寸，即使人到现场也不善于有效指挥调度而常常打乱仗，造成应急指挥调度的混乱和失败。这在实践中的教训是很多、很大，也很重的。

事实上，紧急时刻的指挥调度与常规状态下的指挥调度是大不相同的，主要是给领导指挥调度提供的有效时间和空间非常小，领导者行动常常是在很短的时间内决定得失成败而没有更多的余地，这就是紧急应对在余地和结果上显示出来的“一次性”。领导者指挥调度到位、得力，则领导过关；领导者指挥调度缺位、无力，则领导下课。这就是“一次性”的实质。对于如此危绝的组织行动来说，无论有经验还是无经验的领导者，能否过好应急指挥调度的关口都同样是一个重大考验，都是对领导者应急能力的重大挑战。

面对紧急情况，领导者第一重要的是保持冷静镇定，静则明，明则智，智则有方，有方则可有效应对、有力施治而尽早化解紧急情况。对于紧急组织和应急指挥调度的成效来说，冷静的首要性与反应过程成正比：越冷静越能急中生智、越有能力处理紧急情况，呈现出积极的势头和结果可能性；不冷静与反应过程成反比：越惊恐越失心丧智、越弱智无力地面对紧急情况，越可能导致危机面前瞬间发生领导失败。

紧急情况下的冷静反应有四个核心要点：一是判明问题的性质与根源；二是明确自己的责任与目标；三是鼓足自己的动力与胆略；四是采取急速的措施与行动。根本一条就是面对突发事件一定不能惊慌失措、乱了方寸，而要把危机当成大显身手的良好机会。

在以冷静反应为前提、确保领导运作能够有效进行的情况下，领导者最需要的是在第一时间采取有效行动，核心一条就是要立即赶赴现场指挥调度、化解危机。其要点是：亲临一线，靠前指挥调度；现场决断，随机应变；快速反应，多措并举；文武兼施，果断碰硬。由此确保收到迅速遏止危机浪潮、强力扭转危局的应急成效。

但是，领导者身临一线，面对众多的紧急情况、偶发因素和大量紧急信息（包括应急资源的调配处理），未必就能非常有效地加以指挥调度，有些时候甚至还会各搞一套、九龙治水、没有章法、乱了步骤。这就是指挥调度不到位更谈不上智慧艺术的混乱情况。所以，在紧急情况下，领导者如何使得自己的应急指挥调度能够强力高效，就成了一个大挑战、大学问。根据既有的实践，提高应急指挥调度成效的要点主要有如下几个方面：一是必须集中统一，以确保步调一致；二是必须实施强制管理，一般都要采取准军事化的紧急管理方式；三是要临机应变，实行特事特办、急事快办；四是要步并举，应急联动。

处理紧急事务特别需要做到、做好应急联动，因为只有这样才能调动全部力量聚焦解决当前面临的紧迫问题。这里的核心要点是要围绕当前的紧急目标与任务，展开切实到位的应急协调与应急服务。具体要点则是：一要多方组织动员，推动共襄成功；二要协调行动，确保高效低耗；三要速成合力，实现聚焦施治；四要做好服务，使得应急资源配合到位。所有这些原理集中起来就是一句话，即必须通过领导者的有效指挥调度来竭力确保应急决策实施行动的协同、质量与实效。

4.4.4 指挥调度的科学与艺术

指挥调度是一个高度复杂、具体而事关得失成败的领导实施环节；不仅在整个领导实施过程中，而且在整个领导过程中，都是最为密集、频繁、集中运用和施展领导科学与艺术的特别阶段。它不仅要通过在具体时空进行的具体操办来落实领导决策，而且往往是大量要通过现场即席的执行性决策来落实领导决策。它在实践中都强调要抓时机、赶机遇、精密无漏、准确无误、灵活巧妙、直接高效，要求具备极强极高的工作能力，包括及时变通、快速反应、精密反应、周密关顾、精准操作等等。其最大特点是以科学严谨做保证，以灵活变通为精髓。也就是说，领导权变艺术在这个实施环节中还需要大量使用、特别发挥。

1. *科学指挥调度的基本要点*

第一，紧盯情境移变，关注事态发展；注意各方状态，摸准确切信息。作为决定性的指挥调度者，领导者首先要对执行过程真实情况时刻进行客观把握、准确掌握、即时收储、精细现用，对决策落实过程各环节、各部分、各进展的状态、问题确保做到完全心中有数、毫不含糊。这是科学进行指挥调度的前提基础和最重要保证。否则，就只能是心中无数、茫然盲目，瞎指挥、乱调度，痛失时机，失误错误，归于失败。

第二，紧扣领导决策，准确判知关节；联系主观客观，机敏抓住要害。作为前线处置的决定性因素，领导者在进行指挥调度时要充分考虑当前具体的现实需要、现实问题、现实可能、现实条件、现实困难，进而即时统筹考虑调配调遣、运作运转以及如何抓行进关节点、恰当或最佳的行动时机与时间节点，确保涉及具体人力物力的一系列主客观活动达到最贴切对接和吻合、形成最佳表现和效果。

第三，拿即时办法要快，出特定点子要“帅”；发行动指令要“切”，做操盘反应要“当”。作为一线的操办者、责任者和担当者，领导者要稳坐中军帐，有准备有把握；思维敏捷，反应快速；走无虚步，行俱实招；指挥若定，运转切实；严密严谨，稳妥可靠；务实踏实，恰当切要；有依有据，客观牢靠。而决非靠运气瞎蒙瞎撞，靠才气浮夸显摆。

2. 艺术指挥调度的基本要点

第一，基于科学严谨，发挥经验智慧；实时切题切境，及时变通定调。在具体执行过程中的实际情境是最具体的，通常也是最多变的。所谓“计划不如变化快”，就是这个领导实施过程中最常遇的情况。实际情况经常是客观形势千变万化，许多现象和机会稍纵即逝，一旦错过就无法捕捉，错失关键信息和时机都可能造成不堪设想的后果。因此，最需要领导者发挥自己的主观能动性和个人特有的优势，在准确判断实际情况的前提下，及时拿出局部性甚至很微观、最具体，但实用管用的新主张、新方向、新点子、新办法，以便及时有效地解决问题，避免在这些小节上耽误、贻误和失误了。

第二，随情随境用心，切时切境用智；恰到好处拿住并用好时机，及时有效解决微观问题。在复杂多变的微观情境下，领导者必须看准时机，当机立断，果断行动，巧妙指挥，灵活调度，使组织系统内的人力物力在特定节点上实现最佳到位、达成最佳结合。其核心在于审时度势、抓住时机、果决出手、恰到好处、一气呵成，诚所谓“运用之妙，存乎一心”。这在接手竞争、出步角逐时表现得尤其现实、实用。因为这个时候，领导反应如果过早，则暴露自己，给对手以预防机会和赢得应对的时间；如果过迟，则对手集中准备完毕，将以强大的实力来交锋较量，进而加大制胜的困难，使对手变成高难度、高成本的硬骨头。

第三，针对快速变化的具体情境和具体问题，快速、连续出招，灵活变通，坚定明确，用心一体，出奇制胜。既然实施过程是千变万化、瞬息万变的，而且要基于科学严谨进行权变，那么对领导来说这里的核心就是必须非常具体地顺应当前这个微观的时势和特定情形，迅速进行并完成克敌制胜的灵活变通。灵活变通是指挥调度的核心。事实上，面对不断变化的环境，领导者就是要既能以不变对万变，又能以变化对变化，非常辩证娴熟地处理好坚定性与变通性的关系。

总之，指挥调度是领导者的重要职责，是领导者必备的能力。成功的指挥调度是领导者智慧、才能、经验、胆略的综合体现。领导者要确保能够完全务实实干、机敏干练、随机应变、克敌制胜，就一定要十分善于运用有关科学艺术，做好指挥调度工作。

4.5 领导实施的沟通协调

4.5.1 沟通

1. 沟通的实质与作用

沟通是指人们之间的联络交流，是群体相互理解的桥梁、团结的枢纽和统一步调的有效机制。在领导活动过程中，沟通是指领导者与领导者和被领导者、领导部门与领导部门和被领导部门之间相互联络、互通信息和加强关系以便达到行动上的配合和一致的活动与机制。

换言之，沟通就是领导者为实现领导目标而与上下左右互通信息、交换情况以求得思想认识上统一和行动上相互呼应配合的内务性保障活动。

领导者要获得领导成功，就必须充分掌握和娴熟运用这些方法与艺术。不借助它们，领导实践将无法正常运作，其效率和效果都将大打折扣。应该说，沟通是领导过程中具有特殊人际功能和组织功能的重要环节，对于整个领导活动起着“轴承”的作用。这个作用主要有以下三个方面：

第一，有助于加深理解。理解是人们在工作和生活中的感情上的互融与认可。只有理解了，才能互相接受、容忍、赞同和支持。正如古人所云：“道者，令民与上同意也，故可以与之死，可以与之生，而不畏危。”如果不理解，就容易产生心理隔阂与情绪对立。领导者必须深谙此道，通过思想感情、谋略决策、步骤方法等的理解和沟通，设身处地考虑对方与他人的思想动机和行为原因，从而做到双向理解、双向沟通，顺利实现领导意志，达到领导目的。

第二，有助于增进感情。感情是人们团结、合作的基础。领导者与部属之间只有以诚相待，感情真挚，才能和谐默契，轻松愉快，工作事半功倍。《孙子》云“视卒如婴儿，故可与之赴深溪；视卒如爱子，故可与之俱死”，讲的也就是这个道理。反之，如果互相猜忌，感情疏远，就会情绪别扭，困难重重，工作事倍功半。沟通是增进感情的重要途径，因为沟通既是人们之间感情和心灵的交往，也是互相尊重与信任的前提条件。

第三，有助于统一认识。认识是行动的先导，只有统一认识，才能统一行动。但是由于各自的地位、阅历、责任以及个性互不相同，人们对事物观察和判断的角度、评价的标准就会有不同，进而往往会产生不同的认识，得出不同的结论。所以，沟通就非常重要。如果缺少沟通，认识不能统一，行动不能一致，就难以顺利行使权力，也难以实现领导目标。

2. 沟通的基本构成与内容

第一，目标沟通。这又包括几个具体的方面：一是整体目标沟通。要使被领导者认识到各部门、个人对整体贡献的重要性，以及相互协调配合的必要性；力争把部门利益与整体目标结合起来，增强集体观念和责任感，减少部门之间和个人之间不必要的冲突。二是具体目标沟通。部门之间在目标确定时，要相互理解和沟通；在目标实施时，要相互支持和帮助；在目标冲突时，要相互调整和适应；在目标成功时，要相互鼓励和总结。

第二，思想沟通。部门领导一定要避免单纯本位主义思想，要多从全局上考虑问题，多从部门之间、上级和下级之间的协调合作上考虑问题，以期达成共识。对于思想观念、思想方法、思维方式等方面的差异，要通过平等的交流、启发，努力缩小认识上的差距；对于因工作关系引发的思想误会和隔阂，要严于律己，宽以待人，互谅互让。

第三，感情沟通。没有感情上的沟通与交流，就不会有工作上的合作与融洽。领导者之间、领导者与领导客体之间只有不断增加感情交流，取得思想上的共识和情感上的认同，才能共同创造一种和谐融洽的人际环境。工作交流、文体活动、公共交往等都是感情沟通的有效方式。

第四，信息沟通。情报信息的传达与交流也是沟通的重要内容。只有信息畅通，部门之间才能减少隔阂，化解矛盾，促进工作。一般而言，凡主动沟通的部门，信息就流畅，部门之间就协调，相互就信任，领导工作就主动；反之，缺乏沟通的部门，信息就不畅，部门之间就有矛盾，甚至发生冲突，领导工作就被动。

总之，沟通能够消除各种误解和矛盾，能够及时提供有效有用的信息。在很多情况下，它实际上已经成为协调的必要过程和重要手段。

3. 沟通的主要角度与范围

第一，与上级沟通。与上级的沟通，包括与领导机关和职能部门的沟通。它可以明确工作方向，增强工作信心，克服工作阻力，解除后顾之忧。与上级的沟通，一般都是比较重要的问题。与业务职能部门的沟通，有利于协调关系，开展工作，不能忽视。

第二，与班子成员沟通。与班子成员的沟通，事关成败。一个班子要握紧拳头，拧成一股绳，沟通是关键。班子内部的沟通可以不拘形式随时随地进行，办公室、家里、路上、闲聊之间，都可以互通情况，商讨问题，形成意见。班子成员之间的沟通内容很多，会议讨论前，事先沟通；不必开会讨论，只需单独沟通；随着工作进展，及时沟通，等等。在这里，领导班子一把手的作用很重要，因为他处在领导活动和决策的核心地位，更加需要谦虚谨慎，需要加强与成员沟通的自觉性和主动性。

第三，与部属沟通。群众是实践的主体。没有他们的参与和努力，权力行使就不会顺利，工作目标就难以实现。与部属的沟通是先做学生后做先生，先虚心请教再用权力、下命令，是群众路线的体现。与部属的沟通，十分有助于发动群众，组织群众，排除阻力，形成合力。此外，还要坚持先沟通后落实，沟通了就一定要落实的原则，避免不见风就下雨或者干打雷不下雨等现象，避免产生逆反心理而造成混乱。

第四，与友邻沟通。人们的社会联系和交往是多方面的，同行业同系统单位之间的联系非常密切，所属人员在一些问题上也常常与其他单位攀比。所以，加强同友邻单位之间的沟通，在可行的情况下，做出相同或相似的规定，有利于协调关系，调动积极性。

4. 沟通的基本方式

沟通的基本方式主要有如下三种：

第一，面上沟通。主要是通过定期或不定期的开会、座谈、海报、网络、影视等等渠道，进行大面积、大规模、高效率的沟通。这种沟通有一个最大的好处，即可以节省时间、降低成本、提高效率、确保统一，在大范围实现有效沟通；有一个明显不足，即较难做到深入透彻。

第二，个别沟通。领导者对班子成员和下属要逐个沟通，这样能分别了解每个人不同的看法，广泛征求意见、掌握情况、交流看法。领导者通过个别逐一沟通，还能进一步了解每个人之所以赞成、附和或反对的程度和真实原因，这有助于决策者得出全面正确的结论。这种沟通的最大好处就是能够深入透彻，获得更为真实、齐全、有价值的实际信息，便于达成深度沟通、取得牢固而深远的沟通成效，对执行过程中纵横交错的纠结和障碍加以切实的打通和有效的克服。其不足之处在于，必须有大量的时间、精力投入，成本较大，会挤占领导者的其他时间，容易转移焦点、分散精力、降低面上沟通的效果和效率。

第三，混合沟通。主要是针对不同的实施情境、执行情况、理解问题和协同问题，以确保有效解决问题、达到目标为原则，在特定阶段采取特定比例水平与搭配组合的面上沟通和个别沟通。领导者根据本单位、本群体的特定实情和工作需要，灵活确定该比例水平，面上沟通与个别沟通或者前者多点、后者少点，或者前者少点、后者多点，或者对半均衡。这种混合方式有助于领导者在做沟通工作时同时兼顾面和点、浅和深，取得立体沟通效果。这里要求领导者善于集约使用时间和机会，能够统筹运作，既系统全面，又重点突出。

5. *成功沟通的实质要点*

沟通是一门艺术。沟通艺术就是充分个性化和创造性地运用沟通方法与沟通技巧所达到的领导行为水平。其本质上仍然是方法，但在具体形态上却与具体的方法区别较大，几乎就是纯经验性的和哲学层面上的现象与事物了。非凡的沟通艺术不仅能够最好地达到沟通的目的和效果，而且还能给人以美的感觉和享受。应该说，沟通的艺术确实是非常广泛的，但也可以简括为如下几个方面的要点：

第一，先接后馈，先听后想，先明启动。这是成功进行沟通的前提。其原理主要是：不要先说自己的问题情况、分析考虑、主张见解、观点意见、提议建议、倾向要求，而是要先换位思考、静心多听、竖耳恭听，让别人把话说完、说清楚、说透彻，充分听取对方的意见、要求和依据；搞清了对方意图以后，以不触发敏感，更不激化矛盾为底线，以平等交换客观的思想看法、思考心得、论据论证为主要任务，找准思维、认识、态度的切入点和对接点，再行意思调集、言辞组织和表达交流。这样，就能达到有效沟通、深度沟通的目的。否则，所做沟通就可能被认为是自我为中心、刚愎自用、以势压人、强加于人，结果是很不好的，效果是很坏的，随时都有可能引起敏感、反感、抵触甚至对立、对抗，无法进行沟通，只能造成争吵混乱，不能实现沟通，更不能做到借有效沟通来化解当前所遇各种问题。这里的核心是：一定要善于倾听，绝不能自以为是、自视高明，绝不能未听意见先表态、不循脉络乱插嘴、不明就里乱点评。

第二，讲究方式，讲究分寸，讲究可接受形式，讲究心理基础和关系氛围。这一点非常重要，是务实开展沟通、确保沟通有效的最基本注意要点。这些讲究对领导者是有很细的约束和要求的，要占用不少时间、精力来先做前期综合准备，但却是非常有价值的，完全值得为此先做许多付出。一切不讲方式方法和分寸得体的沟通，不讲究可接受的形式和程度的沟通，甚至也不顾互动的前提条件、心理基础、显示气息氛围的沟通，都将很容易陷入沟通僵局、困境，也很容易招致埋怨、指责、纠缠和攻击。结果就只能是：没有沟通成功，反而搭了进去；本来超脱干净，现却变成问题、缠上是非矛盾。显然，这样的沟通是极端失败的，也是很常见的，需要高度注意，加以避免。

第三，诚恳认真，坦率透明，虚心平和，平等相待，平心交流。这是领导者善于进行沟通、确保沟通所必须高度注意、坚决做好的态度把握。古人说得好：“以诚感人者，人亦诚而应。”在进行沟通时，领导者一定不能有俯视的角度、权威的口吻、命令的语气、不可争辩的意气、不许挑战的霸道印象。只有这样才能缩小心理距离，增加亲近程度，便于相互接受，更好通心投话，使得沟通处于平和、正常、健康的状态，直至成功。这是因为，领导者本来处于超脱地位、权威地位和优势状态，如果不注意细微的态度把握和得体表现，就随时会使对方感受压抑压迫，被强加强制，遭遇到蛮不讲理、以势压人的情况，进而引起误解偏见和逆反心理，给沟通带来无端附加的负面信息和有毒因素，随即造成沟通的心理障碍、对接堵塞和互动瘫痪，不知不觉中就把沟通归于失败。

总之，领导者要善于通过沟通来防范和克服各种人际关系问题，确保实施过程顺利推进。人与人之间、人与团体之间总会难免产生一些矛盾冲突，如果不能通过沟通及早解决，就可能会逐渐积累加重，进而逐步由缓至急直至激烈化、白热化。这样的最后结果轻则会干扰团体决策目标的实现，重则会使团体瓦解、一切成功化为乌有。如果及时、切要地运用好了沟通，增进了相互的理解，就有可能缓和一些紧张、达成一定和解，进而由善意引导出合作与成功。其实，在一个单位、一个组织内部，只要领导者发挥了正面、积极的作用，沟通就一定能非常有效地促进彼此间的团结协作。

4.5.2 协调

1. 协调的实质和主要内容

协调是领导者为了更好地实现领导目标而采取不同的方法和手段协同各方面的力量与步调以达到相互配合、形成最大合力和支持力的具体过程。它既包括领导者之间的协调，也包括领导者与领导客体之间的协调。这个协调非常重要，最主要的是能够消除组织群体内或同一社会系统内的各种“杂音”和“乱步”，能够减少或消除行动上的紊乱和矛盾，能够为领导工作的顺利开展和成功创造良好的环境。

协调是现代领导实践的重要环节。凡进行领导活动总离不开协调。通过协调可以使党的路线、方针、政策得以落实，可以充分调动群众的积极性，可以创造一个稳定和谐的社会环境，可以使部门之间密切协作，减少内耗，提高效率，可以有效地利用人力、物力、财力和信息资源，取得良好的领导效果。

从理论上看，领导活动范围有多广，领导协调的内容就有多广。但就在日常领导工作中出现的最一般情况来看，领导协调主要就有如下两大方面：

第一，纵向协调。这是指与有隶属关系或上下级关系的部门或人员之间的协调。

(1) 与上级领导和机关的协调。一是要认真贯彻上级决定、指示和命令，树立下级服从上级的良好形象，取得上级的信任，这是下级与上级协调的前提。二是主动与上级沟通。做到沟通渠道畅通，下情及时上达，采取口头汇报、信息传播、请示报告等方式，使上级了解情况，取得上级支持。三是及时反馈信息。在上级决策前后都要及时反馈信息，使上级了解下情的反应，有利于上级做好决策，完善决策。

(2) 与下级部门和所属人员的协调。一是要经常通报信息和工作情况，使下属及时了解领导意图，以利贯彻实施。二是尊重下属的权利和利益，决策和实施过程中，都要充分考虑下属承受能力，不损害下属利益。三是要经常深入，调查研究，了解下情，主动关心下属的工作和生活情况，增加下属对领导者的尊重和信任，达到上下协调的目的。

第二，横向协调。领导工作横向协调是指与其他各部门和领导之间的协调。

(1) 与部门之间的协调。一是目标协调，使每个部门了解自己与总目标的关系和责任，为实现总目标共同努力。二是信息协调，加强沟通与交流，互通情报。三是工作协调，包括计划协调、组织协调、控制协调等，在实现总目标的前提下，协调开展工作。

（2）与领导者之间的协调，即同级协调。一是相互尊重，做到热情诚恳，严于律己，宽以待人，气氛融洽。二是彼此理解，做到相互关心和信任，消除分歧和隔膜。三是团结协作，做到分工不分家，同心同德，通力合作。四是同舟共济，做到相互协调，相互依存，患难与共。

2. 协调的功能

协调在领导过程中有很多功能，但是最突出的功能主要有如下五个方面：

第一，统一功能。这具体表现为统一思想认识，保持行动一致，提高工作效率；使所属部门和所属人员各司其职，各尽其能，各负其责，在工作中互相配合，互相支持；协调关系，理顺情绪，化解矛盾，增进团结，创造良好工作环境。随着社会分工的越来越细，机构和部门也越来越多，领导工作的分工也越来越具体。这就产生和形成了协调各部门之间关系，并使之适应各部门自身发展与工作运作的问题。事实上，任何部门、任何工作，在实现领导职能、达到工作目标的过程中，都必然会存在各种各样的矛盾，影响着思想的统一和行动的一致。这些问题如果不能通过协调来妥善处理，就有可能增加困难，妨碍工作，对单位建设和个人发展都不利。要解决这样的问题，就要求领导者不断地协调关系，使之上下一致，全体同心，步调统一。

第二，引导功能。领导者在协调过程中，必然要传达沟通各种信息，这就将对被协调的部门和人员产生影响。通过协调中的信息交流与沟通，使各部门及有关人员了解领导意图和相关情况，通过理解和确认，确定自己的行为导向，调整自己的工作目标，最终达到整体协调运转。

第三，调节功能。任何一项工作的开展，协调是贯穿全过程的重要环节。为抑制不稳定因素、调解紧张关系、缓解紧张情况，确保工作系统始终向着既定目标平稳发展，领导者就必须根据各种信息的变化不断进行协调，这样的过程也是一种控制的过程。这种跟踪协调的控制，一般是通过反馈收集信息，并与预期理想状态比较，找出不稳定因素，通过适当协调方式排除有害信息，减少不协调成分，保证工作系统按预期目标平稳运作。

第四，保障功能。协调与领导工作效率的关系非常密切，加强协调是提高效率的一个行之有效、事半功倍的好办法。一是通过协调可以理顺部门之间关系，减少决策失误。二是通过协调可以理顺人际关系，创造良好工作环境。三是通过协调可以很好地处理工作中的矛盾，减少摩擦，提高领导工作效率。

第五，放大功能。如果协调有序，整体的领导工作效能就会大于各部门工作效能之和；反之，整体工作效能就会小于各部门工作效能之和，甚至出现负效能。领导者的协调作用就是通过对部门内外关系的调整，发挥放大功能，获取最大的整体效能。

总之，对于成功实施来说，协调是非常重要、非常有效的促进行为，也是提高工作效率、确保运作顺利的重要手段。领导者必须学会协调的方法和艺术，确保领导职能的实现。

3. 协调的实践要义

协调艺术是一门实用艺术，拥有自己一套有效的方法和技巧。运用这些方法技巧、成功实施协调的要点归结起来主要有以下几个方面：

第一，慎己尊人，举止有度。作为一名领导者，在协调时一定要拿准行为的界度和守则，不可因为在这些细节上的疏忽而造成严重失误。概括起来，这主要有如下三点：一是不可擅权，不能把领导分工当作个人物权。二是不可傲才，不能自以为个人能力强所以当领导，应意识到是集体和组织培养的结果。三是不要“落寡”，要有群体意识，要把协调共进作为领导者必须具备的一项基本素质。

第二，以诚相待，对话唯公。这是领导者做好协调工作所必须遵守的基本规则。特别是其中的唯公原则，将从根本上决定协调能否进行、能否为各方接受、可言不可言的复杂利益纠结能否真正揭开疙瘩。这里的要点有很多，但主要有以下几点：一要开诚布公，讲究公平，使别人对自己感到可信、可亲。二要替别人着想，多想想上级、同级和下属。三要平等待人，特别是对下属和一般群众，要平等待人，与人为善。

第三，出于善意，循循善诱。领导者要搞好协调，既要善于改变对方的意见，又要保全对方的面子，实事求是地做好转化工作。也就是说，在改变对方意见的同时，还应采取相应办法表示对对方的肯定与尊重，使之乐于接受意见协调又不在思想上留后遗症。

第四，刚柔相济，恩威并施。这是协调过程中应对灰色地带所必须运用的一种基本策略，自古以来，屡试不爽。其核心是要做到原则性与灵活性的辩证统一，由此设计、运用具体的协调策略。一般而言，就是既要以柔为主，又要讲原则；以刚为基础用柔，以柔为基础用刚。

第五，因势利导，朴实无华。这里要求领导者巧妙地运用智慧，诱发事物内部矛盾及矛盾的各个方面的积极因素，使其作用得到充分发挥；同时，巧妙地抑制、削弱或转换事物内部矛盾及事物各方面的消极因素，使其转化为有利因素，促使事物向好的方向发展。但是，与此同时，领导者还要高度注重协调的形式、手段和效果，应更注重内容，要实实在在，讲求实效，绝不能搞形式主义。

4.6 领导实施的督查控制

4.6.1 督查

1. 督查是改善执行成效、提高执行效率的主要手段

抓好督查是克服管理无力、改善执行成效的重要举措。组织运转中常常存在“中梗阻”、庸懒散、推诿扯皮、令不行而禁不止、选择性执行等等执行低效、管理无力的问题。这就是实质为官僚主义的执行弊病。此病只要存在一天，就会给执行运作带来一天的歧岔障碍；一旦长期化，就会全面蚕食组织的健康，消弭组织的业绩。可谓为害不浅，确实亟须治理。长期的组织管理实践证明，督查是治理这一弊病的有效良方，是有效改善执行成效的一种主要手段。

实施督查，就是要从整个执行过程及时发现并剔除有害政令畅通和全面实施的各种毛

病，防范政务信息衰减失真，防止决策执行漂浮不实，惩戒不负责任执行行为，有效打通执行管理内在脉络，促使组织首先实现自身健康化、高效化。根本而言，督查就是通过加强组织内部治理来解决执行低效、克服管理疲劳的有效方法，是组织对自身运转从过程到结果、从质量到速度进行效能督促和活力激发的自我治理行动。显然，督查是一项事关执行水平、组织运转质量和执行成效等方面的重要工作，亟须加强、抓好。

事实上，组织要确保政令畅通、令行禁止、运转高效，极大增进执行成效的有效性，就必须高度重视、切实做好督查工作。只有抓好了督查，才能提高执行效率、优化组织绩效、改善执行成效。因此，抓好督查，必须成为今后深化执行改革、改善执行成效的重点着力方向。

2. 督查是组织管理的运行性职能和主要环节之一

督查是执行决策、执行之后不可替代的一个运行性职能和主要环节，与其他运行性职能构成完整的运行职能体系，与其他执行运转环节构成一个完整的组织管理链条。执行管理规律告诉我们，决策做出之后，就靠决策执行来贯彻落实了；决策执行要做得好，则要靠督查来加以保证。

一旦决策执行任务下达、布置，决策执行主体一般都不会消极无为，否则就算渎职了，但却因各种主客观原因而不一定要都能做到积极主动、全力以赴、低耗高效。没有独立于执行之外的督促检查，这种效能不确定性就可能产生运行掉链、管理乱套、执行低效及其他后果。只有督查与执行同步启动，才能使执行随时得到严格、规范的内部效能督察，进而避免出现各种掉链乱套、低效无效等不良结果。

显然，督查是一项极其重要的运行性职能，也是组织管理链条上绝对不可或缺的一个主要环节。只有督查得到高度重视、切实加强，才能确保无论执行主体主观能动性如何、有何主客观原因，决策执行都能在严密、高效的执行运转中得到全面的贯彻落实。因此，抓好督查是完善组织职能体系和管理链条、加强组织自身建设的内在需要，事关组织实施无缝隙管理和有效治理。

事实上，督查就是在组织内部由督查主体对执行主体进行全程督促检查；确言之，即组织为确保重大决策部署和各项重要政策得到全面贯彻落实而由专门履行督查职能的机构对各方面执行情况进行全面督促检查的一种基本管理活动。督查一旦被忽视，运行性职能体系和组织管理链条就会出现一个薄弱环节，执行运转机制就会出现一个残缺，组织运转和治理就会出现许多疏漏与低效的问题。因此，督查是组织必须大力抓好的一项工作。只有抓好了督查，才能极大增进组织的自身建设，确保执行职能健全、管理链条完备、运行机制完善而建成无缝隙组织，最终确保扎实的决策执行、良好的执行成效。

3. 督查是一种以抓落实为核心权能、集中表现为督促检查的执行行为

督查的使命就是要争取决策得到最佳的执行、最好的落实。抓督查，就是抓决策的贯彻落实。要抓好督查，就是要抓出影响执行成效的各种主客观借口与行为问题并克服之，归根结底就是要千方百计抓出贯彻落实决策的优良进度、力度、实度和效度并保持之。此其中涉及复杂的执行关系，特别是督查对执行的制约关系、督查对执行决策的负责关系。而这些关系在执行体系内部运转过程中就表现为一系列执行运转机制和为此提供规范保障的执行运转制度。

督查实质是用执行监督权来监督、约束和推动执行权，亦即一种以特定执行权行使为实质的执行行为，本身属于执行权力体系和执行行为法的一部分。要抓好督查，就要从抓好执行权力体系建设和执行行为法制建设的高度来加以着眼、着手和着力。在这方面，过去的实践未曾给予足够的重视和力度，故而有所弱化；今后亟须加大权重和力度，予以更多的关注和更大的力度，向执行成效法制化和现代化不断强化、不断推进督查。只有这样，才能为抓好督查提供法律支持和权威依据，才能进而确保督查根本上规范、严肃、有权威，对执行能够实施强有力的监督约束和推动促进。

显然，要抓好督查，最重要的工作就是要建立完善的督查机制与制度并将其付诸实施，确保督查自身首先就是规范的，由此确保对执行能够进行规范的监督约束和推动促进。因此，抓好督查，重在加强督查的机制建设、制度建设和法制建设。

4. 督查是一项处处皆实、招招必实、始终务实的实际工作

要抓好督查，首先要综合把握、统筹协调、全面推进督查，确保督查总体到位、全面有力；其次要明确责任主体，使各级组织、各个部门都成为主动负责、勇于担当的督查中心，使督查得以分别履责、分级负责、层层到位、节节有力而政令畅通；再次要促成督查主体与执行主体之间相互配合、高度协同，克服诸侯态势，确保督促检查行动全面完整、真实可靠；最后要通过对执行的细筛严查、整饬不责、铲除散漫来动态驾驭、全程掌控整个执行活动及其成效，把执行活动始终纳入督查之中，确保重大决策部署和各项重要政策的落实始终能够扎实细致、灵活高效。

显然，要抓好督查，就一定要在“实”字上下功夫，确保督查做得实，进而确保执行成效的改善见真效。为此，要采取一系列切实有效的具体举措。

第一，以限期报告之法克服有声无息、泥牛入海的毛病，确保重大决策部署、领导交办事项件件有落实、事事有回音。

第二，以调查复核之法克服弄虚作假、搪塞欺瞒的毛病，确保上达的政务信息真实可靠。

第三，以情况通报之法克服遮丑顾脸、得过且过的毛病，确保重大决策部署落实情况及时公开、互为鉴戒、促进落实。

第四，以责任追究之法克服落实不力、行为不正的毛病，确保断了执行落后不当的后路。

第五，以加强调研之法克服浮在上面、脱离实际的毛病，确保掌握一手真实可靠的政务信息，为督查的全程运作和积极有为提供决策支持。

第六，建立一个能充分胜任督查职责的专门主体。为此，一方面要建成一个强有力的督查工作体系。以组织督查室为主体，融合审计、监察、绩效管理等职能和手段，形成一个具有全面查实查透能力的督查工作体系。另一方面，要建设一支专业化、高素质的督查工作队伍。建立督查专员制度和督查培训制度，造就一支能担当、敢负责、有魄力、专业化的督查队伍。

总之，领导者要高度重视、切实强化督查，实行日常化、制度化、规范化的督查督办，把检查督促工作抓实抓好，把执行工作抓具体、抓细实、抓出显著成效；及时发现和杜绝作风不实、工作不力、绩效不高等问题，确保充分发挥督查作用，大力提高执行效

率，确保整个重大决策部署和重要公共政策能够得到极好的贯彻落实。

4.6.2 控制

1. 控制的实质

控制的根本任务是在决策制定之后，通过一定的组织机构，运用控制和调节机制，保证决策方案的实施，从而使领导决策所确定的具体目标、计划和步骤得到严格的落实，使决策方案具体化、决策实施程序化。可以说，控制就是领导实施活动的一个重要环节和基本要素。

实质上，所谓的控制，是指对下属的业务工作进行考核、计量和纠正，以确保目标及已制定的计划得以实现。在领导活动中的控制，具体说，是指根据决策实施的目标和计划，对实施活动进行监督检查，为消除目标实施和预期目标之间的差异所实施的实施活动。

在确定领导工作任务并付诸实施以后，领导过程还远没有结束。为了使决策落到实处，并使决策更趋于完善，领导者必须对整个实施情况进行控制。发现和认识决策中不符合客观要求的部分，及时反馈，及时修正，时时把握住整个领导过程的方向、进度、质量和速度。另外，控制也是一个领导者对自身、对领导客体主要是被领导者进行控制的过程，特别是当领导者决定并实施利益处分性决策时，更多的后续行为都是领导控制。领导者只有依靠控制才能维系住所领导的整个社会系统，才能把握住整个领导过程直至取得领导成功。

在领导过程中，控制就是领导者牢牢把握领导系统、领导过程和整个被领导系统的过程，是实现有效领导的关键环节之一。广泛而言，只要能够发挥这种作用的手段和领导活动都算作领导的控制，因而，控制就包括了沟通、协调、团结、批评、监督等等方面。但是，就贯穿领导过程的日常控制内容和范围来说，控制还有一个狭义的层面，即主要指对决策实施的控制。因而可以说，控制是以监督为主要内容的强力性内务保障活动。

2. 控制力

领导者在实施过程中不断施加控制，确保整个组织运作既不会偏离方向甚至南辕北辙，也不会迟缓低效、散漫无力。而这就是领导的控制力。这个控制力以系统控制力和结果负责力为核心，是整个行动力中最硬，也起着最后保证作用的一个组成部分。

确切而言，领导的控制力是指领导者为确保实施性计划得到严格的实施，特别是领导决策得到充分的贯彻落实而实施严格管束的能力与效力；实质就是实现决策目标和领导价值的能力与效力。这是对实施过程中领导的促进行为及推动完成力的配合和补充，由此构成完善而强大的领导行动力。这可从以下三个方面来理解把握：

第一，领导的控制力是一种综合性的能力与效力。它主要体现为这样一种领导实施过程的有效性，即领导者通过确定和塑造价值观、倡导或制定规范、选拔和监督人员、预防和解决冲突以及处理和利用信息来保障组织依照既定目标运行和发展。

第二，领导的控制力以价值控制力为最重要，主要是解决在精神意识上与主流或主导价值观互相不一致的问题，其核心就是要在工作过程或实施活动中确保充分体现出正确的价值。此外，控制力还表现为对于工作信息（或政务信息）、组织规范、组织成员、内外矛盾冲突等等进行控制的能力与成效。

第三，领导的控制力主要体现于领导者对于实施组织战略和大量决策的有效掌握、引导及最后保证等活动。此其中，充满了正确性、坚定性、持续性和权变性。领导者要确保高效实施，就要能够始终坚持、不断宣导、坚决贯彻正确的价值观及其统领下的各种价值主导。与此同时，还要善于审时度势，根据情境实施有效控制，由此确保领导控制力的有效性和长期性。

3. 控制的构成

在领导活动中，控制的形式是多种多样的，也就是说控制的类型是十分复杂的。在这里我们只是从控制组织系统和控制过程系统进行分类。

第一，从控制组织系统的角度来看，控制可以分为集中控制、分散控制和等级结构控制。

(1) 集中控制。这是指由一个集中的控制机构进行的控制。也就是各个被控对象及其相互关系的信息，以及实施过程中与外部环境相互作用的信息，都汇入一个控制中心。控制中心根据这些信息与决策的目标以及为此而拟订的计划目标进行比较，加工处理，找出它们之间存在的偏差，然后制定出对策并发出指令给各个被控对象。这种控制的优点是：信息集中，控制也集中，具有统一的目标，便于整体协调。缺点是信息传输率低，适应性差，控制过程复杂。

(2) 分散控制。这是指由若干个分散、相对独立的控制机构分别进行控制，共同完成控制目标的控制形式。其特点是：控制是由若干机构共同进行控制。每个分散的控制机构都不能对全局进行控制，只能是对局部进行控制。分散控制的优点是：信息传输率高，适应性强，控制简单，局部控制效果好。缺点是缺乏统一的目标，难以进行整体协调。

(3) 等级结构控制。这是指由多层次的控制机构来组成，这种由多层次控制机构所进行的多级递次控制的形式就是等级结构控制。等级结构的控制形式是现代管理组织中统一指挥调度、分级管理原则的具体表现，因而也称分级控制。这种控制的特点是：各级控制机构之间具有隶属关系，最高层次的控制机构直接指挥调度和控制下一层次的活动，并协调它们之间的相互关系。这在执行系统中是一种常见的控制类型。比如，国务院、省、市、县、乡五个层次，这是组织分级控制系统。

等级结构控制很明显是吸收了集中控制和分散控制的优点，它既注意了整体的协调，又注意了控制的适应性。整体的协调是指对全局的控制有一个控制中心，这样注意了控制的集中，使整个实施过程具有统一的整体目标，有利于整体协调。控制的适应性是指在一个控制中心，分散为各个控制机构对执行实施过程进行控制，这样使得各方面更能适应实际情况，增强了适应性。

第二，从控制过程的角度看，可分为事前控制、同步控制和事后控制。

(1) 事前控制。就是指控制中心事先所采取的控制活动的形式。其特点是针对未来的可能发生的活动及其结果而进行的事前控制。在控制过程中，只有当人们能够对于即将出现的偏差有所察觉并及时采取某些措施时，他们才能进行有效控制，因此事前控制是一种很有效的控制。但是在实际的领导活动中，许多领导者和领导机构在很大程度上忽视了事前控制。这主要是因为领导者一直过于依赖实际运行结果的各种数据资料和情况来进行控制，这样使得控制总是发生在事后或事中。也就是说，当要进行控制时，偏差已经产生。作为一个有效的控制机构和领导者，应在事前采取控制行动。

事前控制所采用的普通方式是利用能得到的最新信息进行认真的和反复的预测，把计划所要达到的目标同预测相比较，找出其中存在的偏差，并采取措施修改计划以使预测成为计划目标，同时制定具体的实施程序、规则，使实施者明确应该怎样做，不应该怎样做，设计出各种应急方案、措施，防止影响计划目标的因素出现，这就是我们通常所说的“防患于未然”“先发制人”。

(2) 同步控制。它是指在实施过程中，保证目标实现的一种控制活动。其特点是这种控制方式是在事件发生之中采用的。在具体的执行实施过程中，根据实施情况中的各种信息，一旦发现活动结果与目标之间出现某些偏差，立即进行调整。这种控制形式在领导活动中最经常出现；与事后控制相比较，它对事态发展的控制要有力得多。这是因为当它发现某些细微的迹象时，就可以进行调整，涉及面不大，损失较小，效果也较好。

(3) 事后控制。这是根据目标实施所获得的实际结果，与预期目标进行比较而进行的控制。其特点是在事情发生以后进行的控制。由于这种控制发生在事后，也就是说是造成既成事实之后而进行的纠正措施，已经延迟了控制时间，已经造成了失误或浪费，虽然在一定程度上能够进行一定的弥补，但是已经造成的损失是不可能挽回，或不可能完全挽回的。因此，一个有效的控制系统和领导者应该尽可能地避免采用事后控制，应尽可能地在事前或事中采取控制手段，这样才能避免更大的损失。

4. 控制的原则

领导控制是对组织系统的控制，有效的控制就是推动下属和组织高效地实现决策目标的活动，除了有合适的领导控制类型外，还必须确定有效的原则，既要实现控制职能，又要防止包办代替、指手画脚，人为地破坏组织的稳定和下属的积极性。

第一，反映决策目标原则。这条原则可表述为：控制是实现决策目标的保证。控制的目的是实现决策目标，因此，决策目标越是明确、全面、完整，所设计的控制系统越能反映该目标，则控制工作也就越有效。

然而，领导控制是通过人来实现的，甚至最优秀的领导者也不可能不受自身个性及经验等主观因素的影响，因而，在实施控制过程中由人的主观因素造成的偏差是不可避免的。因此，在领导控制过程中，控制目标与决策目标的冲突是经常发生的事情。正如约翰·格兰特·罗德所说，控制系统引起的下属的行为方式按照控制系统测量来看可能是好的，但是，就组织制定的得到普遍赞同的目标而言，却是职能失调。

因此，控制目标与决策目标不一致的情况是普遍存在的。一个好的领导者之所以能进行有效的控制来实现决策目标，就在于他能把所有人员的眼光和精力都指向一个共同的目标（决策目标）。一定要使每一个人员了解，要求于他们的是什么成果，必须使他们朝着正确的方向做出最大的努力。

第二，组织适宜原则。组织适宜原则要求施控者的控制必须适宜于受控者的不同特点，要有针对性而不是千篇一律。因此，一个组织结构越是明确、完整和完善，所设计的控制系统越符合组织机构中的职能的要求，越有助于纠正偏离目标的偏差。组织适宜原则就是要求组织结构合理、控制措施适宜。这里，组织结构（既包括群体，也包括个体）是有效控制的前提，组织结构合理，则控制会收到事半功倍的效果；若组织结构不合理，则导致事倍功半或失控。所以，有效的控制不仅是控制措施要适宜组织结构的单方关系，同样也是通过控制使组织结构优化的过程、改造的过程。

第三，控制关键点原则。这条原则可表述为：为了进行有效控制，特别需要注意在根据各种决策目标和计划来衡量工作效绩时有关键意义的那些因素。对于一个领导者来说，面面俱到地关注决策实施过程中的每一个细节，通常是浪费时间、精力和没有必要的，他们应当也只能把注意力集中于决策实施中的一些主要影响因素上。事实上，控制住了关键点，也就控制住了全局。因此，控制关键点的意义在于实施有效控制，提高控制效率。控制效率是指能够以最低的费用或代价来探明实际偏离或可能偏离决策目标的偏差及其原因，控制的效率也就是控制的经济性问题，为此，只能在被认为是重要的问题上选择关键因素来进行控制。因而可以说，选择关键控制点的能力是领导工作的一种艺术，而有效的控制在很大程度上取决于这种能力。目前在国外通行的“计划评审法”（PERT）、关键线路法（CPM）和规划预算（PPB）等都是控制关键点原则在实际中的运用。

第四，控制趋势原则。对控制全局的领导者来说，重要的是现状所预示的趋势，而不是现状本身。事实上，控制无论采取什么方法、方式，都是“根据过去的操作情况去调整未来的行为”。但是，对未来的行为趋势的控制比仅仅改善现状要重要得多，也困难得多。一般来说，趋势是多种复杂的因素综合作用的结果，是在较长时间内逐渐形成的，对控制的成效和决策目标的实现起着长期的制约作用。趋势往往容易被现象所掩盖，它不易觉察，也不易控制和扭转。特别是对未来趋势的控制往往受到来自下属的反对或拥护，使之更加复杂。

除了上述四个重要原则之外，还有弹性控制原则。弹性控制原则是指领导控制的对象是一个相对独立的、具有一定活力的、自我控制、自己运动的系统。它揭示的是：领导者越是只注意一些重要的例外的偏差，也就是说越是把控制的注意力集中在那些超出一般情况的特别好或者特别坏的情况，控制工作的效能就越高。所以，领导控制不是简单的直线式，而是在时间、空间、精神等多种要素弹性发展基础上实现能动的前进的过程，是具有波浪式与周期性等特性的发展过程。

5. 控制的程序

一般而言，控制程序主要有三个步骤：确定标准；根据这些标准衡量实施情况；纠正实际实施情况中偏离了标准与计划的误差。

第一，确定标准。这是指要指定和实施管理控制的刻度与规范。应该说，这只是控制过程的第一步。其实质就是根据决策的目标以及由此而拟订的计划制定出详细的实施标准。这种标准实际是指工作成果的规范。这就是我们通常所说的衡量标准，以此衡量实际工作的成效，制定实际工作与实现目标的偏差，为控制提供依据。标准的内容除了重点放在制定衡量标准，还应包括具体的任务、实施步骤、实施手段等内容。

一个可行的控制标准应该包括六个因素：（1）对象，即该目标的内容和范围；（2）目的，即标准的任务、各项具体要求以及需要解决的问题；（3）地点，即实施该标准的空间范围；（4）时间，规定完成标准的时间期限和日程安排；（5）实施者，即规定标准的实施单位和人员；(6) 方法，即实现该标准的途径和措施。制定的标准要成为控制的有效依据，它应该是可考核的。当然，标准的制定可能是定性的，也可以是定量的。但是如果能够尽可能地量化，对于控制来说，将是更有成效的。

第二，衡量成效。这是说要按照标准来衡量实际成效。作为一个有才干的领导者，按照标准来衡量实际成效的最好办法是使差错在实际发生之前就被发现，并采取适当措施加以避免。在实际的领导活动中，有的领导者常常能预见可能出现的偏差。在更多的情况下，或者对更多的领导者来说，则不可能做到这一点。因此，作为一个领导者，应锻炼提高，培养自我的预见能力，尽可能早地发现已经出现的偏差。要做到这一点，一方面是靠领导者的机敏程度、远见和预见能力，另一方面则要依据可行的标准和准确测定工作成效的工具和手段。而要做到后者，可按以下办法来操作：首先，按照已经制定的标准，对实际运行和预期的效果进行考核。其次，是对人员、组织状况进行评定。最后，确定调整和纠正的标准。随着精确科研的发展，将能够对领导工作加以科学量化，因而将能够相当客观地评估各项工作，那么对控制来说就一定会更富有成效。

第三，纠正偏差。依据已经制定的标准，通过富有成效的衡量手段，找出需要纠正和调整的偏差，然后对偏差做出迅速的纠正。纠正实际实施中的偏差是控制工作的最后环节，也是控制工作是否有效的表现。因此，一旦找出已经出现的偏差，控制者应迅速采取纠正措施。纠正偏差的具体方法和手段是多种多样的。最为主要的手段是调节。调节的主要作用是根据已经确定的偏差，采取相应的措施。如通过改变组织机构，重新委派人员，或者改善控制程序和方式来确保目标的实现；或者在必要情况下，通过修改目标，调整计划来进行；等等。

6. *控制的方法*

由领导者决策、管理者实施的现代纵向分工决定了现代领导的控制方法既不同于传统的（专制）控制方法，也不同于管理的控制方法。同时，由于决策者（作为施控者）与实施者（施控对象）的分离及它与实施结果（决策、控制目标的实现）的间接性，黑箱方法与反馈方法是领导控制的两种行之有效的重要方法。

第一，黑箱方法。什么是黑箱？黑箱就是人们一时无需或无法直接观测其内部结构，只能从外部的输入和输出去认识的现实系统。黑箱在现实生活中是普遍存在的。艾什比断言："所有的事物都是'黑箱'，我们从幼到老，一辈子都在跟'黑箱'打交道。"

控制论的贡献不仅在于把一无所知的系统视为黑箱，而且在于它提供了认识黑箱的方法，即黑箱方法。所谓黑箱方法，就是采用不打开系统的"活体"，仅从系统的整体联系出发，通过系统的输入和输出关系的研究，从外部去认识和把握系统的功能特性，探索其结构和机理的研究方法。黑箱方法对领导控制具有重要的意义。

其一，黑箱方法是研究和全面把握结构复杂的施控对象（实施组织）的有效工具，特别是对巨大系统、复杂多变系统的控制，如"星球大战计划""尤里卡计划"和海湾战争等。采取黑箱方法，有利于从整体的角度，结合全局来考察，而从系统内部往往只能从某一局部来观察。

其二，黑箱方法是研究动态系统和组织的主要方法。动态系统具有高度的组织性和活动性，是活生生的有机体。一旦采用解剖的方法打开黑箱，系统的结构就会受到干扰，整体功能就会受到破坏。如人脑就是这样一个系统，它由150亿～160亿神经元组成，每一种神经元都能进行复杂的信息处理，从而使大脑作为活体具有思维的功能。如果用解剖的方法将活体打开，生命就停止了，思维功能也就不存在了。对领导控制的机理也是如此，领导控制系统也是一个“活体”，打开了也就破坏了原有的功能和机理。而用黑箱方法，通过对输入控制信息和输出获得反馈信息进行比较，既可以保持实施组织的动态稳定、有序，又实现了领导控制的目的。

其三，黑箱方法是研究尚不能打开系统的唯一手段。因此，它也是领导控制的最有效方法。从领导职能来看，领导控制的系统是一个不能打开的系统，并且领导者也无权打开。对不能打开的系统，只能通过黑箱方法来实现有效控制。总之，黑箱方法对领导控制的基本要求是：“只管两头，不管中间”，“两头”是通过输入控制信息和输出反馈信息，这是领导控制的方面，而“中间”即施控对象（运行中的组织）不是领导控制的方面。

第二，反馈法。控制论是研究具有通信和控制功能的系统，通信是为了控制，要实现控制就必须有反馈，因此，反馈的方法是控制论的基本方法，是实现有效控制的前提。

反馈就是指系统的输出信息返送到输入端，与输入信息进行比较，然后对二者的偏差进行控制的过程和方法。反馈又分两类：正反馈和负反馈。如果输出信息的作用是抵消输入消息，称为负反馈；若其作用是增强输入信息，则称为正反馈。

一般的反馈控制系统就是“闭路控制系统”。该系统由三个基本要素组成：其一是标准，标准是系统的输入信息，是控制要达到的目的；其二是传感器，测量系统的输出信息，将其作必要的转换后返送到输入端的装置；其三是控制器，将输出信息与输入信息进行比较，求出偏差，并利用偏差信息对系统进行调节。

反馈方法是保持运行组织的稳定，跟踪控制目标及抗干扰的方法。其中的正反馈和负反馈又有不同的作用。在领导控制中，要想激发和强化那些符合领导意图的行为，使之按照预定方向和目标发展，就需要为受控对象设计一种正反馈的机制。负反馈能有效地预防和纠正受控对象偏离预定方向和目标，使受控的组织与系统处于稳定和有序。

7. 控制改进的要点

要不断改进控制、提高及保障领导实施端正顺利的实效，要点有很多，但常用的要点则主要有以下几点：

第一，明确控制的目标。控制作为特殊的实践活动，总是在一定的目的指导下进行的，这就是人们常说的控制的目的性特征。这种目的性贯穿于控制过程的始末。控制的目的既是控制活动的出发点，又是控制活动的归宿。所以，有效控制要建立控制目标。目标是衡量活动结果的规范和准则，规定着控制过程的发展方向。

控制目标是决策目标的具体化，是一种较为具体的衡量标准。一项控制是否有效，就要看它所提供的资料是否清晰详尽，是否说明在特定的时间应该达到的进度。依据资料，领导者可以确定基本的工作单位，把工作划分成若干部分。有种意见认为公务机构的事务无法计量，所以，不宜于制定标准进行控制。其实不然。任何工作都是可分解、可预测和控制的。

一个组织中的工作有三大类。第一类是工作有着严格的标准，易于衡量。第二类是工作有相当的重复性和可衡量性，又并非绝对可靠，可以用统计的方法制定出一定时期的相对准确的标准。第三类是变化莫测的工作，随时产生新问题。这类工作是最难制定标准的，但这类工作可以通过收集变化的资料，如工作类别、主题事物和处理方法等，分析工作负荷量的变化，统计并处理一个单位内或数个单位内的工作量，加以标准化。当然，并不是说各项工作的每一个细节都要标准化，抓住主要的进行衡量即可。

在确定了这些控制制度（即各种衡量标准）之后，在未付诸实施前，领导者应让有关人员加以讨论和批评，以便做出修改，同时使大家在理智上接受它，了解它。这是提高组织成员工作积极性和保证控制有效的重要环节。领导者务必重视。

第二，增强控制的感受灵敏度。没有灵敏的感受，不能及时掌握实际工作进展情况及其发生偏差的信息，也就无法进行有效控制。为此，要进行必要的检查和评估。通过对工作的实际情况及其结果的质和量进行评价，获取一定的信息，与既定目标做比较，从中发现问题。控制的实质是纠偏，而纠偏则要求及时。

当然，在大规模的组织活动中，测量获取实际工作进展情况的信息，不一定领导者每次亲自做，可由相应的职能部门来负责。但是，领导者必须保持清醒的头脑，一旦对下属实际工作情况失去控制，领导者的感受灵敏度失灵，就会有问题发生。这时候再去惩处那些不尽职责者，虽有作用，但损失就大了。因此，要有效控制，领导者必须敏感，这是不容忽视的。

第三，增强控制的适应性。通过对工作情况的测量和评估，确定行为成果与控制目标的符合程度。当发现偏差之后，就要采取措施加以纠正。若不加分析，简单纠正，不仅不能修正偏差，反而使偏差更大。所以，纠正偏差有一个积极适应问题。所谓积极适应，就是说采取的纠正措施是主动的，而不是消极防范性质的。

日常工作中，经常碰到这样的领导者，一旦发现部属工作中存在问题，不问青红皂白就是一顿批，或者点名，或者处分。看起来很重视，大有不抓到底，不抓出成效，誓不罢休的势头。事实上，不坐下来仔细分析问题的来龙去脉，不寻找发生问题的原因，那么存在其中的制约因素或者说病根就找不到，问题就不能获得解决。这样即使今天处分了张三，明天李四又会遇到同样的问题。所以，这种防范性的办法不是积极的态度。

人皆具有主观能动性。这种能动性，不仅表现为正确地认识客观事物的本质和规律，更重要的还存在于通过能动的实践活动改造客观世界。因此，如何调动和发挥人的这种主观能动性，是全部控制活动的一个关键问题。要千方百计调动被领导者的积极性，能使部属感到“我愿意这么干”，而不是“你要我这么干”，这样的控制就是较高水平的艺术了。控制和考核、评价人们的工作实绩紧密相关，但却有赖于实际工作的进行情况及偏差信息等反馈。可以通过被测量者本人、被测量人的直接领导人、中级领导人、参谋及人事部门、高层领导人等进行反馈。有时候也可以直接反馈给个人。采取哪种办法，应视情况而定。

第四，排除控制中的障碍。障碍太多或有障碍不除，都会给控制工作带来不同程度的影响。领导者和被领导者之间就是一对矛盾，潜藏着产生各种障碍的因素。领导者会经常感到有的部属对控制的反抗行为，这些反抗行为可能是多方面因素造成的，既有领导者方面的因素，也有被领导者方面的因素；既有主观因素，也有客观因素。这些因素在一定条件下会形成各种不同的障碍，干扰控制工作。领导者要有效控制，就必须清除这些障碍。控制过程中的障碍有哪些？

一是目标不正确的障碍。这是有效控制的最大障碍。因为控制目标是控制的依据，如果目标失误，就会“差之毫厘，谬以千里”。所以，领导者在实际控制过程中要从如下方面不断做出努力：一方面，要认真确定目标；另一方面，要不断考核目标，发现问题，立即纠正。

二是标准不恰当的障碍。在控制目标的基础上，确定的控制标准，必须恰当准确；否则，就会影响有效控制。该控的不控制，该定质的标准定了量，标准或高或低，难以保证控制目标的实现。

三是控制规章制度不合理的障碍。控制标准确定的同时，控制的规章制度也相伴而生。作为行为规范的规章制度，宽严要适度。松软的制度会带来散漫的行为，过度的控制，又会引起反抗，损伤组织成员积极性。无论什么样的制度，既要适宜合理，又要宜于成员接受。

四是实施不坚决的障碍。由于某些原因，有些人仍置法律法令于不顾，视上级命令为儿戏，我行我素，或者消极怠工，或者公开对抗。这种现象多是情感因素造成的背离情绪所致，是一种不忠诚组织的行为，对此种障碍应采取必要措施消除之。或批评教育，或绳之以纪律，甚至组织撤换。对此种情况，手软不得，手软了，就等于放弃了原则，失去了控制权。

五是领导者自身素质的障碍。如私心杂念、认识局限性造成的偏见等。这些现象反映了领导者自身素质状况，是控制过程中产生各种障碍的根源。领导者本身的障碍多，控制中必然不能公道、正派。在人们心目中没有威信，又怎能有效地控制呢？因此，提高领导者的控制能力，根本在于提高领导者的素质修养。

第五，注意控制的适度与到位。控制既不能不足，也不能过头，必须确保恰到好处、适时到位。这就是说，为了更好地实施决策而进行控制，就一定要注意避免在推行决策时不自觉弱化或淡化了控制，也要避免因为信息、智力、习惯等等素质问题导致不当控制，更要防止任何实质是越权越位进行干预的过分控制。这是事关团结和谐共事、运转规范协调的最重要原理。但是，在现实生活中，特别是领导实践中，违背这一原理的现象却屡见不鲜、比比皆是。这些情况其实就是领导者违背这一控制原理的各种不同做法。根据中共广州市黄埔区委党校课题组的《领导干部的领导绩效问题调研报告》，就当前的实际情况来看，最常见而又最突出的不良控制有以下四种表现：

一是剥夺了下级一把手在班子成员配备上的知情权、参与权。班子成员的配备都是上级组织决定的，谁调来谁调走事先不会通气，事后也很少通气，这使下级一把手缺乏心理准备和系统、周密的工作安排。

二是随意抽调和安排属于下级一把手领导的干部的工作。在很多中心工作中，上级领导未与下级一把手通气的情况下就直接抽调和安排下级班子成员及一般干部的工作，使下级一把手无法有效开展工作。

三是不采纳下级一把手的一些正确建议和主张。下级一把手对本单位的情况相对来说是熟悉的，有时他们根据外地的成功经验并结合本单位的实际，提出了很有创意和可行的思路，但却得不到上级领导的认同和支持，以致陷入欲干不能、欲罢不忍的窘境。

四是不正确解决下级班子成员之间的矛盾。当下级一把手与班子成员在工作上产生分歧时，上级领导不分清是非，该教育的不教育，该帮助的不帮助，该调离的不调离，或者各打五十大板，而不从根源上去解决问题。结果，矛盾依旧存在，班子的凝聚力、战斗力也被削弱。

以上这些做法其实就是通常所说的不规范领导、干了不该干的事、缺位越位、滥权越权、过分干预、专制横暴等等问题。这些做法与问题都会引发纷繁的矛盾与内耗，造成组织内的严重内伤和危机隐患，长期下去就很容易导致领导失灵、失效乃至失败，最终只能是后悔莫及。是否坚持或者能够很好地践行领导实施这一原理，直接显示和证明领导者是否有能力、有水平来实施决策、实现目标而胜任于领导工作。

复习思考题

1. 有人说：领导就是拍板决策的，只有抓战略才是胜任的，否则就是“捡了芝麻，丢了西瓜”，抢了下属的饭碗。试用领导实施的基本原理来分析此观点倾向的正确性。

2. 试比较常规情形与应急状态下领导进行指挥调度的联系与区别。

3. 领导沟通与协调到底是科学还是艺术？与普通人进行普通生活的沟通协调有什么联系与区别？

4. 有人说，领导实施就是执行，改善领导实施就是提高领导的执行力。试用领导实施的基本原理来分析此观点的正确性。

5. 试述领导实施与领导决策是什么关系？有什么具体内涵？在具体的日常工作和领导实践中有什么应该充分注意和把握的？

6. 组织动员在领导实施过程中扮演什么角色？在复杂情境下领导者应该怎样着手组织动员？

7. 在实际的组织运转和领导工作过程当中，督查起什么作用？与控制是什么关系？应该如何抓督查与控制？

8. 领导实施需不需要适时权变？为什么？

第5章 领导用人

5.1 领导用人成效

5.1.1 领导用人成效事关重大

1. 领导用人事关重大

毛泽东曾说：政治路线确定之后，干部就是决定因素。邓小平在多种场合强调："改革经济体制，最重要的，我最关心的，是人才。改革科技体制，我最关心的，还是人才。"他在1992年南方谈话中强调：正确的政治路线要靠正确的组织路线来保证。中国的事情能不能办好，社会主义和改革开放能不能坚持，经济能不能快一点发展起来，国家能不能长治久安，从一定意义上说，关键在人。这些领袖观点虽然直接表明人、人才对工作和事业起着根本作用，但是实际意涵却是强调，领导一定要做好用人的工作；抓住用人，才算抓住了根本、抓住了关键；把人用好，才能从根本上解决落实决策、推进事业的问题。显然，用人是极端重要的工作，领导用人事关重大。

直观而言，领导用人就是领导者找到合适的人去干合适的事，主要是让合适的人在领导的遴选、调教、安排、指派、授权、指挥、协调和帮助下按领导要求完成领导交办的任务和岗位规定的工作。作为极端重要的领导工作，领导用人的实际运转主要包含两个层面的活动过程：一是在组织外寻找合适、顶用的人。这其实正是增加组织团队实力、完善组织团队建设的活动过程。二是在组织内选用合适、得力的人。这其实就是发挥既有人才更大作用、兑现组织团队实力的活动过程。从整体看，这两层活动过程其实都统一在领导用人上，实际就是在领导意图主导下确保有合适、顶用、得力的人去履职办事的组织人事工作。

因此可知，领导用人实际就是领导主体，主要是领导者根据工作需要去发现、遴选和使用人才的活动过程。该过程实质是领导者为保证领导决策和组织目标任务都有忠实得力的人来认真落实而进行的人力资源开发活动。其核心是“得人”与“人得用”综合一体、正确无误。

所谓“得人”，就是领导上和组织上都得到正当需要、正当合适的人。为此，领导和组织上都有大量工作要做，有许多工作要点和规律规则需要充分掌握并仔细用于得人的过程当中，确保所得其人而领导正确、组织有功，避免所得非其人而领导失误、组织有过。这里的关键在于，领导者要坚定奉行正确的用人导向，确保用人成效，避免用人失误。

所谓“人得用”，就是进入组织群体成为其中正式一员之后的人能够正常进入领导视野和组织程序接受挑选、安排、进行正常的工作和才干发挥，而不被歧视轻视、嫉妒抹黑、排挤排斥、打压抑制、浪费荒废直至糟蹋一生。为此，领导和组织上都必须全力保证人事运转公平公正、光明正大、爱才如命、珍惜人力、人人有用、团结互助、和谐共事、相互补台、共同进步，必须坚决反对和严惩团团伙伙、亲亲疏疏、长长短短、是是非非、奸诈谗言、阴谋陷害、暗中拆台、纠缠不断、矛盾纷生、两面三刀、玩弄权术、欺能凌弱、一手遮天、霸道张狂、损人利己和损人不利己等一切歪风邪气、愚恶阴毒。这里的关键在于，领导者要坚定奉行正确的用人原则，带头保证组织群体表里如一、提高境界、清理污浊而风清气正。

可以说，“得人”和“人得用”是领导用人必须做好的两项中心工作，实质是人力资源开发的核心问题。这个问题解决得怎么样，就看作为生产力第一要素的人力资源及其效能能否最充分地发挥出作用、实现其价值，而这又根本取决于领导者是否善于用人。领导者善于用人，就一定能够发挥出组织成员的聪明才智，不仅形成同心合力，而且能够创造出更多更大的财富，能够夺取更多更大的成功，能够更好更快地实现目标。然而，如果情况相反，领导者不善于用人，或者在人事问题上不能符合人才规律和实事求是的精神，甚至违反常理常德而拉帮结派、用人唯亲，那么这样的领导就开始变得糟糕而危险了，最终都会陷入弃才失人、抛用失助、毁才灭锐、天怒人怨而分崩自绝。

2. 领导用人成效事关重大

领导用人正误与否，首先是直接产生相应的用人成效的。用人有成效，就不仅“得人”，而且“人得用”，其结果就是政治清明、风气纯正、人心凝聚、合力兴盛。反之，用人没有成效，甚至负成效，那就意味着组织混乱、人才毁灭、事业失败。古人所谓“得人者昌，失人者亡”，恰恰是这一要理的真切概括。

在历史上和现实生活中，有很多光辉灿烂、永为标杆和美谈的成功范例，同时也有很多钉在耻辱柱上的丑恶范例和惨重教训。其中有一条基本规律，即用人一事无论得失成败还是光荣耻辱皆源于领导，又归于领导。领导之所以能够成功，主要是因为领导用人正确；而领导之所以失败，则多是因为领导用人失误。历史经验证明，正确用人是成事之资，错误用人则是败事之缘。善用人者得天下；反之，不善用人者，则必失天下。领导是用人工作优劣与否、用人结果善恶如何的决定性因素和责任根源。古今中外，概莫如是。

晚唐时代，为什么国运垂危？最直接的原因是用人不察，坏人参政、用钱买官、无功受赏等等腐败现象比比皆是。威极一时的元朝就是伴随着用人上的绝对腐败而迅速垮台的。元朝末，卖官鬻爵、贿赂公行、埋没人才等现象司空见惯；所选官吏大多缺德少才，专事搜刮民脂民膏；朝廷无法无度，贪官横行无忌，巧立名目敲诈勒索。如此庸才、恶才、贪才当道，能不灭亡吗？

最能说明人才匮乏导致社会崩溃的，莫过于清末。西方列强之所以能轻易地打开闭关锁国的清王朝的门户，强迫清政府割地赔款，就是因为清政府不能举贤任能，致使林则徐这样的爱国将士得不到支持和重用。如此导致大规模的失败则是必不可免的了。

清末著名思想家龚自珍在考察人才问题与社会兴衰时认为，清朝已经腐朽没落，走到了尽头，因为人才普遍遭到压抑，犹如“万马齐喑”。针对这种状况，他喊出了最强烈的心声：“我劝天公重抖擞，不拘一格降人才。”另一位清末著名思想家魏源则从鸦片战争清政府的失败中总结出教训，认为中国真正的贫弱不是物产兵器而是人才不济，正所谓“财用不足，国非贫；人材不竞之谓贫”。

可以说，人才兴则天下昌，人才衰则天下亡。古代社会如此，现代社会更是如此。特别是在当今世界竞争日益激烈的情况下，各种竞争的焦点集中在人才上，要想在竞争中取得优势，就必须抢占人才的制高点。因此，人才问题始终是领导者的中心之一，也是赢得现实竞争和发展、确保共同事业不断走向成功所必须解决的最重大问题之一。

事实上，不同的用人成效与领导绩效、领导水平、执政能力、政绩高低、领导的得失成败及领导者自身命运都密切相关，具有巨大的延续性影响和严肃而重大的现实后果。在正成效下，主要是因素质优良而用的，从一开始就预示着能做大事、成大功，如此当然是皆大欢喜。而在负成效下，主要是指“该用的人不被用，而不该用的人却用了；素质低劣、不足以当领导的而得用的，并非领导人才，仅仅是凭关系而用”等情况，其结果多会引起广泛深远的不满和怨恨、裂隙和矛盾、斗争和冲突，从一开始就埋下了隐患并最终酿成不可避免的失败与祸患。

冷静审视现实生活，可以发现确实存在不少严重的用人问题。其中有两个方面尤其突出。第一个是最普遍、最习以为常的问题：领导者总是凭印象、凭感觉用人，凭经验、凭习惯用人，凭关系、凭亲疏用人，甚至听信谣言或谗言来决定用什么人和怎样用人，用人的随意性和个人主观特点非常极端化。第二个是最典型、最严重的问题：任人唯亲，以人划线，拉帮结派，团团伙伙，偏了心眼，黑了心肠，完全丧失了政治可靠、人格可信，造成人才压制、离心离德、没有凝聚力。显然，这样的问题实际就是导致混乱、邪恶和失败的一种滥权腐败，这样的领导是从根子上导致腐败垮台的恶劣领导。

很明显，是否善于用人是领导胜任与否的一个重大检验。对于第一线领导而言，领导用人始终是一个随时面临风险、必须谨慎应对的重大考验，始终是一个必过而难以过好的关、一门必修而难以修精的课，是需要领导者永远谨慎、注意和加强修炼的核心项目。简言之，领导要成功，就必定要善于用人。而要善于用人，就要同时深涉复杂深广的有关思想面、理论面、实践面、现实关系面和现实利益面等许多内容。事实上，做好领导用人工作是很困难的，充满了挑战。

的确，领导用人成效完全取决于领导用人正确；不会用人、用人不当或者用人错误，都会导致组织群体混乱晦暗、丧失竞争力和发展力乃至最起码的活力与生存力，直至最后分崩离析而归于失败。领导用人只要出了偏差，就必会挫伤人才的积极性和创造性，对人力资源造成严重的浪费和破坏；导致组织群体丧失凝聚力和竞争力，痛失发展机遇，不断趋于萎缩、瘫痪和衰败；最终导致整个组织和事业迅速枯萎凋零和完全失败。这就是说，领导用人正确与否正是组织和事业得失成败的关键。

总之，领导用人实践从来就没有脱离过复杂、困难与风险，随时都与组织事业乃至领导自身的得失成败息息相关。领导用人事关重大，是实施决策、履行职能职责、达成组织目标、有效实现领导的最重要保证之一。所有负责任的领导者都要高度注意和重视用人的问题，一定要切实把用人工作做好、做优。

5.1.2 领导用人成效的基本原理

1. 领导用人成效的种类

领导用人成效是领导者所做人事决策正确性、妥当性、有效性和影响性的综合结果，亦即领导者落实正确的人才观和人才原则、进行人力资源开发和管理的实际绩效与结果。在实际的用人活动中，不同的用人做法将会产生不同的用人成效。这些成效主要有三种。

（1）正成效。正成效就是用人正确到位并由此带来积极、良好的影响，最主要是对事业成功、社会进步都发挥出重大作用并产生丰硕结果。正成效有高成效和低成效之分，用人高成效就意味着领导高水平，用人低成效就意味着领导水平相对要低。但是，无论是高成效还是低成效，在总体上都显示和证明领导是正确的与有水平的。

（2）零成效。用人的零成效也就是用人无效，是指这样一种情形：领导用人昏昏然，似用非用或不用，人才浪费或多余。这种情况在现实生活中是很常见的事情。其原因也很多，其隐患也很大；事实上，给现实生活带来的是拖延、停滞、落后和萎缩，没有任何兴旺发达的景象和希望。这里显示或证明的是领导无水平和领导不称职。从人力资源是人世间最宝贵资源的角度看，这已经是一种犯罪了。

（3）负成效。用人的负成效是指领导用人不正确或者严重错误，导致严重的用人不良后果，给事业造成严重的冲击和破坏，给群体和单位造成极大伤害，影响极坏，恶果极重，损失和代价极其巨大而不可挽回；不仅没有带来进步和发展，而且还造成了倒退和灾难。这里显示或证明的是领导极端无水平、完全不胜任和失职渎职。无论从哪个角度看，这都是严重犯罪。

2. 影响领导用人成效的原因

领导用人成效存在广泛差异，其原因是多种多样的，但具体则可大致归结为内在原因和外在原因两个方面。综合内外原因，归根结底还在于内在原因。

内在原因，就是素质原因，包括领导者和被领导者两方面的素质原因，这两方的素质都是导致用人成效差异巨大的根源所在。这是因为，领导用人成效从根本上说就是以素质为渊源的。素质基础存在广泛差异，直接导致用人成效广泛不同。

外在原因，包括机会与机遇、现实需要、用人机制和做法、用人政策和制度、用人标准和原则、文化背景和领导环境、人际关系和特定条件、运作方法和具体手段等方面的原因。其中，用人标准和原则是最关键、最突出的原因。

其实，即便是外因中构成用人之道的核心要素，如用人标准和原则、用人政策和制度、用人机制和实际做法等，都与素质基础、素质内容直接对应相关。所以，透彻了解和掌握领导者素质与被领导者素质就成为领导用人成功的前提、关键和秘诀。

不过，无论原因如何多样，从日常生活所见和领导实践情况来看，用人成效最终仍然取决于领导者素质。领导者素质优良，领导用人就会有好成效；领导者素质低下恶劣，领导用人就绝对不会有好成效。有的领导者原本就是浮渣泡沫，是领导岗位占持者，是公共利益的吮吸者和糟蹋者，而不是任何层次或意义上的领导人才；由这种人来使权用人，其性质和后果会何等严重则完全是可想而知的。

3. 领导用人成效的基础

内在基础，即内在条件或个人条件，实质就是素质基础。素质基础是影响领导用人成效的决定因素，它包括领导者的素质和被领导者的素质两方面。这就是说，领导用人具有双重的素质基础。这两方面的基础共同构成领导用人成效的主要渊源。其中，领导者素质对用人活动和结果的影响最大，不同成分、不同品位、不同质量与能量的领导素质，结合不同的外在条件，即有不同的作用机理，并由此对用人产生不同的实质性影响，成为用人成效的主要原因、症结或根源。

外在基础，即外在条件或环境条件，实质就是现实基础，包括机会与机遇、现实需要、用人机制和做法、用人政策和制度、用人标准和原则、文化背景和领导环境、人际关系和特定条件、运作方法和具体手段等。其中，用人标准具有最核心的位置和作用。

上述这两个基础的相互关系如下：后者依赖甚至对应于前者，并只能通过前者来发挥作用，有时起关键的作用；前者是后者起作用的根据和根本条件，对领导用人具有决定性的影响。

5.1.3 领导用人成效的改善提高

一个领导者、一个领导班子，要想把领导工作做好、确保领导成功，就一定要善于用人，不断改善和提高用人成效。

然而，这却不是一件易事。就跟下围棋一样，领导用人看来容易做好难、入门容易精通难。要真正把领导用人做好、做精、做出高水平并长期保持下去就很难了，要达到炉火纯青就更加困难，甚至根本做不到。在这一点上，是不分资历大小或智力高低的，也是不分官职大小或职务高低的。在用人问题上，任何一个领导主体都不能太过自信；绝不能因为自己在日常工作中几乎天天都在做这件事，以为没有什么风浪没见过、没有什么困难没摆平，而认为自己在这方面早已过关了。

这是因为，领导用人是一个因时因地因人而异、因环境因条件而异的实践领域，是必须完全做到紧切客观实际来施展主观能动性，而后才有望加以把握并用好的一门实践性学问。它集主观与客观于一体，倚重于经验，更依赖于理论，无论在理论形态上还是在领导实践中都显得精微奥妙、变化万千，充满了科学精髓，具有极高的艺术水准和胜任要求。

此其中，领导环境和组织人事体制，特别是领导关系和现实利益总是起着非常重要的作用，常常充当大前提。但是，领导者却是起根本作用的关键因素，而且几乎总是起着根本作用；不同领导者的不同素质，特别是其中的思想素质、道德素质更是发挥决定性作用，从源头主导着领导者做出关于人才的判别、认定与抉择，进而决定如何用人以及用人是否发生方向性或根本性失误。

为此，领导主体特别是领导者都必须在高度重视用人成效的基础上，从以下方面采取措施、做出努力：

1. 重点抓好两个方面的基础性工作

第一，要坚持正确的用人标准，同时还要以与时俱进的精神逐步改进和完善实际的用人标准。具体有以下几个要点：

(1) 从科学和操作方便上着眼，把用人标准改进得更加完善、更加内在协调一致而外在具体可依。

(2) 要引入新的用人指导思想，主要是科学发展观、正确的人才观与政绩观，把这些思想的精髓转变成非常具体、明确、精细、十分便于依据和操作的用人标准内容或条文。

(3) 要引入最新的社会科学成果和现代科技手段，形成一套以素质基础为主体、非常完善和便于操作的用人标准体系及用人标准实施体系（即方法、手段和技术工具等等）。由此得以真正把素质考评、绩效考评的理论和技术加以彻底的引入与利用，使之转变成最具客观性、公正性和权威性的评价机制与方式，为领导用人提供科学、可靠、有效的工具和手段。

第二，要建立和推行一套高度灵敏、迅捷、准确、严肃、有力的领导用人监控机制。具体包括如下要点：

(1) 严密监控用人标准在实际的用人过程中是否松动、走样、变味、腐烂、被践踏或者被背弃；对已存在或发生的问题，必须非常及时迅速地采取纪律措施和组织措施来严加纠正。

(2) 严密监控用人原则在实际的用人过程当中是否遭到违背、践踏或废弃，是否有走样、变味或腐烂的问题，是否有人在欺骗组织、欺骗群众，是否有人在搞"一手遮天"、"打擦边球"、假公开竞争、假公示透明，是否有人在继续搞团团伙伙、谋私图利、权钱交易、卖官鬻爵、黑暗腐败，是否有人保持偏见而继续嫉妒人才、歧视人才、压制人才、打击人才和迫害人才；对已存在或发生的问题，必须非常及时采取果断的组织措施、纪律措施乃至法律措施来严加纠正。

(3) 严密监控领导用人过程本身的程序是否科学、民主和合理，发现问题要及时、果断地进行处理，包括纪律处理、组织处理和技术处理或改进，由此确保切实引入和应用最新的相关社会科学成果、相关自然科学成果及相关技术成果，切实改进用人的方式、方法，提高用人的水平和质量。

2. 从战略和策略上全面增进领导用人成效

这对改善和加强领导、提高领导绩效和领导水平、建设高素质领导队伍和工作团队、开发人世间最宝贵的人力资源、落实现代人才政策和人才强国战略、加强廉政建设和执政能力建设、推进和谐社会建设与经济发展都具有极其重要的意义。

首先，从战略上抓住根本，全面增进。这主要是要抓住双重素质基础，从培养到考评到监督再到控制约束，从大力、全面地提高领导素质到转变领导方式、改善领导质量、提高领导水平，全面、深刻和大幅地提高领导用人成效。

其次，要紧扣专门实践要点，针对突出的理论与实践问题，采取如下一系列具体策略：

第一，要善于抓住并充分获得领导用人的事实根据。这些根据包括：(1) 需要根据。这主要是指开展工作的现实需要。(2) 素质根据。这主要是指被领导者的实际素质。(3) 绩效根据。这主要是指被领导者的实际绩效。(4) 制度根据。这主要是指组织人事制度。

第二，要善于最充分地把握和运用领导用人的理论根据。这些根据主要包括：(1) 最主要的理论根据，即素质理论。(2) 关键性的理论根据，即绩效理论。(3) 基础性的理论根据，即人才理论。(4) 实质性的理论根据，即人力资源开发与管理理论。

第三，要实行和坚持一整套相互配合协调、相互支持保证的用人原则。

第四，要逐步改善领导用人环境，逐步净化影响领导用人的社会风气与腐朽文化。

第五，要大力发展、完善和应用素质测评的专业理论、技术与工具。

第六，要全面优化组织人事工作者的素质。更为重要的是，还要尽量全面而大力地提高被领导者的素质。

第七，要全面提高领导素质。这是提高领导用人成效的先决条件。领导者的素质高低决定着领导者是明眼人还是瞎子；只有全面发展的高素质才能帮助领导者制造具有X光穿透力和审度机能的一双慧眼，并带来超越庸俗心态障碍（诸如嫉妒、偏见、传谣、偏听、势利、人情关系、非事业导向、帮派取向、私利标准或小集团利益标准等等），大胆正确而有效地用人，最终有助于领导成功和卓越的勇气与魄力。

5.2 领导用人导向

5.2.1 领导用人导向的实质要义

领导用人导向是领导主体，特别是领导者在具体、常规的用人工作上所提倡和奉行的指导思想与基本方针。有什么样的领导价值取向，就会有什么样的领导主体特别是领导者；有什么样的领导主体特别是领导者，就会有什么样的用人导向。因此，领导用人导向实际源自领导价值取向，为领导价值所决定，是领导价值在用人工作上的专门表现。显然，领导用人导向在整个用人理论与实践上具有根本性的意义和地位，对整个组织人事工作、人力资源开发工作、团队建设和事业发展都将发挥出根本性的作用与影响。

首先，有什么样的用人导向，就会有什么样的用人目标、用人准则、用人行为、用人结果和用人影响。

如果任人唯亲、唯印象好恶、唯利益算计，那么领导用人就必然出现公权私用、以权谋私、拉帮结派、合伙谋私等腐败行径，形成害群之马和“一人得道，鸡犬升天”的用人腐败。这种用人状态和特点还特别容易被人利用，诸如借助这种用人做法从组织上排斥所恶、打击异己、申达私意、发泄私愤，从而“小人纷纷得势，内耗纷纷如渊”。可以说，如此用人，祸害无比；如此用人腐败，正是最大腐败。其最大后果就是压制和打击了人才，严重阻碍与窒息社会垂直流动，造成组织内外普遍灰暗而迷茫、失望而不满，形成比其他任何腐败都更大的杀伤力和破坏力，从根子上腐蚀、瓦解与摧毁领导的纯洁性、合法性和公信力，并使之僵化异化、腐朽霉烂而迅速崩溃。

当然，如果任人唯公、唯事业才具，那么领导用人就必然会公平公正、光明正大，为公为民、为组织为事业，科学规范、办法多样，开发人力、创造财富、共同进步，使组织内外充满信心和活力，使社会上下没有禁锢，只有努力，充满希望。这样就将从根本上解放和发展生产力，使组织和社会一起变得更加健康、牢固，使领导变得更加受信任受爱戴、受支持受拥护而权威更高、作用更大。

其次，有什么样的用人导向，就会有什么样的用人观念和人才观念、用人机制和社会风气、用人过程和主流文化。

领导用人如果基本上偏向于按年头、按规矩、按程序，论资排辈、唯资历论和唯票决论，那么就会出现似乎按部就班、四平八稳而实是找才无查、唯凭众允，良莠同格、晋升同机的情况，结果是只给无才担事却善于迎合摆平而情商自高乃至圆滑奸佞、欺世盗名者创造了最好的钻营空间。这其实是以程序主义和纯粹事务主义的官僚形式代替用人工作的创造性和务实性，必然忽视、掩盖和实际取消了科学用人规律及人才规律在用人过程中的实际地位和作用，进而必然要造成人才不能得到实质的与到位的发现、重视和选用，结果则依然是人才遭埋没、庸人能出头，社会就得到唯不多作为免生事、无须本领只要人和、不做刺头只熬年头的强烈暗示并形成糜烂有毒的人事意识和人事文化。这就悄然造成了用人工作实质性的僵化、表面化、不公平化和最终免不了的无能与失败。应该说，这种情况并不鲜见，是貌似合格但其实很不负责却又很有麻痹性的官僚行径。

领导用人如果基本上坚持以事业需要为重，充分遵循科学的用人观、人才观和人事匹配观，那么就会发现在自己的单位里、在全社会确实有许多人才可用、当用、须快用恰用，为此而依制度、用政策、讲规范、讲创新，把用人工作抓好、做好。这样，在领导工作过程中就必定形成一种明智、专业、负责、务实、有担当的用人文化，形成一种充满正能量、激发和保持高昂公共信心的组织人事实际方向与机制。这对实质性负起领导责任、做好领导用人工作乃至整个领导工作都将成效显著、意义重大。

5.2.2 领导用人导向的重要内涵

不同组织机构、不同单位团体的不同领导，在不同历史阶段和特定场合都会有不同的用人导向。但是，就领导主体特别是领导者必须最充分确保忠实、负责、有效履行领导职能职责来看，领导用人应溯源于领导价值、领导规律、公平正义和责任约束，从事业与职能、个人胜任条件、政策和策略三个维度，系统看待和把握领导用人导向的重要内涵。

1. 事业与职能维度下的用人导向

事业发展和职能履行是一切领导用人的前提。没有这个前提，就绝不会有用人的问题。事业需要、履职需要是领导用人的唯一需要。满足这一需要，用人工作才算对头正确、吻合正常；否则，就会发生偏向，失去目标，没有意义。这里的具体导向主要有以下四个：

第一，重事业、重需要的导向。这是领导用人的出发点和归宿点，是整个领导用人工作的第一前提、第一主轴和第一依据。事业是组织的事业、领导的事业、大家的事业，是一切工作的集合；需要是事业的需要、组织的需要、团队建设的需要、岗位的需要、办事的需要、出业绩的需要和合力成功的需要。领导用人原本就是为了事业、为了满足事业主导下的一系列需要而发生的，只有这样才是有价值、有必要的。而这原本就是很普通的常识性价值依凭和把握，但因复杂的现实生活深受追名逐利和权力利益博弈争夺的影响，加上其中常常充塞自我中心主义、利己主义、形式主义和官僚主义，以致常被轻忽、模糊乃至颠倒、抹擦，转变成实为利益、为满足私心而用人的导向，成为心知肚明、心照不宣、精明老辣权术化的潜规则。这是价值颠倒、根本错误的大问题，给整个领导事业和组织系统都会带来严重危机，最终将造成不可挽回的严重后果。在这方面，历史和现实都有过大量惨重教训值得认真鉴戒。任何头脑清醒、忠诚负责的领导者都应坚决防止不正当的潜规则在有意无意中就替代了该导向，确保始终摆明摆正、擦亮凸显这个导向并以之为整个用人活动的总导向、大前提。

第二，重责任、重胜任的导向。这是领导用人的第二价值把握。来自事业和职能的具体责任提出正式的人力要求，同步形成严肃的履职约束，把领导用人推到确保有人力满足该要求、接受该约束的方向和轨道上。这个很具体，也很重要，要谨防在实践中被淡化或被忘却。

第三，重匹配、重作为的导向。这是领导用人必须始终着重从工作上加以明确和奉行的第三价值把握，旨在始终凸显如此价值要义：让合适的人坐合适的岗，让合适的人做合适的事；不仅确保人事顺利对接、职能正常履行，更注重发挥诸人力的潜力，做出更大的贡献。

第四，重常规、重创新的导向。这是避免头脑僵化、任职官僚主义化的最重要价值把握。重常规，旨在保持规范与秩序；但还不够，还要注重推动在位诸人不断创新，为此还要回头审视和推动包括自身在内的整个组织运转，无论管理还是服务，都必须不断创新、带头创新。持此导向，就能更有高度和以更务实的情结与动力来正确看待和实施用人工作了。

2. 个人胜任条件维度下的用人导向

这是要求被用者必须符合事业许可和岗位要求，具备了胜任工作所需要的个人条件，能够办成事办好事，是领导用人必须完全把握住的价值考量。这是最广为人知、人论、人奉的常识性导向，但在实践中却通常被无限夸大成似乎是唯一的用人导向，使理论和政策的视野都被压缩而打不开空间。这是需要在实践中特别加以注意避免的。具体说来，这方面的导向主要有如下四种：

第一，重德性、重品行的导向。这在公共领域和部门，主要就是注重选拔任用政治坚定、原则性强、勇于担当、清正廉洁、道德高尚、情趣健康的人才；在一般社会组织和经济组织中，主要就是重在选用有正确价值观和是非观、自我约束、行止有度、有教养、有规矩、有良知、有道德、心眼好、脾气好、为人好、口碑好的人才。

第二，重才具、重能力的导向。这是口号最响亮、历史最悠久的用人导向。在重大历史关头或者紧要时刻，这个导向常常被得到自动自觉的良好奉行，有时甚至不惜提出“唯才是举”，所以会出现一大批有能力、能干事、能创造历史的优秀人才和成事者，常常取得辉煌成功，甚至创造奇迹，在用人上常常成为理想的标杆状态。但是，在平时，特别是在争权夺利和窝里斗严重的情况下，这个导向就常常被轻视、被嘲笑、被压制，甚至被当成垃圾抛弃掉，所以会聚集一大批干事无能、内耗高明的庸货和坏事者，彼此缠斗不已、互害失利而常陷困境直至绝境，把团队和事业搞糟搞砸。

第三，重经验、重科学的导向。这是现代条件下的人才导向和用人导向。经验不可少，永远很重要；但是，讲科学、科学素质高也同样很重要，是人才内在素质条件达到平衡并满足复杂工作要求的价值把握。经验与科学兼重的人才是综合素质好、潜力大、胜任力强的可用之才。现代领导用人需要高度重视这一点。

第四，重理论、重实干的导向。这是历来强调理论联系实际的观点在用人上的表现，旨在确保所用之人既有理论，又能实干，既能动嘴，又能动手，而不是只会空谈阔论、眼高手低、华而不实的人。这一点很重要、很现实，甚至直接关系到是否要通过考试来公选有关人才的大事。对此，领导用人要以更辩证、中肯、正确和务实的态度来加以把握、奉行。

3. 政策和策略维度下的用人导向

这方面的导向极为现实、实际，是非常敏感的用人价值把握问题。一般而言，成熟的领导用人都能辩证、稳妥地把握好、实施好这方面的导向而成功不断、人才辈出。但在有的时候也容易出现偏颇偏执走极端，不能在日常的用人工作中完全正确、全面把握好这些实际以矛盾统一体的形态出现的价值导向。这方面主要有以下六个具体的用人导向：

第一，重资历，更重实绩的导向。这是一个老话题了，在书面文件和会议决定上一般都会有正确的表述，在实际工作中也会这样做，所以一般还都能取得较好的用人成效。但在实际的组织运转过程中，往往会不知不觉偏重资历而淡化实绩，谈实绩、摆实绩就往往会演变成炫耀能力和本事，至少是不谦虚而基本不被接受和认可。这个问题导致组织群体内出现想干事、干成事的念头和劲头荡然无存而万马齐喑的现象，致使平庸低下、浑水摸鱼的南郭先生大得其道、大行其事，造成用人工作和团队建设出现负向牵引、价值颠倒、危害极大的坏机制、坏结果。所以，这一导向亟须在工作中得到更辩证、更科学、更正确的把握和奉行。

第二，重过去，更重现在的导向。这是在实践中少数一直得到较好把握、奉行的一个用人导向。看过去，就是根据其人生历程、工作生涯的综合情况即个人历史来判别和任用。看现在，就是看当前的品行表现和内在胜任性；由于人总是在不断发展的，所以往往是现在胜于过去、现在比过去进步提高了许多等等。所以，领导用人一般都会根据其当前的胜任性来考虑和把握。

第三，重实力，更重潜力的导向。这个导向在用人实践中非常正确，但面临很大挑战。每个人才的当前实力是最为组织和领导看中、看重的，是现在能看见、能证明和所要用的；领导用人主要就是据此考虑和展开的。至于潜力，往往就看得较少，甚至基本不看。而事业发展、竞争背景下不同用人的做法与结果却因是否看重潜力而往往出人意料，有的因为重视潜力而在某一阶段就突然成为瞩目的黑马，跃然而出，成就极高。这是现代领导亟须予以高度注意、正确把握好的。

第四，重说法，更重事实的导向。这也是一个老话题，但却是一个非常富有现实性、挑战性、严肃性和敏感性的重大原则性问题。用人本身很敏感，主要是牵涉方方面面的利益与面子的神经；即使只有一些风声，也会招惹不正常的关注和议论，其中不乏充满嫉妒恶意的说法，包括各种各样的不实之词、添油加醋、搬是弄非、造谣中伤、污蔑诬陷、设局陷害等等。领导用人就不能仅予听信，而应更重事实、以事实为依据。只有这样才能确保一个单位、一个组织风清气正，领导用人公正公平、不被人利用。领导者必须保证自己内心公正、大公无私，同时保证头脑清醒、明辨是非、主持正义。否则，用人过程就会被搞乱，领导会被动。

第五，重公认，并重慧眼的导向。这是强调一般声望与特别优势相结合的用人工作价值把握。公认很重要，反映了人气和公共基础；但由颇具经验、老练精明的领导者看出的优势，往往是重大潜力也很重要，有时重于公认；因为真理往往掌握在少数人的手里，普通的泛泛感受、泛泛而论、泛泛标准往往看不见，也不接受，更不会加以肯定和起用“掌握真理的少数人”。这时就要靠领导者作为伯乐来发挥特别的作用了，包括通过变通来灵活解决问题，旨在真实惜才用才、为组织群体添良才、为重大事业添异才奇才。这里的核心是，要有高深的人事专业素养和慧眼，及时发现和用好“千里马”或者“黑马”，而绝不能以盲目的自信、十足的外行去选用“害群之马”。所以，这一导向急需领导者以非凡的慧眼独识和担当精神并在用人的关键时刻坚定有力地用出来。

第六，重共性，并重个性的导向。这是领导用人过程中最经常考虑、最需要正确把握的敏感点。重视共性，就是竭力要求被使用者非常听话配合好合作，有集体性而不张扬个性，最易为大家所接受。这一点从建设团队的角度看是有必要的。但是，这只是问题的一面。领导用人要确保正确无误、不发生偏差，就一定要按照人才规律看人才、用人才，看集体对于个性看法的正面与负面。也就是说，要以包容之心、辩证智慧来正确看待和处理个性问题及其与集体的关系，而不能简单地一边倒。否则，领导用人就会陷入这种非实质、价值较低，但又很有市场的低级纠纷和无聊争执中，被悄然误导到歧途上耽误了大事。

总之，正确的用人导向就是首先能确保思想解放、求真务实、作风扎实、埋头苦干、默默奉献、不事张扬、勇于创新、锐意进取的人才能够脱颖而出，使那些想干事、能干事、干成事、不出事的人才到位成功、如愿以偿；其次能确保组织群体能够得到合适得体的优秀人才去办事、去贯彻落实领导决策；最后能始终确保用人工作有效影响组织群体内外的公共价值倾向、心态、氛围和风气，从根本上切实保证领导用人明正道、树正气、聚正才、合正力、推正为、结正果，对整个组织群体和共同事业的发展带来正能量、好前途。

5.3 领导用人原则

5.3.1 领导用人的一般原则

如何把人才选好用好？这是一个关系到事业全局得失成败的重大现实问题。为了解决这个问题，确保领导用人必能达成一个正成效、好结果，从领导用人实践正反两面的经验教训来看，领导主体，特别是直接负责的领导者在用人时都必须着眼大局、紧扣事业、对应素质、慧识真才、得体用才、科学合理、公道正派、真诚爱才、信任团结和认真负责。这些要求也可以直接等同为正确用人的一般原则。在这个一般原则之下，还有九条具体的原则要义：

第一，坚持事业导向、依据事业需要而用人。在整个用人过程中，无论是宏观规划还是微观考虑，都应该始终凸显事业需要这条主线，随时以之衡量工作的方向、分寸正确与否、走偏与否，随时以之衡量人才的素质、胜任性和潜力，是否有利于事业发展，并由此做候选人之间的横向比较。

第二，坚持针对具体岗位的需要和具体事项办理的需要而用人。由于岗位是职能分解后的责任载体，时刻明确岗位需要并由此出发来考虑用人就成为领导用人的硬约束。而具体分配到这个岗位上的各种事务需要有较全面胜任性的人才来担负并做好，这为领导用人从技术操作上提出了完全实用化的合格性标准约束。

第三，坚持素质先决、素质胜任事业和岗位需要而用人。关系再好，只要素质不配，就不用。绝不能不看素质就用人、因为特殊关系或特殊背景而用人。脱离或不顾事业需要、岗位和事务需要而用人，则必将危害事业、搞坏组织，而对领导自身将“搬起石头砸自己的脚”。

第四，坚持才位对接、正用善用，确保得体合用、适才适用。让合适的人做合适的事，保证合适的事交由合适的人。坚决避免强压硬塞、削足适履、违背人性、有损人力、有害事业。用人绝不能搞“拉郎配”或“乱点谱”，在这种思想素养和专业素养都要求很高的工作上，一定要多用脑子和科学精神，而不用命令主义和简单粗暴的工作作风。

第五，坚持用人就是开发人力资源、发展生产力核心要素的工作价值定位与指向。领导用人不能当成了解决就业、给人一口饭吃的起底性举动，而应该时刻着眼于生产力第一要素的开发和惜用，着眼于培育和发展本组织群体的核心竞争力与全面发展力。

第六，坚持通过公开透明、规范严谨的机制和程序，围绕更优的人事匹配性和胜任性，形成具有强大说服力、经得起实践和历史检验的用人依据，依之下决心、做决定。这里的核心是科学理性、专业睿智与敢作敢为的勇气、高度负责的事业心和担当精神完全结合于一体。

第七，坚持全程用人，扶上马、送一程，勤指点、多帮助、避走偏，促大用、达成功。绝不能只做开门进人的工作，而不顾后面到位后的情况；应当关注人才到位后的适应磨合与发力做功的专门情形，把功夫下在促蛹化蝶的关键而艰难的过程上，多加呵护、服务、助力。

第八，坚持争取正成效，避免零成效，防止负成效，确保随时绷紧保证用人成效的弦。

第九，坚持用人失误要担责、敢担责、不避责，促成责任溯源、事实回放、科学明责、合理追责、良性问责、无疑担责的责任管理机制。做到谁决策谁负责，谁写条子打招呼谁就进用人决策的记录，坚决避免重蹈用人不良的覆辙，坚决打掉弄关系、玩权术的基础。

5.3.2 领导用人的具体原则

从目前人事实践的实际情况看，领导用人还必须坚持以下九条操作性的具体原则：

1. 因事择人，用人以实

这是指必须根据事业的需要、职位的空缺和职位对人员资格的要求来选用人才。唐太宗李世民早就说过："为官择人者治，为人择官者乱。"宋代大臣许应龙也曾说："为官择人，则官虽简而常若有余，为人择官，则官员繁而常若不足。"这些都是根据工作需要来选用人才的道理。坚持这一原则，就是为了确保达成人与事的科学结合，做到以事定职、以职选人和人事相宜，而避免机构臃肿、人浮于事、效率低下、增加成本。

其实，只有从实际需要出发，以事业和职位提出的要求为标准，然后去选用合适的人员，才能达到科学开发人力资源的目的。如果因人设事、为人择官，那么就决然不能保证事得其人、人到其位和人尽其才，或者大材小用，或者小材大用，造成严重的人才错位和人才浪费。

2. 竞争择优，用人以精

在人才选用中所说的竞争择优，就是指在公开平等的条件下，让求职者依靠自身的素质进行竞争，用人单位择优选用人才。用公开竞争的方法选人，比古代传统的"伯乐相马"的方法有更多的优点，一则它拓宽了选人的视野，开辟了赛场选马的天地，使用人单位能够在更广阔的范围内享有充分地挑选人才的权利；二则它将选用工作置于人们的监督之下，增加了选用工作的透明度，可以防止和克服在用人问题上的不正之风。

在人才选用中坚持这一原则，应将竞争贯穿于选用工作的各个环节中，即从报名、资格审查，到笔试、面试，以及考核、体检等，要使求职者"过五关、斩六将"，始终处在一种激烈的竞争状态。这样，经过层层筛选，最后根据工作的需要，择优选用合适的人才。

3. 量才任职，职能相称

所谓量才任职，就是按照每个下属的实际才能来安排相应的职务，做到人尽其才，事尽其功。要做到量才任职，首先要全面衡量每一个下属的长处和短处。人皆有所长，亦有所短；有其所能，亦有其所不能。一个人立足于世靠其长处，而非短处；同样，领导者用人是为了完成特定的任务，故只能用其所能，避其所不能。

量才任职，还必须对各种职位的具体要求、任务和职责等，有一个明确详细的规定。有了这种规定，量才任职才有了客观的标准和依据。设计合理的、科学的职位，必须在深入调查研究的基础上，根据各部门的工作性质、特点和要求，对机构中的各种职位进行严格科学的分析，务必解决由于分工不明、职责不清带来的各种官僚主义现象。

工作职位有层次、行业之分，人才也有层次、类型之别；不同工作职位对人才有不同要求，不同人才对工作职位也有不同的适应性。应把二者恰当结合起来，以做到既保证圆满地完成工作任务，又充分地发挥人才能力。否则，小材大用，贻误工作；大材小用，又造成人才浪费。这就是现代管理学中所说的能级原则。能级原则，简单说来，就是使相应的人才处于相应的能级岗位，使人的才能、专长与岗位、职务、责任相互对应。

领导者要想做到量才任职、职能相称，必须做到三点：（1）正确鉴别人才的类型、特点、层次。（2）按能力大小安排相应的职位。（3）发现职能不对应者，应果断调整，该升的升，该降的降。只有这样，才能使人才各得其位，各尽其能。

职、权、责是三位一体，互相统一的。担负一定的职务，就有一定的职责，同时行使一定的权力。在其位才能谋其政，而谋其政必须有其权，才能尽其责。这样才能各尽所能，充分发挥人才的能动作用。这就是说，要合理使用人才，一定要坚持做到有职有权就必有责，绝不能有职有责却无权或者有职有权而无责。

4. 适才适用，用人以妥

所谓适才适用，就是根据每个人的性格特点，专长和志趣等将其安排在适宜的职位上，使每个人都能各得其所，充分施展自己的才能。适才适用是人才选用中必须遵循的一条重要原则。遵守它就能实现人尽其才，才尽其用，事尽其功的目的；反之，则会造成人与事俱损的结果，既不利于人才的成长，也不利于事业的发展。

正因为这一原则非常重要，古今中外大凡明智的领导者、管理者都给予高度的重视。唐太宗李世民曾讲："人之行能，不能兼备，朕常弃其所短，取其所长。"著名管理专家彼得·杜拉克指出："人之长处，才是真正的机会。发挥人之长处，才是组织的唯一目的。须知任何人均必有甚多弱点，而弱点几乎是不可能改变的。"

然而，明智的领导者却可以设法使弱点不发生作用，这主要是只给才以生效的平台和条件，而对非才则是釜底抽薪。事实上，领导用人的目的和任务，就在于确保把每个人的才能放到合适的位置去发挥出最大的效用、创造出最大的业绩、实现最大的价值，而不是错位用人、差池用人甚至颠倒用人，既折腾蹂躏人才，又封闭闷杀人才，结果是破坏了宝贵的人力资源和最重要的能动性财富。

在这一点上，周恩来曾经强调说："有了政治信任，用得其当（适时适地适合条件）也很重要。"陈云也强调说："坚持人、事两宜的原则，用人得当，适得其所。"这些重要观点表明，人才选用必须坚持做到适才适用、合理得体、确保妥当，其核心是注意确保位能适合以配。

5. 充分信任，用人以德

这一原则的主要内容是：领导做领导的事，各层做各层的事。上级领导只是给直接下级指明目的和要求，并创造必要的条件，最后考核其结果。至于具体工作，下级有权自行处理，上级一概不予干涉。而其核心就是要按下级的职务和实际才干予以充分的授权，使之在其职务范围内达到权责一致，在能力范围内放手大干。这样做虽然使下级有了一定的压力，但能使下级感受到信任，从而产生巨大的动力、活力和工作积极性。

既然把合适的人才放到了合适的位置上，那么领导者就应该对其给予充分的信任，让其大胆地进行工作，创造业绩。尊重、信任是使用人的前提。如果领导者既要使用一个人，而又不充分信任他，就会使下级在工作中缩手缩脚，并导致下级产生离心倾向。如果总是找部下的短处，总是对他们进行怀疑、挑剔和指责，他们就会畏缩不前，就难以也不愿意把能力才智充分发挥出来。结果就只能是直接损害组织的业绩和领导的业绩，只能是争相落后、争相混迹和总体衰败。

事实上，信任下级是领导者充满自信的表现，表明其具有强大的驭人能力和驾驭形势的本领。如果任命了一个下级来负责某项工作，而后又不能对他放心，那么就不仅表明领导者做了一件自己本就没有把握的事，而且还表明这已是严重的不自信和不胜任领导工作了。而如果领导者对下级不授权，或者授了权又超越层次去越俎代庖，那么就必将造成严重的管理紊乱和挫伤积极性，下级就会“依赖”领导，在出问题之后向上推，使领导者忙于具体事务而无暇想大局、抓大事。

显然，领导者对下属必须总是给予充分的尊重和信任，必须尽量发现和发挥出他们的长处，不断地鼓励他们，大胆地使用他们，做到“用人不疑、疑人不用”。只有这样，才能使其才智得到最充分的发挥。

6. *层次授权，用人以理*

领导者不可能只靠自己就把方方面面的工作都做好，特别是有些专业性很强的工作，领导者可能远不如下属做得好。但是，高明的领导者却善于迈过授权、调动下属的积极性来做好千头万绪的工作。

这就是说，授权是必要的。在任何单位工作中，不仅有着各项重大任务，而且还有许多具体事务性工作。作为领导者，不可能也没有能力去总揽一切事务。这样就必须把许多工作交由下属办理。交给下属任务，必须授予下属一定的权力，否则任务很难完成。于是，在授权中，出现了单位内部集权与分权的矛盾。

从单位工作的整体性来说，必须统一决策、统一指挥和统一行动，需要集权。从领导者有限的时间、精力和能力来说，不可能事必躬亲，因而必然实行分权。分权弥补了集权的不足，调动了下属的积极性和创造性，增强了单位的内在活力和适应外界环境变化的能力，但也可能损害单位工作的整体性。集权与分权这种既对立又统一的性质，集中体现在授权上。因此，所谓授权的艺术，就是在集权与分权的对立中把握二者的统一，使领导者能够做领导的事，下属能够做下属的事；使单位内部的各项工作统而不死，活而不乱。

授权不是交权，也不是“大权旁落”，而是授予下级相应的权力和责任，从而使每一个层次的人员都能司其职，尽其责，使其智，成其事。领导者除了把握大的方向和原则外，对下级无须太多干预；如果事必躬亲，必然成为事务主义者。特别是高层次的领导者，其职能不是纠缠于具体的事务中，而是应组织、指挥、协调下属去办事和成事。

领导者在授权时应首先考虑单位或组织的规模。单位规模越大，上层领导与基层工作距离越远，需要处理的各种事务就越多、越复杂。领导者就应把更多的权力分层授予熟悉情况的下属，授权范围应视领导者能够弄清问题并做出正确决策的范围而定。其次，要看单位或组织业务活动的性质。业务活动的专业性越强，领导者就应授予负责该项业务活动的下属更大的权力，允许其在业务活动范围内做出决策。

7. *扬长避短，用人以长*

所谓用人，就是避人所短、用人所长，这样才有可用之人、可用之才。人才与普通人的区别不是他们没有缺点，而是他们的才能过人。而且，对于这些才能出众的人才而言，其缺点也往往比较显著，缺点不明显者，才能也往往较平庸，事物具有这种特性，在人才问题上也是如此。

东方朔曾经向汉武帝上疏，陈述求才不可求全的观点。他说：“水至清则无鱼，人至察则无徒。”清朝魏源则更是系统地论述了这个观点，他在《默觚下·治篇七》中写道：

“不知人之短，不知人之长，不知人长中之短，不知人短中之长，则不可以用人，不可以教人。”

事实上，每个人身上都有闪光的地方，用其所长就是把这些宝贵的东西发掘出来，亦即要善于发现人才的长处，并给予其相应的用武之地。这样就能使其工作积极性得到充分发挥，进而也使工作出现新局面。

应该说，用人所长不仅是能否发现人才长处的问题，而且还是一个敢不敢用的问题。也就是说，领导用人不仅要有智慧，而且还要有魄力，敢用人才，尤其是敢于使用所谓“具有明显缺点”的人才。

一方面，要从大局出发，要以事业需要为标准决定起用人才；在这一点上甚至要力排众议，敢于大胆起用争议很大的人才、在某一方面有突出专长甚至比自己更强的人才。此即，宁用有缺点的人才，也绝不用“无缺点”的庸才。

另一方面，不能对人才责备求全，因为没有人是完美无缺的，人才并非尽是长处，客观正确地对待人才长短，才能正确对待和使用人才，而不会贻误人才、造成损失。当然，只有真正出于公心和为了事业的领导者才有这种用人的雅量和魄力，也只有这样的领导者才是真正坚强有力、有雄才大略、能有作为和大有前途的领导者。

总而言之，用人就要用其所长，要善于知人所长，更要敢于用人所长。而这正是领导用人之道的精髓，也应是领导用人的第一科学和第一艺术。

8. 确保称职，用人以时

称职原则是“德才兼备”标准和“量才任职”原则的引申与具体化，只有胜任现有职务并确实获得成绩者，方可予以提升。

适时原则要求，对于具有较高才能的下属，应当及时发现和确认，并把他们及时放到更合适的位置上，甚至提拔到更为重要的岗位上，使之得以尽早脱颖而出，最充分地发挥出自己的作用，而不被湮没、浪费或扼杀。

总之，为了选到和用好为事业所需要的各种人才，实现人与事的科学结合，更好地推动事业发展，就一定要在用人过程中切实遵循和践行以上用人原则。只有这样才能早出人才、快出人才、出好人才。

9. 开发爱护，用人以则

人才是成就事业的根本。人才浪费是最大的浪费。不能允许发生人才浪费的现象，因此，应该建立一个完整、配套的人才保护制度。对人才的保护应有六大系统，即鉴别系统、使用系统、监督系统、服务系统、教育系统和退休安置系统。根据这六大系统建章立制，分层次建立人才的各种保护制度。对无端浪费人才者，要追究责任。

同时，还要注意“潜人才”的开发。所谓“潜人才”，就是指具备成才的内在条件，但由于缺乏必要的外部条件和机会，而尚未做出较大实际贡献的人。一切人才都有一个从潜人才成长为显人才的发展过程，而潜人才比显人才的数量更多。

因此，人才开发，一方面要起用那些被公认的人才，做到量才使用；另一方面要创造条件，使大量潜人才迅速成长为显人才。许多人才的成长都是由于他们的创造才华尚无机会展现，还需要进一步获得继续发展的条件和机会。领导者要具备超乎常人的洞察力，有“识人才于未显之时”的慧眼，又能精心培养和大胆起用他们，这样才能使人才辈出而不会后继乏人。

公平竞争有利于人才脱颖而出。人才的健康成长，有赖于良好的社会环境。机会均等、优胜劣汰的竞争机制，是其重要的社会条件之一。领导者要为人才脱颖而出创造良好的条件，提供最好的机会。

5.4 领导用人机制

5.4.1 事业与人才对接机制

1. 事业化机制

事业化机制是指确保一切组织行为、组织现象和组织资源均围绕事业这一轴心或主线发生并作用的引导约束原则和推动逼进杠杆。其实，这是一个古今皆有，但为数不多，却足成大事的导向性、基本立场性和最为根本的选拔任用机制。它贯穿于整个组织人事过程始终、整个管理和领导的过程始终，对人力资源开发，特别是领导力开发最具决定作用。

以事业需要为绝对标准衡量确定组织人事的标的、思路、举措及其合理性、有效性和可行性等是这个机制的最大特征。在这个机制下，一切不符合事业需要的组织人事观念、行为、倾向和资源动用都是不允许的，也是不会发生的。它能把有限的资源特别是人力资源开发利用得极为充分，能全面促使竞争力、制胜力、领导力乃至整个生产力在现有条件下极为饱满地形成和极为充分地释放，而不会浪费资源，更不会阻碍或破坏人力资源的形成、开发和发挥作用。

从历史上看，每一次重大进步和发展都是事业化用人机制发挥主导作用的结果，只是在传统社会它的存在和作用都是无意识或客观地形成或发生的，甚至是被逼无奈而必然如此为之的。但是，在现代社会特别是在新世纪全球化时代，这个机制就必须是有意识的、主动的和主观倾向的一种需要和选择，否则就有从根本上败北的危险。然而，无论是传统社会还是现代社会，都有普遍消弭事业化机制的倾向和泛滥成灾的做法。从领导和管理到专门的组织人事，都十分容易把初创时的事业化逐步转变成职业化、资格化、地位化、权势化、既得利益化和堕落嫉妒化。

在大多数时候和领域，特别是领导领域，事业化机制通常被职业化机制、既得利益化机制和无谓堕落化机制等非事业化机制所取代。这种非事业化机制从根本上给组织系统带来了疾病、衰弱和死亡的危险，是绝对消极有害的机制。通常，这种非事业化机制首先就体现在组织人事过程中，总是培养和保护庸人、懒汉、利禄之徒和奸诈小人等等，而极端厌恶并完全倾向于消除一切才能和智慧及其载体，也就是总在最严重地摧残和破坏着人力资源，特别是核心竞争力和核心生产力，最终摧毁整个竞争力、领导力和生产力。

要破除出才障碍，首先就是要彻底打破和摧毁非事业化机制；重塑人事机制，就是要在荡涤非事业化机制的基础上建立一个贯穿整个组织人事表里的、完善的事业化机制，并要将病态的领导职业化彻底改变成领导事业化，将所有既得利益化和腐败堕落化彻底转变成事业化。这应是深入改革的决定性方向和内核。

2. 才能化机制

才能化机制是充分体现事业化机制，也同样是古今皆有的选拔任用机制。它是指在事业化导向下，任何时候、任何场合都需要才能，而且唯才是举、非才不举的刚性原则和常规化果断措施。其核心和特征就是唯才是举、非才不举、庸才尽下、恶才尽绝。其效用是充分聚集、完全使用人才，充分筛出、果断清理一切非人才，特别是混饭吃者和嫉贤妒能者，最有力地促使组织成员不断增长才干、一切向优秀看齐和学习，而不是对真正优秀者进行“羡慕嫉妒恨”外加“谗和害”。

只有这样，才能确保在整个组织群体内形成正常、健康、积极的成才氛围，确保组织系统形成以才能为取向的价值主导和工作主流，确保组织成员都有胜任工作的良好才能和不断增进才能的追求与动力。事实上，以才能为取向的价值主导和工作主流是落实事业化机制的最重要保障之一，也是现代组织人事运作必须重点突出的一个机制。只有这样的机制才能确保组织系统真正健康、正常、充满活力、事业蓬勃、前途无量且势头强劲；否则，事业就无法进行下去或者加以完成。

传统状态下，一般是不提倡也不尊重才能的，往往在既得和未得利益的驱动下只有基本丧失道德制约的利害关系或利害机制，而且提倡强大者、老资格者和地位更高者为正统、为标准、为规范，并由此来衡量其他人、其他现象。在此情况下，大多数的实际运作都只是以愚昧无知、混沌混迹、模糊折中、无对无“错”来确定人、判定人的行为。但在现代精神或机制的反照与刺激下，这种传统的习惯性、不规范性、不明确性选拔任用机制就会走向另外一个极端，即单纯提倡和强调品德的重要性与前提性。而这实际上却通常成为平庸无能者和邪恶不端者攻击与否定才能取向的借口。

最简单的问题是：无才何以成德？有才就是无德？突出才就必定忽视德？表面可人、实际无能、不会创造性地开展工作、没有贡献却常常渎职失职、误事误国、误组织误群众，难道就是合格有德？工作出不来水平，也害怕别人出色，能说有道德或品德高吗？而如果工作才能出众，只是“个性太强太怪”，就能说是品德不佳、不受欢迎、不可信任吗？客观事实是：有才无德者少数，有才必有德者和有“德”而无才者多数。没有一个有才者不勤奋努力，不勤奋努力者也没有一个是真正能够有才的；勤奋努力本身就是善德的表现。可是，传统的德才观念却常常不这么认为，连起码的常识都违反了！

事实是，强调或提倡组织成员才能化，就是在对混饭吃者釜底抽薪而给他们带来巨大的威胁；但他们却往往是既得利益者和强势阶层，控制着组织人事运作，非常方便而经常地借口“德”重而彻底轻才，进而得以护其短、遮其拙、一心维护其既得利益和机会而心无民众和天下，高度害怕、防范和阻止任何真正才能化的趋向与行动，否则就一天也维持不下去，很快就会被有能者所取代。所以，他们宁可丧失进步与发展的机会，也绝对不要人才、断然反对和阻止才能化，即总是要借口突出品德或者品德化来制约、阻碍和打击一心干事业者，总是在阻碍和疯狂压制才能或者工作能力在实践中的迸发。

应该说，传统状态下对才能提得太少了，通常不提而且十分歧视，而对品德化却不厌其烦地瞎提。这实际是被平庸者和别有用心者利用而非真正强调品德，是劣马庸人、混迹奸诈之徒排挤人才、维护自身地位的强效借口或堂皇幌子。现实生活中存在一定的沉渣性人物，他们连品德是什么都回答不出来，但却常常勾结成势、兴风作浪，总是厌恶有才者、胜任者和对组织群体能做贡献者，通过影响人事准则与机制来加以排挤和打击，主要是着意于混淆、颠倒用人的导向和是非，以便达到其浑水摸鱼、自私自利的目的。而很遗憾的是，在有这种害群之马疯狂作祟时，领导用人还往往容易被其蒙混误导而迷失方向、丧失原则、丢失坚持，造成实际是一边倒的人才歧视与压制的政策倾向并冠之以政策名义，在实践中实际非常严重地阻碍和破坏了人力资源的开发、团队建设的推进、生产力的发展。这就是传统状态下的非才能化机制。

这种机制是最典型的混迹机制、腐朽没落机制和坐以待毙机制。它只能制造和保护愚昧、封建与落后，只能培养、造就和保护一群最阴险卑劣、最严重阻碍和破坏生产力发展的蟊贼，只能误事害人、误国家误组织，而决不为事业化和才能化机制所容忍，更为事业化和才能化机制所坚决反对、破除和取代。

在充满激烈竞争和潜伏诸多危机隐患的时代，再按如此非才能化的机制搞下去，而不对此深刻反思、坚决反对、果断改革，那就注定要悲惨败亡。因为非才能化在必须真刀真枪地交锋较量中只能被打倒击败而无以生存和发展。谁要想活下去或者活得更好，就必须完全做到才能化，就必须最彻底地打破、销毁所有已经严重病态的非才能化机制，而建立起一个优良、完善、科学的才能化机制。

3. T型化和A型化机制

T型化和A型化机制是建立在才能化机制基础上的现代人才化机制。它是指组织人事主体在选才用才育才、倡导才能发展方向和用人主流的时候完全重视和突出通才和专才等复合才能的倾向，并将这一倾向完全固定到整个组织人事观念、原则、机理和程序当中。

人才资源或人力资源一般分为四个类型：(1)“一”型，代表通才。这种人知识面较广，似乎样样都懂一点，只是不够精深。(2)“I”型，代表专才。这种人知识面较窄，仅在某一方面有相当的深度。(3)“T”型，代表通专才。这种人知识既广博又深邃，能应付各种复杂的局面。(4)“A”型，称为复合型的通专才。这种人比前三种人的优势更加突出，是现代社会的宠儿，也是最适合领导岗位的最急需人才。重塑人事机制就是要最科学充分地开发利用这些人才资源，特别是领导人才资源。

传统状态下，曾经完全以通才为主导，也曾经完全以专才为主导。从机制效果上说，这样的做法显然是片面的和畸形的，造成人力质量的欠缺、畸形或低劣，当然也就造成领导力、竞争力和生产力的欠缺、畸形或低劣。到了全球化时代，这一情况如果继续下去，则必定带来天然严重的软骨症，即使才能化了，也不一定能够在复杂险恶的交锋较量中胜出。

从目前空前激烈、严酷的国际竞争和全球化交锋的角度看，才能化必须确保做到才能或人才的T型化和A型化，即一个人才必须是通才和专才的复合体。只有建立完善的T型化机制，才能极大增强坚实的竞争实力和胜算筹码，才能在全球化“混战”中杀出血路、夺取成功，成为一匹胜利直前的黑马。

5.4.2 人才选用机制

1. 竞争性机制

竞争性机制是一种由形势变化、事业需要和生存发展需要共同构成的合理地有限压迫和无限激发人才才能的挑选性、淘汰性和高效性组织机能及环境机能之和。客观性、外在性、压力性、严肃性、真实性和后果性是其主要特点。它与激励机制的出发点和终结点本质上是相同的，即都是为了，也完全能够激发组织及组织成员的巨大效能、活力、作用和贡献，都是为了，也完全能够清理、淘汰一切无能、低效、死寂、僵化和混迹的因素。但是，它与激励机制却在机制内涵和方式上存在很大的不同。竞争性机制虽然也可以人为设计或引入，但最主要的却是外部环境存在竞争实况和事关生存发展大事的压力而后客观形成。这即说，竞争性机制实际就是一种主要由外部竞争环境造成的、必定非进即退、必然非上即下、具有强大影响力和触动力的强势形势。

在现代社会生活的任何领域几乎都存在这种强势形势，因为都存在着竞争；特别是在新世纪全球化过程中，则更加普遍地存在着影响广泛而深刻的现代竞争。任何组织及组织成员如果回避竞争，都不可能再存活下去。同样，组织人事领域没有竞争，就必将从根本上影响到所有领域，使之丧失活力、窒息生机、错过机遇、空耗人力而一片死寂衰败。传统状态下的组织人事领域几乎完全回避、忽视客观存在的竞争，所以就总是死水一潭，停滞不进，而多是落后倒退。但在现时代，这样做就绝对不行了，而必须主动把竞争性机制引入组织人事过程的每一环节和细节中，由此形成真正完善、扎实的组织人事竞争性机制，并激发出无穷动力、活力和生机。

但在传统状态下，竞争性机制通常被不正当的导向和手段所扭曲。此即，在组织人事的运作过程中，竞争通常由资格地位、社会影响、庸俗关系、卑劣人格、阴险做法、拉帮结派、无原则纠纷、深度内耗、不正当手段等等诸多非竞争因素介入和主导，结果极大抵消了竞争性机制的积极性能，只留下了竞争的残酷无情、强霸无理等性能，进而使竞争性机制转变成为打击和消灭异己分子的手段与机会，实际上则是成为压制和摧毁为组织系统所真正需要的活力、动力、竞争力和制胜力，以至最终破坏了生产力，特别是核心生产力。

显然，非常有必要建立一个能够始终确保激发正向效能的现代竞争性机制，以实质性地推进组织人事改革与发展，进而在关键上推动整个组织或社会事业的发展。

2. 公选公聘和任期结束机制

公选公聘和任期结束机制是指对于组织系统内的所有职位、所有成员，特别是领导者都实行公开选拔、公开聘任、任期一定、职务随任期结束而结束、公开性与刚性复合一体的人事管理模式。在这个机制下，组织成员都必须凭本事凭才能，也凭事业发展的需要和组织发展所提供的机会，在公开平等地报名参选、宣明打算、比较竞争、有限任期、事业任职、履行诺言、期到任终、不得贪恋和霸占职位，如果优越则再行竞任。它不仅彻底打破任职终身，而且彻底打破任职到退休的倾向，此外还能彻底打破人事权力私有化的趋向。

这在表面上是组织人事管理过程中的一个常规运作机制，但实质上却是最具改革精神和改革力度的革命性机制，最能触及或触动组织人事最要害或最敏感之处，也最能产生组织人事的真实效力和广泛影响力。它不仅直接提高组织人事本身的成效，特别是以领导力为核心的人力资源开发成效，而且还能切实有效地冲击与捣毁封建状态下各种阴暗有害的组织人事关系和封建性意识，能够强烈高效，甚至彻底地清算和荡涤存在于社会中枢的封建毒素，而极大地推动全社会的开放、民主、文明、进步和新生，最有效最根本地确保人才或者领导人才能进能退、能上能下。

事实上，组织系统的真正活力和生机、领导力的骤然生发和提升、生产力的极大突破和发展、竞争力和制胜力的极大增强，前进和发展所面临的束缚与障碍的极大破除等等问题都将在这一机制下迎刃而解；无论事业化还是才能化，也无论激励还是竞争，更无论内部晋升还是外部引入，要将建立新型现代选拔任用机制具体落实到组织人事运行和操作上，就都要集中到这一复合人事机制的创立和完善上来。

但在传统状态下，这个机制是绝对不存在的，也是绝对不允许存在或出现的。因为这个机制将会摧毁既得利益、封建关系、传统权威和已被私有化的权力，也会阻碍那些有优越身世和背景，但却无能低下和嫉妒成性的棍徒混迹组织系统中的权力系统去谋官谋财。取代这个机制的就是暗箱操作、暗中培养、不可挑战或置疑的选拔任用、垄断组织人事实权、贪嗜于一切谋职者的人身依附和朝贡归伏、一切人事活动都是更强大者对更弱小者的恩赐布施等等封建机制。显然，这样的封建机制就只能是裙带关系、近亲繁殖、白痴愚恶、白吃白占、全程皆为领导、终身占据岗位而却无为无谓，极端严重地窒息生机活力、破坏公正平等，更极端恶劣地培育封建势力和寄生虫群体，把整个组织系统或者社会和国家置于病入膏肓而毙命的境地。

所以，非常有必要尽快建立、完善和推行公开选拔、公开竞聘和任期结束的新机制。只有这样，才能从根本上解决吏治的问题，解决活力和生机的问题，解决应对全球化并必须取得竞争胜利的问题。

5.4.3 择优与汰庸汰劣的机制

1. 择优机制

择优机制是一个最实质的人才选拔任用机制，亦即最本质的识人用人机制。确切地说，这个机制就是指组织人事主体，实际上多是领导者通过科学手段离析出不同层次和类型、不同质量和特点的人才并切合岗位职责要求而后确定和使用最佳人选的工作模型与实践模式。它是唯一具体进行识人选人用人的机制，因而具体凝聚并体现着前述所有的机制。这些机制不通过这个择优机制就无法现实地作用于组织人事过程，作用于人才资源，特别是领导人才资源的开发和利用。当然，它也首先基于其他选拔任用机制，特别是事业化和才能化等机制。所以，这是一个非常重要而关键的选拔任用机制。

择优机制在传统状态下也是存在的，但却多不是基于事业化和才能化等机制而只以非事业化和非才能化等机制为基础，结果则多是由择优变成择劣或者出现择优机制空洞化，进而在最关键的一环真正做到了保护落后或者低下，阻碍优秀或者卓越，破坏生产力的进步与发展。所以，为了确保建设高素质的领导队伍，开发、建设和最充分利用优质的人力资源，特别是领导人才资源，就必须彻底消除传统状态下的择优机制基础而以新时代进步科学的事业化、才能化等机制为基础，设计和建立一个非常完善、发达的现代择优机制。

2. 汰庸汰劣机制

根本而言，汰庸汰劣机制是一种组织人事管理过程中处在首位的激进强效择优机制，也可以说是整个组织人事专业管理、整个一般管理和整个内务性领导中最实质强效与最有价值的工具和手段。它实质是指组织系统为了确保组织任务的充分完成、组织目标的充分实现而对已经到位的所有组织成员进行科学的全程监测考评并以成员的实际绩效确定成员的去留、上下或左右，最终达到澄清和抛弃队伍中的杂质劣质性成员而剩留越来越优质的成员，构成完好坚实、最有竞争力和创造力的高质量队伍的一种人事管理模式。其中包含着非常现代的观念、原则、原理和具体做法，是形成综合实力、竞争力、制胜力和无穷发展潜力的最有效机制。

在传统状态下，这种机制是不存在的；取代它的只有汰优机制，即一切以事业为重、忘我工作、高度投入、标新立异、不断创造者都将陷入由嫉妒排挤、非事业化、非才能化、既得利益化和阴卑堕落化等等构成的文化环境和权力效用模式当中。在汰优机制下，一切先进，特别是才能化的先进或优秀都将被彻底地打倒和粉碎，整个组织和队伍都在千方百计地向低级无聊、无能无德看齐并进行最深度的竞争。这就是说，汰优机制就是一种促使人们争当混迹之徒、促使组织和队伍争取完全腐朽质地和没落毁灭结果的机制。事实上，这种机制在很多朝代、很多国家、很多社会和很多企业中都普遍发生过。但是，迄今为止，仍然还在不少组织中发生，也就是说仍然有不少组织在活着找死。

但应该说，汰优机制根本上却不是组织人事专业上的问题，而是领导和一般管理上的问题，特别是领导极不成器——极端低能无德、封建愚昧、恶劣无耻所强行造成的现实机制。这是典型的变态领导，只能把组织和队伍带向耻辱和死亡。像不少封建性极强、整个气氛极端沉闷落后的企事业单位和公共组织，再如某些在国际上横行霸道、野蛮疯狂、独行天下的国家就是这样。这样的领导极端危险，最终会把其所在组织以及其自身给淘汰掉；而优胜者必将果断淘汰掉这些既落后又邪恶、作茧自缚的低劣主体。

这就是说，汰庸汰劣机制的建立本来就不仅仅是单纯对付一般组织成员的，而是要有效对付全体组织成员特别是领导者的，不仅要淘汰掉一切不称职的一般成员，而且要更加敏感、强效地淘汰掉占据领导岗位的不合适不称职成员和运作方式与制度。特别是只有用汰庸汰劣机制来清理、优化领导层或者领导队伍时，整个组织才能得救，才能从根本上获得新生。

具体地相对于领导而言，就是要完全打碎“汰优机制”，建立最彻底的“汰庸汰劣机制”，最充分选拔、开发和使用好领导人才，最终要促使整个领导群体完全领导人才化，真正增强该系统的领导质量和价值，真正强化和优化现实的领导力。这在操作上就具体落实为选拔、使用和开发领导人才，而不是简单地增加或扩大领导队伍，更不是通过维续和发展“汰优机制”来为更多的庸人挤入领导群体提供机会。

在正常情况下，领导者必定是领导人才；充任领导者的必定是领导人才；只有领导人才才能担任领导者；只要是领导人才，就一般地能够进入领导岗位而担当起领导角色。但是在现实生活中，领导者却不一定都是领导人才；有的人虽然已经进入了领导岗位，但是却不是领导人才；而领导人才也不一定能够成为领导者。

应该说，领导人才并不以是否在领导岗位上来判断的，而是以是否具备优良的领导素质来判断的。处于领导岗位并不能证明就是领导人才，不在领导岗位不一定就不是领导人才。不是领导人才的人充当了领导者只是体制上的缺陷和其他方面的严重问题，这种领导者显然是不称职的，是滥竽充数者，会给现实带来许多不利和危险的后果。作为领导人才，没有得到开发利用，则是极大的资源浪费和公共悲剧。

所以，明智的现代组织一般都能非常自觉主动地实行汰庸汰劣机制，而且要特别着重于对准领导和管理，而不仅仅是普通组织成员。比较典型的是实行“末位淘汰制”。末位淘汰制就目前的实施效果看是非常有用、非常强效的，但从其内涵看则还不一定科学、适当和完善。因此，还需要进一步研究、探讨和建立更加完善的汰庸汰劣机制，有效确保人才，特别是领导人才能进能退、能上能下。

5.4.4 调适与服务机制

1. 疏通调适机制

疏通调适机制，也叫任内交流机制，是指现有组织成员根据岗位适应性、长短针对性、工作需要性和人才培养性等因素和倾向进行组织内工作调整、岗位轮换、角色转换、平衡人力资源等活动的常规人事运作模式。它包括组织内不同岗位的平行交流和不同层级的上下交流等机制。它最大的特点就是及时发现和实现工作、人才和组织需要三者之间的一致与平衡，最大限度地达到人力资源的角色适合性和效用充分性，能够及时有力地消除工作与人、人与人之间的不协调性、摩擦性和消耗性，不耽误工作和事业，不耽误人才及其效用，不阻碍或梗塞人力资源的合理流动，而做到科学合理地适才适用、能进能出和能上能下。

这个机制最具科学、合理、民主、透明、文明、团结、开放、积极、和谐而又可持续等现代特征，能够培养出一支强大、忠诚、团结、协作、高能、高效而又愉快的队伍，能够给组织创造和形成无穷、巨大的生机、活力、潜力、凝聚力、创造力、竞争力和制胜力，能够给组织带来无限发展和壮大的光明前景。事实上，组织人事的科学性和艺术性在这个机制上都必须是极其充分和高水平的，这是一个能够最充分有效地确保组织系统健康、积极、富有力量的人事机制。

然而，在传统状态下，虽然有近似疏通调适的举动，但实际却并不存在这样的机制，而只有凝结着深厚无知愚昧、嫉妒霸道和封建权势等心态与权力的封闭僵化方式。在这种方式下，除有背景有关系、善钻营和要提拔等成员以外的所有成员一般都是一岗定终身；对他们而言，表面上是属于某一具体部门而实质上却属于某一部门的领导者，表面上说要安心工作、爱岗敬业、干一行爱一行，而实质上却是强行安置、横霸压制、权势逼迫、绝对没有适才适用的文明意识和科学做法。其实，这种极端落后有害的人事方式依然很普遍地存在于各种各样的组织或单位之中，非常明显地制约着该组织的活力，在全球化时代则更非常明显地将该组织置于死地。

很明显，非常有必要尽快建立起一个完善发达的疏通调适机制，以便在现有的人力资源中开发和创造更强大的竞争力与制胜力，进而在国际交锋较量中越战越强，永远立于不败之地。这其实是真正练内功的所在，是一个组织现代化、健康化和长寿化的关键所在。它将会同其他机制一起自然地协调一致起来，形成更具科学性、文明性和民主性的选拔任用机制体系，而更好地开发人力资源并发挥其作用。

2. 内升外引机制

内升外引机制就是内部晋升与外部引入机制，是一个必须最充分地体现事业化机制和疏通调适机制的人才开发和队伍建设模式。从其内核上看，它充满了竞争性机制和激励机制的内容，旨在不断加强、充实和优化整个组织系统的骨干队伍和核心构成。

这个机制首先是着眼于激发内部成员的潜力、士气和贡献，同时也降低工作成本、培养成本和系统运作成本，减少内部流通升降的阻力、障碍、摩擦和紧张以致人员流失或离心离德；其次是不断吸纳更优质的外部力量以增强组织系统的体质和效能，能够输入新鲜血液、新鲜思想、新鲜力量，甚至是关键的新质以弥补组织系统原有的缺陷不足或者更新组织系统，造成更新更大的组织新质、组织合力和组织活力，对于领导而言则完全有可能使整个组织系统焕然一新。

但是，过分的内升制容易造成近亲繁殖，因为如果大多数职位空缺都由内部人员填补，则必定会形成新的内部问题，即某些积弊将可能因此扩大而成为组织系统的致命伤，至少是十分容易陈陈相因、缺乏创新，而且十分容易对外来新质产生抵触倾向和做法，抵制外来的更新更优的力量，进而把组织维持在旧思想旧方式上进行运转，扼杀变革、创新和发展。而外部引入制如果过分，就会引起内部很大的失望、抵触和怠工等情绪，特别是新来者还有一个适应过程、磨合过程和熟悉过程，数量太大则必定还会引起整体的不适应性、停滞性，总之会造成重大的损耗，也不利于人力资源的有效开发和利用。

所以，建立完善的内部晋升和外部引入机制需要对内外部资源给予充分的科学测评和分析，确定最佳或者最恰当的分寸，使两者之间达到协调，既通过内部人力资源调剂来满足一部分更换岗位的需要，又从战略的角度对外部人力资源进行开发利用，把组织人事工作做到更细更高明的水平。这在全球化人才竞争中将发挥十分重要而积极的作用。

5.4.5 动力开发机制

1. 激励机制

激励机制是必须切实贯穿于整个领导过程、管理过程和组织人事过程的基本机制。这个机制实际上就是一种通过引导、触动、刺激、鼓励、鞭策、激发、断后、逼进等有效手段确保所有组织成员都能最大限度地提高自身素质并发挥出自己作为人才的最大潜力、效能和作用以及确保整个组织系统激扬向上、吐故纳新、生动活泼、不断进取和成功以高效实现组织目标的强制性设定与引导性方式之和。

其实，这个激励机制是一个非常古老的机制，也是比较低层次的机制，但却是非常重要而实用的机制，常常能够立竿见影、收效巨大。任何做人的工作、做发掘能量和动力的工作都非常需要借助于这种机制。将它用到正确的方向上，特别是解放和发展生产力上，必将形成无限的活力、取得重大的成效。而将它用来刺激腐朽的机制和取向，则必将带来巨大的病垢和灾难。

在传统状态下，它只支持和鼓励落后、糊涂、混迹甚至邪恶的势力和倾向，而且还把它们加以美化，使之变得光明正大、不容置疑。而这事实上是由于传统状态下的其他选拔任用机制非常落后甚至恶劣而使激励机制只能这样发挥作用。但在全球化时代，这种机制就必须也必将改变：一是其程度、效度和科学性都要极大加强，二是其作用的基础即其他方面的选拔任用机制都将发生重大革新而必将发挥出非常积极、正向的效能和作用，亦即能够真正起到推动进步和发展的作用。

2. 物质保障机制

物质保障机制是必要的补充性人事机制。这个机制是指为了充分调动和维持所有组织成员高度的积极性而按照一定原则和比例提供诸如薪金、福利和劳保等等方面的物质支持与鼓励的基本手段和做法。这是一个古老的人事机制，没有什么更新的内核和功能。但就当前情况而言，它却还值得再予提及。

在全球化时代，不同的竞争对手往往通过物质刺激来进行人才竞争，或者挖空人才，或者干扰人才，或者动摇人才的心思信念，或使人才日渐消极而无以成事，特别是国际大企业常常用巨额薪水吸引人才，用各种物质刺激争夺高层人才等等，物质对于人力资源开发的作用已经变得越来越巨大了。而原来单纯靠思想政治工作或者理想信念的做法已经收效甚微了，即使是单纯靠提供事业机会也都不一定能够吸引或留住人才了。所以，必要的物质保障在物质参与组织人事工作的作用和程度越来越大的今天就显得更加有分量，是做好组织人事工作的最重要保障手段。在这方面，物质对于领导人才或领导力的开发就尤其有作用，特别是在公共部门这一点就显得更为突出。

根据社会经济发展程度和一般物质生活的平均水平，在领导人才的收入上及时、适当地增加投入以提高其收入和物质生活水平，从物质利益上能真正切实满足组织中领导成员一定程度的物质要求，从物质待遇或利益上给予必要的保证，由此填补和消除原来获利微薄所造成的空白——而这种空白却正是产生腐败堕落的直接诱因和刺激物。要从提供日益丰富的现实物质基础来铲除领导人才退化变质的内在根源。

5.4.6 工作精严机制

1. 组织人事专业化机制

组织人事专业化机制是一个从专业效果上确保选拔任用机制正确建立、正确运转、正确高效发挥作用的保障性选拔任用机制。它基于组织人事的高度敏感性、重要性、细致性和严肃性，百倍强调组织人事的极端专业性和科学性，强调组织人事必须由非常内行的组织人事专家和专门化的制度、机制及手段来构造和完成组织人事整体，由此确保组织人事质量的稳定、信度和效度，从而真正确保人力资源开发，特别是领导人才的开发是科学、正确、可信、务实和有效的。

然而，传统状态下，组织人事只有非专业化机制，而无专业化机制。这就是说，传统状态下的组织人事基本上是由非专业的外行来胡搞，由非专业的程序和做法来胡搞，其主观性、随意性、随机性、权势性、封建性、不确定性、个人倾向性、情绪情感性和利益交换性等等一切人为、人治的特点和本质就表现得极端显著和恶劣，致使大量的优秀人才深受其害、大量的人力资源和生产力深受其破坏，极端严重而又隐晦地阻碍和消弭进步发展的动力与活力，并作害于现实社会生活却不被发现、不被铲除、不被取代。

可以说，传统的组织人事在没有专业基础甚至几乎是棍徒的人员操持下基本上是没有科学保障的，常常选错和用错人、做错或故意做错事而无任何责任，更不会被追究，而误事误时、损人害国、祸患极深。因此，在当今全球化时代深入开发人力资源、最大限度解放和发展生产力的目标下，要建立一个完善、发达的专业化机制，以彻底端正和规范组织人事整体，最大力度地确保其完全专业化和科学化。

2. 选拔任用监督机制

选拔任用监督机制是对领导者用人全过程实施规范化、制度化监督的工作模式和制度设计。它主要包含了组织人事诊断机制、组织人事事业化导向监控机制、组织人事科学化标准化规范化监控机制、组织人事透明化民主化法制化监控机制、人才使用适当化充分化监控机制、人才使用成效化成果化监控机制、组织人事纠偏堵漏机制、组织人事错误惩罚机制和组织人事成功奖励机制等一系列子机制。这些子机制主要是对领导者（事实上同时也对组织人事工作主体自身）在实际工作方面上表现出来的事业性、科学性、规范性、纪律性、合理性和法制性等进行强效的监督控制。

在上述这些子机制中，人才使用适当化充分化监控机制最为重要，因而在此特论之。其要义主要为：在具体解决组织人事问题的过程中，要以明确可数的业绩、贡献、能力和事业需要为选拔、任用、交流、评估、鉴定、奖励、惩罚、进退和上下的最终标准，以硬性指标的优势确定优胜者，公布于众，让群众和上级组织检查、评阅和认定。确立可以由组织方和被组织方在规定的时间内做公开的个人阐述或表示的制度，彻底改变由个别人通过签字推荐或确认然后才有机会这样做的官僚主义做法。

选拔任用监督机制一般重视事后监督或结果监督，而且还要使之精细化、高效化。但是，从大量实践来看，建立一个完整的过程监督机制更为重要；这个过程监督机制包括事前监督和事中监督两部分。在过程监督中，它侧重于以选拔任用机制中的人事监控职能和子机制为主要构成。因此，它实际上就是一个突出发展起来的组织人事监控机制体系，包含多个子机制，具体就是对领导者用人行为和结果进行经常性、制度性评鉴、监督与管束的工作模式。这个机制主要有如下七个方面的重要含义：

第一，事前监督和事中监督都属于日常、细致、快速反应的监督；监督责任承担者就是组织人事主体，包括组织人事部门和主管人事的上级领导。

第二，设定具体的原则、标准和要求，作为领导质量检核的正式依据，内容覆盖领导的各个方面，核心就在于领导过程对权力的运用和人格道德的表现。

第三，人民群众是根本的监督主体，可以通过向组织人事主体或者权力机关直接反映意见来对领导实施日常监督。

第四，直接监督责任承担者必须快速做出反应，公开透明地运作，严格对照正式依据，准确判断性质，及时进行处理。这对于滥用权力、人格堕落、品位底下等等不合格者可以及时、果断地予以组织处理，确保前述各项机制的有效实施。

第五，最实质地体现“为人民服务”的宗旨，以认真负责的态度来对待群众的监督制约，并且把组织人事工作同群众监控和权力机关监控配合在一起，为形成监控的快速反应机制提供一个最实质的实际内容。由此确保所有监督主体，尤其是其中的领导客体能够完全有效地对领导者进行更全面、真实、及时、有效的监控。

第六，随时检查和发现全体人员的素质以及其中潜藏着的或被埋没的“千里马”，把组织人事业务真正做到家。要以是否有切实的“千里马”意识、乐趣、气氛和追求为评价整个组织人事合格与否或称职与否的最终标准，随时把不合格的组织人事工作人员公开撤下，首先消除在组织人事工作中的混饭吃主义和嫉妒丛生的组织人事者人格；对于总是习惯于用封建式的心态和手段进行组织人事工作者，尤其是故意否定和压制“千里马”者，必须尽快予以严惩。共同的事业需要“千里马”，国家和民族需要“千里马”；不发现和重用“千里马”，就是组织人事工作的严重失职和渎职。

第七，采取一整套建立和完善新型人才选拔任用机制的措施，将清风正气和科学力量贯穿于其中，最猛烈地荡涤、清扫在组织人事领域中最容易发生和积淀的污垢、个别人结党营私和为所欲为的阴暗角落，最彻底地打破组织人事运作的“黑箱方式”、由个别人说了算的封建性局面、凭领导者主观印象和个人好恶决定组织人事结果的现实格局，同时也随时检验和评估领导者是否真正具有领导的水平和能力以及相应的品格，进而使整个领导体系严谨、干净、透明起来。

总之，领导用人机制事关人才根本、组织根本和事业根本。要确保领导用人正确而积极，就必须着力建设和完善这样一套科学、民主、负责、可靠的领导用人机制。这是一个事关整个组织建设成功与否的核心所在，也事关整个事业发展得失成败的根本所在。

5.5 领导用人方式方法

5.5.1 基本的用人方式

古人说：“识才难，非难；得才难，非难；用才难也。”既然如此，选人用人的方式方法就显得极其重要。事实上，领导过程中有大部分的活动都直接表现为人事工作及与此相关的各种情况和关系。这个环节不仅要科学，而且要艺术。领导者在人事方面不讲方式方法或者干脆就缺乏艺术，容易招致领导失败。

领导用人的方式非常多，诚可谓千变万化。事实上，随着时代的变迁和社会经济的发展，人才选用方式必定是不断变化和发展的。正因为如此，所以在实际工作中存在大量不同的人才选用方式。在不同情境下，特别是因为有不同德行的领导者在其中起作用，这些不同的做法具有大不相同的效用和结果，常常是直接导致或促成不同的用人效果和领导成效。

大体说来，这些选人用人的方式主要有如下一些类型：（1）正用和旁用；（2）直用和曲用；（3）主用和次用；（4）重用和轻用；（5）近用和远用；（6）长用和短用；（7）尽用和扣用；（8）严用和滥用；（9）明用和暗用；（10）恰用和误用；（11）实用和虚用；（12）真用和假用；（13）智用和昏用；（14）善用和恶用；（15）做人而用和做鬼而用；（16）做官而用和做事而用；（17）因素质而用和凭关系而用；（18）选拔性使用和驱遣性使用；（19）培养性使用与压制性使用；（20）开发性使用与耗费性使用；（21）整合性使用和分散性使用；（22）信任性使用和怀疑性使用；（23）艺术性使用和权术性使用；如此等等。

但是，目前在领导实践中、组织人事工作中或者是人力资源开发中，最常用的人才选用方式概述起来则主要有以下几种：

1. 选任

选任制是以选举的形式产生被任用者。它是由公众直接向被选举人授权的行为，是权力的集聚过程，也就是说权力主体将自己的某些权力交付给自己的代表来行使。选任制产生的是利益代表。授权的前提是政治信任和政治认同。因此，它适用于产生各种代议机关（如党政群的各种代表大会、代表会议和常委会等）的组成人员、行政首长和委员会的主持人。

选任制的长处在于：一是权力来源有明显的合法性，权威性有较牢固的基础；二是选举人能广泛表达自己的选择意愿，被选举人必须对选举人负责；三是真正的民主选举能避免人们所不信任的人篡夺权力，避免任人唯亲、人身依附关系等弊端；四是有利于当选人之间互相监督，互相制约，防止个人滥用权力；五是由于选举是定期举行的，并且对任期任届有明确的限制，这就有利于解决领导人员的“终身制”问题。

选任制的不足在于：一是选举人对利益的考虑易注重于局部利益和眼前利益，当选人在这种压力下也容易忽视整体利益、长远利益，导致行为短期化；二是选任有时会注重人际关系的选择而不是能力的选择，选上去的人也可能不是才智超群者，而是绝大多数人可接受者；三是对未担任过公职或不熟悉的候选人，选举人对其能否代表自己的利益并无把握，选举有一定的盲目性。

选任制的主要价值取向是民主。因此，在实行选任制时要保证选举人能够充分地行使民主选举权利。

2. 委任

委任制是由有任免权的机关按自身的权限来指定被任用者。它是由上级向下级授权的行为，是权力的发散过程，即权力的再分配过程。被任命者向任命者负责。委任制可适用于任用领导人的助手、秘书等辅助人员。

这种方式的优点是，委任者与被委任者之间的联系密切，有利于形成高效率的决策和执行系统，权力集中、指挥统一，任用方法简便、灵活，适用范围比较广。不过，委任制也容易产生一些弊端，这些弊端主要有以下几点：

一是难免出现“任人唯亲”。由于选人是根据领导者个人的印象和判断，这就使任用带有很大的主观随意性，难以摆脱个人的好恶和情感恩怨的影响，易导致“人治”，出现“任人唯亲”的现象也就在所难免。

二是选拔视野狭窄。由于选拔工作是在领导和少数组织人事干部主持下单方面、小范围地进行，局限于某一系统或某一单位，而且就是在这个小范围内，也只能任用显人才，而许多潜人才则没有获选机遇。

三是难免任用失误。由于选拔工作是由少数人单方面、小范围地进行，很难全面了解选拔对象的德才各方面情况，因此，任用难免有失误。

四是诱导“归附”思想。由于领导手中握有选拔与委任的大权，个别思想意识不够健康的人便会巴结逢迎上司以便获得升迁机会。也有些人会因为自己被领导委以重任而产生"感恩"思想，一心想着如何报恩，却不把为人民服务放在心上。

3. 聘任

聘任制是用人单位以合同为契约产生被任用者。它的优点是可以保证合同期限内用人单位和受聘者个人的工作稳定性，从而便于管理。同时，它还具有灵活性。因为用人单位和受聘人之间只是合同关系，合同是在自愿的基础上签订的，两厢情愿，合则留，不合则去，从而有助于人才竞争和人才的合理流动。聘任制的局限性也类似委任制，带有一定的主观随意性，如果没有配套措施，易造成任人唯亲，导致人治。

4. 考任

考任制是以公开的竞争性考试择优产生被任用者。它的优点主要表现在：一是具有明确、统一的评价标准，体现公平原则，可以防止徇私舞弊、弄虚作假现象，克服选任、委任和聘任制的主观随意弊端；二是公开竞争、机会均等，优胜劣汰，成绩面前人人平等，体现平等竞争原则。可以在全社会范围内广招贤才，避免委任制选拔视野狭窄、埋没潜人才等弊病；三是适用范围广泛，考任方式是古今中外选用人才中最为普遍的方式之一。当然，这种方式也并非尽善尽美，它的考试内容的科学性、全面性和结果的准确性都有待进行研究。

上述几种选用人才方式，都有各自的优点和不足。因此，在改革实践中，人们在此基础上，取长补短，探索出几种新的"杂交"方式。例如，把考任制与聘任制相结合，形成了考聘任用方式；把考任制与委任制相结合，形成了考试委任方式；把考试与选任相结合，形成了考选任用方式；等等。这些新的任用方式将在今后的改革实践中得到逐步完善。

5.5.2 主要的用人方法

1. 民主考评方法

民主考评方法是指当前统一实行的人才甄别方法。这个方法是以制度的方式加以颁行、具有极大规范性和严肃性的官方方法。它以德、能、勤、绩、廉为五个考核维度，以政治态度、思想品质、工作思路、组织协调、依法办事、心理素质、精神状态、工作作风、履行职责成效、解决复杂问题、基础建设、廉洁自律等为具体的测评方面，采取一系列配套方法来对被考查者进行全面的甄别。这个方法在诸如《党政领导干部选拔任用工作条例》、《体现科学发展观要求的地方党政领导班子和领导干部综合考核评价试行办法》等中做了规定。其具体要点主要如下：

第一，民主推荐。民主推荐按有关规定和程序进行提名，在提名环节扩大民主，具体包括全额定向会议投票推荐和个别谈话推荐，由此提出考查对象。在此基础上，还可以根据实际情况，按一定差额比例进行二次会议推荐。

第二，民主测评。民主测评主要是从 14 个评价要点对被考查者进行甄别。这些评价要点是五个维度的具体分解和内容表现，实际就是考评指标，主要包括"理想信念，贯彻执行党的路线方针政策的坚定性，政治纪律，理论素养""发展观、政绩观，创新意识"

“事业心、责任感，敬业精神，学习态度”“分管工作完成情况，抓班子带队伍情况”“遵守廉政规定，对配偶、子女和身边工作人员的教育与要求，接受监督，生活作风”“政治鉴别力和敏锐性，大局观念，工作指导思想”“贯彻科学发展观的自觉性和坚定性，联系本地实际贯彻落实的能力”“发展速度，发展质量，发展代价”“思想道德和纪律教育，履行廉政职责，班子自律”等。

通过民主测评，可以较准确、较全面地了解领导班子和领导干部履行职责的情况及领导干部的德才表现。这些德才表现主要包括政治方向、精神面貌，贯彻科学发展观、执行民主集中制、驾驭全局、务实创新、选人用人、处理利益关系、处置突发事件的能力，经济建设、政治建设、文化建设、社会建设和党的建设，以及党风廉政建设等方面的内容。

第三，民意调查。民意调查主要了解对领导班子和领导干部工作成效和形象的社会评价，分为两部分：

(1) 对地方党政领导班子的民意调查。这主要是在经济建设、政治建设、文化建设、社会建设和党的建设方面群众直接感受到的工作状态与成效，设置了“群众物质生活改善情况”“依法办事、政务公开情况”“公民道德教育情况”“城乡扶贫济困情况”“社会治安综合治理情况”“党的基层组织和党员队伍、干部队伍、人才队伍建设情况”等 12 个方面，向干部群众进行规范的和科学的调查，由此获得较高信度的甄别信息——公论。

(2) 对领导干部的民意调查。这主要是从工作作风、履行职责、公众形象等内容，设置了“开拓创新与敬业精神”“深入基层、联系群众情况”“分管工作完成情况”“为群众排忧解难、办实事情况”“廉洁自律和接受监督情况”“道德品行”6 个方面，向干部群众进行规范的和科学的调查，由此获得较高信度的甄别信息——公论。朱元璋即使是非常专制的封建帝王，也很注重公论。他说：“众人恶之，一人悦之，未必正也；众人悦之，一人恶之，未必邪也。盖出于众人为公论，出于一人为私意。”

第四，实绩分析。实绩分析主要是通过有关方面提供的经济社会发展的整体情况和群众的评价意见，重点分析任期内的工作思路、工作投入和工作成效，以充分体现从实绩看德才、凭德才用干部。分析的具体内容要点包括上级统计部门综合提供的本地人均生产总值及增长、人均财政收入及增长、城乡居民收入及增长、资源消耗与安全生产、基础教育、城镇就业、社会保障、城乡文化生活、人口与计划生育、耕地等资源保护、环境保护、科技投入与创新等方面的统计数据和评价意见，以及上级审计部门提供的有关经济责任审计结论和评价意见。此外，还包括群众的评价。由此对地方党政领导班子及其成员的实际绩效进行比较准确的鉴定甄别。

第五，个别谈话。个别谈话是深入了解地方党政领导班子建设状况和领导干部的德才素质的重要途径。其要点包括：区分不同情况，确定谈话要点；提前发放谈话预告，提高谈话质量；对在现工作单位任职不满两年的拟提拔人选，还可到其原工作单位采取个别谈话等方式进行延伸考查；引入考查组集体面谈的方式，增强谈话调查的针对性、深入性和全面性。

第六，综合评价。综合评价是在全面掌握考核信息的基础上，对民主推荐、民主测评、民意调查、实绩分析、个别谈话的结果进行比较分析，并与纪检机关（监察部门）的意见，巡视组巡视、重大事项跟踪考查、参加民主生活会等方面反映的意见，以及其他平时了解的情况相互补充印证。通过考查组集体研究分析，对领导班子和领导干部做出客观公正的评价。

上述方法是当前中国统一采用的官方方法，具有高度的组织性、制度性、权威性和可操作性，可在用人活动中由领导者直接使用，但主要要靠专门的组织人事机构来操作使用。总之，无论古法还是今法，即使科学价值和适用特点有所不同，但其科学精髓和实用价值却都是一样的，可以直接使用，更可以也需要结合领导者自身经验来创造性地使用；身处第一线的领导者还可以在此基础上发展出更多、更实际、更有效的识人方法。

2. 考试筛选、公开竞争的方法

考试筛选是传统的人才选用方法，但是，现代的考试选用方法从内容到形式都与古代大不相同了。目前正在实施的考试筛选法主要包含以下几种具体做法：

第一，笔试法。笔试是通过文字描述、解答考卷问题来鉴别应考者的知识水平、理论水平、写作能力和阅读能力的方法。笔试的优点是：简便易行，省时省力，花费较少，一份内容相同的考卷，可以同时对大批应考人员进行考试，并且易于管理；考试评分的标准尺度客观统一，能较好地防止与避免考试和评阅试卷中的主观随意性，有较强的客观性和可信性。笔试也有不少缺陷，如不易考查应考者的实际工作能力，有时可能出现“高分低能”现象等。一般地说，选用较高层次的人，多用论文式考试；选用较低层次的人，多用短答式进行考试。

第二，面试法。面试是要求应考者在规定的时间和场所，口头回答主考人的提问和考试题目，以考查应考者是否具备拟任职位所需要的实际知识和工作能力，观察应试者的仪表、性格以及机敏程度等。其优点是：考查内容比较广泛，方法比较灵活和易于发现应考者的逻辑思维能力、综合分析问题能力、语言表达能力、应变能力和社交能力以及仪表、气质等方面的优缺点。其缺陷是：耗费人力、时间比较多，考试的规模也受到限制，评分易受主考人的思想、性格、情感的影响，难以做到完全公正。但因人的应变能力在现代社会显得越来越重要，因此，从发展趋势看，面试越来越受到重视，并正在不断完善。

第三，操作式考试法。操作式考试要求应试者运用其所具有的专业知识和技能，按拟任职位的要求进行实地操作表演，主考人据此判断应试者的专业知识水平和实际工作能力。这种考试方法通常用于选用从事专业性较强的工作人员，如电脑操作员、会计人员等。由于实际操作考查的内容是该职位要求具备的知识、技能和工作能力，因此，这种考试方法具有较强的针对性和实用性。

第四，心理测验法。心理测验法是借助于各种心理测量仪和量表来测定人的各种心理特点。目前使用的心理测验主要有如下几种：(1) 智力测验。主要是测定个人的观察能力、理解能力、表达能力、应用能力、记忆能力、推理能力、判断能力和想象能力等。(2) 职业性向测验。是测验某个人适合于从事某种专业或职业的特殊能力，以鉴别和确定应试者从事的工作岗位或职业。(3) 兴趣测验。兴趣是指一个人主动经常地倾向于认识掌握某种事物或某项工作，并愿意参与该种工作活动的心理特征。兴趣测验就是对这种心理特征的测验。事实证明，一项工作如果由有兴趣从事此项工作的人担任，往往能导致创造性的成就。(4) 人格测验。这种测验除了测定个人的毅力、勤奋性、进取心、认真程度等人格因素外，还测定个人在处理人际关系时的个性特征，如合作性、服从性、宽容性、领导性等等。总之，心理测验法一般多用于选用特殊人才。在使用此法时，由于需要借助各种测量仪器和量表，因此主持考试的人必须具备必要的专业知识。

第五，群众评议法。群众评议法是通过走群众路线的办法来考查被任用者，评论其是否具备担任一定职务的资格。此法一般适用于选用领导者。选用领导者时听取群众的意见，有利于全面了解选用对象的情况。古人云："左右皆曰贤，未可也；诸大夫皆曰贤，未可也；国人皆曰贤，然后察之；见贤焉，然后用之。"这就是说，一个人的德才只有在实践中才能表现出来，而一个人的表现只有他周围的人及和他有联系的人才真正了解。因此，一个人能得到广大群众的称赞、拥护，从一定意义上可以说明他具备担任一定职务的群众基础和能力。在实践中，这个方法通常是由有关部门通过召开各种形式的座谈会、个别访问、问卷调查等形式，向与被考查人有联系的有关人员了解被考查人的德才情况。评议结束后整理出书面材料，作为选用依据之一。

第六，短期试用法。短期试用法是将被选用人员放在一定的职位上，让其在此职位工作一段时间，考查其是否适合担任此职。此法是了解人的一种切实有效的方法。古代在选用人才时也曾主张采用试用法。南宋的陈亮就曾说，了解人要"策之以言，而试之以事"。了解一个人的特长是一个相当复杂和困难的过程，不可能一蹴而就，往往需要若干次反复过程才能比较确切地了解清楚。而了解人的特长之所以困难，就是因为一个人的特长由其素质结构所决定，而对其素质进行测定却是一个复杂的过程，而且还往往受测定者的主观影响、测定手段科学性不足的影响，使得测定难以完全客观地反映被测者实况。另外，在测定的理念与依据上，往往会把个人兴趣与其特长简单等同起来，认为兴趣所在即是特长所在。当然，有些人由于具有某种特殊能力而产生某种兴趣，这种兴趣是以他的专长为基础的；但也确有相当多的人的兴趣并不和他们的特长相联系。因为人的兴趣除了由自己的特殊才能产生外，还受到外部条件的刺激而产生。社会提供的机会、别人的成就的诱惑等，都可以使人萌发某种兴趣。可见，真正了解人的特长需要一个过程。总的来说，短期试用法实际上就是提供了一个便于全面认识了解人的过程。通过这样一个过程来了解他的特长是否符合职位的要求，然后根据考查了解到的情况，决定能否选用。

5.6 领导用人的行动哲学

5.6.1 以事用人：侧重任务激励

用人的目的和本质是为了办事成事而非分肥争利；激励只是用人的辅助手段，旨在确保能够在更大或最大程度上调动积极性、能动性和创造性来更快更好把事办成功、办满意。而"事"在这里就是领导目标和组织任务。

所谓"以事用人：侧重任务激励"，就是要求：一切用人都必须以事为基础，一切激励都必须以事为目的，以找到更适合之人来承办特定之事为出发点，围绕领导目标和组织任务来判断人、选择人和使用人；脱离事或者模糊事，则决不用人，绝无激励。其实质就是“以事业为导向，任人唯事，因事择人，以功励人”。这里的具体做法主要如下：

第一，审时度势，制定用才战略。第二，以事定向，明确用才取向。第三，以事定位，确立用才标准。第四，以事定调，制定用才政策。第五，以事定法，启动用才举措。第六，以事定力，提高用才成效。第七，以事定则，纠正用才偏差。

可以说，以事用人，侧重任务激励，能够促使形成一个特适于领导用人的事业导衡机制，还能由此促使整个组织形成一个具有普遍意义和长效功能的事业化机制、“关系”与权术杜绝机制。因此，这其实就是提高领导用人乃至整个领导工作的水平的成效的第一要则与途径。

不过，从文明进步和发展的水平看，这原本并不高深，而只是做好现代领导工作的平常逻辑之一。在现实生活中却常常发生有悖于这一原则和这一平常逻辑的情况，直接影响到领导用人的正确性和有效性，直接降低团队建设和人力资源开发的实际成效，造成“人不做事而做鬼，才不迸发只扼杀；士气萎靡，事业凋敝”的局面，形成严重的负向激励，损及组织的生机与活力，危及领导的成效和工作全局；其中最常见又最突出的情况主要有以下九种：

第一，任人唯亲，以缘用人。第二，以人划线，以线用人。第三，依凭好恶，以感用人。第四，心胸狭隘，以妒用人。第五，心理曲折，以怪用人。第六，专横跋扈，以势用人。第七，乾纲独断，以权用人。第八，谋变经营，以术用人。第九，卖官鬻爵，以私用人。

上述各种情况都是无心做事、有心顾私的做法，是只凭领导的主观意志、价值倾向和利益标准来考虑用人的行为，是传统领导人格和封建人治在领导用人上的具体反映；不可避免地会窒息人才乃至整个组织的积极性和创造性；其结果都是负向激励，危害极大。而这正是那些打不开工作局面、严重缺乏活力而又内耗内乱、相互打压倾轧以至人心思散的组织或单位所共有的病根所在，也是这类组织或单位中领导者和领导班子没有领导水平、实不胜任领导工作的重大证明。

现代领导要确保成功、走向卓越，就一定要防止和根绝这样的观念与做法，而以“以事用人，侧重任务激励”的观念和行为模式来取代之，把所有可能的工作空间都赋予给它，由此建立一套灵敏高效的领导监督制度，特别是领导用人的科学机制和监督机制，并在实际工作中促使形成充满活力的正向激励机制和大好局面，而避免负向激励机制的形成与运作。这样的领导才算真正明智而健康，真正高水平而有前途。

5.6.2 以才用人：用足信任激励

古人说：“士为知己者死，女为悦己者容。”其实际意思就是，只要得到充分的尊重和信任，一个人就会不惜一切为对方做出贡献以回报知遇之恩。如果领导者了解并成为人才的知己，特别是能够正确、恰当地使用人才，那么每个人才都会舍死忘生地为这样的知己者效劳。而这就很自然地达成“将士用命”，达成用人的正成效。

在具体的实践中要把用人的工作真正做好，领导者就必须以才为本，有才即用，不论亲疏，机会均等；不拘一格，唯才是举；必须了解人才，撇除其短处而发挥其长处，克服其不足而取用其优势，包容其弱点而张大其强项，确保才干与事业准确对应而切合，做到人事相符、才用相当；一旦交付任务，便给予充分的自主空间，鼓励其积极发挥自主能动，做到用而不疑、疑则不用，消除人才的后顾之忧。

这样，就能使被用之人清楚地看到，自己就是因为胜任某项工作而得到认识、信任、尊重和起用的，原来自己是有价值的，为此工作就是自我价值的实现。进而，就能使人才形成强烈的归属感、尊严感、成就感、自信心和工作动力，甘愿竭智尽力、无私奉献，自觉把工作做得更好，并以此为荣。而这就是“以才用人，用足信任激励”，可概括为七个要点：一是竞争择优，广纳贤才。二是用人所长，避其所短。三是区分强弱，量才适用。四是能职相称，才任相当。五是激发才干，人尽其才。六是鼓励冒尖，重用干才。七是注重战略，起用大才。

上述这一切都是对最宝贵的人力资源进行有效开发的系统化举措和重要手段，在实际工作中一旦常态化，就能形成一个正向激励的用人机制，包括竞争机制、择优机制、汰劣机制、才位对接机制、才能迸发机制和人才辈出机制；除此之外，还能促使一个单位或组织很快形成尊重知识、尊重人才、依靠人才以求更大作为和贡献的浓烈氛围与价值取向，进而形成一个具有强效引导功能和促进功能的才能化机制与发展创造机制。而这些机制一旦形成并正常运作下去，就意味着领导用人已经取得了重大成功，更意味着领导在团队建设、人力资源开发和实现组织目标等方面不仅成功而且卓越。

上述这些做法原本也不是什么高深的道理，而是早就为一些成功领导所常知和所常用。祁黄羊为此曾经提出：“外举不避仇，内举不避子。”唐太宗对此曾做出总结：“故良匠无弃材，明君无弃士。”但是，在现实生活中却比较普遍地存在着与此相背甚至相反的情况。其中，较为突出而严重的情况主要有十个方面：一是重德轻能，而对德的含义理解存在偏差。二是重能轻德，但能的质地不佳或不过硬。三是挑短论缺，专拿弱点来审度和对待人。四是遮差盖劣，作秀造秀，重人工包装上市。五是看亲看疏，只在乎是否为我所用而用。六是小肚鸡肠，害怕承认这个人就是人才。七是内部无才，热衷于猎头从他处挖人才。八是轻用重用，还得老大一把手说了才算。九是才大才小，形式化主观化信度不够大。十是策乱智昏，无战略，缺递次，做样子用才。

以上情况都无法正确用人，而只能用人有偏、用人有误；其结果就是用人无效、用人负效而后果严重。具体而言，这样的做法会带来领导用人的严重偏差和错误，在具体操作的过程中实质性而又实效性地造成人才压制、人才浪费和人力资源破坏，还会造成组织群体内部的复杂纠纷、互不信任和深重矛盾而失去和谐与团结，所谓的“烂摊子”就是这样形成的。在此情形下，什么事业都没有希望，都会在内耗中走向衰微乃至失败。其实，这就是一种病，是一种由落后的人才观和领导方式作用而成的病态化用人格局和激励模式，只能产生严重的负向激励。

要治好这种病，就只有在首先树立“以事用人”原则及相应机制的前提下，坚决树立“以才用人”的原则和一系列机制，确保每个领导者和整个领导班子都能够在自己的领导实践中具体地运用好各项“以才用人”的方法要点，由此彻底扭转不良的用人传统和习性，形成一套更理性、更科学、更以才为本的用人观念和用人机制，确立一个有助于加快领导现代化和高绩效化的新型用人模式与激励机制。

5.6.3 以“眼”用人：实施“伯乐”激励

以“眼”用人，就是靠识人的慧眼用人。而这个慧眼可以说是一种洞识人才的眼力和眼光，但更应该说就是一种准确透彻地判别人才的方法论和一套科学、有效、具体的识人方法。

领导工作中要把人用好，就一定要具备这样的慧眼，并善于运用这样的慧眼。可以说，没有这样的慧眼，就无法看到人才的优点缺点或强项弱项，就不能把握住人才的长与短，也就无法了解人才，当然就不能也没有办法做到“以事用人”和“以才用人”了。

所以，要以“眼”用人，实质就是要用科学、正确的识人方法来看人和用人，并由此给人们以具体、现实的心理影响和行为导向，使之确知应朝什么方向努力而不断成长，形成一种来自人才判断的机制化、标杆性激励——这种激励不妨称为“伯乐式激励”。

现实生活中经常能够看到这样的现象：有不少人总爱把自己无用武之地的不幸遭际归结为“不遇伯乐”，并且因此而消极消沉甚或失望绝望，当然也有遁世隐居或者犬儒自在的。这种情况显然是不利于团结奋斗、形成合力以成就事业和创造业绩的。这表明，人才需要伯乐，期待伯乐，希望在自己的现实生活中真有伯乐，是应该引起领导者重视的一个重大现实。

因此，领导者在这里就应该充当伯乐，扮演伯乐，成为真真实实、完完全全的伯乐，就在人才的身边，就在人才的日常生活和工作之中。只要这样，人才就一定会恢复希望，鼓起信心，振起精神，变得积极；进而就能够为实现组织目标而汇聚到共同的大旗之下并形成合力，勇于投入，敢于作为，乐于奉献，把共同的事业做得好而又好、优之又优。这就是具体、真实的伯乐式激励。对此，领导者要有充分而足够的认识和重视；否则，就会在人才问题上犯下严重错误，而且也非常有可能由此导致整个领导工作犯下严重错误。

这就是说，领导者只有具备这样的慧眼并善于运用它，才能看准一个人，用好一个人，同时也给一个人以被识得遇的激励。换言之，领导者要能很好地使用人才，就一定要先成为伯乐，先成为一个能够准确识人、正确用才的特殊人才。为此，领导者就必须学习和掌握一套科学具体、行之有效的识人方法，并且要确保在实际工作中能够娴熟地运用这些方法。以下介绍两种古代识人方法，供领导用人实践以参考，或可单用、兼用，或可变通而用。

[参考一] 诸葛亮选将法

诸葛亮选将法以志、变、识、勇、性、廉、信七个特质为七个维度，对被考查者进行不同重量级的测定、鉴别，由此确定其器用的大小与不同。其方法要点具体如下：

第一，看被考查者在平时是否“若乃察其奸，伺其祸，为众所服”；如果是，那么，他就是“十夫之将”。

第二，看被考查者在平时是否“夙兴夜寐，言词密察”；如果是，那么，他就是“百夫之将”。

第三，看被考查者在平时是否“直而有虑，勇而能斗”；如果是，那么，他就是“千夫之将”。

第四，看被考查者在平时是否“外貌桓桓，中情烈烈，知人勤劳，悉人饥寒”；如果是，那么，他就是“万夫之将”。

第五，看被考查者在平时是否“进（注：选拔）贤进能，日慎一日，诚信宽大，闲（注：娴）于理乱”；如果是，那么，他就是“十万夫之将”。

第六，看被考查者在平时是否“仁爱洽于下，信义服邻国，上知天文，中察人事，下识地理，四海之内视如家室”；如果是，那么，他就是“天下之将”。

[参考二] 刘劭甄别法

刘劭是三国时期的人才学家，也称得上中国历史上最著名、最重要的人才理论家之一。刘劭关于看人识人的理论方法比较多，其中一种以观察为主的甄别法较为突出，也较有价值。这个方法以“感变、志质、爱敬、情机、偏短、聪明”六个特质为选才标准，从六个角度对被考查者进行六个特质的甄别，由此完成识人察人的过程，形成一个比较完整的甄别结果，对于看准人、用好人具有很现实的参考作用。其方法要点如下：

第一，观之以审常度——判断其感变。

第二，观之以知其名——判断其志质。

第三，观之以知通塞——判断其爱敬。

第四，观之以辨恕惑——判断其情机。

第五，观之以知其长——判断其偏短。

第六，观之以知所达——判断其聪明。

事实上，现代领导工作特别是现代人力资源开发和团队建设的实践告诉我们，要真正完全科学地看准人、用好人，仅靠领导者的主观努力是远远不够的，而要引入和借助现代人力资源开发手段，特别是科学的人才测评技术，要引入和借助专司人才测评的人才机构与人才专家。此外，还要将人员的素质测评和绩效测评完全区分开来，将领导者和专家队伍结合起来。只有这样，才能更科学、完备地洞识人才、用好人才，并由此形成和实现对人才的得遇伯乐之励。

5.6.4 以“心”用人：广用精神激励

以“心”用人，就是指要用以善德为核心的人才精神来对人和用人。其中，所谓的善德，就是指那种能够容人和利人、能够激发才智以创造、能够为用人提供巨大心灵空间和精神动力的美德；而所谓的“心”，就是那种尤其对人才具有亲和力、感化力、凝聚力、鼓舞力和激发力的人才精神。

古代治国用兵的著名思想对此有着许多精彩的论述，对我们今天乃至今后做好领导工作，特别是指挥工作都有重要的指导意义与参考价值。此其中，《三略·上略》中就说：“夫主将之法，务揽英雄之心，赏禄有功，通志于众。故与众同好，靡不成；与众同恶，靡不倾。治国安家，得人也；亡国破家，失人也。……官人得，则士卒服；所任贤，则敌国震。”

历史上太多的经验教训表明，领导的得失成败根子就在于用人得失之间。这可概括为如下五种基本情形：得英才者彰，得庸才者荒；得雄才者强，得浮才者伤；得广才者煌，得狭才者僵；得正才者祥，得歪才者殃；得治才者兴，得乱才者亡。

领导者要在处理实际问题的时候保证有一个可靠的组织力量来听从自己的指挥并达到预期目标，就一定事先，实际是在平时就把关于发掘英才的组织工作做好，在关键时刻把最主要、最重要的组织力量指挥好，核心一条就是要善于找到得力的助手并发挥他们的作用。具体而言，这方面的领导要点主要有如下七个方面：

第一，要有爱才之心。这是领导用人的前提。没有爱才之心，难有用才之法。领导者的爱才之心，源于领导者的事业心、责任心。事业心越强，爱才之心越切。领导者若无爱才之心，则不仅培养不出人才，即使身边有人才，也会视而不见，更谈不上引进人才。所以，领导者要牢固树立“人才是最宝贵财富”的观念，爱惜人才、关心人才、培养人才、使用人才。

第二，要有求才之渴。既有爱才之心，自有求才之渴。既是人才，必有出众之处，自然是不多的，不多的人才又是湮没在广大的人群之中，不求何来？此诚所谓人才难得。既是人才，自有其独特的个性，不会轻易随和，不会趋炎附势。有的甚至正因为你身居要职，为避阿谀之嫌，反而敬而远之。虽然这些不见得都是一种美德，但是你必须承认它是客观存在。因此，你无求才之渴，无“三顾茅庐”之诚，人才不会自动到你这里来。

第三，要有用人之胆。用人总是面临多种潜在风险和压力，有些风险是可以预知的，有些风险则不可预知而随时都可能出现。特别是有的人才可能就是一个大才，但当前却是一个潜才，而且还恐怕存在某种是非争议。这时，最大的关键就是要敢于用人，要有胆识和胆力；要敢于冒一些风险，大胆起用人才。一句话，看准了，就不要犹豫，果断起用。

第四，要有护才之魄。人无完人，金无足赤。人才在工作中，往往会因知识、经验等不足而出现这样那样的问题。领导者要敢于顶住闲言碎语，爱护人才；同时采取适当方式帮助这些人。这样，人才在领导者和大家的悉心爱护和帮助下，就会更加大胆工作，敢于独立负责，不断积累经验，变得成熟起来。

第五，要有容才之量。人才往往都很有主张，也很有个性；有时为坚持自己的见解而很可能直来直去，犯颜冲撞，容易得罪人。经常的情况是，人才越出众，其个性就越强；而从现实生活来看，有个性或者个性越强，就越不容易为常人所接受，越容易引起各种非议，被认为自以为是或自高自大、目无群众或目无领导。另外，人才越高级越有才干，直至出现“功高盖主”的样子；而与此同时，其缺点或缺陷也越多，常与其正面的才干和成就几乎等量齐观。这时，如果领导者没有包容之心和博大胸怀，那么这样的人才就基本上不会有立锥之地了；而如果希望最大限度地发挥出人才的作用，真正做到扬长避短，那么领导者就应该宽容大度，不去计较一些细枝末节，从战略上和领导者应有的高度来正确对待人才。

第六，要有荐才之德。选贤举能，是领导者的重要任务之一。在选贤举能中，领导者不仅要在本人离职之际举才接替自己，更为重要的是，在自己年富力强时，就应注意在工作中发现、培养人才。一旦发现或培养出比自己更有能力、更能开创新局面的人才，就放手而用、及时重用甚至让贤以用。

第七，要有育才之方。人才的培养是一种最有效的投资。凡有远见的领导者，都是很重视人才培养的。

以上七个要点实际正是领导者所应该具备的几个用人特质。只要缺少其中一个特质，领导者的素质都有缺陷，领导者的美德都不完整，领导者的品格都有瑕疵，领导者的工作都难免存在风险；而如果缺少甚多特质，则领导者素质恶劣、面目可憎，不仅工作没有水平、无有建树，而且危害甚大、危机即现。

事实上，只有同时具备这些特质，领导者才真正具备完美的用人素质；不仅表明领导者具有非凡的美德和美质，而且也预示领导者就是那种真正大有作为、前途无量的优秀人物。凭着这样的素质，没有领导没有巨大而恒久的权威，也没有领导不能成功、不会卓越。

为此，客观上就要求，在实际工作中，特别是具体的对人对事过程中，领导者必须实实在在地做到如下八点：（1）爱才，惜才，信任人才；要慈爱坦荡，但不嫉贤妒能。（2）包容，恕让，豁达大度；要谦虚博达，但不责备刻薄。（3）平心，机敏，光明正大；要讲求艺术，但不耍弄权术。（4）服务，帮助，真心实意；要诚恳务实，但不伪善作秀。（5）沟通，交友，团结和谐；要平等互动，但不自视高明。（6）公道，正派，问责负责；要公心大白，但不私心曲折。（7）科学，合理，合规合辙；要尊重规律，但不违反制度。（8）变革，创新，谋善求精；要顺时而动，但不墨守成规。

5.6.5 以“杠”用人：实施“杠杠”激励

以“杠”用人，就是要依据关于人才选用的硬性规定与条件来规范用人、严格用人。其中的“杠”就是一个用人主体（如一个组织系统、一个单位乃至一个国家）对于人才选拔使用的制度规定和政策要求，集中反映出用人主体在一个时期内的人才战略、人才政策、人才制度（主要是基本的组织人事制度）和与人才相关的社会价值理念。它们是构造一个用人主体内部用人基本状态和人力资源基本格局的主要因素，俗称“杠杠”。

现实生活中的用人杠杠有很多，各种各样，层叠交错。不同用人主体都有自己的一套用人杠杠。不过，在一个国家范围内，特别是在单一制国家和统一、稳定的社会里，用人杠杠再怎么多种多样，也都会有一个占主导地位的基本杠杠，在整个国家的人才工作中成为杠杠的主流；公共部门一般地都必须以此为主轴，然后才能适当地加入自己的特别杠杠。一般而言，具有明显方法论特性和功能的用人杠杠主要有如下两大方面：

一方面是明杠和显杠。这种杠杠光明正大、权威可信，是不可置疑的刚性约束和明确依据。在内容上就是前述的八种具体杠杠。依此办理，不会犯任何错误，总体上也是正确的，不会招致多少异议、质疑、不满或闲话；是一个正常的、规范的，也比较安全的用人选择。

不过，单纯依靠明杠和显杠，甚或将执行这些杠杠简单化、机械化和极端化，那么就会使领导用人失去必要的灵活性、及时性和适当性，就会导致用人机制和用人方式的僵化与官僚主义化。特别是资格和年龄杠杠起重要作用时，会使人们普遍认为“又在搞论资排辈”了，因而会极大挫伤更多人才和更有活力者的积极性、创造性，进而导致用人低效、无效甚至负成效，也会造成负向激励而给社会带来负面影响，甚至会给一个组织系统、一个单位或一个国家造成战略上的弱势和被动，包括丧失竞争力、发展力甚至是生存能力。

所以，如何用好这些明杠和显杠，是每个领导者都要研究和考虑的问题。不过，这里没有更多的技巧；对领导者来说，只能靠领导者充分发挥自身主观能动性，主要是要结合本单位的情况和工作实际，发挥自己的经验、智慧、胆略、训练和专业知识的作用，辩证考虑和临机处置如何将用人价值理念、现实用人需要与这些杠杠进行有机综合的问题。

另一方面是暗杠与潜杠。暗杠与潜杠是在明杠与显杠之外那些对用人发挥重大影响，甚至是真正实质性影响的所有规则；实际就是在现实生活中广泛存在的、领导用人过程中实际存在的所谓"潜规则"。这既是具有实际效用的用人杠杠，也是一种不一定能视为正常情况的特定文化现象。

从现代社会的角度看，包括用人在内的许多重要活动，都必须公开透明、公平公正、公共参与、加强法治、减少人治、改善治理和防治腐败。因而，这种潜规则式的用人杠杠本质上是没有什么好探讨的，而是只需要指出来加以抛弃、制止和防范的。对此，要把它们作为一种弊病，通过改变用人方式和用人机制、加强用人监督和组织人事制度改革来加以革除。

综上所述，可知用人的杠杠确实非常多，而且无论分别用还是综合用都很复杂，也容易出现偏差，甚至都还存在正面和负面的效用与效应。如果要用好这些杠杠，既要避免僵化和形式化，也要避免失灵而生害；不能任人唯"杠"，而要任人唯"实"；要严格规范、科学合理和符合实际，要争取以杠用人能够最大限度地产生正激励和正效益。

但是应该说，用人杠杠其实是充分反映和集中体现组织路线的具体内容。确保用人杠杠及其执行的正确，就是确保组织路线的正确。而确保组织路线正确，则是确保政治路线能够得到贯彻落实的保障。这正如邓小平所说：正确的政治路线要靠正确的组织路线来保证。结合用人制度实践，用人杠杠具体而言主要有以下八种：

1. 政治杠杠

政治杠杠就是从政治生活的角度提出来的政治性条件与要求。就实际用人的实践来看，政治杠杠有很多，但最通常也更突出的规定则主要有如下几点：

一是理想信念、政治立场、政治纪律、贯彻执行民主集中制和中央重大决策部署等均无瑕疵，更无错误。

二是在一个单位或者一个地区，其主要领导岗位必须由执政党推荐优秀党员来出任。

三是在一个单位或者一个地区，只要有无党派人士和参政党人士，其重要领导岗位就要设法将某种比例的机会留给他们，并确保他们在符合用人条件的情况下优先得到重用。

四是无论什么场合或情况，只要候选人存在不利于大局、不利于团结进步、不利于共同事业和目标的情况，比如存在被一票否决过、群众不信任或者跑官要官等等情况，亦即存在政治错误、政治缺陷或者政治瑕疵，就不能予以重用。

上述杠杠是能够比较充分体现政治文明的用人政策。这对团结所有可以团结的力量，对充分调动一切可以调动的积极力量，对建设政治和谐和整体和谐，均有非常重大的现实意义。

2. 资格杠杠

资格杠杠是一种制度杠杠，即组织人事制度上做出的关于经验、履历等条件的规定。

实质上，这就是资历，包括经历了多少个职位和职务，做过了多少种工作，在某一个职位、职务和职级上干了多长时间，在用人单位干了多长时间以及总的工龄等要素。

在这方面的具体规定主要是人才晋升时的资格限定和资格保障。譬如，晋升正处级，就必须有三年以上的副处级经历；晋升副司级，就必须有两年以上的正处级经历；晋升专业技术职务或者提高一个专业技术职称，至少要有五年的下一级专业岗位工作经历；等等。这些规定成为提拔晋升的硬杠杠，在很大程度上可以确保规范和严谨，能够适当顾及、平衡经验和实际贡献上的差距而达成一种相对的公平。

韩非子在用人问题上曾经强调：宰相必起于州郡，猛将必发于卒伍。这就是说，工作经历、资格是很重要的；一个人越是要得到重用、大用，就越是要有丰富的轻用和小用经历。一个会选人用人的领导者，一定要坚持并善于看重并使用那些从基层干起、经历丰富的人才，而不能轻视在基层和下级职位上经历较久、似乎起步和出身轻微的人才。这是领导用人的一个正确取向。

3. 时限杠杠

时限杠杠是指以工作时间为主要内容的资格限定。这包括两个方面：

一是年龄杠杠。这是一种政策规定，即组织人事政策中在用人年龄上确定的实际要求与把握界限。这一般与不同级别的人才使用相对应，非常具体。在用人实践中实际控制和把握的通常年龄标准可以根据法律法规和组织群体的实际情况来确定，但根本上要依据工作需要、事业需要、人才规律和制度空间来决定。

年龄杠杠是非常必要的，有助于年富力强的新秀得以脱颖而出，有助于打造一支优强的领导干部生力军，有助于防范和避免“老人政治”和干部队伍缺乏活力，有助于干部队伍“流水不腐，户枢不蠹”和更替常新。当然，如果只顾年龄而不顾个人才能与品德等实际情况，也不顾群众基础和事业需要，而搞单纯的“一刀切”，那么就是不符合实事求是原则的做法，既难以让干部群众心服口服，也难以正在做到“唯才是举，任人唯贤”。

二是任期杠杠。这是一种制度规定，包括宪法规定、组织法规定和专门的任期制度规定等。不同国家、不同组织在不同时期对此会有不同的规定。

根据最新修定的宪法、党章、组织法、选举法、公务员法、党政领导干部选拔任用工作条例和职务任期规定及其他有关法律法规，任期杠杠是很不相同的。这样的杠杠规定能够规范党政领导干部职务任期和任期管理工作，保持领导干部任期内的稳定，增强干部队伍的活力。事实上，这还能够为形成真正合理、正常的用人机制提供一个先决条件和一个基本空间，对克服官本位主义和官僚主义、真正打破干部终身制具有重大意义，使得领导人才工作和政治文明建设大大前进了一步。

4. 性别杠杠

性别杠杠是一种政策性杠杠，实质是根据男女性别这个因素来约束用人取向的政策规定。从现有的用人实践来看，性别杠杠有两种，即积极性杠杠和消极性杠杠。

一是积极性杠杠。这种杠杠主要是关于在一个领导班子或一个领导集体中必须配备一定比例女性领导的政策规定；此外，也指反对一切歧视女性的用人行为，提倡在一切领域的用人均实行男女平等的政策规定。这种杠杠有助于铲除性别歧视，更有助于调动和开发每一个成员的积极性与创造性，由此形成更强大的合力，迸发出更强大的创造力，进行更大程度的创造和贡献。这是一种解放生产力的积极政策，是一种能够极大推动社会昌明、进步的积极杠杆。

二是消极性杠杠。这种杠杠主要有两种内容。第一种是与工作年龄规定相关、与年龄杠杠交叉而成的那部分规定。譬如，实际的用人政策规定：一到 55 岁，女性只要在正处、副高及其以下的职位上，都必须退休；只有在副司、正高职位上才能继续任用到 60 岁，然后就“到点了”。第二种是有关单位或岗位在选用人才时强调只用男性之类的特殊规定。这种规定有一定的合理之处，因为有些岗位确实不适合女性人员；但是，在有些情况下却并非存在性别特限，提出不需要女性人才，还是存在性别歧视，至少是进行性别差异对待的问题。

5. 职业杠杠

职业杠杠主要是从专业角度和工作岗位的角度来特别设定的用人规定，包括行业经历、领域阅历、单位编制和空缺职数等方面的规定与限定的政策限定。

行业经历是用人单位对人才提出必须具有一定范围的工作阅历的条件；只有达到或符合这个条件，才予以考虑是否选用。领域阅历是一个比行业阅历既更大也更细的专业性履历，无论在一个行业还是在多个行业，都可能只经历一个领域——这样就是一个在某一点上非常专业的能手，也可能经历多个领域——这样就可能在多个专业领域上成为职业性通才。不同单位根据自身人才结构的情况，在这方面会有不同的要求。

单位编制和空缺职数一般来说是客观的和绝对的硬杠杠。因为这些要素都是非本单位领导或人事部门能够主观考虑的问题，而只能根据这些实况来考虑需要什么人才，做出用什么人的决定。当然，现实生活中的实际用人不受这个杠杠约束、存在超编超额的情况也是常见的现象；只是这样的用人结果从来就不好，不是内讧内耗，就是人浮于事、白养白耗。

6. 民族杠杠

民族杠杠是一种对用人不得进行民族歧视所提出的硬性政策要求。其实质就是，在用人问题上不分民族、机会平等、共同参与。这种政策规定是正确、积极和进步的杠杠，充分体现了宪法精神和现代社会的进步诉求；不仅对于民族团结、社会和谐具有极端重要的价值，而且还能够汇集全体成员的力量，为创造更大的进步与文明，为共同的事业和目标而发挥出巨大作用。这些作用的实际内涵主要有如下四个层面：

一是一个单位或组织需要用人，在同时有多个民族的候选人参加竞争的情况下，要完全公开、平等，不得有任何区隔或歧视；在必要时还必须向少数民族方面倾斜。

二是在一个单位、一个地区的工作人员中，只要有少数民族成员，在考虑建班子、建团队时，要充分照顾和确保少数民族成员有一个硬性的成功机会。

三是在少数民族地区和国家层面，一定要有一定比例和实际较大数量的少数民族人员得到重用，包括担当诸如行政首长或重要领导工作的职务。

四是经过特批，可以适当超越对大多数领导人员具有硬约束的杠杠，而得到更好的任用。如《党政领导干部职位任期暂行规定》第 8 条规定，“民族自治地方的少数民族党政领导干部执行本规定第六条和第七条，经批准可以适当放宽”，就是有可能特批超任两届或者在同一职位或层次上超任 15 年。

7. 素质杠杠

素质杠杠是最基本的用人杠杠，非常抽象而又具体，在不同国家、不同社会、不同单位、不同时期，甚至不同用人者那里都是很不相同的。提出并执行这样的杠杠来选人用人，不仅要根据当时当地的实际情况和实际需要，而且要充分依据和运用更新、更全、更科学的素质理论；只有这样才能把以“杠”用人的工作做得更出色、更有水平。从实际情况看，一般要求被用者在德、能、勤、廉四个方面都必须具备优良的品质和实际的表现。但是，在具体的要求上则又突出了以能力和学历为代表的素质杠杠。具体如下：

一是一般要求能够勤政廉政，具备求真务实精神，在关键时刻和涉及个人切身利益时具有良好的表现。

二是一般要求具备五种领导能力：科学判断形势的能力、驾驭市场经济的能力、应对复杂局面的能力、依法办事的能力、总揽全局的能力。但是，在有的地方还要求其他一些能力，包括驾驭本地区经济社会全面发展的能力、处置突发事件的能力、做好群众工作的能力和解决自身问题的能力等。

三是要求高学历，倾向于用高学历者。最新要求是，县级以上正职都必须大学本科以上学历。这种杠杠很硬，一些中专学历、大专学历或者非高等教育文凭等在提拔任用上即基本不算合格。这从根本上说没有错，因为学历越高，所受教育就越良好，所受训练就越高级；这样的人才具有强大的普适性和智力优势，对于胜任高级工作或重要任务是具有良好的潜在条件的。但是，不能撇开实际工作、具体岗位和本单位的特定情况，片面地一味追求高学历；否则，就会造成人才浪费，导致用人无效乃至失败。

四是要求留学经历，倾向于用“海归派”。这种杠杠在有些机关、许多大中型企业，尤其是高校的用人实践中表现得特别突出。这样做有很大的合理之处，主要是留学人员具有国际视野和与世界同步的学识才干，在工作中可以发挥带头作用，带动整个组织群体在水平上迅速提高、推进到国际水平。但是，这样做一旦片面化、简单化和极端化，那么就会带来严重后果；这是因为，不同单位、不同岗位各有其特殊的情况和要求，一概用“海归”，未必就能解渴、管用；特别要注意的是，有不少“海归”在留学期间所接受的国际教育与训练并不一定就是高水准、高质量的，特别是有不少都是被假学校假文凭糊弄而上当受骗的。所以，不能简单地就把“海归”当成用人的硬杠杠，而要把真才实学作为硬杠杠。

8. 绩效杠杠

绩效杠杠是最受推崇也最有说服力的用人杠杠。这里要求，用人必须坚持注重实绩、群众公认的原则，从政绩看德才，凭德才用干部。对具体的政绩，既要看经济建设的情况，又要看社会发展的情况；既要看经济社会发展的结果，又要看干部在这个过程中的主观努力；既要看干部的“显绩”，又要看干部的“潜绩”；既要看领导班子集体的作用，又要看班子成员个人的贡献。就当前已有实践看，主要有三个层面的实际要义：

一是就国家层面来看，通常有五个方面的绩效杠杠，即 GDP、财政收入、物价水平、社会就业和国际收支平衡。

二是地方上对领导干部考评时，通常采用的五个硬性指标作为他们的政绩，并以此为用人的硬杠杠。这五个指标包括 GDP、财政收入、引入外资、引入内资和民营经济。

三是最新颁布的绩效杠杠包括三大方面，即任期内的工作思路、工作投入和工作成效；下含12个子方面：上级统计部门综合提供的本地人均生产总值及增长、人均财政收入及增长、城乡居民收入及增长、资源消耗与安全生产、基础教育、城镇就业、社会保障、城乡文化生活、人口与计划生育、耕地等资源保护、环境保护、科技投入与创新；以及它们在实际考评中具体分解和转化而来的具体要点，包括政治态度、思想品质、心理素质、精神状态、工作作风、依法办事、廉洁自律、公众形象、工作思路、组织协调、履行职责成效、解决复杂问题、基础建设、经济建设、政治建设、文化建设、社会建设和党的建设等方面的内容。

可以说，以实绩为硬杠杠，就能够把选人用人的工作做细、做实、做硬，特别是能给人以真正公平的印象而使之不得不服气。但是，由于实际的绩效理论远未达到科学、完善的程度，而且在实际的用人过程中，包括在管理人力资源的过程中，也同样没有把绩效的工作实际做好做出水平，所以绩效杠杠及其应用也常常会有质疑以致引起争议。这就是说，绩效杠杠及其在用人实践中的应用还有待于进一步完善，特别是还需要加以更大程度的科学研究与科学改进。

上述八个方面的杠杠都很重要，也很实际。但应该说，在所有这些杠杠中，只有素质杠杠和绩效杠杠最为重要，也应该是用人的底线所在，而素质杠杠甚至还是最为根本的杠杠。但是，这些杠杠并未臻于至善，还需要在实践中逐步改进和完善。

5.6.6 以“利”用人：重视物质激励

常言道：“重奖之下，必有勇夫。”这是人们对于利益在用人过程中的重要作用的经验总结。这说明，利益对于领导用人是一个不可忽视的有效因素。一个领导者要想很好地和可持续地用人，就要重视利益的因素和物质的作用，进而善于以“利”用人，善于运用物质激励。此其中的精髓不仅是现实主义，而且还是唯物主义。

中国传统文化精髓中，对于普遍而正常的人性有过极为精辟的洞察与概括。比如，“天下熙熙，皆为利来。天下攘攘，皆为利往”（司马迁：《史记·货殖列传》）。这对利益的能量、作用及其对整个社会的影响理解得确实透彻切要、入木三分；对我们理解“利”在用人过程中的作用、价值、合理性和必要性具有直接的帮助和重要的启迪。

现实生活中的每一个人之所以是人而不是神，就是因为都是必然要也必须食人间烟火；而这个人间烟火就是利益，就是物质。没有这样的物质，人就无法生存下去；有这样的物质，才能活下来，并且才能考虑做别的事情，如追求精神价值；有更多更好的如此物质，就能获得更大的物质享受和进行更高水平的精神生活的物质保障。

很明显，如果致力于做某一件事而能得到更多更好的物质利益，那么就一定会激发出更大的兴趣、欲望和动力，也就是能够调动和激发出更大的积极性、主动性和创造性，由此而把事情做得更好。要做更多更好的事情，给予更多更好的物质激励，就是一种正常而明智的选择；只有这样才能获得巨大的和可持续的用人成效，才算得上善于调动积极性来开展工作。

这就是说，要在领导过程中善于调动人、激发人，就一定不能忽视利益这个因素，并且要把它作为一种日常化的手段和途径加以自觉、娴熟的运用。这样做既是务实的和明智的，也是非常具体而真实地以人为本的。这时的领导才会有一个坚实可信、有望成功的基础和形象，才能避免夸夸其谈、务虚空泛、不可持续的潜在危机。

不过，采用物质手段、实施物质激励尽管非常有效、非常重要，但不应是，事实也不是领导成功的绝对要件。在用人的具体活动中，在具体的领导过程中，对此既要予以充分的重视，也要防止片面化、极端化和绝对化，而决不能变成做好工作、完成任务的对等价格或者交换条件。只有这样，才能在领导与被领导、做人与做事的过程中避免发生“拜物教”，也才能避免产生被领导的利益依赖和领导的被动无奈等病态情况。这就是说，如果以“利”用人、重视物质激励过头了，就有可能造成适得其反的后果，反而丧失利益对于调动能动性、积极性的特殊效用与价值，更使领导者变得不会领导而领导水平变得更低，出现导致严重后果的负向激励。

那么，在实际工作中应该如何把握好、运用好以“利”用人、重视物质激励的原则和方法呢？大致说来，主要有如下七个方面的要点：（1）尊重知识，尊重人才，以才学为宝，认才学有价。（2）尊重劳动，珍惜劳动，以劳动为宝，认劳动有价。（3）理解利欲，尊重利欲，充分维护并满足正常利欲。（4）辩证看利，适当用利，避免偏颇孕育出唯利是图。（5）公平分配，多劳多得，不劳不得，照顾弱势群体。（6）赏罚分明，功高奖大，错重惩严，及时兑现利益。（7）既重物质，兼重精神，两面结合，实行全面激励。

上述要点是确保成功运用物质激励、以“利”用人的系统理念和系列方法要点。虽然它们看起来似乎并没有什么深奥之处或独到之处，但它们却是道理平易而行之有难。

在现实生活中，许多领导者悖此常理而各行其是的情况比比皆是，以致出现人才压制、人才浪费、无知很张扬、愚昧很得意、邪恶很得势、知识如粪土、人才受欺辱等等现象；不仅如此，而且还常常能够看到因为如此问题而导致负向激励、用人失败和领导失败的情况。其教训是很大的。之所以如此，就是因为那些领导者在日常工作中并没有做到、实际并不知道上述诸要点，具体则是因为领导者在用人过程中至少存在如下任何一种实际问题：

第一，没有树立正确的人才价值理念，以为人才劳动理所应当，如提价值，实乃狂妄。

第二，骨髓充满封建遗毒，认定知识排位九流，对人才很厌恶。

第三，歧视知识，歧视人才，视才学为玩物，不承认才学有价，憎恶提尊重人才。

第四，以官为本，以权为大，以己为尊，以人为卑，颠倒本末，扭曲性地张扬官僚性。

第五，素质低下，自以为是，以蹂躏他人特别是所谓的人才为乐事，不知此乃羞耻。

第六，轻视或无视人才的资源价值和劳动价值，憎恨以才学论道论酬，不知此乃反动。

应该说，从根本上确保把用人工作做好的办法只有一个，那就是领导者持有并践行正确的人才观和人本思想；此外并无更多根本有效的方法。只有充分注意尊重人才及人才规律，特别是人才的价值规律，端正主仆关系和本末关系，才是做好用人工作的根本出路。

总而言之，领导者就是要善于运用激励的手段，以尊重和真心赢得下属的忠诚，以信任打开下属的心扉，使下属自觉自愿地团结在领导周围，更甘愿尽心尽力地工作；以热情点燃下属的激情，以指导和帮助开发下属的潜能，使下属在快乐中干多、干快、干好。这里的核心就是要通过循理切要、循机适时、坚实有力地实施激励来遴选才俊、起用智能、鼓舞人心、开发人力、开创伟业。

复习思考题

1. 领导用人是紧贴在领导决策之后的第二重要环节和事务还是独立自在的一个重要层面？试从领导用人的实际过程离析出其中的领导活动构成并做比较分析。

2. 领导用人决定组织命运，也决定个人命运；决定事业得失成败，决定领导自身荣辱进退。对此，应做何理解？为什么？

3. 现实生活中存在什么样的用人现象？反映了什么？能说明什么？该怎样透析和把握其实质与根源？

4. 用领导者在用人上的得体失误或正确错误事实论证为什么领导用人导向极端重要、具有根本性的意义和作用。

5. 试就领导用人导向和用人原则之间的特点、功能和内涵进行理论与实践的比较分析。

6. 事业导向在整个用人实践中有何特别重要的地位和作用？是否应该首先用事业与人才对接机制来加以保证有效落实？为什么？

7. 有哪些用人机制可以较好地解决诸如“中梗阻”“不作为”“嫉贤妒能”“没有事业，只有无穷无尽的无原则纠纷”即最可悲的内耗等实际问题？为什么？

8. 领导者在实际利益和利害关系考量下到底应该怎样用人才符合领导本质、领导规律和实际制度的要求与约束？

第6章 领导考评

6.1 领导考评的概念、实质与特性

6.1.1 领导考评的概念与不同称谓

领导考评是考评体系中的一种，是专门以领导为对象，只适用于领导领域的考评。相对于一般的考评来说，领导考评是一种最为特殊、最为重要的考评。因为它直接考评领导而不是总由上级对下级所实施的管理性考评，不仅直接关系到领导质量和水平的有效提高，特别是考评对象自身的切身利益和实际命运，而且还直接关系到领导对象或领导客体，主要是被领导者的切身利益乃至现实命运，进而关系到会有什么样的社会性结果、效果和影响。显然，领导考评是一个非常重要的概念和实践范畴。

但是，领导考评迄今为止也未得到过专门的理论界定，而且在实践上也常与通常的考评即上级领导者对下级被领导者的考评混同在一起，引起理论和实践上的不少困惑。这种状态集中表现为"一个领导考评拥有多种叫法"——古今中外对领导考评均有不同的称谓和叫法。

我国古代的领导考评就是官吏考评。远在上古时期，舜就开始对官吏进行考评了。他把这个考评称为"考绩"①。中古以来，官吏考评根据选拔官吏人才和管理官吏这两种基本需要与功能而分别叫作考试举荐和考察考核——它们在不同朝代又有不同称谓：(1) 考试举荐。在汉代叫察举，要经过一定的考试，但最主要是举荐；自隋唐以后，则叫作科举

① 《尚书·舜典》规定："三载考绩，三考黜陟幽明。"

和铨选（或考铨），非考试的举荐为辅为次。（2）考察考核，在秦汉都叫“上计”，在唐朝则叫作“考课”，在宋代却叫作“磨勘”，而在明清则都叫作“考满”和“考察”①。其中，把官吏考评叫作考铨或铨选的做法还一直在我国现在的台湾地区沿用。②

在现代西方国家，领导考评就是指官员考评，也包括两大部分：（1）考试考核，包括业务类文官考试和政务类文官铨选；（2）考察考核，在大多数国家都叫作考勤和考绩。但是，领导一词在国外是一个具有广泛含义和适用性的实际范畴和行动概念，或者仅指管理的核心部分，或者作为广义的管理，或者算作独立的一个重大社会现象与行为，既覆盖私营部门，也覆盖非私营领域。而领导者的概念内涵也是同样情况。

事实上，只要是领导者，则无论在私营部门还是在非私营领域，也无论级别高低，都被称作官员，都是官员体系中的主体部分。所以，在国外，领导考评实际就是官员考评，不仅存在于公共部门和国家层面，而且也自然涵盖了私营部门；不仅有高层官员考评，也有中低层官员考评。

在我国当代，领导考评主要是指领导干部考评和领导班子考评，其中的领导干部考评又包括考试考核和考察考核两部分，而领导班子考评则主要是考察考核。在中央一级的制度规定里，虽然还未正式使用“领导考评”或“考评”的完整字眼，但却极为完整地包含了大量的考评或领导考评内容；而在地方各级的制度规定及其实施活动之中，则不仅充分承接了中央的有关制度和政策精神，而且还已开始正式大量使用“领导考评”或“考评”这样的概念，只不过常常叫作领导干部考评、干部考评、绩效考评等等而已。

其实，领导考评无论在东方国家还是在西方国家，都由来已久，而且还历来是最重要的工作内容之一，在不同时期、不同国度有不同称谓和不同侧重的实际内涵。

总之，领导考评虽然在不同时期、不同国家的名称、叫法不完全一样，但其内容却都大同小异，且历来都极其敏感、极其重大，是最重要、最复杂、最具现实影响力的一种专门而特殊的考评。在学术规范上，我们统一称之为“领导考评”，并且由此来对它进行统一、规范的理论界定。

6.1.2 领导考评的界定与实质

根据领导的实质与重要性以及领导考评是以领导为对象这一重大特性，领导考评就可界定为一种由考评主体对潜在的和现实的领导主体及其领导行为与结果实施考评的专门活动。

确言之，领导考评就是考评主体为更加客观公正、科学有效地认识和把握领导者与领导人才的全面情况而采取的一系列权威而专门的甄别理论、技术、政策、措施、制度与活动的总称，其具体内容包括考试、考核、考察、督察、考验、检查、检测、测量、测验、审计、审核、透视、诊断、实证、衡量、评估、评价、评比、鉴定、公示、民调、表决等等。

---

① 参见侯建良：《中国古代官吏制度文集》，北京，劳动人事出版社，1985。

② 参见范寿藏：《考铨制度及考铨法规细要》，台北，台湾商务印书馆，1973。

其中，考评主体有着复杂的构成，首先包括领导部门和组织人事部门，其次包括纪检监察、司法等等部门，最后则包括社会公众和人民群众。从本质上说，人民群众具有最高的和最终的考评权，因为领导的权力来自人民，只有人民群众考评认定的领导者和领导班子才具有掌握领导权力的合法性。① 考评对象和考评内容也很复杂，包括后备的或候用的领导人才、在任的领导者和领导班子、潜在的领导行为及其结果、在任领导者和领导班子的可能行为与结果、已经发生的领导行为与结果等等。

这就是说，领导考评是一个非常复杂的理论范畴和实践范畴。其主体构成非常复杂；其具体内容非常复杂；其具体过程也必定非常复杂。可以说，其内涵、影响与结果都极为复杂和重大，直接关系到用什么样的人做领导、用什么样的标准去看领导和评价领导、实际会有什么样的人在领导岗位上、领导行为和领导权力权威实际能受到什么样的约束和健康保障、实际会有什么样的领导结果和现实影响等等重大问题。

从领导考评所涉及的相关范畴和内容而言，领导考评的实际内涵主要就是：领导考评专门以各种领导人才和领导主体，特别是领导者为实际考评对象，以领导素质和领导绩效为具体考评内容，以领导才干和领导言行的表现及其结果为考评事实或材料，以充分发现、合理培养和正确使用领导人才加强领导队伍建设、充分开发领导力资源或核心人力资源、极大增强领导力、极大提高领导水平、极大降低领导低效无效和失败率、有效诊断和清理领导主体身上的腐败病灶而确保领导主体健康、胜任等为主要的目的和功效。

概括起来可知，领导考评实质就是为了遴选领导人才、建设和管理领导队伍、改善和提高领导质量与领导绩效，由领导者、领导部门、组织人事机构、其他相关机构和人民群众为考评主体，以领导人才、领导者和领导班子为考评对象，根据时代和形势发展的要求，运用科学的领导素质理论、领导人才理论、领导绩效理论、领导测评理论及实用考评技术等等专业理论和技术，将实际工作和现实生活对领导提出的需要、标准和要求以及有关法律制度所做规定和所提要求转化为有效的测量指标和考评标准，选择适当的考评方式、考评方法、考评技术和考评工具，制定具体的考评规划和考评方案，对考评对象实施考评的一系列实务活动，包括考试、考核、考察、督察、考验、检查、检测、测量、测验、审计、审核、透视、诊断、实证、衡量、评估、评价、评比、鉴定、公示、民意调查、投票表决等等。

换言之，领导考评其实就是一个既以潜在的和现实的领导主体为开发与监督对象，又完全贯穿着现实领导主体领导过程的组织人事过程、民主法制过程和实际领导过程的复合体；不仅在操作或行为上包含了普通考评的全部内容，为组织人事各环节特别是用人与吏治环节提供最为主要、具体、有效和权威的途径、手段、动力、基础和依据，而且在考评主体的结构上也显示出了多重权威主体的固有地位、重要功能与作用以及考评组织上的综合性。

总之，领导考评的上述定义、内涵与实质将成为纵贯领导考评制度研究的概念基石和理论角度。

---

① 我国《宪法》第2条规定："中华人民共和国的一切权力属于人民。"因而，不同岗位上的领导者手中的权力均属于人民，其角色本质就是人民的公仆，其优劣奖惩应由人民群众做出最终的确认和评定。

6.1.3 领导考评的含义

事实上，领导考评是以判别领导人才、评定领导绩效为主要内容和功用的日常化、基础性与核心性组织人事过程、管理领导的途径和吏治手段。这可从以下四点来理解：

(1) 领导考评既是一个领导力或核心人力资源开发过程，也是控制、规范和管理领导的一系列治理行为与治理活动；既是一个以组织部门、人事部门为主体的日常组织人事过程，也是一个以群众、社会、纪检部门、监察部门、司法部门为主体，发扬科学、民主、法制和领导主体自律等精神的治理过程乃至政治过程。只是其中无论哪一过程都离不开领导主体。

(2) 领导考评既有用人的一面，又有吏治的一面。此即，领导考评着眼和致力于实际领导、具体参与和总体把握，因而它又有一层领导过程的性质。既开发领导人才，加强领导队伍建设，强化和优化领导主体，提高领导水平和领导绩效；又对领导主体进行引导、督促和管理，对领导行为和领导权力进行监督和约束，及时清除各种领导病垢和领导隐患而确保领导健康胜任，加强对领导的管理、整饬、约束而后做到从源头上解决腐败问题、作风问题、社会风气问题等等。

(3) 如果说X光机是能帮助医生看穿人体、洞悉病况的医疗检测手段，那么就要说领导考评就是能够帮助考察主体洞悉考评对象的品质与绩效鉴别工具，或曰看透领导人品与领导实绩的另一种X光机。作为一种有效手段，领导考评最能有助于组织人事部门、上级领导部门，特别是领导权力的渊源——人民群众更好地看穿、洞悉考评对象，而不被表面现象所迷惑，以至于能够更加科学、准确、正确和恰当地发现人、使用人、抓绩效，而不犯用人失察、督察无效、运作错乱等等错误，从而有效地实施并完成组织人事工作和吏治工作。

(4) 一个组织的强弱、一个事业的成败关键就看领导考评能找到什么样的领导人才、造就什么样的领导力量，同时也看领导考评能怎样有效地发挥对领导的监管作用。如果领导考评低效或无效，那么领导队伍就十分容易变得低质量、恶劣化，领导行为出现问题就不能得到及时的发现与治理，领导权力权威就有可能变得滥用无忌，领导事业就完全有可能失败；这样，不仅领导战略和组织目标不能实现，而且领导客体特别是普通群众必将深受其害，更严重的是，最后现实的领导地位和领导架构就必将走向崩溃。然而，如果领导考评得到足够的重视并高度科学化、民主化和制度化，那么就不仅能够选用最好的领导人才来担任领导职务而给领导客体特别是群众带来福祉，而且能够切实提高领导水平和领导绩效，极为有效地巩固现实的领导地位和领导架构。

总之，无论由哪种考评主体组织实施这种专门活动，领导考评都是一种具有专门理论依据和现实依据、为满足专门现实需要而甄别领导人才、鉴定和管理领导主体的重要活动，极其复杂而重大。

6.1.4 领导考评的特性

一般而论，领导考评具有法制性、社会性、职业性、实务性、实效性、价值性、责任性和严肃性等实质性特征，同时也具有科学性、技术性、客观性、理论性和实证性等状态性特征。从领导考评的实践来看，状态性特征更具有操作上的意义，因而特对此侧重阐释其中更为突出的几个特征如下：

1. 目的性和针对性

领导考评永远是目的明确的活动过程。它总是在非常具体的特定环境条件下专门就非常明确、具体的目的、指向和指向物，进行非常具体、确切及必将产生某种结果的审度、诊断、预测、估计、评价等等活动的。任何空泛性、盲目性、随意性和散漫性都是不存在的。这是其科学性的另外一个大支撑点。

2. 整体性和全面性

领导考评贯穿于整个领导过程，每评估一个方面就必定要涉及相关的所有因素，既从静态也从动态来全面把握问题，不会也无法片面地进行领导审度与判断；总之，到处都显示出整体化、全方位的特点。事实上，这还同时是领导考评科学性的一个重要保证和来源。

3. 客观性和实证性

领导考评始终基于全面的客观事实，进行全面、冷静的客观思考和研究；没有充分的事实依据和其他相关的客观依据，就不会做出结论；因为领导考评始终是与领导结果与效果相关联的；稍微主观，就有后患；稍有不慎，就有后果。时时处处都体现出严谨缜密的原则和实证的必然特性。这一特点决定了它必然要吸收和运用大量的科学分析技术与相关科学领域的知识技能。因此，这是其科学性的最大支柱所在。

4. 科学性

这是领导考评的最大特点。领导的活力、效力和价值根本上均来自它的科学性。如果说每个具体的领导环节是分别而具体地赋予领导科学性的实际过程，那么就可以说领导考评就是综合而具体地评判那些环节是否已经或真正地赋予了领导科学性的过程，同时也直接参与到了这个科学性赋予的过程之中，由此来确保领导的科学性、过程质量与预期成效。领导考评不仅自身具有科学性，而且还通过其运作或作用来加强或保证整个领导过程的科学性，进而有利于公共领导的科学运作并产生出科学的领导结果和效果。从领导影响的角度来看，领导的科学性和领导考评的科学性就将通过领导结果和效果来对领导客体或领导相对方发生极其深刻的影响。没有科学性或者不够科学，领导就必定是病态的、没有活力和效力的；而其过程就不会产出预期的结果，甚至还可能带来危害和灾难。而领导考评就是基于其自身的高度科学化来促进整个领导过程科学化的。事实上，领导考评与领导过程中的决策权力化、资格化、随意性、盲目性和非理性等非科学性是水火不相容的。没有科学性，领导考评就毫无作用、一文不值。总之，领导考评的最大特征在于科学性，领导考评的最大价值就在这里。

5. 能动性

领导考评在整个领导过程中一般都是积极主动地发挥作用的，都是在评估主体的积极反应下发生的——是评估主体对评估客体的主动反应，是基于科学性的积极感受、分析、审度、诊断、预测、估计、评价、动议和反馈等等智力穿透领导事物的活动与过程。事实上，这也就是领导考评主动纵深地介入、参与和作用于领导过程诸环节的评析活动。

6.2 领导考评的功能与作用

6.2.1 领导考评的功能

领导考评的功能主要是指领导考评作为识人鉴绩的途径、手段和工具所具备的功用与效能。它主要取决于领导考评的结构，不同的领导考评具有不同的具体功能。它的实际内容比较广泛，微观上的种类也比较多，但其总的功能则可概括为甄别优劣以便选贤任能、用优汰劣和惩恶扬善，而其功能则主要有如下诸项：

(1) 透视显示功能，也叫X光机功能①和镜子功能。有的学者把这一功能叫作反馈功能。领导考评对领导的各个方面都可以做出科学、准确、全面、透彻的监测、揭示、显现和描述②，使之得到客观、真实的反映和展现，便于从任何现实的角度对领导进行审度、分析、总结和评价，便于获得经验和理论上、宏观和微观上、战略和战术上的珍贵积累——包括正反两面的真实材料，进而便于从任何角度出发实施对领导、对组织人事工作的改进和提高。只有这样的功能才能使未来的领导能够择优制胜、避免重蹈覆辙而做得更好；没有这一功能，只能使领导也使组织人事工作丧失真实、有效、重要的参照资料和鉴戒资源。这是领导考评的最基本功能。

(2) 示范警示功能，也叫标识功能和界度功能。有学者把它叫作区分功能。领导考评本身就是规范化、标准化、精确化和科学化的结果，不仅其专业理论和技术是规范的，而且其基础依据也都是规范的，更重要的是，其考评对象和整个现实体系都将因此而变得规范起来，不仅可以科学、规范地考评确定优秀的领导范式为领导世界的现实标尺和标杆，而且可以直接为整个现实社会提供科学确定的领导楷模和典范，为所有领导者所参照或对比衡量以规范、约束和提高自我而变得更称职。

事实上，这一功能将为现实世界中所有以领导者为楷模的正常人所参照、对比和衡量，借以自我提高而得到更加全面的修养和发展，确立一条关于对错优劣、进退成败的明确界度乃至作为底线的“高压电线”，避免犯前人已犯过的错误，避免走前人已走过的弯路，避免付前人已付出的代价和成本。而这首先就使历来难以对付或处理的人或人治的问题变得更具科学性而更容易得到科学的解决，其次就使整个组织群体或社会随着每一具体成员的高素质化而变得更加发达和高度文明，本身就构成了一种新质的文明核心和源头，推进着整个社会的繁荣和发展、文明与进步。应该说，这是领导考评的一般性功能。

(3) 识别鉴定功能，也叫伯乐功能和人才功能。有的学者称之为评价功能。领导考评对领导人才和领导者可以进行某一个点、某一个方面的或者立体的和全方位的认识、区

---

① 山东省委组织部的《干部考察工作新论》指出，“干部考核要像X光机那样快速准确地看透一个人”。应该说，X光机功能是组织人事部门和纪检监察部门历来追求之事，尽管未必有自然科学范围内的具体功能，但却可以通过一系列科学的考评机制来产生和保障。

② 萧鸣政在《国家公务员考评教程》中把此处内容归结为描述评定功能（第21页）和预测功能（第23页）。

分、评价及预测，达到某方面的或全面的认识，形成关于考评对象的准确材料，为其他环节的组织人事运作提供正式、权威的官方依据。它具体包括人品考查、行为检测、健康检测、才智检测、效率测定、业绩评定、称职程度考核、问题诊断、优劣鉴别、完缺判断、潜在作用与贡献水平等等许多方面。

其中，最重要的方面就是发现各类各方面各层次的领导人才并使之能够得到更科学更恰当的使用。它是整个领导考评中最具科学性的一部分，从考评理念与导向、考评范围与内容、考评指标与标准到考评方式与方法、考评工具与手段、考评结构与程序、考评的针对性与全面性等等都要求具备严格、缜密和科学的实质与特征，为此不仅要经过反复周密的论证，而且要把科学的领导测评原理和技术具体地加以应用。

这样，它就能够选拔出真正适合领导岗位需要的领导人才，也能够辨别出一切不符合群众、组织和事业需要的领导者并引起相应组织人事处理措施的联动。总之，应该说，领导考评是最具科学性、灵敏性、有效性的组织人事手段。

(4) 检查监督功能，也叫督察官功能和吏治功能，有的学者称之为管理功能。江泽民同志认为，“历史上的腐败现象，为害最烈的是吏治的腐败”，“用人方面存在的这些不正之风和腐败现象，在党内外的影响极坏，危害极大。必须严格整肃，坚决煞住这股歪风，坚决惩治这种腐败现象”，“各级党委和纪检监察机关、组织人事部门对于这种现象，发现一件就要严厉查处一件”①。应该说，“发现一件”中的“发现”最主要的就是要靠领导考评。

领导考评可以对领导计划、领导过程、领导作风、领导行为、领导实效、领导效果、领导后果进行及时、有效的检查、审视、量度和评价，特别是能使领导运作、工作进度、资源流动、权力效用、政策倾斜、勤惰状况、腐败情况都变得透明化、公开化，由此不仅有效确定实际的领导性质、领导水平和领导胜任性，而且将领导主体随时置于监督主体的监督之下，形成及时、不可逆、不可遮掩的事实反映、督促压力和清廉压力。事实上，这是建立和推行最科学严谨、扎实有效的透明机制、监控机制、纠错机制和责任追究机制的核心要件。

这样，就有利于包括作为上级责任者和监督者的领导阶层在内的广大监督主体能够更透彻地了解领导阶层内部的真实情况，有利于更好监察和处理已经出现的问题与有关责任人，有利于及时发现潜在的和现实的不称职者、违法乱纪者、腐败堕落者和祸国殃民者乃至其他领导犯罪者而清除之，有利于及早消除在领导层面上发生更大危害的隐患，有利于确保领导队伍的纯洁、健康而优质，有利于确保领导阶层能够普遍自觉地做到廉洁奉公、勤政为民和以人为本以及更好地改善和实施领导。

从根本上说，领导考评将使历来单纯权力化、意志化、长官倾向化、暗箱操作化的“人治式”领导过程乃至组织人事工作和检查监督工作本身都变得更加科学规范、公开透明而更少失误与失败，极大地伸张正气，切实树立科学民主之风。换言之，领导考评可以极大增强检查监察和督促工作与事实依据的公开性、准确性、可靠性和可信性，极大减少人为的随意性和不当性以及由此带来的额外社会问题或者政治问题，在吏治和廉政方面具有极其重大的现实效能和价值。

---

① 江泽民：《论党的建设》，229页，北京，中央文献出版社，2001。

总之，领导考评是科学、民主、灵敏、高效的检查监督手段，是最重要的治理工具和治理机制之一，是对权力监督和制约、对领导主体加强管理的最重要手段之一。

（5）激励督促功能，也叫杠杆功能和引擎功能。这被有的学者归结为区分功能的一部分。领导考评虽然本身并不直接包含用人或奖惩的内容，但却与用人或奖惩直接挂钩联动；不仅通过以唯一权威有效的反映和揭示来使用人或奖惩的组织人事措施做出即时的反应，而且还通过形成实际上的透明公开机制而自然受到事先、事中和事后的监测、引导、激发、督促和推动。

具体而言，这将使领导主体始终面临并承受着来自考评机制而非人为的多重压力并由此要么积极主动要么被动被迫地勤政奋勇、做得更好，真正符合领导客体特别是群众利益与需要的方向；更重要的是，通过有效撬动领导按照成功的目标和线路运作，使领导真正发挥出影响整个领导客体的积极作用而带动或推动文明的整体发展。的确，领导考评就是一种在领导过程、组织生活、社会生活方面均发挥积极进步效用的最重要组织手段和特效社会工具之一。

（6）教育提高功能，也叫教师功能和指挥棒功能。这也被有的学者归结为区分功能和管理功能的一部分。领导考评可以最有效地帮助有志者成为合格的领导人才和更成功的领导者，不仅可以使之发现自己的优缺点、长短处、潜在优势和实际职业胜任程度，以便其扬长避短、发挥出自己最大的效用，而且还能使之明确现实权威的领导素质标准和领导绩效标准，进而目标明确地或者更有针对性、更能见成效地进行学习、修养、锻炼、提高和自我完善，引导和指挥人们向着理想、模范的人才境界和绩效境界努力奔进、靠近乃至臻至。

另外，领导考评还能帮助组织人事部门和领导培训部门更加科学规范和富有针对性地实施领导人才培养和开发计划，更加卓有成效地提高领导素质、建设领导队伍和增强领导力。这就是领导考评在领导教育和领导提高方面的重要作用与优势。

（7）综合功能。领导考评对于推进整个领导工作规范化、领导活动精当化、领导过程现代化、领导手段科学化、领导行止艺术化、领导作风改善、领导方式转变、领导素质优化、领导队伍建设、领导监督管理、领导绩效提高、综合实力的增强，特别是核心竞争力的增强以及整个领导制度和组织人事制度的改革与建设，都具有非常重要的参与效用、参考效用和推进效用。这就是说，领导考评不是官僚主义、权力主义、主观主义和形式主义的鬼把戏，而是在操作层次上非常务实的对形势和时代做出敏锐反应并有效推进领导现代化的科学手段和民主手段之一；完全可以"实干"，既直接提高领导干部素质、加强班子建设和后备队伍建设，又直接推进第一线领导工作及其他具体工作。

总之，领导考评是将领导理论同事关领导实践的组织人事工作这个实际联系起来的桥梁，既是领导学中最重要的一个应用性分支，也是组织人事工作中最富科学性的基本部分、工作手段和实际工作内容之一，是领导人才培养、选拔、开发和使用诸环节都必须借助的基本途径和科学手段；根据实际需要，可以以不同方式分别应用到领导考评之中，发挥出实际效用，最后形成领导考评的具体结果、具体作用和实际价值。

6.2.2 领导考评的作用

从既有的实践和事实来看，领导考评贯穿于各主要的和重要的组织人事环节之中，既有基础性、前提性的作用，又有决定性、关键性的作用，由此来直接影响和制约组织人事运作乃至领导实践的质量和结果，给现实生活带来非常广泛、深刻的影响。如果从作用的相对层面上看，那么领导考评的作用就可分为两个层面，具体如下：

1. 第一层面的作用

领导考评第一层面的作用主要是指相对而言直接触及、影响或决定领导主体的形成、形象、利益和命运的组织人事作用和监督约束作用。这是一种极为实质的和硬性的主要作用，也是一种能够极为有力地直接关系到领导利害的因素之一。它包括四个方面：

第一，选拔领导人才或潜在领导者的作用。这一作用实际是鉴别和开发的作用[①]，相对于整个组织人事过程和领导决策而言则是基础性的作用，相对于领导人才的脱颖而出来说则是关键的作用。这具体表现为如下三点：

(1) 领导考评可以使得领导人才的内在世界，也就是领导素质变得能够全面、科学、客观地观测、把握和评判，及时掌握、控制领导素质与领导人才的性状及发展方向，进而使古今中外无不认为最复杂、最主观、最难做的选人用人工作做得更客观、更科学、更令人信服。

(2) 领导考评能够比较准确地反映某种领导者或者领导人才的专项领导素质或综合领导素质，确切地测定领导素质所达到的水平和所蕴含的能量，正确反映领导素质的品位，为正常发现、合理培养和正确使用领导人才、充分开发领导力或核心人力资源提供全面、系统、科学、客观、权威的依据和佐证。

(3) 通过甄别和选拔领导人才，使得潜在的领导者得以真正脱颖而出，直接有利于建设优质、卓越的领导队伍，造就强大而现实的领导力和核心竞争力，由此真正得以切实地落实人才强国战略特别是正确的人才观。

总之，这是一种发现潜在领导人才的作用，自古以来都极端重大，为诸作用之首。

第二，选拔任用更优秀领导者的作用。这一作用仍然是鉴别和开发的作用，相对于整个组织人事过程和领导决策而言也仍然是基础性的作用——这里与第一作用相同；而相对于领导者的发展来说，则是关键的作用——这里与第一作用存在显著的不相同，不相同的最主要点是作用的对象不同，即不是潜在的领导者而是现任的领导者，只不过是从这些领导者中甄别和选拔更优秀者而已。这个作用具体表现为如下四点：

(1) 领导考评可以把领导者的日常表现、工作实绩转变成验证或证明其内在条件即领导素质的具体指标和标准，并且由此构建成一套有效的考评机制，或者建成一台能够透过领导活动及其结果等外象而显示出领导素质实际情况的“X光机”。

(2) 领导考评能够通过领导者的实际表现来比较准确地鉴定、验证有关领导素质或领导人才与实际岗位要求之间的实际差距，筛选出在领导素质上能够满足某种岗位对人提出的特定要求的各种领导人才，为正常选拔领导者的组织人事运作提供更为科学的直接依据。

(3) 考核、甄别、评价、鉴定领导工作的真实质量和实际成就以及领导者的真实胜任性，引导、刺激和推动实际领导过程和领导者的生涯设计与运动，在最具体实质之处落实

① 参见萧鸣政：《国家公务员考评教程》，14页，北京，中央民族大学出版社，1995。

绩效管理战略，特别是正确的发展观和政绩观。

（4）领导考评能使置身于其中的领导者依此来进行自我人格与生涯的设计，并为此而使自己的全部不断趋向于考评认定的实际标准，包括实际是无效的和虚设的标准。因而，领导考评实际上通过形成领导的甄别鉴定机制来有效塑造符合劳动人才标准和要求的领导者。

总之，领导考评的结果将最现实有效地直接影响到领导队伍建设的质量与效果。

第三，客观显示和证实、有效促进和提高领导绩效的作用。这一作用是督导、激励和鞭策的作用，相对于整个组织人事过程和领导决策而言也仍然是基础性的作用，而相对于领导主体来说则是带来压力和动力的作用，相对于组织和作为领导服务对象的领导客体，特别是人民群众来说则是关键的作用。这个作用具体表现为如下四点：

（1）领导考评可以将组织的工作目标、工作标准和工作要求、任务与职能、规章制度和公共政策以及领导客体，特别是作为领导服务对象的人民群众对领导的期待、需要和要求转变成可测量的指标、标准和效标，由此构成一面检测、监测领导主体的所有表现、活动及其结果的镜子，并由此督促领导主体确保领导工作有效、成功和富有贡献性。

（2）领导考评能够极大降低领导的低效无效和失败率，极大提高领导质量、领导水平和领导绩效，确保领导能够真正、不断地做出贡献；由此极大发挥出领导力而增强领导的有效性；进而有利于极大开发和增强核心竞争力及整个竞争力，并由此使整个组织群体或社会迸发出最大的创造力而创造更多更大的财富和价值。

（3）领导考评便于具体确认领导绩效以便对相应的领导责任人实施及时的物质性或精神性奖惩、任用性或非任用性奖惩；由此将形成以具体绩效标准为实际工作导向的、最直接最现实的督导机制，对日常的领导价值、领导动机和领导行为直接发生指挥棒作用与杠杆作用，不仅直接调节领导动向，而且直接影响在领导作用下的巨大资源的实际流向与效用。

（4）领导考评能使置身于其中的领导主体依此来进行工作方式和标准的设计，并为此而使自己的全部不断趋向于考评认定的实际标准，包括实际是无效的和虚设的标准。因而，领导考评实际上通过形成领导的督导机制来实际地塑造领导形象，并由此规范、引导、促进和提升领导的实际作用。

总之，这里的领导考评的结果将最现实有效地直接影响到领导工作的整体质量与效果、领导主体的整体成就与贡献，由此形成更大的生产力和实际财富，达到让人民满意。

第四，检查和端正领导行为、发现和清理领导不端与腐败的作用。这一作用是监督、约束、控制、规范和治理的作用，相对于整个领导决策、组织人事过程和纪检监察过程而言也仍然是基础性的作用，而相对于领导主体来说则是一种能够带来最实质、最沉重，也最普通、最正常的制约力、管束力、压力和动力的作用，相对于组织和作为领导服务对象的领导客体，特别是人民群众来说则是关键的作用。它具体表现为如下四点：

（1）领导考评可以将组织的规范和要求、任务与职能、规章制度和公共政策以及领导客体，特别是作为领导服务对象的人民群众对领导的期待、需要和要求转变成可测量的指标、标准和要求，对领导主体的所有表现、活动及其结果进行是否符合严格规定的检测。

（2）领导考评能够透视、核查、检测、验证、鉴定领导者的领导行为与领导结果，分析和确认领导主体是否科学、合理、端正、规范，是否符合纪律、制度和法律，是否腐败或腐败程度如何，进而确认领导者乃至整个领导主体是否尸位素餐、误人误事甚至误国误民；同时也判定相应的责任，为追究责任、惩处腐败、清理队伍、廉政建设提供最有效的依据和动力。

(3) 领导考评能够有效诊断和清理领导主体身上的腐败病灶，确保领导主体健康而胜任，实际是最主要、最直接、最有效、最锐利的廉政武器，是对腐败分子最具威慑力和鉴别力的“照妖镜”，也是一种有效的“照妖”过程。只有最充分发挥出这一作用，亦即只有最充分利用和最有效运用领导考评，才能最经常、及时、有效地识别和清除腐败，保持领导队伍的廉洁健康与根本胜任，才能最实质地改变领导作风、净化社会风气、加强领导队伍建设、提高政治文明，才能有效确保领导主体真正做人民的公仆、为人民服务，才能既让人民放心，也让人民满意。

(4) 领导考评能使置身于其中的领导主体依此来设计行为方式和标准，并为此而使自己的全部不断趋向于考评认定的实际标准，包括实际是无效的和虚设的标准。由此形成领导的监督制约机制，有效约束和规范领导行为、端正和改善领导形象、改进和优化领导作风。

总之，这里的领导考评的结果将最现实有效地直接影响到领导的规范性、合法性和有效性，也影响到领导队伍的整体质量、形象、性质、地位、作用乃至健康与命运。

2. 第二层面的作用

领导考评第二层面的作用是指相对而言并不直接触及、影响或决定领导主体利益和命运的组织人事作用。这是一种具有长远效果的软性的连带作用，主要有三个方面：

第一，有效培养领导人才、加强领导能力建设的作用。这是指领导考评能够识别、判断、确认领导者和领导人才的优点与不足，设计并实施更具针对性和有效性的培养计划与方案，全面提高领导素质、领导水平和领导实力，全面加强领导层面的能力建设和核心人力资源开发。一句话，这个作用就是促进领导素质不断提高的作用。

事实上，领导人才工作随时需要依靠和运用领导考评。正常情况下，只有领导考评才能有效地确认领导者或领导人才的优缺点、长短处到底在哪里、具体是什么，并为更具针对性和有效性的领导人才培养提供先决性的参考依据。只有这样才能真正切实有效、全面和高质量地提高领导素质和领导力，为赢得领导成功、实现领导战略和组织目标奠定优秀乃至卓越的内在基础。然而，如果脱离这一点，那么所实施的领导人才培养、核心人力资源开发、切实提高领导水平和领导实力的目标和实施方案就多是低效或者无效的，至少是漫无目的、缺乏针对性和不切实际的，几乎不可能达到所应有的目标、标准和要求。

第二，有效确立科学、权威的榜样与示范的作用。这是指领导考评能够为整个公共部门乃至其他所有部门和层面的能力建设与人力资源开发树立并提供最高规格、最具权威性和科学性的榜样与指导，直接引领和推动人才强国战略的实施与走势以及整个国民素质的提高和发展。

尽管说领导考评在具体内容和特点上有自己独到的一些东西，但与一般的人力资源考评在本质上、机理上却并没有什么两样。所以，领导考评其实都直接影响到了普通人力资源开发，为其提供范式上的标准参考和指导，对整个人力资源开发都具有战略上的深远影响和作用。这就是说，领导考评直接影响着核心人力资源即领导人才资源的开发，而任何部门、任何领域、任何层级都有相对的那一部分核心人力资源开发，所以领导考评不仅直接影响到某一具体社会系统内核心部分的质量与成效，更重要的是，它还直接影响到该系统内整个人力资源开发的依据、方向、目标、模式和实际机制。

另外，由于领导人才是整个人才群体中的代表，所以领导考评引导所产生的人才造就导向就直接影响到人才培养的全局，具有方向性、示范性和实际引导的作用，对实施人才强国战略同时发挥着直接和间接的作用。

还有，由于领导者是现实生活中人们的实际榜样和示范，无论哪个方面、层次上的人们都会以其身边耳濡目染的领导者为标准、为方向，所以，领导考评在直接引导和推动领导者往哪里走和怎么走的同时，也通过领导考评的作品即作为无言的实际示范的领导者来对广大普通民众产生关于自身素质和人生发展上的重大影响。

再者，由领导考评产生出来的领导者还将通过自己的领导实践直接影响到领导范围内的一切领导客体，特别是所属成员的切身利益与命运；而作为最具能动性的组织成员和社会成员，必将因此而大力调整自己以极大增强自己对于身边现实生活的适应性、生存力和发展力，从而造就出集体性和社会性的团块化素质结构与人员结构，进而形成多样而复杂的现实生活结构与社会结构。显然，领导考评的现实影响非常深刻而重大。

如果领导考评是科学而积极的，则必然给现实带来普遍的积极作用；反之，则只能产生广泛的消极影响，对某一具体社会系统内成员乃至全社会成员的自身发展和社会历程都将产生长期影响。

总之，领导考评在现实社会生活中起着间接的但又是实质性的关键作用。它能够通过确立标准来引导、刺激和推动现实社会生活中每一个人的生涯设计与现实发展，影响现实社会生活中每一个人的人生方向与成效、现实命运与前途，进而影响到整个社会的结构、功能、质量、活力与发展水平。

第三，促进组织人事制度改进和完善的作用。这是指领导考评能够有效地影响和并调节组织人事制度建设以及相关制度建设，对深化组织人事制度改革、领导体制、行政体制乃至政治体制改革都有重大影响。

领导考评虽然在静态上常常是组织人事过程的某几个基本部分和关键环节，但其实却是内在地贯穿着组织人事全过程的主流性和日常性组织人事活动、领导活动和领导客体对领导主体的监督约束活动。这就决定了它与其他绝大多数组织人事环节与内容都是密切相关的，其他组织人事环节和内容脱离它就会丧失基础和可操作性。

所以，当要做好其他方面的组织人事工作时，要加强整个组织人事制度乃至领导制度建设时，就不能不首先充分搞好领导考评这一环，就不能不首先把领导考评制度建设好。从更具科学性上抓住领导考评和领导考评制度，就等于在整个组织人事制度和领导制度建设上真正“执牛耳”了。在此基础上，对于全面的制度建设和整个改革发展都将在具有巨大操作实效的层面上非常实质性地发生、发挥重大影响和做出积极的贡献。

如果说权力和资源实际在于领导，领导的有效作用在于领导人才，而领导人才的最大关键在于选用；那么就应该说，选用的关键即在于考评，考评的关键即在于科学、有效与否。这将决定考评的成败，而对领导实施的考评的成败则将决定着领导会有什么样的性质、质量和效用，进而直接关系到整个组织、整个事业的得失成败，甚至关系到整个国家的强弱兴衰。因而，领导考评是一个极其重大的现实领域，不可轻忽。

总之，领导考评对于整个领导实践和组织人事实践乃至全局的改革与发展都具有以科学价值和实践价值为实质内涵的重大现实作用。在领导考评的多种作用中，第一层面的主要作用是最重要的，是领导考评的核心价值所在和着眼点所在，也是形成一个能够真正有效作用于领导这种几乎难以约束、控制的事物的重要机制所必不可缺的核心要素之一；当然，也是具体、深入地理解与研究领导考评、领导考评制度的主要基础和理论渊源之一。

6.3 领导考评的范围、内容与类型

6.3.1 领导考评的范围与内容

领导考评虽然说其评估主体主要集中在专家这样一小部分社会群体身上，但是其内容却是非常丰富的，其范围也是非常广阔的。可以说，领导覆盖到哪里，领导考评就延伸、存在和作用到哪里；领导范围有多宽，领导考评的范围就有多宽；领导内容有多具体，领导考评就有多具体。另外，虽然说领导专家只占千万种社会角色的极小一部分，但是这些专家却是各个方面的，只要有领导存在的地方就有相关的专家可以参加到领导考评当中，因而领导考评的丰富性、广泛性和多样性始终都是其基本的特性。此即从专家的多样性上看也是可以充分证明领导考评是范围极其广阔且内容极其丰富的。

确切说来，领导考评的实际范围与内容主要包括如下八个方面：

(1) 领导的科学性、可行性、适当性、时效性、合理性和合法性。

(2) 领导内容的正确性、充分性和完备性。

(3) 领导行为的约束性、正当性、恰当性、合理性、合法性与依据依凭。

(4) 领导运作的正常性、正确性、平衡性、实效性和机制与方式。

(5) 领导手段的正常性、正当性、合理性、合法性与适切性。

(6) 领导资源其来源和使用的正当性与适切性，其效用水平和作用方式。

(7) 领导信息的真实性、全面性、及时性、失真度、变异度和虚假度。

(8) 领导的投入与产出、成本与效益、效果与影响。

以上诸项是领导考评的主要对象和核心内容，具有显著的广泛性、深刻性和复杂性。

6.3.2 领导考评的类型与构成

根据领导考评的实质、范围和内容，可从不同层面确定标准来划分领导考评的类型，由此弄清领导考评的基本构成。

第一，以领导过程为标准，领导考评主要分为领导问题评估、领导建议评估、领导价值标准评估、领导设计评估、领导备选方案评估、领导抉择评估、领导实施评估、领导运

行评估、领导结果评估、领导效率效果评估、领导影响评估和领导终结评估等。

第二，以评估形态为标准，领导考评主要分为专项性评估和综合性评估、阶段性评估和连续性评估、一次性评估和多次性评估、应急性评估和常规性评估等。

第三，以评估手段和技术方式为标准，领导考评主要分为推理性评估、理论性评估、考察性评估、实证性评估、计算性评估、运筹性评估、程序性评估和网络性评估等。

第四，以评估责任和组织方式为标准，领导考评主要分为专职评估和委托评估、当事性评估和咨询性评估、正式评估和非正式评估等。

第五，以评估时效或时间为标准，领导考评主要分为即时评估、短期评估、中期评估和长期评估等，预评估、行进评估和后评估，或者是事前评估、事中评估和事后评估。

第六，以评估影响和地位为标准，领导考评分为官方评估和民间评估、当权者评估和专家评估、宏观评估和中观评估及微观评估、战略性评估和战术性评估、权威性评估和一般性评估、决定性评估和参考性评估、主导性评估和附加性评估、渐进性评估和终极性评估等。

第七，以领导因素为标准，领导考评主要分为领导环境评估、领导时机与机遇评估、领导目标与内核评估、领导动机与期望评估、领导主体资格与能力评估、领导支持评估、领导基础评估、领导资源评估、领导条件评估、领导信息评估和领导技术手段评估等。

第八，以具体对象和领域为标准，领导考评则可以有千百万种类型；应该说，有多少种具体的领导领域，就有多少种具体的专门领导考评，在每一种这样的评估中都有相应的行家里手来做出权威评估。

第九，以考评目的和效用为标准，领导考评则分为预测性评估、检测性评估、监督性评估、核实性评估和总结性评估等等许多种。但是，就当前的制度规定和实践运作情况来看，其中的四种最为现实而突出。这四种考评的具体取向和性质均不相同，具体如下：

（1）考试选用类考评。为了认清考评对象的真实素质水平，以便选拔任用新的领导人才，古今中外无不选取考试考核的办法。这样就形成了一种具有普遍性、通用性的领导考评类型，即选拔任用领导人才的考试考核，简称考试考核。这种考评比较透明、公开，因而可以更公平公正一些，也可以做得更科学客观一些。

考试考核就是要客观、真实、全面地揭示潜在领导者或领导人才的内在情况和水平即具备什么样的领导素质。这种考评主要有两类方法：1）主要方法，包括笔试、面试、测量、测验、民主测评、民意调查、投票表决等；2）辅助方法，包括考核、评估、鉴定、公示和确认等。

（2）非考试选用类考评。为了认清考评对象的真实素质表现情况，以便发现更优秀的领导者，并将其作为在领导实践中脱颖而出的领导人才提拔或擢升到更高、更新的领导岗位，古今中外也同样在考试之外都选取了另外一种选人的做法即考查考核。这样就形成了一种同样极为普遍而又典型的领导考评类型，即选拔任用领导人才的考查考核，简称考查考核。

考查考核就是要客观、真实、全面地揭示现任领导者和领导班子在实际工作中的表现、业绩和贡献，并由此判断其实际的素质水平。此即根据其工作表现来判别其实际具备什么样的领导素质和领导胜任性。这种考评除考查、考核两种最主要的方式方法外，还兼用考验、检测、测量、民主测评、民意调查、投票表决、评估、实证和确认等许多方法。

这种考评实际是最主要和最通常的领导人才选拔办法，主要是暗箱操作，比较隐秘甚至神秘，主观随意性和不确定性很大，甚至还常常出现明显的、纯粹的权力选择、意志选择、地位选择、利益选择、关系选择、好恶选择、习惯选择等等不公平、不公正和腐败的现象。

(3) 绩效管理类考评。为了认清考评对象的真实成就与贡献，以便进行日常的业绩管理、效率管理、质量管理、奖勤罚懒和推进工作，古今中外也都采取了同样的考评办法即绩效管理，只是这些绩效管理除都以追求获得绩效为实际目的外在不同时代和国度各有不同的内涵和特征罢了。这样，绩效管理也就成为专门满足提高工作质量和水平、获取高绩效需要的一种考评类型，即监测督促领导绩效的考核评估，简称考核评估。

考核评估实际是对现任领导者和领导班子的政绩进行常规化考评，通常采取考核、检查、检测、测量、审核、测评、调查、分析、衡量、实证、评估、评价、评比和确认等方法。

(4) 监督约束类考评。为了认清考评对象的基本合格性，以便确认现任领导者和领导班子的领导行为是否基本合理、合范与合法，古今中外也都通常对这些领导主体的领导行为依据公认的标准和法定的标准进行考查评价。这样做不仅其结果对领导主体具有重大的监督约束作用，而且其本身也能够对领导主体及其行为直接发生监督约束的效用。这样形成的一种基本的考评类型就是专门以监督约束领导为目的和取向的领导考评，我们把它叫作监督约束领导行为的考查评价，简称考查评价。

考查评价就是要专门对领导主体的日常行为和合格性进行日常化的考评，通常采用考核、检查、检测、测量、审计、测评、调查、侦查、暗访、督察、透视、诊断、分析、衡量、评估、评价、实证、鉴定和确认等等方法。

上述四种是最具操作性、实务性和普遍性的领导考评基本类型。现实生活中的领导考评主要就是这四种类型。它们各有自己的特定标的、特定效用和专门适用性。但是可以发现，其中，考试考核与考查考核都是选拔任用领导人才的，所以均可归为选用领导人才的考评；而考核评估与考查评价则都是对领导进行管理的，只不过前者侧重于获得绩效而后者侧重于监督约束而已，所以均可归为管理领导主体的考评。

第十，以考评对象为标准，领导考评即分为领导人才考评和领导主体考评两大类。

(1) 领导人才考评。这是为培养、选拔和使用领导人才而进行的考评，也就是对潜在的和未来的新领导者所进行的甄别和选拔性考评。这就是选用领导人才的考评，显然就包含了前述的两种具体考评类型，即考试考核和考查考核。

(2) 领导主体考评。这是对现任的领导者、领导班子乃至整个领导系统所进行的考评，但最主要是指对领导者和领导班子的日常表现与工作及其结果所进行的考评，因为对整个领导系统的考评一旦实施起来，都要落实到具体的领导者和领导班子身上。实际上，这就是对选取到领导队伍中和领导岗位上的领导人才进行责任性管理的一类考评；所以，这就是管理领导主体的考评，正好也包含了前述的两种具体考评类型，即考试考核和考查考核。

这里还需要略作辨析的是，领导人才考评中的考查考核的对象实际就是现任的领导者或领导班子，按领导主体的含义则显然应该归到领导主体考评中来。但是，这里没有这样做，也没有必要这样做，因为考评对象虽然作为领导主体，但却只作为领导人才而非作为责任主体的领导主体来与管理发生关系的。这就是说，虽然同为领导主体，但却因受考评运作的目的和性质所决定而各具不同的性质。这样，仅仅因为同是领导主体就把考查考核归到领导主体考评中来，那就显得完全不合理也不科学了。

第十一，以最常见的考评内容为标准，则有领导素质考评和领导绩效考评两种。这两种领导考评最具科学理论内涵和实际操作价值，在整个领导考评构成中具有实质性和代表性，相互之间虽然存在一些区别，但更存在高度的内在相关性和一致性。如果着重从考评内容标准下的领导素质考评和领导绩效考评入手，就最有可能把领导考评的构成解释得更具体、更深入，对于更好地认识和把握领导考评具有特别的价值和必要性。不仅要在此处简说之，而且要作为本章重点在后文细释。

(1) 领导素质考评。这是以发现和确定领导人才为主要标的，以领导人才的素质标准和要求为考评的指标体系和评价依据，鉴别和评定考评对象的所有内在条件即领导素质，特别是潜在的或可能的领导才干和领导作用，由此遴选确定合格的领导候选人即潜在的、未来的或后备的领导者和领导班子。实质上，这跟领导人才考评显然是完全相同的，不仅内涵相同，而且包含的具体考评类型也相同，即都包含了考试考核和考查考核。

(2) 领导绩效考评。这是以测定、确认和评价领导主体为主要标的，以公认、法定和制度规定的领导职能职责和规范、领导绩效标准和要求及政绩导向为依据，对在任领导者和领导班子乃至整个领导系统的现实言行、作为、过程及其结果和水平进行专项或全面的考评，由此确认其实际的合格程度、胜任程度、优秀程度和贡献程度。从内容实质上看，这跟领导主体考评显然也是完全相同的，不仅内涵相同，而且包含的具体考评类型也相同，即都包含了考试考核和考查考核。

以上各种标准下的不同领导考评类型确实非常丰富多样。它们构成了一个完整庞大的领导考评系统。无论从理论或学科的形态上看，还是从领导实践角度上看，这个系统都是一个覆盖着广泛知识、技能、技术和相关理论基础的巨大领域。因此可以说，领导考评就是一个关联甚广、非常复杂的领导分析过程和领导分析系统。

应该说，领导考评的构成主要是指领导考评的基本类型及其基本的相互关系，反映着领导考评的基本结构。事实上，领导考评的目的、主体、对象、内容、过程和结果等均可成为解析领导考评构成的独立维度或标准，而且均有实在的意义。但是，如果侧重以考评目的、考评对象和考评内容为标准，那么就将使领导考评构成的解析更加切近领导考评的实质和实际而显得更有价值、更有意义。因此，这里着重以此三维为标准，探究领导考评的构成。

总之，要把握领导考评，就要把握住这样一个过程和系统；但是，从领导考评实践和相应的理论探索与应用探索来看，最重要的是要把握住按第一种标准即领导过程这个标准来进行的各种领导考评，由于这些评估是结合领导诸环节、紧贴着领导过程来进行的领导考评，对直接达到领导考评的目的和预期效果是最具实际价值的，也最有作用。

6.4 领导考评的标准与标的

6.4.1 领导考评的标准

进行领导考评，根据什么标准来判断孰正孰误、孰优孰劣？显然，这里就有一个标准的问题。这个领导考评标准事关领导考评能否符合客观实际、能否得出科学的评估结果、能否对公共领导乃至公共管理真正发挥正确而积极的作用。因而，国内外理论界与实践界都比较重视这个问题。在这方面，比较能够为大家所接受的一般意见是，领导考评标准必须切实、充分地反映和体现出领导质量与成效的客观要求和科学预期水平。具体说来，领导考评的客观标准主要包括如下各个方面：

(1) 社会生产力标准。这是衡量一切领导的根本标准。无论什么领导，归根结底都要看其对于社会生产力具有怎么作用。只要看其是束缚生产力还是解放生产力，是阻碍、压制或不利于生产力发展还是推动、促进或有利于生产力发展，对生产力进步的帮助是大还是小，即可对公共领导做出正确的评估。

(2) 人民利益的标准。既然公共管理是为人民服务的，特别是生产力发展最终是为了不断满足人民群众日益增长的物质和文化生活需要、不断提高人民生活水平，那么就应该说公共领导最终就是为了人民利益的。所以，符不符合人民的利益，能否有利于人民的利益，就可以非常明了地判断出公共领导的好坏优劣。这即说，人民的利益就是领导考评的最高标准。

(3) 社会前进方向的标准。这是另一条极为重要的领导考评标准。一切违反或忽视历史规律的领导、一切阻碍或不利于社会进步的领导，即一切不顺应社会前进方向的领导都是危险的和破坏性的。只有符合历史发展、社会前进方向的领导才是正确可取、自然也包含了充分科学性的领导。忽视或违反这一标准，就必将导致公共领导以及公共管理都走向反动和没落。

(4) 适切性和客观性标准。一切领导都必须切合实际，因为领导就是缘实际而发、因现实情况而动的公共产物。不能针对和解决某一具体实际的问题，不能客观准确地反映客观实际情况，那么任何领导就都不会是好领导。

(5) 科学性和可行性标准。这是一个基于客观事实、科学过程和科学结论的操作性标准，也是领导过程质量之所在。

(6) 效率效益标准。这是关注和考核领导投入与产出、工作量与绩效、资源消耗与结果成效、领导产出与原来的领导预期、实际效果与预计效果、领导代价与领导目标、领导结果与社会发展指标和目标之间关系的重要标准。

(7) 公平公正标准。这是反映领导合理性的标准，在社会生活中具有极大的敏感性和社会实际效应性。忽略这个标准，无论领导制定还是领导实施或者其他领导环节，都将面临重大阻力和困难，也是非常容易走向反面的。

（8）充分性和满意度标准。这是公共领导是否能够达到最佳效果的标准，衡量和决定着公共领导是否有偏差有遗漏，而这样的偏差和遗漏程度有多大，领导资源利用与发挥的程度有多大、领导目标的实现程度有多大、公共领导涉及的社会相关各方的满意度与支持率有多高等等。这是领导考评过程中所要最充分把握的技术性维度和操作性维度，是在评估过程中饱含科学性的最实际评估标的。

6.4.2 领导考评标的

领导考评标的是指在进行领导考评之初由领导主体或领导考评主体根据领导目标提出并确定的领导质量未来标位设想，是领导考评主体赖以进行领导考评的方向标和测量尺。

领导考评标的与领导目标内在地对应着，在路线和原则上是一致的，而在内容上虽然常有差别，但有时则可能是充分重合的。一般来说，领导目标要更宏观更高层，领导考评标的则是更微观更具体，是为了实现领导目标而在领导考评这个技术操作层面形成的、用来检测和绳直评估行为以及领导过程及其与领导目标的关系的技术性领导标准与方向。事实上，也可以说它是为了科学的领导考评而从领导目标分解下来的亚领导目标。因此，领导考评标的虽然是在进行领导考评时才提出并确立，但却是领导目标系统的组成部分，无论对于整个领导过程还是对于整个具体的领导考评过程都是非常重要的关键性操作因素。

领导考评标的的核心是领导价值标准和科学标准，而其中的领导价值标准必须来自领导目标或伴随着领导目标的形成而确定。不同的领导考评有不同的标的，不同的领导考评标的具有不同的核心，不同的评估标的核心在价值标准和科学标准方面具有不同的具体内容。在所有不同的领导考评类型中，在评估对象和领域标准下的各种领导考评具有最多的具体标的——它们在评估内容上相互区别，体现出领导种类、领导内涵和领导考评的多样性与差异性；而在领导过程标准下的各领导考评则具有最切合于一般领导环节、紧扣领导过程的具体标的——它们在技术和操作层面上相互区别、非常独立而又相互呼应、连贯成一体。

领导考评主体只有在始终明确评估标的的情况下才有可能明智而有效地选择和运用各种具体的评估途径、评估方式、评估方法和评估技术，最佳地利用和发挥出领导考评的经验、知识、技能和才干，使领导考评得以坚实、深入而又高质量地进行下去并很好地完成，进而直接促进整个公共领导能够完全围绕领导目标而非常高效理想地制定、执行、发挥作用和进行产出。应该说，领导考评标的就是领导考评推动和确保公共领导能够很好地体现和实现领导目标、取得良好的领导成效的关键因素。

无论进行什么样的领导考评，无论是正打算还是已经在进行领导考评，都必须具有明确的评估标的。否则，所谓的领导考评就不是领导考评，而是一种盲目、杂乱、肤浅和不负责任的领导思虑或领导议论，不仅没有科学性和领导价值，而且无论在哪个环节、哪个阶段都会造成负面影响和不良后果。

6.5 领导考评的基本过程与基本原则

6.5.1 领导考评的基本过程

进行领导考评，有一定的步骤，要遵循一定的程序。通常的做法是将领导考评分成三个阶段和八个步骤，然后来逐步推进和完成领导考评，具体如下：

1. 起步阶段

这是在进行领导考评的第一阶段。在这里，评估主体主要就是为确定并组织某一具体的领导考评而做好全部前期的预备工作，主要是形成一个完整的评估方案及实施评估的方案，为具体进行对某一具体领导的评估提供基本的依据和条件。所以，有的学者也把这个阶段叫作领导考评的准备阶段。这个阶段又包括如下四个具体的环节：

(1) 根据评估领导的实际需要，确定评估的目的、基本打算和基本设想。

(2) 根据评估目的和设想，确定领导标的。这包括明确所要评估的具体预期、具体主题、具体对象、具体范围、具体内容和具体任务等方面。

(3) 根据具体设想和具体标的，确定评估的具体标准、具体依据、具体方法、具体工具和具体途径，确保能够在统一而科学的尺度下进行协调的评估活动。

(4) 制定评估方案，以系统安排的形式确定和分配领导考评的具体任务，亦以提供备选方案的方式使评估主体择优使用之。

2. 实施阶段

这是具体开展领导考评的过程。这里通常要集中发挥专家和理论的作用，要运用大量的科学的方法和技术手段来深入掌握、分析具体评估对象的全部信息。这一阶段又包含如下三个具体的活动或实施环节：

(1) 从定性和定量两个层面上对具体的评估对象进行全面、客观的评估。这实际就是根据评估方案，运用诸如建立系统评价模型等等方式方法进行具体的领导考评。

(2) 围绕领导标的，根据领导目标，进行系统、深入的分析、研究和评价，形成对某一具体领导的真实认识和全面把握，包括经验总结和理论分析与升华等等，得出客观、真实、全面、统一、确切的评估结论，形成权威、有效、具体的评估结果。

3. 完成阶段

这实际是一个把评估实施所获得的认识和结果加以文字化、书面化、定型化和应用化的收尾阶段。

(1) 撰写领导考评报告。这就是将评估实施阶段所达成的共识、所形成的结论和所获得的结果以适当的方式和结构写成具有全面性、客观性、实效性、权威性的书面报告。这类报告的内容具有相当深度的分析性、总结性、启发性、理论性和实践性。

(2) 应用领导考评结果。这实际是领导考评结果的处理，主要是将它及时反馈于领导主体，及时调整领导和领导行为，有效优化领导过程，切实提高领导成效。

总而言之，领导考评过程就是确立并实现领导考评标的的一系列活动和基本过程。

6.5.2 领导考评的基本原则

进行领导考评，还有一个原则的问题。此即在进行领导考评时，必须遵循那些饱含科学性、确保评估科学性的实践原则。根据国内外实践探索和总结，一般认为，要做好领导考评，主要应坚持如下四项原则：

1. 标准化原则

领导考评同其他领导实践一样都需要拥有和依据一定的标准。这是确保领导科学性的基本前提。没有标准或者标准很模糊混乱，则绝对无法做到评估科学规范，只能是在评估过程中根据价值倾向、知识经验和观点看法来非常主观随意、片面孤陋和变乱不定地评述论说公共领导的各个方面，结果是永远主观化、随意化、杂乱化。这样做本质上就不是领导考评，而是一种没有标准、没有依据、胡搞乱评、不负责任的行为表现。所以，确立标准并使标准不断细致、系统和科学起来，就成为搞好领导考评所必须遵循的第一底线和基本原则。

2. 客观性原则

客观性原则也叫作实事求是原则。领导考评始终需要实事求是、客观真实，只有这样才能确保评估的准确性、精确性和正确性。否则，即使已经有了非常完善、完备和科学的评估标准，也是无济于事的；因为有标准也可以收集和使用不客观的事实、信息来进行评估，可以用主观意愿、价值取向和利益顾忌之类的主观内容来加以解释和评估，甚至通过颠倒黑白、改变事实、扭曲真相来进行完全非实事求是的评估，最终结果则必然是高度歪曲地反映领导现实并导致进一步错误的领导行为与领导结果。所以，实事求是应该是领导考评所必须严格奉行而不可逾越的又一底线和基本原则。

3. 正确性原则

领导考评必须以推动领导成本最低化、领导成效最佳化为导向，必须确保客观、公正、公平，必须确保目的和动机端正，也必须确保对领导运行及其结果的正确反映和正确引导；而不能出于某种需要、目的或意图，如务虚、务面子、务政绩、务形式主义等等，加以改变、伪造、编织、偏袒或掩盖地进行。这是保证领导考评方法科学有效的基本条件，也是确保其他的领导考评方式和原则得到正确理解并使之产生正确作用的基本条件。这是领导考评所不可逾越的第三底线和基本原则。

4. 系统性原则

领导考评需要系统化而不能以偏概全，需要对领导进行全面、立体的审度和评价。只有把领导各个方面都纳入评估的事业和过程当中去了，才能在评估操作的基本层面上确保领导考评的客观性、真实性和全面性，也才能真正把握住有效的和有用的真实领导信息。事实上，这是一个确保领导考评科学性的非常重要的操作性原则。

上述四个原则都与评估标准存在着内在而密切的联系，都非常排斥诸如权力意志性、主观随意性、固执性、野蛮性、非理性、脱离实际和没有科学依据等等各种各样的非科学性，是确保领导考评活动和过程不出科学规范的最基本界限。其实，这些原则就是领导考评科学性的四个行为支点，是在具体进行领导考评时充分确保评估科学性的四个关键要点。

6.6 领导考评的基本方式与方法

6.6.1 领导考评方式与方法的一般原理

领导考评的方式与方法就是达到领导考评标的的手段和途径。在领导考评标的明确以后，领导考评最重要的任务就是要知道如何紧扣领导考评标的而更好地、更有效地发现和解决所有关键的与重要的评估问题。显然，领导考评标的确立以后，领导考评的方式与方法问题就紧接着提出来了。这虽然是技术层面和操作层面的事情，但却总是关系到能否真正达到领导考评标的，能否真正确保领导考评的科学性、切实性和有效性，以及能否真正确保领导目标得以充分或完全的实现。因而，这实际上正是一个同领导的优劣和成败直接相关的方法论问题与战术性问题。

而事实正是这样，领导的优劣成败很大程度上取决于在操作上集中体现为领导分析的领导考评质量，实际也就是领导分析的质量，而形象一点就是进行分析或评估的手段和做法的高明程度。因此，要做好领导考评的工作，就必须下大力气发掘出更多更有效更高明的评估方法和评估技术。实际上，领导质量的高低优劣最具体地取决于这个方法论层次和战术层次运作的质量、表现出来的能量和达到的水平。

如果说在不同组织之间进行着某种角逐和竞争，并希望较量制胜，那么就可以说其最具体最直接的较量就在于这个战术运作部分，这个部分才是真正短兵相接、交锋较量、一比高低、一决雌雄的所在。而这里却全是关于领导考评方式方法的方法论世界。

不同的领导考评要解决不同的领导考评问题、达到不同的领导考评标的，就需要运用对应有效的方式方法。这些适合于具体进行领导考评的方式与方法彼此之间是互不相同的，实际构成了一个纯操作性的方法系统和技术系统，对于领导考评的优劣成败具有直接的决定作用。显然，要进行领导考评，就要有适合的方式方法，就必须首先从这样的系统中找到并有效地依据之和运用之。否则，所谓的领导考评就只能是对领导的胡评瞎估，其结果就只能是南辕北辙。这不仅不会也不可能达到评估标的，而且还会带来一系列的各种浪费和对公共领导的破坏。也就是说，进行领导考评而没有适合的方式方法就注定要失败。要善于进行领导考评，就必须尽可能多地掌握领导考评方式方法并能随时从中找到适合的或发现新的适合的方式方法。

在领导考评中没有普遍适用、放之任何领域皆有效的方式方法，而只有相对适用的方式方法。然而，在丰富多样、适用特点各不相同的领导考评方式方法中仍然有些方式方法具有相对广些的切合性和适用面，可以作为普通领导考评经常使用的工具和手段。

6.6.2 常用的领导考评方式

具体而言，领导考评方式主要有：独断的方式和民主的方式，决策者自定的方式和经由专家的方式，领导主体自主的方式和领导客体主导的方式，经验惯例主导的方式和科学原则主导的方式等。但是，目前人们通常使用的领导考评方式则主要有：

（1）领导界定。这是以主要领导问题和领导内容为轴心，进行领导含义、性质、类别、领域、目标和相关因素等方面的界定。这是最基本的领导考评方式。它为后续的其他评估方式和活动提供平台。

（2）领导审度。主要是对领导问题、领导建议、领导方案、领导事实基础、领导根据和依据、领导实施等方面进行识别、检查、考究和评审。

（3）领导分析。这指狭义领导分析，即运用各种分析方法、模型、技术和技巧去分析各种领导，为领导过程各阶段提供分析资料和科学依据。

（4）领导比较。这主要指根据需要和客观情况对各种不同的领导方案、领导措施、领导效益、领导基础和领导环境进行不同的比较。具体的比较方式主要有纵向比较与横向比较、时间比较与空间比较、同质比较与异质比较等。

（5）领导衡量。这主要是对领导的是非、利弊、得失和轻重缓急等进行估计测算和评定把握。

（6）领导诊断。这主要是对领导过程各环节的情况、现实问题和潜在问题等进行识别、界定、确认和把握。

（7）领导预测。这主要是运用科学的预测知识和技术，对领导过程在一定条件下和某种环境中的未来走向、趋势、可能结果与效果以及可能出现的各种相关情况进行科学的测算、预计、预见和预想。

（8）领导估计。这主要是根据经验和智慧，对非理性和不确定背景下的各种领导可能进行推想、推论和假设。

（9）领导跟踪。这是全程监控、把握领导过程的领导考评方式，实质是对各个阶段的领导情况进行鉴定，是对领导考评结果进行正式认可和接受并由此形成正式的结果性领导信息的基本评估方式。

（10）领导反馈。这是对正式的领导信息结果做出作用于领导过程的积极反应的领导考评方式。

6.6.3 常用的领导考评方法

目前，在领导考评实践中通常使用的领导考评方法主要有两大类，具体如下：

第一类是领导研究通用的基本方法，包括调查研究方法、经验分析方法和演绎推理方法、定性分析方法和定量分析方法、系统分析方法、层次分析方法、结构分析方法、典型分析方法、抽样分析方法、统计分析方法、数据分析方法、模型模拟方法和不确定性分析方法等等。这些方法其实是基础性、一般性的方法系统，对于做好每一项具体评估工作具有一般的方法论意义。

第二类是领导考评专用的具体方法，包括目标与途径分析法、标的与过程分析法、投入与产出对比法、变化测定法、跟踪监测法、前后对比法、效果对比法、效益计算法、意见收集分析法、专项评审法、综合评估法、立体评估法和全方位评估法等等。这里的每一个方法都具有自己的特殊功能和用途，能够分别达到某一具体的评估目标或标的。总之，它们都是非常专用的、一法一用的和多法并用的。

事实上，在进行具体的领导考评时存在很多被分解得非常微观、细小的评估目的和目标。每一个最小的评估目的和目标都要有也必定有一个相应的专门方法与途径。所以，在实践中如此专门、具体的评估方法相当多，无法一一列举及详细论述。这里只能从评估主体和评估角度两方面来简要介绍三种最普通的专门评估方法。

1. 专家评估法

专家评估法就是由在某一具体领域具有高深造诣并具有评估专业知识技术的内行运用自身专长对该领域的领导进行高度专业、精深、细致、全面、系统与科学的审度、考查、考核、权衡、预测、鉴定和评价。其实质就是从制度上和实际操作上都确保专家最经常、最实质地介入领导过程之中，使领导得到立体化的科学赋予、确认与评价并由此而变得更具科学性和更可能产生科学的现实结果。事实上，这是最主要的现代领导考评方法。

现代的公共领导已经随着政府职能的细致划分和公共管理的细致分工而变得越来越专门、具体、细致和独特。这不仅决定了领导制定需要也必定要高度专业化，要由独专于该领域、该研究点的专家来最实质性和最权威地参与并完成，而且也决定了领导考评亦随之变得日益专门、具体、细致和不可相互等同替代，决定了领导考评也需要熟悉、了解该领域的专家来最主要地承担评估任务和责任——只有相应的专家才具备相应的专业知识和技术而适合并胜任科学评估该专门领导的职责和任务。事实上，已经高度专业化的具体领导完全需要高度专业化的专家来确保评估的科学性和权威性，才能使该领导考评产生有效的结果和科学的作用。

另外，即使从元领导、基本领导、一般性领导思想和领导规划的角度来看，领导考评的专家化也特别需要、特别现实，也同样是正在变得日益强烈和显著。因为通常情况下这类领导的价值主导性和意识主导性总是占第一位的，领导的科学性、合理性、合法性、实效性、可行性和可操作性总是容易被忽略，至于领导的相关性，特别是领导影响与效应的相关性则更是无暇顾及。这在传统状态下是不可动摇的，但在现代条件下则是至少能够在引入专家参与的情况下有所转变的。事实上，只有在加入了专家评估这一有效因素以后，这类领导的各个层面和关系才能得到更高的科学含量、可行价值和现实价值。

2. 群众评估法

群众评估法就是由群众对所实行的领导进行最直观、最现实的评估。其实质不是从专业的和深层次的角度来科学评估某一具体领导，而是从一般的和最终的实际效果与作用的角度来对领导的正误、得失与成败做出最后的判断与评价。

因为群众就是实际的和最主要的领导受体即领导客体，领导的一切本质上都是为了群众的，都是要为人民服务、为群众带来现实的和长远的好处的。领导的优劣好坏、得失成败最终都应该由群众说了算，由群众来裁判，亦即都要在人民群众的实际利益与实际状况等这些为领导所要最终体现之处来最后确证。如果人民群众不能得到实惠和长远利益而表现得不满意，那么无论领导内容如何全面和用心良苦，也无论领导行为如何科学或使用专家，都是空洞的、无效的和多余的，甚至是有害的。此即，领导的出发点、落足点和最终目的都在于广大人民群众的利益；无论权威的领导主体，还是代表科学的专家和专业技术以及他们的领导作用与价值，都必须在人民群众那里得到最后的检验，必须由人民群众来做出最终的评判。所以，这个"群众评估法"是最本质的领导考评方法。

群众虽然不能像专家那样进行高度专业化、科学化的评估，但却能够依据自己的切身感受，特别是自己的实际状况和实际利益的实际变化来做出最直观、最直接的反映，并得出价值判断上的结论。这样进行的领导考评是无法替代的，因为只有作为领导受体的群众才有在领导效果、领导实质等方面的真实感受，才有做出直接评判的资格、条件和可能。而这本身就自然包含了也体现出一种符合领导本质要求的、位于最高层次的科学性。

3. 自我评估法

自我评估法就是领导主体从其领导初衷与意愿、领导目的与目标和领导实效与责任出发，依据一定的理论、知识、技术、立场和价值观，对其现实的领导行为、领导过程与领导结果进行预测、审度、检查、考核、验证、判断和评价。其实质就是在权力、地位、资源和责任影响与约束下为确保领导质量和领导效果，最终实现或达到领导目的和目标而进行的质量化评审与责任化评审。

这种评估方法具有内在性、内向性、务实性、操作性、权力性和责任性等特征，有助于领导主体更好地自我认识、自我改善与自我提高，有助于领导主体更好地制定和执行领导，也有助于领导运行过程的更加精细化、严密化、科学化、规范化和高效化，进而最实质、最有效地切实提高领导质量、产生更好的领导效果。

上述三种基本的评估方法都能有效完成对领导的评估，但是由此形成的评估结果却不一定能够相同。这些不同方法产生的评估结果往往会有偏差，甚至是较大的出入。所以，在实际进行领导考评时，最好是既分别运用又同时相互结合地运用这三种基本方法，其中还要以群众评估方法为最后决定因素。这样才能真正确保领导考评的全面性和科学性，才能真正完成领导考评任务并有效达到领导考评目标。

6.7 领导考评与绩效管理的改进

6.7.1 把握和调整领导考评的方向与导向

1. 当前领导考评与绩效管理的实践探索

领导是公共管理的核心，直接影响公共管理的特性和运行。而领导考评则是直接影响领导方向的杠杆，往什么方向推，就会使领导朝哪个方向走，并由此主导着公共管理有什么样的特性、朝哪个方向走。因此，领导考评在公共管理中扮演着深度影响现实运行方向的角色。

绩效管理是公共管理的新模式，能够促进公共管理高效化；是公共管理质量和成效得到全面增进的主要途径。不走绩效管理之道而欲取得管理成效的突破，就无异于不走金融之道而欲求得融汇资金一样。

在公共管理实践中，领导考评与绩效管理既分别存在，又高度结合在一起。领导考评直接构成绩效管理的核心环节，十分重大地影响着整个绩效管理的特性与成效。绩效管理主要通过领导考评来直接高效地影响领导行为乃至整个公共管理，只不过在内容与综合功能上还有更多的范畴和层面而已。

在现实生活中，公共管理会朝哪个方向走，会出来什么样的结果，关键要看领导考评和绩效管理的完善程度及如何发挥作用。要有一个好的结果，就一定要充分掌握好领导考评这一杠杆，要充分发挥绩效管理的综合作用。

人们为了得到更好的管理成效，一直以来都在公共管理实践中探索领导考评与绩效管理。从万人大评议到精细做考评，从GDP到绿色GDP的考评变迁，从多样的考评体系到中组部近年来颁发的两个权威考评办法，从中央到地方，全国上下，紧扣落实科学发展观，都在进行这方面的探索。这些探索可谓风起云涌、多种多样，直接带来了多种多样的绩效管理；其中不乏成功者，亦不乏失败者，有很多经验教训值得总结。

2. 领导考评与绩效管理实践探索的审慎反思与理性分析

就既有的探索来看，领导考评和绩效管理还是发挥了积极的作用，但也确实还存在不少成效不足的问题。在有的地方、有的单位，干部作风、机关作风并未明显转变，多内耗、不和谐的状况并未得到改善，政绩工程、虚假数字还是有禁不止，行政效率并未显著提高，群众并非普遍满意，管理运作并未因此变得规范，干部使用的公正性和到位性并不能令人信服。

多样的领导考评催生多种的绩效行为。正常情况下，都能实干，能出实绩。但是，有的却不能求真务实，倒喜欢投机取巧，在工作中分出了实在绩效和潜在绩效，只注重本届任内所能出的实在绩效，而不管任后会有什么绩效，不会重视潜在绩效，因为那属于后任领导的；所以就出现了许多短期行为，而常常显得没有战略眼光。有的地方或单位热衷于画饼充饥，实际上搞的都是虚拟绩效，简单地将愿景转化一下，有点政策的样子，而无实际有效的措施和令人满意的结果。更有甚者，有的地方和单位，实际干不出什么成效来，就只好搞虚假数字，编造虚假绩效，由此应付上级而不惜不畏于钻营。这实质就是投入实际运行的领导考评在多方面深刻影响和刺激领导行为，由此导致了光怪陆离的绩效行为和多种多样的绩效结果，往往有悖于领导考评和绩效管理的初衷。

就目前情况看，领导考评和绩效管理显然还存在不少问题。这些问题的症结有很多，主要问题是：领导考评在各级各部门并未统一，也很难一致，出现了多种杠杆分别运作的情况，科学、完善一点的就带来好结果，质量差一点的就产生不良现象，从实践本身看就导致了多种管理实效与绩效表现。主要症结在于：管理创新常跳不出旧习惯、旧套路；考评常常流于形式化、走过场；考评触及利益与行为的调整；考评设计没有充分的科学理性；科学化严重不足，主要是维度分类还不够科学，至少是将素质与绩效两类不同事物混合在一起了，导致领导素质与领导绩效混合考评，分别考评都有很强甚至很难的专业性和科学性要求，混合考评就不能确保从途径和技术上达到领导考评的目的和绩效管理的目标。

6.7.2 确保领导绩效考评充分科学化

1. 推进科学化要做“两个分开”

第一个分开：素质与绩效的分开。素质与绩效是两类不同的事物；只有将其分开才能从根上确保科学性。因此，要做好领导考评和绩效管理工作，首先就要把素质与绩效分开。

第二个分开：素质考评与绩效考评的分开。素质与绩效在基本特性和内容上存在质的差异，决定了这两者只是考评内容的两大层面；两个层面的考评内容直接构成了领导考评的两大基本方面；作为存在质的差异的考评内容，两者要在通过考评得到正确、准确反映上就必然要求考评操作必须分别进行。这就是说，考评内容的基本差异决定了领导素质与领导绩效要分开考评。因此，要提高领导考评和绩效管理的针对性和有效性，就一定要把素质考评与绩效考评分开。

2. 要深度把握和推进领导素质考评的科学化

作为领导考评的第一方面，领导素质考评显然是高度专业化、系统化的，其基础和依据是更科学、完善的领导素质理论和领导人才规律。这样，更加科学理性、全面系统地把握领导素质构成及其考评构成就显得极为必要。为此，要侧重注意如下几个要点：

第一，系统把握领导素质考评维度。这首先就要系统把握领导素质的基本方面，素质方面直接构成领导素质考评维度；有哪些领导素质，领导考评就要紧扣而准确反映之。这就是说，领导素质构成决定着领导素质考评的范围与程度。目前素质理论有不少，其中四层十五类领导素质理论较为实用，十五方面的领导素质构成了十五个素质考评维度。

第二，系统把握领导素质考评指标和权重。这要求，从素质方面纵深推进到更具体的素质因素和素质内容上，因为素质因素直接构成领导素质考评指标。在明确素质因素的基础上，要进一步明确每一素质因素内所包含的素质内容，因为素质内容直接构成领导素质考评点位。在明确素质内容的前提下，就可以产生或能够正式提出具体的素质要求，素质要求直接决定素质考评的权重；事实上，在具体素质内容都不太明确的情况下，素质要求肯定是模糊的，在考评上就不具备可操作性。总之，要借助系统的素质理论来系统地把握、设定领导素质考评指标和考评权重。

第三，明确正确的领导素质考评的专责与取向。领导素质考评的专责主要包括：测评、培养和削尖领导高才；测评、选拔和用好领导人才；测评、确认和淘汰领导庸才。领导素质考评的取向主要是形成一个科学、健康的领导人才成长机制，打造能创造高绩效的领导人才队伍。

3. 要深度把握和推进领导绩效考评的科学化

作为领导考评的第二方面，领导绩效考评同样是高度专业化、系统化的；其基础和依据不是领导素质理论，而是亟待高质量履行的现实职能职责和管理规律。这样，确保科学理性、全面系统地把握领导绩效构成及其考评构成就显得极为必要。为此，要侧重注意以下诸点：

第一，要科学把握领导绩效考评维度。领导绩效是领导者履行职能职责的反映，基本的职能方面直接构成领导绩效的基本维度。两个方面的职能构成领导绩效考评的两个维度：基本职能决定下的绩效维度与岗位职责，运行性职能决定下的绩效维度与岗位职责。

第二，要科学把握领导绩效考评指标。基本职能下的工作指标构成主业绩效指标，不同基本职能是不同的专业领域，不同领域各有专业质量指标；运行性职能下的工作指标构成辅业绩效指标，运行性职能是履行基本职能的通用机制，通用机制自有通用质量指标。

第三，要正确把握领导绩效考评目的与权重。绩效考评目的决定绩效考评范围、程度、权重与方式等；领导考评诸环节都必须确保能够充分反映和有效达成考评目的。当然，各环节自身的专业把握也是非常重要的。考评维度重在紧扣所要履行的职能方面，考评指标重在紧扣工作质量指标，考评点位重在紧扣工作过程的节点及其运行结果，考评权重必须完全反映出工作质量要求，考评方式必须确保能够最充分反映真实的工作绩效。

第四，要正确把握领导绩效考评的专责与取向。领导绩效考评的专责主要包括：测评在位领导者的工作数量与质量，测评在位领导者的工作效率与效果。领导绩效考评的取向主要有三个方面：用工作实践检验领导者的素质与胜任性，促进高绩效领导者发展和班子建设，促进整个团队质量和组织绩效不断改善。

总之，要科学把握领导考评与绩效管理。领导考评内容与构成须科学把握。考评维度是考评内容的大块面。素质和绩效是两个层面的考评内容。考评内容的基本差异决定考评必须分开。两个层面的考评内容决定领导考评的两类基本构成，即素质考评与绩效考评。

6.7.3 改进领导绩效考评旨在建立全新管理模式

1. 要通过改革创新来建立一个高效有力的公共管理模式

绩效管理是一种能够比较全面有效地克服管理疲劳的新型管理模式。抓绩效管理，首先就要正确把握和探索建成这样一种非常管用、有效的管理新模式。为此，要注意把握以下几个方面的要点：

第一，要汲取既有的多种管理探索中形成的经验和科学精华，有鉴别、有目的地用之构筑全新的管理模式。而这其实是一个管理发展的路径，即传统管理→现代管理→绩效管理。

第二，要积极运用绩效管理来解决管理疲劳的问题。管理疲劳的问题有很多，目前亟待解决的主要是：管理弱效化，即对与所要解决的实际问题常常无奈；问题顽韧化，即新老问题堆积固结而管理束手无策；信心勉强化，即陷入困境但仍在顽强而疲惫地作战；期待麻木化，即不指望能出现什么真正的奇效良方。

第三，要通过考评变革和管理创新来不断增进工作绩效。认识在不断变化，要求在不断提高，考评就必须适应这些变化而不断变革，并由此激发出以考评为关键构成的大规模管理创新。但是，这一切变革和创新都必须始终紧扣和明确两重目标：一是全面增进正面绩效，包括减少低绩效、提高中绩效、扩展高绩效；二是全面防止负面绩效，包括避免零绩效、防止负绩效、根治反绩效。

2. 要通过系统把握领导素质与绩效考评来把握绩效管理模式

要建立一个完善的绩效管理模式，就一定要能够从整体上正确把握和处理好领导素质考评与领导绩效考评的关系，并由此将两者有机结合在一起。为此一定要避免走两个极端，即或者机械地将两者混为一谈，或者将两者绝对分开，也就是变成为分开而分开。为此，要注意：

第一，要从横向上完整把握领导考评与绩效管理。一方面，要分别把握领导素质考评与领导绩效考评，在操作上确保它们各自独立、专业化地运转；另一方面，要将它们联系起来，在某些情况下甚至还要将它们结合起来，主要是要综合起来、内在打通地把握好领导素质考评与领导绩效考评，确保在技术上可以相互借鉴，在结果上则可相互参照印证，确保分别考评的正确性、有效性，更确保整个绩效管理的完整性和有效性。

第二，要从纵向上完整把握领导考评与绩效管理。领导素质考评具有一个显著的特征，即长期性，这决定了要从时间概念、要以动态发展和历史角度来进行客观全面、信度较高的素质考评。领导绩效考评也有一个非常显著的特征，那就是周期性，一般是在一个工作年度或者财政年度范围内的完整绩效过程，包括形成、考评、反馈三阶段；这决定了在一个周期内必须完整运用所有的考评环节、有效完成所有的考评任务。但就目前的探索实践情况看，领导考评与绩效管理在认识和行动上都还存在不少问题，其中较为突出的问题是，有不少探索都不能从纵向上完整把握领导考评与绩效管理，常常是跳过第一阶段，直接进入第二阶段，忽视第三阶段，使领导考评和绩效管理常常变得低效、无效乃至多余。

3. 绩效管理模式构建与推进所要注意的几个重要方面

为了建成并启动一个完整的绩效管理模式，这里要特别强调，必须紧扣绩效管理的周期性，从纵向上切实抓好绩效管理。为此，要注意以下三个方面：

第一，要高度注意和重视绩效考评的第一阶段，以务实、细致的工作管理来开启领导考评和绩效管理的大门。这里主要有两个操作要点：一是建立完善的绩效信息收集、保存机制；二是要建立和完善办事档案制度，关键是要对办事档案进行科学的分类、分层、分要点和分特情。

第二，要在充分注意并完成第一阶段任务的前提下进入第二阶段，确立合理、务实的绩效指标和标准体系，在考评实践中加以运用。为此，要充分注意和把握好以下几个要点：一是指标应体现职能职责和工作任务；二是标准应体现工作质量、数量和难度；三是要重点做好标准公定、公认的工作；四是指标体系要避免两个极端，即要么过多过繁，要么为简单而简单。当然，指标设定的把握还是有一个通用原则，即"不是越多越复杂越好，而是越简明合理越好"。

第三，要在完成第二阶段任务的基础上切实行动地进入第三阶段，一定要抓结果管理。此间核心是要建立一套完善的绩效管理配套制度，主要是要：建立科学、合理的绩效奖惩制度与奖惩的导向、标准、方式、时效与力度，建立科学、健全的综合管理制度。所有这些制度和管理的内容主要集中在建立一套及时、高效、公正的奖惩机制上。这个奖惩机制包括奖惩导向、奖惩主体、奖惩对象、奖惩依据、奖惩手段、奖惩内容、奖惩标准、奖惩时效、奖惩力度、奖惩实效、奖惩平衡等方面。

综上所述，通过改革创新来构建一个完善的新型管理模式，就是要围绕一条主线，即能够充分有效地落实科学发展观，按照绩效管理的内在构成，全面把握和设计具体的绩效管理模式。为此，要综合地注意把握好各个方面：一是考评理念与导向。要切实抓住充分体现科学发展观的绩效理念和导向。二是紧抓考评理念和导向来确定考评维度与考评标准。三是紧扣能够充分体现考评理念和导向的考评维度和指标，寻找切实有力的考评手段，构筑完善的考评平台。四是以更大的科学精神来精心推敲和完善考评机制与考评过程，包括进行以更高效优质的管理运作为取向的流程再造。五是在考评记录与检查上下功夫。六是在考评结果及奖惩兑现上有力度。总之，要整体把握领导考评与绩效管理的完整构成。

6.7.4 领导考评和绩效管理具有非常现实的管理价值

领导考评和绩效管理所具有的管理价值集中表现在能够为管理疲劳解扣。

管理疲劳是每个组织群体中都很容易发生、在管理实践中也很常见的消极现象。各种需要通过加强管理来解决的问题总是解决不了，常常是碰不得、不能碰，最后只好麻痹相对、熟视无睹、得过且过、不了了之。其实质是管理无力无效、无解无奈。

特别是在公共管理部门，最容易出现的问题就是“干好干坏一个样，奉好领导才有希望”。这已经成为一个大行其道的潜规则、实导向。于是，人们总是“有心无力，出勤不出力”，常常不作为乃至乱作为而无须负责；人们在工作中就逐渐地变成了“慢牛”和“病牛”，进而又出现了鞭打快牛、满足慢牛、向慢牛看齐的机制；人们一辈子不求上进，只求四平八稳、安享“铁饭碗”就行了；人们总是专心于走人脉、跑关系、泡领导并为此前赴后继、挥之不去。结果就是干事之心散灭而不正之风泛滥，组织群体的生产力不仅开发不出来而且还遭到重大消耗与打压，领导和大众只能看在眼里、急在心头，无可奈何。这些问题就像“冷水浸牛皮，越浸越顽韧”，最后成了严重的管理疲劳症。

对于管理疲劳症，人们总是试图通过管理创新来克服它。为此，人们长期以来探索了许多新的管理理念和模式，先后发明和实验了满负荷管理、岗位管理、过程管理、目标管理、结果管理、质量管理、责任制管理、承诺制管理等等。这些探索虽能解决部分管理问题，但都未能有效触及管理疲劳的症结。但实践证明，只有当管理创新来到绩效管理层面时，才发现了能够有效治理管理疲劳的药方；只有绩效管理才能为管理疲劳解扣，促使管理成效实现实质性突破。

绩效管理的实施，可以用事实说话，靠实绩证明，一切以绩效为评价人、使用人的依据；确立了一个明确的导向，即把心思用到搞关系上就没有出路，只有把心思用到出实效、出成绩上才能有地位、有前途。这使那些习惯搞关系的人不得不把心思用到如何创造业绩上来，既无时间到领导跟前晃悠，也用不着担心会被领导忘记；也使那些一心干事的人得到极大的肯定和鼓励；干部的工作作风明显改变，自觉把心思和才智都用到干事上，把每个人的积极性和创造性都引导到谋改革、求发展上。这首先在有效引导生产力上彻底解扣了。

通过实施绩效管理，实行绩效公开，使得每个成员的业绩和工作状况都对外公开，做多做少、孰优孰劣则一目了然。有的人即使不求上进，也得要面子，因而不得不设法让自己多干点、干好点。这样，就能自动形成一个"无须赶牛而牛自用力"的天然激励机制，即绩效倒逼机制。可以说，这样的倒逼机制是高明的制度设计和运用，具有很强的天然激励机能。任何单位只要正式建立和运用了这样的倒逼机制，人浮于事、效率低下、生气不足、老气有余等等老问题就能很快自动迎刃而解了，领导再也不用犯愁如何费劲调动积极性、创造性了，公共生产力的高效开发问题也将从根本上解决了。而这就是制度设计的胜利。

在奖优评先、看人用人的过程中最容易出现的问题是领导凭印象，群众凭印象，组织部门的评价常常套用千篇一律的模子。于是，看人看不准，用人用不当，评先不先进，评优也不优，成者不自信，落者不服气，致使相互指摘、相互拆台、吵吵嚷嚷、内耗不断，还振振有词。面对这些问题，领导常常是压服之或者不了了之，结果是进一步挫伤积极性和创造性，进一步抵消组织群体中的生产力和实际发展成果。

如果试行绩效管理，这些问题将可以得到极好的解决。原来凭印象就彻底改变为凭事实、凭公布在外的每个成员的实际作为和贡献；做得多、做得好的，自然是优；评上先进、得到重用，谁也不敢不服气；谁要不服气，就拿出自己的绩效来比。这样，就极大地促使广大干部认真用心于比实干、比业绩，而不能总是打肚皮官司、搞内耗摩擦。于是，切实改变了大而化之、笼统不实的看人用人标准和方式，有效激发大家致力于团结协调、努力工作的机制也就形成了，公共生产力的开发又实现了重大突破。

以上各种情况说明，绩效管理对于改进工作、改善管理是卓有成效的。它解决了大量的传统管理问题，切实体现和增强了管理效力，能够真正确保奖勤罚懒、汰劣励优、公平公正、树立公信和正风，使大家把心思和才智都用来干事，在解决管理疲劳的问题上实现了一系列重要突破。这表明，绩效管理正是能够切实解决管理疲劳问题的有效途径和理想模式，是管理创新的一个正确方向和最佳选择。

6.8 领导素质考评的原理与要则

6.8.1 领导素质考评的界定、任务与作用

领导考评可以理解为这样一种过程：认识将要或已经担当领导重任的人胜任领导工作的内在条件、内在依据和内在基础，并由此得出其是否是领导人才或领导人才品位是高还是低的结论。但是，如果从固有的实践出发并结合已有的专业理论成果，就可以得到更完整的领导素质考评定义。这里将领导素质考评界定如下：领导素质考评就是领导部门和组织人事部门根据领导科学理论、领导素质理论、领导人才理论、领导测评理论和组织人事理论以及相关实践需要，特别是领导人才和核心竞争力开发目标而制定相应指标、标准和测量评价工具对领导候选人、领导者和领导班子的素质所进行的测定与评估。

根据上述界定可知，领导素质考评的任务就是要通过考评领导素质在实践过程中的展

现与印证来全面、真实、准确地显示和反映被考评者的素质情况。而这却具体表现为如下两个要点：第一，科学测定考评对象的真实素质水平；第二，科学测定考评对象的真实素质表现情况。

这就是说，领导素质考评就是肩负着这两项具体任务而来的，也是必须能够完成这两项任务而后才有价值的。事实上，这两项任务也就是领导素质考评的两个着眼点，而这两个着眼点也正是领导考评的前两个着眼点。当然，也可以说，这两个着眼点正是这一考评所担负的双重任务。总之，领导素质考评就是要针对并兑现这两个着眼点、为完成这两项任务来构建自身并发挥作用的。

目前的学术界认为，现代人力资源管理主要集中为识人、选人、用人、育人和留人五项基础性工作，用英语表示就是 perception，pick，placement，professional，preservation，这样就形成了一个“5P 模式”。这其中的每一项都需要借助和运用考评的手段，其中的素质考评或人才考评就成为了最大的关键。而其中专门用来评审和确认领导人才的领导素质考评则成为了这个关键中的最重要点。

其实，领导素质考评的任务可以具体理解为：在具体实施领导考评的过程中，以领导人才为中心，着眼于科学、客观、公正、全面地考证和评定构成领导人才的领导素质的真实状态与水平，并据此对领导人才的真实情况与品位做出科学、客观、公正和全面的鉴别、分级与确认；进而确保最为科学、充分地发现、合理培养和正确使用领导人才以加强领导队伍建设，开发领导力资源或核心人力资源，最终极大地增强领导力、提高领导绩效和领导水平、降低领导的低效无效和失败率。

从实质上看，领导素质考评显然是一种极为重要的组织人事功能，主要是通过鉴别和区分领导素质来区分与确认不同领导人才以便更好地做到适才适用。这有四个要点：

（1）从非领导者群体中发现领导人才并加以起用；

（2）从更低级的领导者群体中发现更优秀的领导人才并加以起用；

（3）从领导者群体中发现不同的优缺点、长短处，并加以适时、科学的搭配、调整和组合，由此建成一个能够最大限度发挥整体效应和作用的领导人才集体；

（4）从现有的领导者群体中发现并验证非领导人才的领导者（包括现实的害群之马和潜在的有害者）并及时、果断地使其立即离开领导岗位。

显然，领导素质考评在领导如此选用方面具有极其突出的重要作用。它是关于核心人力资源开发、一个社会的核心能力建设和核心竞争力建设的现代组织人事工作的重要手段与途径之一。对此，马绍尔和金斯来在《公共人事行政》一书中就认为：“人员选用为全部人事行政的基石，盖若非选得适当人员担任适当工作，不论管理方法如何精密，皆无济于事。若所选用的人员不足以推进各项公务时所需的能力与条件，而期望其能产生胜任的服务力量，乃决不可之事。”

6.8.2 领导素质考评的构成

领导素质考评的构成显然比领导考评的构成有更多的维度和标准，因而必然有更多的种类构成。但是，在众多不同的维度和标准之中，笔者认为只有领导素质考评的任务和着眼点才最有意义。所以，根据它的两项任务、两个着眼点，领导素质考评实际就分为两种：(1) 发现潜在领导人才的考评。它在目标和内容上均与考试选用类考评相同，因而实际就是选拔任用领导人才的考试考核。(2) 从现有领导者中发现更优秀领导人才的考评。它在目标和内容上均与考核选用类考评相同，因而实际就是选拔任用领导人才的考查考核。这也就是说，领导素质考评的基本构成刚好就是领导考评构成的前两种。下面将分述之。

1. 考试考核

考试考核是最典型的选才考评。无论是中国古代的科举考试还是当代的统一考试、公开选拔，都是着眼于确认考评对象的领导素质，并由此发掘出潜在的领导者；只不过这种考评关于素质的范围和程度存在不同而已。

考试考核主要是通过笔试和面试并辅以测量、测验、民主测评、民意调查、投票表决、考核、评估、鉴定、公示和确认来揭示与证实潜在领导者或领导人才的内在素质，并由此发掘和选拔领导人才以增强领导队伍。应该说，它在内容上的最大特点就是侧重于领导主体认定的素质范围和程度。它通常是以领导主体和组织人事部门规定的知识门类与基于这些知识的能力种类为考评内容。根据这些考评内容的专门化和一般化取向，考试考核又分为专才测评和通才测评两种。

(1) 专才测评。它以专门测评、判别和鉴定领导人才与领导者某一专门素质状况及其适应或满足某一现实需要为最大特点。它又有两类：1) 专项需要测评。它主要是根据专门职业需要和岗位要求而对职业素质和专业特长所实施的测评，目的是挑选出适合专业领导需要的专用领导人才。事实上，这是到目前为止最通行的专才测评概念。2) 专项素质测评。它实际上就是针对各个单项素质所进行的测评——这些考评可以反映出领导人才和领导者不同侧面的素质情况和人才实质，便于更加富有针对性、区别性与有效性地判断和使用领导人才，当然也便于筛选掉不合适或者非领导人才的领导者。

(2) 通才测评。它主要是根据领导学原理和领导素质理论，从全面考查和衡量领导素质状况的角度来测评和挑选出适合于一般性领导工作需要的通用性领导人才。这实际是一种不针对某一具体职业特点和岗位要求的综合性领导考评。它通常是根据基于共识确立的领导人才标准并依之而后形成综合性、一般性和通用性的素质测评。通过这样的测评，可以相对完整地显示出领导人才和领导者的综合面貌、整体情况和人才实质，进而有利于建立领导人才库或者领导后备队伍，也有利于在更广大范围内发现、挑选、培养和使用领导人才，当然也有利于筛选掉不合适或者非领导人才的领导者。

2. 考查考核

考查考核是不通过考试考核而通过对被考评者在领导实践中的表现和成绩来发现与选用领导人才，实质就是非考试选用领导人才的领导素质考评。

考查考核在做法上古今大体一致，最主要是通过考查考核并辅以考验、检测、测量、民主测评、民意调查、投票表决、评估、实证和确认等等来考评现任领导者和领导班子的素质外现与已经证明其实际素质的业绩水平，并借此发现在现任领导主体中崭露出来的优秀领导人才，以增强和优化领导队伍。应该说，它在内容上的最大特点就是侧重于领导主体认定的素质范围和程度。它通常是以领导主体和组织人事部门规定的工作素质标准和要求为考评内容，其中最突出的是实际的工作能力或领导能力。而这些考评内容又有针对领导者个体的和针对领导班子集体的。所以，考查考核又分为两种：

（1）个体素质考评。此即领导者素质考查考核。它完全针对领导者个人在工作中表现出来的素质进行考评。这里的考评主要是专业理论上通常所说的领导实绩考评、领导水平测定、领导能力测评、领导作风测评、领导风格测评、领导角色测评、领导特点测评、领导个性测评、领导倾向测评等等，是个体性领导素质考评的主要内容。实施这一考评的最大好处就是能够因人而异、分别扬长避短地加以任用。

（2）集体素质考评。此即领导班子素质考查考核。它完全针对领导班子在工作中表现出来的整体素质进行考评。在实践中，它通常既结合相应的素质方面或素质因素，又结合领导工作实践及其要求，特别是领导集体特点和班子建设需要等情况，而后集中或者分别进行文化水平考评、性格考评、能力考评、专业考评、特长考评、阅历考评和年龄考评，或者围绕这七项内容而进行综合的考评。实施这类考评将有利于更好地搭配不同特点的领导人才以搭建更加科学、合理的领导班子，有利于优化领导班子的组成成分与组合结构，并达到超越于个体简单相加之和的大整体效益，因而非常必要和重要。

考查考核这类领导素质考评承担着极端重要、最为现实的人事职能，主要是必须最大限度地发挥出伯乐的作用。这里做得好，就能确保适才适用、人尽其才；这里做不好，就会出现人才错位、效能大减、资源空耗的结果。

对于考查考核的作用，汉代著名学者王符就十分强调。他说："凡南面之大务，莫急于知贤；知贤之近途，莫急于考功。功诚考则治乱暴而明，善恶信则直贤不得见障蔽，而佞巧不得窜其奸矣。夫剑不试则利钝暗，弓不试则劲挠诬，鹰不试则巧拙惑，马不试则良驽疑。此四者之有相纷也，由不考试故得然也。今群臣之不试也，其祸非直止于诬、暗、疑、惑而已，又必致于怠慢之节焉。……是故，大人不考功，则子孙惰而家破穷；官长不考功，则吏怠傲而奸宄兴；帝王不考功，则直贤抑而诈伪胜。"（《潜夫论·考绩》）

结合中国的实际可知，领导素质考评的最根本目的、用途和价值就在于"选人"和"用人"，在于选好配强能够完成总体工作目标的领导班子，为党和国家的基本路线和中心工作服务。事实上，领导素质考评是培养选拔干部的基础和前提，是领导干部的"入口关"，也是加强干部管理工作的重要环节，还是组织人事工作的天然环节和内在组成之一、最重要的日常手段和方式之一，而不仅仅是考评本身；直接关系到干部使用的质量，也直接关系到干部工作的导向。因此，领导素质考评是极端重要和严肃的，也是极端务实和细致的。

总之，上述两大类领导素质考评及其所属的各种具体考评应该说各具特点，也各具独有的价值、功能和作用。一方面，它非常重要；另一方面，它非常难，在实践中很不容易做好，要做得科学和成功则总是面临很大难度。所以，魏徵就说："知人之事，自古为难，故考绩黜陟，察其善恶。今欲求人，必须审访其行。……但乱世惟求其才，不顾其行。太平之时，必须才行俱兼，始可任用。"（吴兢：《贞观政要·择官》）

6.8.3　领导素质考评的目标和结果

根据领导素质考评的任务和着眼点、组织人事功能与作用，笔者认为，领导素质考评具有三层不同水平的目标，必须追求三种不同层次的考评结果。而这些考评目标和结果具体为：

第一，初步目标与结果，即确定考评对象在现有基础和条件下的真实价值、潜力与前途。这即以科学的方法、工具和程序发现领导人才并且同时确切把握其特点、优势、缺陷、可用处和特别适应性，为人才使用直接提供权威的结论与方案。这是日常的组织人事工作在微观层面上所必须做到的常规事项，是领导考评在技术层面上的直接取向和标的。这里不能完成任务，则一切无从谈起。

第二，基本目标与结果，即领导人才与核心人力资源开发，具体是指：（1）领导主体特别是领导者的胜任性评定；（2）领导人才的品位评定；（3）领导人才对于更高更重要职务的胜任性测定。这是领导考评最常规的考评目的、最基本的任务与要求。这里将以更高级的科学方法和科学工具更全面、透彻地发现、确证领导人才的特点、优势、缺陷、可用处和特别适应性，为进一步的人才使用提供更具全面性和权威性的结论与方案。但是，这里一般都必须同时参用或借助于领导绩效考评，用实践材料来印证领导素质的真实情况。这样，领导素质考评将在这里同领导绩效评估开始交叠、重合。

第三，根本目标与结果：（1）充分开发领导人才与核心人力资源；（2）实现吏治、善治和天下大治；（3）成功创造出健康而优质的领导队伍和领导力量，并使之更好地服务于国家和人民。这是领导素质考评的根本使命、核心任务和最高价值标准，是领导素质考评存在并发挥效用的根本依据。领导素质考评将要在此与领导绩效考评完全相同和重合。

总之，领导素质考评是一种非常重大的领导考评类型，客观上必须高度科学化和制度化，由此形成科学、完善的领导素质考评制度。

6.8.4 测评与领导测评

测评就是对领导素质和领导人才进行检测、测试、测量、验证、判断和评价的总称，是对人的专项领导素质或综合领导素质进行科学客观把握的系统化应用理论与应用技术。其基本特点是科学性、客观性和公正性。

测评的基本过程是：根据领导素质理论和测评目的，将领导素质的方面、因素与内容分解成科学、具体的领导素质指标，结合领导工作实际确定测评要素，并将这些指标按照有关科学原理编制成完整的测评量表、问卷、程序及其他测评工具，采取自测或他测两种基本方式，充分结合和运用定量与定性的研究方法，对人或领导人才进行专项或综合的科学检测、考评与核定，由此得出具有充分客观公正性和极高可信度的结论；利用这个结论于组织人事工作实际，也利用这个结论反馈于测评之始以进一步改进、完善和稳定测评工具，建立常模。

测评的基本用途是：能够比较准确地反映某种人或领导人才的专项领导素质或综合领导素质，确切地测定领导素质所达到的水平和所蕴含的能量，正确反映领导素质的品位；能够比较准确地鉴定、验证有关领导素质或领导人才与实际岗位要求之间的实际差距，筛选出在领导素质上能够满足某种岗位对人提出的特定要求的各种领导人才；能够为育人、选人、用人乃至开发领导人才提供全面、系统、科学、客观、权威的佐证。

测评基本上可以分为专项测评和综合测评两大类；也有分为特殊测评和一般测评的，这与前一种分法其实是一致的。专项测评其实是就某一专门领域或某一特别目的和需要而进行的测评，比如某部门招员所进行的符合某部门特别要求的测评。综合测评就是全面测评，对一个人或领导人才进行综合整体的把握，这尤其适用于综合性领导人才即通才的科学鉴定，比如领导测评。正因为如此，所以，我们也可以把测评划分为专才测评和通才测评两大类。本章所要讲的是这些测评类型体系中的一种，即领导测评。

6.8.5 测评的应用与发展简况

测评是心理学专门术语和专门技术，是指对各心理要素的品质进行测定和评判。它在心理学上通常称为测验，而把测评看作测验的一种。但是这在实际研究和应用上并无实质的区别；真正存在差异之处在于，这些测评方法和测评工具的取向、用途、设计、实验、效度和信度等方面。

20 世纪 30 年代从西方开始，它就随着心理学的发展而盛行，并作为应用心理学在许多研究和应用领域中得到非常广泛的运用与发展。到现在它已经发展成为风靡世界许多现代生活领域的专门心理应用技术和心理服务手段，其中的智力测验、职业性向测验、能力测验、性格测验、人格测验和风格测验最为普遍。

心理学界公认的智力测验量表是“比纳-西蒙量表”，但是这主要只适合儿童智力测验。后来发展出“韦氏成人智力量表”，这个量表弥补了对成人智力测验的空白。另外，同样享誉心理学界的人格测验量表还有“苏明尼达多相人格问卷”“卡特尔十六种人格因素问卷”“加州人格问卷”“罗夏克墨渍测验”等。

其中，“卡特尔十六种人格因素问卷”起初是为了满足精神病研究和治疗而设计的，是以正常人的一般人格特征为标准进行测验，因此判别存在的人格缺陷。这些测评手段在心理科研上、在现代医学和现代教育尤其是儿童教育中都得到相当广泛的运用。这些量表的确有其公认的权威性。在对人的微观宇宙进行深入的认识上，这些测评可以说已经达到很前沿甚至很经典的程度。但是它们都在心理学范围内，而且是某一部分心理要素的测验，还远未发展到足以全面、科学地测定人、评判人和认识人的程度，特别是在选拔综合性的重要领导人才方面还有欠科学拓展。所以，它们并不适用于广大的非心理学领域。其他领域要进行测试，就要另行设计专门的测评工具。

20 世纪 60 年代，心理测评就已经同有关生理测评比较完善地结合起来了，以求达到更全面透彻地把握一个人，由此找到能够符合对人的身心素质有特别要求的某些岗位的特殊人才，如飞行员、宇航员等等，所以在陆军、海军、空军、宇航、民航和体育界选拔人才时使用得最多。八九十年代，许多现代企业和公共部门也盛行使用这类测评手段来挑选人才。当时的测评手段通常被当作人力资源管理的一个重要工具。这些研究和应用已经为领导测评开拓了道路。

在领导人才的选拔中，西方比较盛行运用这种技术，但主要局限在初级公务员和企业的中层领导者的选拔上，而且其测评范围实际也只在部分能力素质和心理素质中的性格测评上，特别是其测评的角度并未超出普通心理测评的标准和内容，对于领导的特殊性、对于工作性质的特殊性等尚无更广泛深入的反映，也没有更科学更完备的领导素质理论作为基础。我国在这方面已有初步的尝试，但事实上却只是刚刚开始起步；对公务员的测评同其他国家存在同样的情况。因此，对于领导人才的选拔所进行的各种科学测评事实上还远未到位。

6.8.6 领导测评的概念和作用

领导测评就是运用科学的领导素质理论和领导人才理论等有关领导原理以及实用测评技术，将组织人事工作的实际需要、标准和要求转化为有效测定指标体系和具体测评方案，对有关领导人员或领导人才进行科学的检测和评价。实际上，这是一种科学的组织人事鉴定和考核过程，是对领导者和领导人才进行的一系列专门考评活动。概言之，领导测评就是对领导素质和领导人才进行令人信服的科学测评。

领导测评在测评技术的应用上是整个测评体系中的一种类型，但是从其所依据的具体原理和发挥作用的特殊性来看，领导测评就是领导学中最重要的一个应用性分支。如果从其对组织人事工作的作用和价值来看，领导测评则是组织人事工作中最富科学性的基本部分，是组织人事工作的科学工作手段和实际工作内容之一。可以说，领导测评是将领导理论同事关领导实践的组织人事工作这个实际联系起来的桥梁，非常富有理论意义和实践价值，是确保组织人事工作科学化、规范化的重要因素之一，而且对于整个领导体制的科学化变革都有极其重大的促进作用。

运用领导测评可以从领导人才的选拔和培养上掌握、控制领导素质与领导人才的性状及发展方向，使领导人才的内在世界变得可以全面、科学、客观地观测、把握和评判；另外，还可以借此把古今中外无不认为最复杂、最主观、最难做的组织人事工作做得更客观、更科学、更令人信服。

总之，领导测评是一种非常有效的组织人事工作手段，是领导人才培养、选拔、开发和使用诸环节都必须借助的科学手段。它对于选拔将在迅速发展的新世纪激烈竞争中发挥关键作用的领导人才具有非常实际的意义和重要的价值。

因此，必须对领导者或领导人才进行科学、客观、公正、全面的测评，并以此为依据确定领导人才苗子，然后加以培养、选拔、开发和使用。这其实就是要以领导素质理论为基础、以领导人才特征和标准为尺度，通过领导素质测评发现领导者或领导人才的优点长处和缺陷不足，并进行富有针对性的专门教育和专门训练，使之全面发展。这样就能把领导人才的培养、选拔、开发和使用等各项组织人事工作真正做好做切实。

6.8.7 领导测评的类型

从不同的角度，按照不同的标准，就可以划分出多种不同的领导测评类型。

第一，从测评内容看，领导测评可以主要划分出领导业绩检测、领导绩效评估、领导德行鉴定、领导知识技能考评、领导能力测试、领导性格测评、领导类型测评以及全面性综合性的领导素质测评等许多种。其中，最常规的是领导业绩检测、领导绩效评估、领导德行鉴定等，最突出的是领导能力测试，最权威最科学的是领导素质测评。这些测评都有很大的难度，在国内外都还处在摸索过程之中。

目前，领导能力测试、领导性格测试和领导素质测评都得到了一些应用，并取得了一定的效果。但是，这离科学严密、推广实用的目标还相去甚远。

领导能力测试和领导性格测试在研究与应用上的主要问题是：在实验和实践中都往往忽视领导的特殊性，而流于一般的能力测试或性格测试，实际上变成了普通的心理测试，对于科学把握领导人员、搞好领导工作并无实质的帮助。

领导类型测试比其他诸种领导测评类型显得要更成熟一点，所以在本章将以专节对包括量表和测试法在内的内容做适当介绍；但是由于尚未以更完善的基本领导理论去支持之，所以依然显得比较有限，还有待于进一步研究和发展。

领导素质测评是一种有效的科学领导者评价工具。它可以直接全面系统地透视并判断出一个人是否是领导人才、一个领导人员是否胜任领导工作。但是，却极少有人涉足这个领域。这是因为对领导素质并无更多的科学研究，而只有其内在联系，并不完整和科学，缺乏系统化、科学化的领导经验、领导教训和领导素质理论，无法全面系统地把握领导人才的领导素质整体。因而，领导素质测评还需要从头大力推进。

总之可以说，领导测评，特别是其中的领导素质测评都是全新的领域，还有待于深入研究和开发。

第二，从测评方式看，领导测评分为量表测评、问卷测试、情景评价、试用体验、工作样品、个案考察、答辩交流、群众反映、同行评价、自我介绍、抽样调查、综合分析、评价中心、个人履历等许多种。其中，量表测评难度最大，但可信度最高。

第三，从测评手段看，领导测评分为卷面测评、口头测评、演示测评、音像测评、计算机测评等。其中，计算机测评可以直接做到“人机对话”，使参加测试的领导者或领导人才可以迅即自行测试，并由此做出恰当的自行判断，显然有助于组织人事工作在识人用人上更加客观、全面和便捷。但这种测评手段难度极大，特别是在“软件”制作上，需要较高的专业水平做基础。然而，无论如何，这都是领导测评未来发展的方向。

6.8.8 领导者类型测试

1. 领导者类型测试的目的、实质、意义和依据

领导者类型测试是一种主要的领导测评类型。领导者类型测试的目的是对现行领导者与领导人才进行综合的把握和分析，准确地判断现行领导者和领导人才的特点，据此进行科学、适当的归类，并按照优势互补、扬长避短、整体效应的原则及领导班子组合理论，进行领导班子的合理调整和领导人才的合理搭配，进而优化领导集体，推进领导班子建设。同时，也可以提高领导培训和领导人才自修的针对性、准确性以及效率和效果，使之快速、高效地“生产”出合格的领导人才。

显然，领导者类型测试实质是组织人事工作对领导主体中最重要的领导者进行科学把握和优化改造的一个重要工具，对实质性地搞好组织人事工作、加强领导队伍建设具有极

大的实际意义和价值。

要进行领导者类型测试，首先要对领导者进行科学、适当的分类。站在不同的角度，按照不同的标准，就会有不同的领导者分类结果。事实上，比较科学的领导者分类就是根据领导特殊性而确定的领导角色分类。只有这样的分类及其测评应用，才能准确地反映领导的特殊性，才能真正实质性地紧扣领导工作和组织人事工作对领导理论及其应用的真实需要。很明显，领导角色分类理论和分类结果就是领导者类型测试的理论基础与基本依据。

选用何种领导方式实施领导较为妥当，是领导者不得不花心力认真考虑的问题。我们知道，单凭领导类型本身而言，无论是幕后者、和为贵者、中庸者，还是鞭策者、模范者，并无优劣可分。

有人会认为，鞭策者自然易于选择任务式或独裁式，和为贵者自然易于选择体谅式或民主式，模范者自然易于选择示范式或说服式。这种看法很有些道理，因为凡领导者都应该自觉发挥其长而尽量避免其短。但问题在于，领导者选择领导方式是一回事，选择是否有利于工作顺利开展及目标实现则是另一回事，而我们强调的是应该选择那些最有利于工作开展的领导方式。如果一位领导者只看重自己，只欣赏自己的本色或已熟练把握的类型，坚持只以一种方式之不变应对工作之多变，那便是不当之举。此之所以不当，主要是因为：

第一，“一把钥匙开一把锁”，强用一把钥匙去开多把锁，不仅易于把其他锁弄坏，而且往往达不到应有目的。

第二，工作代价昂贵。领导方式择用不当，必定阻碍工作进展，而欲使工作顺利进行，必要时便不能不被迫花费时间、精力来调整自身以适应工作需要，这样就会付出本不该付出的代价和时间。

第三，固守自己习惯类型并顽固地仅依其选用领导方式的领导者，最有可能排斥其他类型乃至拒绝对其他领导方式的选用，而这样做除会降低工作效率外，还易于使领导者本人思想僵化，导致虽工作多年，实际上几乎没有多大长进。

2. 领导素质测评的性质、目的、用途和依据

第一，领导素质测评的含义与实质。

领导素质测评是领导测评中最庞大最复杂又最为基础的一种专项测评。其目的是全面、准确地透视和把握现行领导者与领导人才的真实领导素质状况，借此更加科学地发现、培养、选拔、开发和使用领导人才，实际就是对现行领导者与领导人才的全面测试和鉴定。这种测评既可用于组织人事监督考核的实际工作，又可为摸清领导人才基本状况的领导人才战略服务，是一种能够对现行领导者与领导人才进行透彻认识和把握的唯一全面系统的科学测评手段。

组织人事工作的一项日常工作就是监督、考核、鉴定领导者。对领导者的工作实绩一般都很容易做出客观的鉴别或判断；但对领导者全面的内在状况如何、是否是合格的领导人才、是大才还是小才、在工作中还有哪些严重的不足、其依据或原因及其克服要点等等情况却比较难以了解和掌握。这显然是难度很大的工作，但却不是不可能做好的工作。如果从领导素质入手，借助充分反映领导本质的领导素质理论和充分运用这种领导素质理论

的领导素质测评手段，对领导者进行全面的领导素质检测、考核和鉴定，那么就可以在这个问题上实现实质性突破，推进领导考核乃至整个组织人事工作的科学化和规范化。

这就是说，在组织人事工作中，如果要客观、准确地把握好这种个人条件，尽量减少人为的问题或主观取舍不稳定带来的不确定性，以保证关于领导人才的选择严肃公正、客观科学和权威可信，那么就有必要借助和运用一种能够显示领导素质状况的测评工具，即一种科学评价领导素质的现代测评方法和手段——主要是领导素质测评量表。这种工具能够为把握有关对象的个人条件提供最具说服力的科学依据。这种方法是现代社会选拔领导人才的最有效最可信的科学办法之一，是测定个人条件的科学前提。也就是说，领导素质测评是确定领导人才培养依据的科学前提。无此，则无以科学权威地或者令人信服地判定个人条件，就有可能在选人用人上造成各种严重失误。

领导素质测评或领导人才测评要保证切实而科学，就一定要以科学、全面的领导素质理论为依据。否则，就无法真正做到科学全面地透视和把握领导者与领导人才的真实领导素质状况，就会在测评设计和评估应用中以偏概全，失去科学性和权威性，因而要科学考核或鉴定领导者或领导人才的质量和品位都是不可能的。

第二，领导素质测评量表的设计与使用。

在测评设计的实践中，首先要注意具有一定领导人才的雏形或大致轮廓的特定领导素质基础，即具备全面发展的领导素质和领导人才的基本特征。其中，最重要最关键的是政治素质、道德素质、思想素质、职业素质、能力素质和智慧素质。前三种领导素质集中反映为人格修养和价值倾向，即通常所说的“德”；后三种领导素质则集中反映为谋事能力和实绩，即通常所说的“才”。此外的其他领导素质也是非常重要的，可以从其他方面充分、全面地反映其内在质量和品位，亦即通常所说的品质。在此基础上确定公认的合格领导者与领导人才的基本特征和基本标准，然后转化为具体的测评选项和指标。

但是，领导素质测评量表的设计是一个相当复杂的测评技术应用。其中包含了大量的设计理论、设计知识和设计技术。目前只有心理学测评技术比较成熟和发达，可以直接为领导素质测评量表的设计所参考和引用。然而，无论如何，这种设计都还需要进一步深入研究。不过，设计领导素质测评量表的最基本原则却是可以在此首先提出来的，此即：

(1) 必须完全以充分反映领导本质的领导素质理论为基础，在设计过程中充分参照和应用这些理论研究成果，确保设计具有非常明确和可靠的理论依据，确保极大地减少设计的随意性、不科学性和不稳定性，并由此极大地增强领导素质测评量表的科学性和权威性。

(2) 必须充分注意和考虑量表使用的切实性、准确性、周密性、全面性和便捷性。这五个特性是量表最基本又最重要的五个特点和标准。设计过程中要时时刻刻确保每一个选项、每一个选项关系都能真正达到或符合这些标准。

为了大面积地进行领导素质测评、大面积地筛选现行领导者和领导人才，最好的办法就是要实现领导素质测评计算机化，即将领导素质测评量表转化为标准化的计算机软件系统，设计出领导素质测评量表计算机软件，运用计算机进行最大量、最标准、最方便的领导素质测评。这样，领导素质测评量表使用起来就会方便、容易得多。

6.9 领导绩效考评的原理与要则

6.9.1 领导绩效的含义与构成

1. 领导绩效的界定

领导绩效是指领导主体在实施领导以履行领导职能职责时所表现出的工作状态与所形成的工作结果和工作影响之和。对此，可从以下几个方面来进行具体的理解：

第一，领导绩效是由领导的工作状态、工作结果和工作影响三方面构成的综合性领导结果，是一个能够全面反映领导水平和领导成效的综合性指标。

第二，领导绩效是领导主体在履行职能职责时的实际表现与结果。这里讲的领导主体，从概括的角度来看当然是指不同层面的所有领导主体；但从适合于具体实施考评的可操作性这一角度来看，则主要是指具体的领导者和领导班子。所以，领导绩效实际就是指领导者和领导班子在履行领导职能职责时的实际表现与结果。此处所谓的“实际表现”就是指“工作状态”，而“实际结果”就是指“工作结果和工作影响”，只有这三者综合起来才构成领导结果。

第三，领导的工作结果和工作影响直接构成具体而完整的领导成效。换言之，领导成效就是领导工作结果与影响的总和。这就是说，领导成效并不包含领导的工作状态，更不包含领导的行为能力。领导的工作状态包括在领导绩效的范围里，领导能力只属于领导素质。因此，领导成效是一个比领导绩效更小一个层面的现实范畴，是一个完整反映领导工作硬结果和软结果的综合指标。这个指标直接显示和证明领导力。而领导力实际上就是领导成效的另外一种说法，与领导成效在本质上和具体内涵上完全相同；当然，也是一个比领导绩效更小一个层面的现实范畴。

第四，综归起来，领导绩效就是刻记领导水平的实际领导成效。其实质具体表现为以下三点：一是显示和证明领导主体是否能够很好地履行领导职能职责，表明领导的胜任性或胜任力；二是显示和证明领导主体的实际工作结果是达到或超过还是未及于领导职能职责的要求，表明领导的实际业绩、成就与贡献；三是显示和证明领导主体在承担与完成领导工作上的实际才干和实际影响，表明领导水平和领导成效。

2. 领导绩效的构成

领导绩效分为三大类，即正绩效、零绩效和负绩效。其原理和内涵主要如下：

第一，正绩效。正绩效又分两个层次，即基本绩效和增长绩效。其中，基本绩效是现行政策、制度和法律范围内必须确保合规达标的工作质量和水平、工作产出和结果。由于这种绩效是无须特别要求或额外期待的最低限度绩效，是正常工作标准和质量的最基本保证，所以也叫作固有绩效、最低绩效或者非预期绩效。而增长绩效就是通过工作努力而后产生、创造和获得的一种超越基本绩效水平的工作成果，其实是一种有计划、有目的、有预期、以创造和增添为实质的新生绩效，所以又叫作新生绩效、预期绩效或者创造性绩效。只要达到正绩效，就可以用通俗的语言表示“有绩效”。

第二，零绩效。零绩效就是没有基本绩效，更无增长绩效的绩效空白。它表明投入完全浪费，努力完全无果，工作完全无效，前期的一切运作无论质量如何都没有产出，整个运作完全在原点无质量、无产出、无水平、空消耗地踏步或装模作样。其原因有很多。

第三，负绩效。负绩效是一种复杂的绩效状态，至少有两种显著的情况：(1) 它是零绩效与反正绩效之和。这是指不仅出现了零绩效，而且还出现了与正绩效完全相反的运作方向、趋势、动力、过程和结果。(2) 它是为零的基本绩效与一定的增长绩效之和。这是指虽然没有基本绩效，但却形成或提供了一定增长绩效的工作状态和结果。这表面看来似乎很奇怪，但事实却比较常见，而实质则是一种具有一点虚假收益但却成本更高、代价更大、后果更危险、实际导向与正目标正绩效背离日甚的反常现实绩效情况，其中包括弄虚作假、追求简单政绩或做表面文章等等。整个负绩效都会即时或长远地引导整个组织或社会朝着与正确标的和绩效完全相反的方向运行，最终都会带来毁灭性的后果。

零绩效不能说就是负绩效，但负绩效却一定包含了部分或全部的零绩效。所以，事实上，无论零绩效还是负绩效，只要发生了，都可以用通俗的语言来表示“无绩效”或“没有绩效”，只是负绩效比零绩效更危险、更邪恶、更要承担严重的法律后果而已。

3. 领导绩效的内容架构

根据定义可知，领导绩效由如下三大部分内容组成：

第一，工作状态。这是指领导主体在履行领导职能职责时的实际表现，具体包括出勤、工作态度、工作作风、工作效率和工作效能。其中的诸因素意涵具体如下：

(1) 出勤是可计量的客观因素，直接表现为出勤率，是最简单而又最基本的工作表现。

(2) 工作态度主要指热情、能动性、积极性、创造性、敬业精神和负责精神，是可换算计量的主观因素，但要靠领导效标和领导价值来审决，可以直接理解为领导态度。

(3) 工作作风主要指工作中展现出来并对工作发生影响的个人风格、面貌、习惯和行为模式等可换算计量的主观因素，主要靠领导价值来审决，可以直接理解为领导作风。

(4) 工作效率是主要表现为工作速度的可计量因素，其公式是“工作效率＝(工作要求×工作条件×反应速度)/时间限度”。它可以直接理解为领导效率。

(5) 工作效能是围绕领导目标而发生和展开的工作效率，也是可计量的因素，其公式是“工作效能＝工作目标×工作效率”。它可以直接理解为领导效能。

上述这些因素及其在领导过程中的运作直接显示领导人格，形成领导形象，更首先表现为第一层面的领导绩效。

第二，工作结果。这是指领导运作之后直接发生的领导产出，具体包括工作进度、工作数量、工作质量、运作成本和相对比较水平五大因素。其中的各种因素具体意涵如下：

(1) 工作进度是领导工作自启动后其按时按步按量显示出来的实际进展点位，是可查可计量的范畴，与工作效率紧密对应。

(2) 工作数量是工作进展之中、之后显示出来的实际件数与规模，也是可计量因素；直接构成工作进度在物量上的具体指标。

(3) 工作质量是工作产出在符合工作要求，特别是领导价值标准方面的达成刻度与基本情况，既有定性的一面，也有定量的一面，包含了可计量和不可计量两方面的因素与内涵。它可直接理解为领导质量。

(4) 运作成本是一个巨大的现实范畴，包括时间成本、人力成本、资财成本、用物成本、工具成本、器材成本和基础设施成本等完全可计量因素，还包括关系成本、机会成本、机构成本、制度成本、技术成本、人际消耗以及其他工作消耗与代价等各种不可计量因素和可换算计量因素。它可直接理解为领导成本，是对领导的工作结果最具证明力的印证依据。

(5) 相对比较水平是指系统内的同比结果和系统外的类比结果，既有定性的一面，更有定量的一面；是可计量和可换算计量的因素，也是对领导的工作结果最具说服力的根据，反映出实际的领导成就和领导水平，可直接称为领导成就，但不可等同为领导水平，因为这只反映出一部分的领导水平。

上述诸因素构成领导工作的硬结果。这种结果就叫作领导业绩，或曰实绩。它构成领导结果的主体部分，但不是全部。它也构成领导绩效的第二层面，是最具实质意义和价值的一个绩效层面。

第三，工作影响。这里具体包括领导工作的满意度、公信度、有效度、效用水平、反应性质、晕轮效应和现实变化等因素。这些因素的具体意涵主要如下：

(1) 满意度就是所有相关方对于领导工作的满意度，通常表现为满意率；具体包括系统内满意度和系统外满意度、上级领导主体满意度和领导客体满意度四个维度。这些维度都是可换算计量的因素。

(2) 公信度就是领导的一般信用率，具体包括诚信水平、保证水平、稳健程度和可信赖程度等因素；虽然它不可精确计量，但可换算计量，显示和证明领导的公信力。

(3) 有效度是指实施领导的有效程度，包括领导的高效、中效、低效、无效和失灵等可换算计量的因素，显示和证明领导的有效性。

(4) 效用水平是指领导发挥作用的实际状况，包括作用范围、作用程度、作用层面和作用力度等可计量因素和可换算计量因素，显示和证明领导的实际效力。它与有效度是一个紧密关联的现实范畴。

(5) 反应性质主要指领导作用所引起的直接反应，包括积极反应和消极反应两个层面的可计量因素和可换算计量因素。

(6) 晕轮效应是指领导效用在引起直接反应之后所带来的扩大性影响。它包括扩大影响的程度、范围和性质（如积极还是消极）等具体因素。

(7) 现实变化就是客观、直观、具体的领导致变结果。它包括客观存在受领导影响而发生的实际变化性质与程度、对客观变化的主流主观确认情况等可换算计量因素。

上述这一切构成领导工作的完整影响。这种影响本质上也是一种结果，是硬结果必然带来的效益性结果。这种结果呈现出柔性，所以也叫作领导的软结果，与硬结果一起构成完整的领导结果。它充分显示和证明了领导的实际力量或效力。它可以直接理解或等同为领导效益和领导效果，是领导绩效的第三层面。

总之，领导绩效是一个以领导成效为核心、充分反映和证明领导水平与领导力的科学范畴，而不是一个能用诸如领导效能、领导业绩、政绩等等提法相替换的概念。这表明，领导绩效原本就是一个大复合概念和多层面范畴，既不是单纯的工作结果和影响，更不是单纯的工作状态，而是领导主体在实施领导过程当中及以后所发生的一种综合性领导结果。

6.9.2 领导绩效考评

根据领导绩效的含义就可以认为，领导绩效考评是指运用一定的方法和技术手段测定领导主体，特别是领导者的行为表现与工作质量、实际业绩与成效、实际成就与贡献、实际水平和有效性等诸种情况的全过程。确言之，领导绩效考评就是以科学、客观的绩效标准、指标、方法和手段加工处理全面、真实的领导事实以确切测定领导有效性、领导水平、领导业绩和领导贡献的活动过程。本质上，它是绩效管理的最重要、最核心部分。

学术界和企业界多数人认为，绩效管理是人力资源管理体系中的一部分，与薪酬管理之类并列。而绩效评估是绩效管理中非常重要的工作，能够带来更好的绩效、更好的生产力和价值。但是，在实际过程中人们往往回避或者不欢迎它，它也未能恰如预想的那样带来较大回报和收益，其中一个原因就是没有将绩效评估放到整个绩效管理中来加以系统的考虑和处理，总是孤立地看待绩效评估，忽视了与之相关的各环节，特别是与持续沟通及提高绩效的努力的密切关系。

对于绩效管理，学术界有不同的界定。克内和伯曼认为，绩效管理就是“面向结果的公共项目管理”①。呼勒则认为，“绩效管理是改进公共组织和公共项目的生产力、质量、时效性、回应性及有效性的综合系统”，是一种“融入多种价值判断的工具模式”。美国国家绩效评估项目中的绩效测量研究组（Performance Measurement Study Team）将绩效管理界定为“利用绩效信息协助设定同意的绩效目标，进行资源配置与优先顺序的安排，以告知管理者维持或改变既定目标计划，并且报告成功符合目标的管理过程”。

换言之，绩效管理就是对公共服务或计划目标进行设定与实现并对实现结果进行系统评估的过程。在绩效评估与绩效管理的关系上，理查德·威廉姆斯认为：“绩效管理在一定程度上可以视为对绩效评估的一种反映。”② 这就是说，绩效评估只有同整个绩效管理构成一个完整的有机系统，才能有效地发挥作用。很显然，作为绩效评估的一部分，领导绩效考评应该是整个绩效管理的核心部分，也是对领导实施绩效管理的关键部分。

一般而言，领导绩效考评就是以“事”即领导绩效为中心，以领导实践表现和实际业绩与成效为内容，以领导事实为依据，以领导有效性为取向，致力于科学、客观、公正、全面和负责地考证与评定领导主体，特别是现任领导者和领导班子的真实表现及其结果，把领导绩效正确地考评出来，科学、公正、全面地确定领导主体的实际贡献和绩效水平以及在严格、规范的标准和要求下领导主体的整体状态，兼带反映领导素质，以便实施正确的奖惩和进一步的组织人事举措，有效诊断和清理领导主体身上的腐败病灶，确保领导主

---

① Richard C. Kearney，Even M. Berman（ed），*Public Sector Performance：Management，Motivation and Measurement*，Oxford：Westview Press，pp. 1-2.

② ［美］理查德·威廉姆斯：《组织绩效管理》，13 页，北京，清华大学出版社，2002。

体健康、胜任，给实际领导以明确的导向、激励与规范。

从日常的考评任务与责任承担主体来看，领导绩效考评最主要是由权力部门或机关、上级领导部门或机关、组织人事部门或机关、纪检监察部门或机关等权威主体对领导行为、领导表现、领导结果和领导影响等等领导绩效进行将导致进一步现实结果的考评。相对而言，这是一种是更具组织性、制度性、程序性、作业性、实效性、兑现性、稳定性、责任性和可追究性的领导绩效考评。

但从根本意义和最广泛现实的角度来看，领导绩效考评则最主要是由权力的来源或者权力主体亦即人民（在一个组织范围内则是该组织内的全体成员）对领导行为、领导表现、领导结果和领导影响等等领导绩效进行将导致进一步现实结果的考评。这是一种更具政治性质和治理实质的广义领导绩效考评，对领导、对现实都具有最根本的影响和作用，但相对而言并不那么具体化、日常化、组织化、制度化和程序化，也难有及时的实效性、兑现性和责任性。因而，对于领导绩效考评则主要不基于这一点来加以看待、理解和把握，但在操作方式方法（如360度考评方法或者全方位考评方法）上却必须充分考虑之。

6.9.3 领导绩效考评的地位、着眼点与构成

1. 领导绩效考评的地位

领导绩效考评处在整个绩效考评体系中的顶端和核心部位，因而是绩效管理、绩效考评中最重要的一部分。绩效管理或者绩效考评往往很自然地把焦点和重心都集中于领导绩效，因而领导绩效考评就成为最重要的绩效考评。很明显，抓住领导主体的这些真实内容进行考评，必将使整个的领导真实全部显示出来。

可以说，抓住了领导绩效考评，就意味着不仅抓住了领导考评的大“牛耳”，而且抓住了整个绩效管理和绩效考评中最重要也最关键的部分。忽略了领导绩效考评，则不仅无从考核和把握领导，领导考评也将因此而失去意义，而且整个绩效管理都将变得越来越无价值、越无必要。这就是说，忽视领导绩效考评，就根本不能正确地考核和把握整个绩效，勉强考定的所谓绩效也不能说明什么实质性的问题。

这是因为，无论个人绩效还是组织绩效都最主要地取决于领导，没有抓住领导绩效来考评，就无法对绩效整体做出真实的揭示与反映，而整个绩效的根源就变得模糊起来，就无法发掘整体的绩效，就有可能使领导主体不负担责任而出现绩效腐败，进而是整个领导和组织的腐败。显然，领导绩效考评是一个非常重大的现实问题。

2. 领导绩效考评的价值动力与着眼点

基于上述情况，领导部门、组织人事部门、学术界和社会公众就把它当成最大的关注对象和探究对象。而人们对领导绩效考评的关注主要是出于两个共同的价值需要：

（1）希望按照最为科学、全面和完善的领导绩效理论来评判领导主体的实际状态、实际贡献和对领导客体的实际影响，由此现实责任做出反应，对现实政策和关系进行调整。

（2）希望按照最为科学、全面和完善的领导绩效理论来判知领导主体的实际水平、实际才质和潜力、受领导客体认可和赞许的程度，并把它们作为有效佐证的实践表现和结果事实来进一步确证领导者的人才质地即实际的领导素质，以便评优汰劣、优化领导队伍。

应该说，在这样的价值取向和目标导向下，或者说着眼于这两种价值需要，领导绩效考评就是必定要发生的，而且必将升级为科学、规范、严格、有效的专门考评。事实上，当上升为科学的绩效管理时，领导绩效考评就已经成为目标导向明确、具有特定功能和效用选择的最重要管理活动之一了。

另外，将上述两点同领导考评的着眼点“认清考评对象的真实成就与贡献”、着眼点“认清考评对象的基本合格性”联系起来就会发现，领导绩效考评的两个原动力与领导考评的两个着眼点原来是如此地神通形合，以至于可以肯定地说领导考评这两个着眼点实际就是领导绩效的着眼点。

3. 领导绩效考评的构成

正如领导素质考评一样，领导绩效考评也主要是由其着眼点决定其基本构成。以其两个着眼点为标准，领导绩效考评实际上就分为考核评估和考查评价两大类。

(1) 考核评估。考核评估其实是关于其实际贡献的评定活动，主要是通过检测领导绩效来鉴别、检查和确认领导者与领导班子的实际作用和贡献，进而评定其是否优秀、合格还是不合格、是否或如何低下恶劣，以便给予相应的赏罚或激励与鞭策。而这就是典型的绩效管理类考评，亦即监测督促领导绩效的考核评估。它主要是常规化考评现任领导者和领导班子的政绩，具体包括考核、检查、检测、测量、审核、衡量、民主测评、民意调查、评估、评价、实证和确认等活动。

具体而言，领导绩效考评完全依据绩效这种纯粹的事实材料、完全从实践的角度来进行，主要是全面、客观、准确地反映或显示考评对象所做全部工作、所消耗的全部成本、所达到的全部效率、所显示的全部效能和所取得的全部业绩与成就，据此现实行为及其结果来评定其实际取得的成绩和实际做出的贡献，以便对作为工作者或劳动者的领导者进行日常的工作督促与常规管理，确保做到不断改进领导工作，不断提高领导水平。

(2) 考查评价。考查评价其实是关于其实际合范的评价，主要是依据公共职能、纪律、法制和民主原则，通过检测领导绩效来确证和显示领导行为、领导表现以及领导过程的真实性质、质量与健康状况，由此达到对领导主体进行监督、约束、控制、引导、教育、清腐、建设和优化的效用。而这就是典型的监督约束类考评，亦即监督约束领导行为的考查评价。它主要是常规化考评现任领导主体的日常行为和合格性，具体包括考核、检查、检测、测量、审计、民主测评、民意调查、投票表决、督察、透视、诊断、衡量、评估、评价、实证、鉴定和确认等。

实质上，领导绩效考评就是对领导者和领导班子实行具有重要现实效应和政治意义的绩效考评，也是制约领导、监督领导和优化领导的治理过程及治理效用发挥的过程，要运用所有的有效治理手段和措施，其中也包含了组织人事手段和措施来发挥作用。

具体而言，领导绩效考评就是依据现行的，实际是约束性的领导行为规范和标准要求来检查监测与确定考评对象的每一领导行为是否合规合法、是否犯规越轨、是否放纵出格等等以及这些行为表现的实际程度，由此明确其是否能够认真、有效地履行这些规范并判定其是否基本合格，以便对作为掌握权力和其他资源的领导者进行日常的监督约束性管理和整饬，特别是有利于清理、清除领导队伍中的杂质、渣滓和腐败；由此确保领导队伍的纯洁健康、端正合范，确保不断改进工作作风、领导作风和领导形象，不断真实有效地端正领导者的思想观点，在领导过程中真正树立和体现出正确的观念意识。

由此确认其在一般性领导行为上是否合范、合格，在日常领导工作或领导职务担任过程中是否达到对于领导主体所规定的各项基本要求。从根本上说，这一评价就是领导主体考评的基准线，达于此线则基本合格，但不意味着有贡献，也不意味着不胜任；只有超越它，才算有贡献；而在它之下，即这一基准线都未能达到，那么前两项考评结果都应是否定的，也都谈不上有什么绩效。此即以监督约束领导行为为目标和功能取向的考核评价。

应该说，这里已经完全超越了组织人事的范围，既有领导过程本身性质的一面，更有领导建设主要内涵的一面，包括民主法制建设、政治文明建设、领导队伍建设、领导系统优化等等。而这实际正是一种深层次价值和意义上所需要，也应存在并发挥作用的最核心、最重大，也最敏感的纯管理实务和纯治理实质，因而具有更加广大、深刻的重要内涵与价值。

总之，就是通过领导绩效考评来确认领导的合格程度、胜任程度、优秀程度和贡献程度，确保将领导主体的整体状态真实、有效和全方位地显现与揭示出来；既独立发挥出考评及相关的组织人事功能和更广泛的现实作用，也配合领导素质考评整合并发挥出更大的综合性功能和作用，使整个领导考评变得真正饱满、完备、有力、有用和有效，从而更好地实现领导考评的基本目标和根本目标，获得最良好的领导考评结果。

6.9.4 领导绩效考评的目标、任务和结果

根据上述内容，在着眼点的导向下，领导绩效考评的目标、任务和结果在实际运作过程中是重合在一起的和内在一致的，从逻辑上看则表现为三种不同程度的区别。这种区别表明，领导绩效考评实际存在着三级目标、三级任务和三级结果。

1. 初步目标、任务与结果，即确定考评对象的贡献、功劳与回报

这里其实主要是组织人事阶段的工作内容，就是要通过运用科学的方法、工具和手段来发现与确证领导者和领导班子的实际工作状态、工作成果及工作胜任性，由此等实践性的事实材料来证明领导者有什么样的领导素质、是否是领导人才以及是否胜任称职；同时也确证领导班子有什么样的领导素质、是否是一个良好的领导人才组合以及是否胜任称职，从而为奖励和重用称职和优秀者、判断和清理不称职者直接提供权威方案。

其实，这样做正是领导考评在技术层面上的标的和直接取向，是组织人事工作日常必须做到的常规事项和基本过程，也是从真实的事实与实践角度印证领导人才的过程，具有显著的人才考评性质和功用。在这里，如果不能完成任务，则领导绩效考评和相应的实质性组织人事活动均无从谈起。

2. 基本目标与结果

（1）评定领导主体，特别是领导者的胜任性；（2）评定领导人才的品位水平；（3）测定领导人才对于更高更重要职务的胜任性。

这里的目标主要是通过其实践材料来进一步印证其实际素质和实际的胜任性与工作潜力，即科学、客观、确切、综合地评定领导人才、领导者和领导班子的真实才干、真实贡献、现实胜任性和潜在胜任性，以便更好地采取组织措施和人事举措，从纯实践的层面和

角度来把组织人事工作做好。

这要基于初级的绩效考评结果，通过全面、有效地运用领导绩效考评的科学方法、工具和程序，对领导者和领导班子的实践进行更高标准和要求的绩效考评，然后完成任务、达到目标。这是领导考评的直接目的和基本任务要求，也是领导素质考评的最终目标和所要追求的最终结果之一。在这里，不仅体现出领导考评所具有的普遍意义和重大价值，而且表明领导绩效考评与领导素质考评已开始重合并出现首次的同归。

3. 根本目标与结果

(1) 充分开发了领导人才与核心人力资源；(2) 实现吏治、善治和天下大治；(3) 成功创造出健康而优质的领导队伍和领导力量并使之更好地服务于国家和人民。

这些目标是领导绩效考评的根本使命、核心任务和最高价值标准，是领导绩效考评存在并发挥效用的根本依据。其核心就是通过更全面、更系统、更高一级的科学方法和手段来更加全面、确切地揭示领导者和领导班子具体、真实的实践表现，及时判断其是否失职渎职、腐化堕落或违法乱纪，由此直接形成其是否真正胜任的结论和权威高效的治理方案，包括形成采取组织人事措施、纪律检查措施、司法措施乃至政治措施等等有效对策，以便及时清理一切不称职者、调整一切不适合者、专用和重用一切高素质和高绩效者，从而极大加强领导队伍建设和吏治工作的力度与效度，真正有效地落实科学的发展观、政绩观和人才观。

应该说，这里正是领导考评的最高目标和最高价值所在，也是领导绩效考评与领导素质考评的内容完全一致之处。这表明两者在最高目标和最终结果上殊途同归。

6.9.5 领导绩效考评的原则

1. 注重实绩的原则

实绩就是履行领导岗位职责的结果，是领导者在一定时间内对工作目标的实现程度。工作实绩是对领导者领导成效考评的重要内容，包括领导者的政治态度、思想品德、知识水平、领导能力、业务能力、工作态度等方面，概括起来实际上就是领导者的德、能、勤、绩。政治态度、思想道德是领导者从事领导工作的前提，知识水平、领导能力、业务能力、工作态度是领导工作的基础，政绩就是在这几个方面的综合基础上产生的。

一个有能力有水平的领导者，如果缺乏良好的工作态度，就不可能把工作做好，也就不能取得应有的政绩；同样，一个领导者虽然具备良好的工作态度，如果不具备相应的能力和水平，也不能取得突出的政绩。

所以，对领导工作实绩的考评，能真正达到考核领导成效的目的，并在此过程中，发现领导者的知识水平、领导能力、业务能力、工作态度。

2. 发展的原则

领导成效不一定能同时全部显现，通常是既有在当前工作中显示出来的成绩，还有将在未来发展中出现的成绩；这些都与当前领导工作直接相关。因而，对领导成效的把握既要看现实领导成果，又要看最终领导成果。领导工作的持续性决定了工作成果的发展性；就领导者某一时期的工作来讲，现实的工作成果可能正是未来成果的基础，从而延伸出最终政绩。

3. 分级的原则

在领导成效的考评中，对不同领域、不同类别、不同职级的领导，考评标准应有所区别，不能搞一刀切，不能简单地采取同一标准、同一模式，因为领导者所从事的领导活动的领域类别不同。坚持分级考评的原则不仅要求对不同领域、不同类别的领导有不同的考评标准，还要求对同一领域、同一类别的领导按不同的职级进行考评。对不同的职级要区别对待，要有高、中、低档的不同标准。只有这样，才有利于识别领导能力的大小，才有利于判断领导素质和领导成效的高低，才有利于科学用人、科学地调动积极性和创造性。

总之，领导绩效考评原则是成功进行领导绩效评估的重要准则。只是坚持这些考评原则来进行领导绩效评估还很不够。为了把领导绩效评估做好，其实还需要做质和量的全面分析与把握，但这已是具体制度规定和实际操作层面上的内容了。

复习思考题

1. 试述领导考评的科学含义和基本原理。

2. 试就领导素质考评与领导绩效考评的联系和区别进行比较分析。

3. 在实际的理论研究和运行运作过程中，问卷和考评量表及其应用常常被凸显为领导考评的主要手段和主要内容。只要学会、掌握和善于运用这样的手段，就能在领导考评上“走遍天下”。对此，依据领导考评原理，应做如何的考虑、把握和对待？

4. 领导考评在实践中应该由谁来掌握、实施、推动和负责？为什么？

5. 领导考评的实施应该怎样确保沿着客观、公平、公正的轨道运行？为什么？

6. 应该如何看待和利用领导考评结果？对此，应从领导者、领导主体还是领导体制、领导机制上着眼、考虑？为什么？

7. 领导考评在现实运转过程中如何避免空转和形式化，确保真正发挥出巨大的积极作用、正能量？

第7章 领导监督

7.1 领导监督的实质与特征

7.1.1 领导监督的实质

领导监督是领导监督主体依照宪法法律所赋予的权利而对整个领导过程进行检查、检测、听证、对证、反馈、纠偏、止误、刹车或放行以确保公共领导正确无误、合理合法的一系列监控活动与过程。这可从以下四个层面来理解：

从形式上看，领导监督就是公共领导的透明化、民主化和法制化过程；从实际内容上看，领导监督就是对整个领导系统，特别是领导过程诸环节所进行的监控，所以又被另称为领导监控；从根本上看，领导监督就是领导责任的监测与追究，简言之即领导问责；而从实质上看，领导监督就集中表现为领导监督主体依法制约领导权力运作的过程，简言之即领导制衡。

这里所谓的领导监督主体，就是具有合法的领导权益和公共生活地位的相关各方即领导相对方；但实际上则主要是广大民众、社会公众和人民代表及其组织即立法机构，他们是领导相对方主体，也是最主要的领导监督主体。之所以是领导监督主体，是因为宪法和法律都确认他们是国家的主人，是公共权威和公共管理所必须竭力服务的对象，而领导则是从不同层次不同渠道具体服务于他们的工具和手段，因而他们天然就拥有对领导的监督权，而且是领导监督的主体。他们实施领导监督，就是为了制止和避免领导失误与失控以及与此相关的公共权力权威运作错误与失控，维护领导相对方个别和整体的合法权益，包括个人、群体、组织，特别是国家的利益。

显然，领导监督是一项非常重大的领导过程内容与过程，具有重大、广泛而深远的政治影响和社会影响。其实质就是公共权威的民主化过程和领导过程的民主化过程。从根本上说，领导监督是对整个领导过程进行监督、对各个领导环节进行监督的过程和活动；就是以人民群众为主的领导监督主体介入领导过程的民主参与过程，主要就是人民群众参与领导过程的民主过程。其最大特点就是以宪法法律为基础、以监督主体的监督能力为条件的民主化。

领导监督的重点是领导制定和领导实施，领导监督的关键也在于领导制定和领导实施。这是因为，只有领导制定才最容易发生领导失误，也最容易直接而根本地损害领导相对方的利益，最容易导致和开始严重的领导失控、领导危难与领导灾害；而只有领导实施才最容易直接发生领导失控，包括领导失真、领导偏离、领导变异、领导恶化和领导专断等等。如果通过对这两个环节的领导过程进行有效的监督，那么就可以基本上避免重大的领导失误与领导后果，就可以确保领导监督取得成功。

但是，如果领导监督主体在这两个环节上出现严重的疏忽或者几乎就没有能力或可能来实施监督，那么对领导其他环节无论监督得如何成功，从总体上来看其领导监督都将是失败的，因为这两个环节出现严重而致命的问题和后果是不可避免、不可阻挡和必将泛滥成灾的。所以，实行对公共领导的监督，最主要的就是要抓住领导制定和领导实施两个环节来进行，同时也加强对其他领导环节的监督。

7.1.2 领导监督的特征

领导监督主要有如下六对特征：

（1）群众性和民主性。这是领导监督的根本特征。领导监督主体中的第一主体就是人民群众，领导监督的目的就是为了人民群众，领导监督的过程就是充分发挥法律范围内的民主权利的过程。没有人民群众对领导的监督，就不会有真正的领导监督。领导监督的里里外外全都显透出民主的主旨与精髓。

（2）法制性和规范性。这是领导监督的最大特征。领导监督正是基于法制提供保障、支持和约束而后才得以发生和进行的，有程序，有秩序，有法律效力和影响力，而不可以随意进行、随意解释和随意接受或不接受。随着领导监督的日益发展，基于法制的领导监督将变得更加规范、有力。

（3）系统性和广泛性。这是领导监督全面入手、全方位发挥作用的基本特点。领导是系统化的，涉及范围非常广泛，领导到哪里，领导监督就到哪里，因而领导监督自然就需要全面系统地进行，而且非常广泛。

（4）经常性和及时性。这是领导监督的动态特征。领导是公共管理正常运作的核心和主轴，社会生活始终都由领导来主导运作，所以，对领导的监督就自然成为全社会必须正常而及时进行的事情了。另外，由于领导监督在经常地进行，因而能够随时发现领导过程各环节的问题并做出及时的反应，从而达到科学、合理的领导目标。

（5）权力性和动力性。领导监督本身就是一种权力，是以法律为后盾、相对于领导权力而发生的监督权，是权力体系中保持权力稳定可控、正常健康的调控剂和清洁剂，是能引起权力体系朝正确的方向做出有力反应的特定权力。这种性质的权力显然具有去腐的作用和推动进步的作用。而这些作用本身却又都构成了促使领导主体依法领导、廉洁自律、规范高效的一种动力。在严格的监督下，领导主体就会获得一种真正能优化领导行为的动力，从而真正在机制上和法制上用好公共权力、做好公共领导。

（6）制衡性和约束性。领导监督是国家管理中对其他管理环节具有重要制约功能的一环，是一个重要的管理环节或管理职能，是公共权力的有效监控手段和调节手段。它使代表国家和人民行使公共权力去管理国家和社会的领导主体及其活动完全规范和控制在法律制度的框架之内及人民的愿望与要求之下，保证国家管理的严谨正常和公共权力的平衡稳定，保证领导真正为国家服务、为人民服务。这即通过对领导权力的广泛约束和规范，使领导权力始终保持人民的性质，避免权力失控或产生不受约束的权力，以利于推进整个国家和社会的民主、进步与文明。这是正常化国家生活和社会生活的需要，是人民保障自身权益和公共权益的需要，也是治国的需要。

总之，在法律的保护和支持下，任何法定的监督主体都可以依法行使对领导主体进行监督的权利。任何监督客体即领导主体在广大监督主体的监督下受到具有法律效果的约束，不敢滥用职权、腐败谋私，不敢懈怠放任、侵害领导相对方的利益；而能自觉遵守和维护秩序，具有极好的领导效率和领导效能，能实现领导绩效，使整个领导过程充满民主法制精神。

7.2 领导监督的功能与作用

7.2.1 领导监督的功能

领导监督对领导过程、对现代公共管理乃至社会生活而言具有许多独特而重要的功能。这些功能主要分为三大类，第一类为消极性功能，第二类为积极性功能，第三类为中性功能。每类功能的含义与效用很不相同，而且还分别包含有不同的具体监督功能。具体说来，领导监督的功能主要有如下三大类13种：

1. 消极性功能

消极性功能是指专门为防止和避免公共领导出现、潜藏、维续各种问题而发挥作用的监督功能。它主要就是以负面或消极点的存在或可能存在为自身存在和作用的假设前提。其作用的指向和立足点就在于应付负面情况的状态。这类功能主要包含了四种具体功能：

（1）督察功能。它主要以审察、监督和防范领导病态与错误的发生蔓延为其运作取向和基本内容。

（2）纠正功能。它主要以及时端正领导行为，纠正领导偏差，制止领导错误为其运作取向和基本内容。所以，有人又把它叫作纠偏功能和纠错功能。

（3）补救功能。它主要以及时采取措施调整改变不良领导，实行紧急领导刹车，实施新的领导，及时制止、避免或减少领导失误和领导病态造成的领导性损失，及时挽救和弥补已经造成的领导性损失等为其运作取向和基本内容。

（4）预防功能。它主要以预先防范领导偏差、领导失误、领导错误以及领导病态为其运作取向和基本内容。

2．积极性功能

积极性功能是指专门为促进和引导公共领导变得更完美而主动介入以发挥积极主动作用的监督功能。它主要就是以正面或积极的存在或可能存在为自身存在和作用的假设前提。其作用的指向和立足点就在于强化及优化正面情况的状态。这类功能有五种具体功能：

（1）控制功能。这是实现领导监督主要目的之功能，是落实领导监督主要效用之所在。领导监督最主要的目的就是要防止和避免领导专断、领导越轨、领导失误、领导偏差和领导失控，实际就是对公共权力权威的最实质监督约束。

（2）平衡功能。这是领导监督非常重要的基本功能：一方面是通过形成领导外公共压力来防止和避免领导主体失却监督约束而膨胀失控或“一头沉”的局面；另一方面是通过领导参与来形成领导过程内领导主客体在力量和影响程度上的平衡，使得领导过程在更复杂、更科学、更民主的内部结构和运动等状态下形成更高的质量，内在地确保领导的合理合法、科学可行和稳定有效。

（3）参与功能。这是领导监督最典型的积极性功能，即领导客体，尤其是领导相对方以某种程度的领导主体角色直接介入领导过程当中。目前，这里主要有听证、建议、沟通、对话、审查、认同和支持等等不同的运作形式。

（4）促进功能。这是体现为客观监督效果的领导监督功能。领导监督主体在实施领导监督时自然就会制约、改善和优化领导过程及其效果。

（5）完善功能。这是与促进功能来源和特性相同但程度和效用不同的重要功能。其不同之处主要在于它通过监督不仅能够对领导过程直接发挥积极影响，而且还能够对整个领导系统和公共权威系统的发展完善发挥出显著的积极作用。

3．中性功能

中性功能是指不带有积极或消极倾向，不立足于消极目的或积极目的的领导监督功能，但是它却能够为其他监督功能提供必要的中性材料和进行运作的客观基础。事实上，这类领导监督功能是前两类功能的前提和基础，一般都是要先实现这类功能，才可能开始或更好地发挥其他两类监督功能。

这一功能主要包含了四种具体功能：（1）检查功能。这是以领导弊病发现为效用的纯操作性监督功能，主要有审察、对证、核实等监督形式。这将防止领导在执行当中被“念歪了经”。（2）评价功能。这主要是以领导状况判断为效用的纯操作性监督功能。（3）反馈功能。这主要是以领导监督信息转达为效用的纯操作性监督功能。（4）调节功能。这主要是以对领导制定与执行实施平衡性影响为效用的纯操作性监督功能。

以上各种功能构成了一个完整的领导监督效能系统和价值实现系统，是领导监督的核心所在。这些功能发挥得好坏或者履行、实现得充分与否，均直接决定领导监督是成功还是失败，也决定着领导过程的最终质量和最终成效，还将影响到或决定着以启动和实施公共领导为主线的公共管理以及直接受公共领导影响的社会生活将会有什么样的性质、质量和结果。

7.2.2 领导监督的作用与意义

领导监督是确保公共领导健康、正常、高效运作的维持系统和保证系统，也是同各管理职能并列，又参与到各管理环节中对管理过程实施有效监控、调节、制约、纠正和促进等功能的控制系统，能够给国家和社会生活以及公共权力运作系统带来平衡、稳定、正常和安全。也就是说，领导监督是管理和建设领导队伍的最重要职能和环节之一。加强领导监督，对于推进领导工作的科学化、民主化和法制化，对于推进国家管理和社会管理的法制化，对于确保领导权力运作的清洁和健康，均具有极其重大的现实意义。

领导监督对于领导过程和领导结果与效果来说至关重要，对领导标的和性质的正确与实现具有最关键的保证作用。从已有的领导实践看，缺乏监督的领导一般都会变成暴虐乖戾的不良领导，就会改变领导的性质和初衷；在操作上就会不受制约地直接侵害领导相对方的合法权益，进而造成经济社会的受阻和破坏，带来诸如动荡不安、停滞落后、混乱萧条乃至祸患灾害等等一系列严重后果。这些后果一旦发生，就很难修复或弥补。可以说，领导监督一旦弱化甚至欠缺，领导就会迅速异化，领导权力就会迅速失控，民主法制就会遭到严重的践踏和破坏，一切合法权益都会面临得不到保护的危机，一个组织、一个国家、一个民族将因此而付出沉重的代价。

实际的要求是，只有作为国家主人的人民群众能真正对领导权力进行有效的监控和约束，才能使领导权力真正为人民所掌握，为人民所服务，亦即才能防止领导权力以各种方式从人民的手中流失而不再为人民所有且失控膨胀和蜕化变质。

这就是说，现实生活中一刻也不能缺少领导监督。整个社会机制要能正常健康地运转，就一定要有领导监督做保障。事实上，领导监督在领导的正确性、稳定性、有效性和积极性方面起着极端重要的巨大作用；在整个领导过程当中，十分需要加强领导监督。具体来说，领导监督的作用主要有如下诸方面：

第一，领导监督能够随时发现和纠正一切与领导目标相出入或相背离的领导行为，随时发现、制止和纠正领导实施当中出现的偏差、失误与错误，防止和避免领导实施偏离领导目标并由此使公共领导发生作用异化和性质异化，防止和避免领导制定失误或错误及其带来的各种损失和危害，从源头上确保公共领导的正确性和合法性，有利于提高领导实施的效率、确保领导目标得到切实的贯彻和实现。

第二，领导监督能够极大推进公共领导以及公共管理的民主化和法制化，极大维护领导相对方主要是广大老百姓和社会公众的利益，确保领导权力的人民性质，最终实现大治、建成盛世。领导权力是一种具体制定和实施公共领导、涉及利益和社会现实面最为广泛的公共权力，也是人民委托给代表人民的政府去为国家、为人民谋福利的一种国家管理权和社会管理权，始终属于人民，需要通过包括实施有效的领导监督等具体举措而把领导权力完全置于全体人民的监督之下。

第三，领导监督能够确保领导主体遵守宪法和法律，依法领导，依法运作，依法行使职权，规范地履行领导职能，而后制定和执行公共领导，并使领导主体乃至整个公共权威部门在重大的社会转型和经济发展过程中规范运作、依法行事。

第四，领导监督能够确保公职人员遵守宪法和法律，依法领导，依法活动，依法行使职权，规范地履行领导职责，严格地信守职业道德和领导伦理，树立公仆观念，真正做人民的公仆；使公职人员清正廉洁，大公无私，勤恳高效，爱岗敬业，尊重“主人”（即人民），真正为人民着想、为人民服务。此即，对公职人员实行监督有利于推进公职队伍公仆化，也有利于公职人员素质的提高，更有利于改革开放事业的推进和发展。

第五，领导监督本身就是克服官僚主义弊病的有效机制和有力手段。它不仅能制约领导主体运用职权实施领导，抵制不正之风，而且能优化领导过程，提高领导成效，促进公共领导的科学化、民主化、规范化和法制化。

总之，领导监督对于实现依法治国、依法领导、建立法治社会和法治国家、推动我国社会进步和经济发展均具有极其重大的现实作用。

7.3 领导监督的范围、重点和类型

7.3.1 领导监督的范围与重点

应该说，哪里有领导，哪里就有领导监督；而领导范围却是极其广泛的。所以，事实上领导监督具有极其广大的范围，极其丰富多样的监督对象和监督内容。但概略地说，领导监督范围主要包括如下五个层面：

第一，整个领导过程。这是指从领导的孕育到领导的制作和出台，从领导实施到领导结果与效果的形成及影响，从领导的投入到领导的产出，从领导反馈到领导应变，从领导起始到领导终止，等等。

第二，整个领导作用领域与性质。这是指领导的实际作用对象、地方、行业和边际，领导作用的实际取向、倾向和特性等等。

第三，整个领导运作体制和机制。这是指对领导效能效用发挥深刻影响的领导内在环境、内在运行及其程序格式的有效性和特性等等。

第四，整个领导主体和领导客体。一般来说，领导监督的重点是领导主体，因为他们是掌握并运用公共权力权威对领导客体施加影响的主动一方和强大一方，容易出现领导专断和领导越轨行为。但是，由于部分领导客体也不一定能够主动自觉地接受、支持和配合正确的公共领导及其执行，所以也需要对领导客体实施一定的监督。

第五，整个领导权力。这里包含了最具体也最敏感的实质性领导内容，是在整个领导运行过程中最容易出漏洞、娄子的层面，是腐败发生的直接基础和实质层面，是整个领导监督最难把控又最需要把关到位的地方。也可以说，这是领导监督最主要的对象。抓住这个对象，就等于抓住了整个领导监督的牛鼻子和核心，能够实现最为实质的监督达成，能够从根本上推动和保证领导监督完成使命。

以上诸方面构成了一个广大的现实监督范围，包含着极其丰富的领导监督内容，也显

示出了一系列具体的领导监督层面与对象。比较而言，第五个层面和对象，即领导权力，在整个监督范围里是最重要、最实质、最突出的，因此，就是整个领导监督的重点。

7.3.2 领导监督的类型

领导监督是一种进行全方位监控领导权力及其运行、领导行为和领导绩效的过程，涉及监督主体、监督客体、监督依据、监督方式和监督行为等多个要素，并且在这些要素的影响下形成了一个多层次、多种类构成的监督类型体系。具体说来，主要有如下诸种领导监督：

第一，以监督主体为标准的监督，包括公民监督、公众监督、当事人监督、利益集团监督、议会监督、政党监督、政府监督、检察院监督和法院监督等。

第二，以监督性质为标准的监督，包括人民监督、社会监督、舆论监督、政治监督、立法监督、司法监督和行政监督等。

第三，以监督目的为标准的监督，包括意志监督、价值监督、利益监督、机会监督、方向监督、方式监督、信息监督、效果监督、质量监督、成本监督和效益监督等。

第四，以监督对象为标准的监督，包括领导主体监督、领导行为监督、领导内容监督、领导程序监督、领导方法监督、领导依据监督、科学性监督与民主性监督、合法性监督与合理性监督、效率性监督与效果性监督、绩效性监督与机制性监督等。

第五，以监督时间、效力和程度为标准的监督，包括日常监督与临时监督、事前监督和事中监督及事后监督、全面监督和重点监督等。

第六，以监督依据为标准的监督，包括职责监督、职务监督、身份监督、关系监督、伦理监督、命令监督、制度监督、纪律监督和法律监督等。

第七，以监督运作特点为标准的监督，包括由上至下监督和由下至上监督、内部监督和外部监督、申请监督和委托监督、主动监督和被动监督、自动监督和他动监督、强制监督与自觉监督、常规监督和特别监督、一般监督和专门监督等。

第八，以监督方式和手段为标准的监督，包括信访监督、采访监督、举报监督、质问监督、听证监督、座谈监督、公示监督、书面监督、对话监督、网上监督和会议监督等。

此外，也有人分为直接监督和间接监督、公开监督和秘密监督、单向监督和双向监督、纵向监督和横向监督、定期监督和经常监督、固定监督和抽查监督、单独监督和联合监督、专项监督和综合监督等。

显然，这个监督体系是非常庞大的。对于这样一个监督体系，可从以下几个方面来理解：

首先，一切监督均是监督主体履行监督权利和义务的行为，亦即均出自监督主体，因此，均可归结到监督主体标准下的监督类型中。

其次，一切监督均是法律界定、规范和许可的行为，根本在于法制，均是法制化的需要，均以法制化为后盾、为目的，具有非常鲜明、严肃的法制性质。

再次，监督主体标准下的各类领导监督和在监督方式标准下的各类领导监督在公共生活中通常表现得最多也最活跃，因为它们与老百姓的日常生活和人们的日常工作紧密相贴；而监督目的和监督过程标准下的诸种领导监督却在公共领导研究与实践过程中更引人关注，因为这一方面要更为技术化和专业化，另一方面却要更具实质性和重要性，特别是对领导制定的监督和对领导实施的监督尤其如此。

最后，监督主体是整个监督体系分类的主要依据。而监督主体则包括立法机关、司法机关、政党、团体、法人、媒体和公众，也包括公共权威部门自身。根据宪法和法律规定，权力机关、审判机关、检察机关、政党、社会团体、新闻媒介和各界群众均有监督权限，公共权威部门对自身更有明确的监督权。这些不同监督主体履行监督的职责和义务，形成不同具体性质和作用的监督，包括权力机关、纪检、监察、审计乃至司法机关等公共权威部门的监督和社会监督等。

7.4 公共权威部门的监督

7.4.1 公共权威部门监督的基本要旨与类型

1. 公共权威部门监督的实质与目的

公共权威部门是指实际行使公共权力的所有机关和机构。公共权威部门自我监督是指在系统内部由上级机关对下级机关、上级领导对下属公职人员、专门职能机关对所有领导行为依法实施的监督，实质是一种基于法纪和觉悟而对自身进行监控的领导系统内部监督，或曰内务性监督；具有直接、及时、迅速、切实、灵活的优点，而且能充分尊重和调动公共权威部门和公职人员自我监督的觉悟与积极性。

这种监督有两层目的：一层目的是维持领导的正常运作。这是管理控制职能提出的一般需要。没有控制就不成其为管理，作为行使公共权力的领导就无法进行下去，也无法承担重任。监督可以充当有效的控制维持手段，使领导在严密的组织保障下进行运作和发挥作用，确保效率。另一层目的是确保人民政权的性质，自觉按照人民的要求检查纠正违法或不当领导行为，自觉督促自己对人民负责、为人民服务。

根据公共权威部门自身监督的目的和特点以及已有的实践情况，公共权威部门自身监督分为两大类，即一般监督和专门监督。

2. 一般监督

一般监督是指公共权威部门为了能正常履行基本领导职能、确保领导系统能健康运行和高效运作而必须采取的内务性管理控制措施，其实是普通的管理环节或管理职能之一。监督在一般领导过程中的体现，被归结为一个领导运行职能。

应该说，这是一种常规的但又带有明显法制特征的组织保障手段，能确保公共权威部门内部正常的组织关系、伦理关系和控制关系，能确保公共权威部门内部的管理制度、领导纪律、道德准则和工作标准得到全面、切实的遵守与维护，从而确保领导秩序和管理效能。公共权威部门在这种监督之下才能保持严密的组织性、严格的纪律性和完全的统一性，否则就会成为一盘散沙，各自为政，根本无法履行职能职责，无法对公共权力和权力机关负责。

这就是说，一般监督是领导运作的一般管理手段，通过内务性法规、制度和纪律及相应的有效操作机制对领导系统内部的管理过程所实行的有切实效力的监控、约束、调节、督促和制裁等行为；主要表现为上级公共权威部门对下级公共权威部门的监督、上级领导对下级人员的监督和公共权威部门对公职人员与领导行为的监督。

一般监督的法制特征主要决定于公共权威部门自我监督的法律依据。《宪法》第89条规定，国务院有权“改变或者撤销各部、各委员会发布的不适当的命令、批示和规章”，“改变或者撤销地方各级国家行政机关的不适当的决定和命令”，“审定行政机构的编制，依照法律规定任免、培训、考核和奖惩行政人员”。《地方组织法》第66条规定：“省、自治区、直辖市的人民政府的各工作部门受人民政府统一领导，并且……受国务院主管部门的业务指导或者领导。”法律还规定了中央各部委对省级各部门的监督、各级政府对下级政府及所属部门的监督。这些法律规定把一般的领导对监督这种运行职能的需要变成了法定的需要，上升为法定的权利、义务和职责。

一般监督按方式可分为依职权的直接监督和依申请的间接监督两类。依职权的直接监督有报告、检查、调查等几种具体方式。依申请的间接监督是一种新型监督方式，也是新的领导监督制度；主要是复议制度，对于维护被领导者的合法权益、减少不当或违法行为的影响具有重要意义。

7.4.2 处于核心地位的专门监督

专门监督是指为了达到特定监督目的而对领导系统依法实施的特别职能监督。此处的特别职能包括对公职人员的全面监察和对领导系统财务情况的全面检查，由此确保公职人员能够完全被限制在法律制度和领导伦理范围内行事，确保领导开支完全合理合法，而避免违法乱纪和财务纰漏。这两种职能即两种监督，即纪检监察监督和审计监督。

1. 纪检监察监督

纪检监察监督是指由专门的纪检机关和纪检监察机构对全体公职人员依法实施的领导监督，即纪检监察，专门监控公职人员的领导行为和伦理表现，及时防止和纠正故意或有过失的违法领导行为，督促公职人员在职业道德和领导伦理上表现规范、合乎具有法律性或制度性的行为标准，惩戒违法乱纪行为及其他不端正行为，在思想道德和法律制度范围内清理、纯洁和整饬公职队伍，防治腐败和官僚主义，纠正偏差，提高效率。

应该说，这是加强公职队伍建设、推进领导法制化建设的常规性重要手段。其特点是：在领导系统内部专门设立监察部门专司监察监督职能；监察对象是公职人员及其行为，范围极为广泛，重点是领导人员；监察程序要求比较严格；常按准司法程序进行调查取证，以确凿的事实决定处理或惩戒的方案。这使监察监督更具法律效力；以严肃政纪为主要机能，对整个领导活动进行综合调节，确保领导严谨、高效和防腐倡廉；维护公职人员的合法权益；规范公职人员的职业道德标准和领导行为，确保公职人员廉洁自律、模范表率。

在我国，纪检监察是一种确保公职人员争当公仆模范的法律性保证措施。目前监察机关主要依据《中华人民共和国行政监察条例》《中共中央、国务院关于反腐败斗争近期抓好几项工作的决定》《党政机关县（处）级以上领导干部廉洁自律的“五条规定”》《监察机关调查处理政纪案件办法》《监察机关没收追缴和责令退赔财物办法》《国家赔偿法》《中国共产党党员领导干部廉洁从政若干准则》《中国共产党党内监督条例》等法律制度，对公职人员实施监督。纪检监察对克服官僚主义、惩治乱纪和腐化堕落、纯洁和优化公职队伍、确保公务员人民公仆本色起到了重要作用。

2. 审计监督

审计监督是指国家审计机关对公共财务收支专门进行依法核查、监控，把经费收支活动控制在合理合法范围内的一种经济监督。它一般以公共财务收支为监督对象，以确保财务活动的合理性、合法性以及对经济生活的正常稳定的促进作用，由审计机关独立负责进行。

在我国，审计监督是指国家审计机关对国务院各部门和地方各级政府以及财政金融组织和企事业组织的财务收支专门进行的监督。《宪法》第 91 条规定：“国务院设立审计机关，对国务院各部门和地方各级政府的财政收支，对国家的财政金融机构和企业事业组织的财务收支，进行审计监督。审计机关在国务院总理领导下，依照法律规定独立行使审计监督权，不受其他行政机关、社会团体和个人的干涉。”

审计监督能够严格财政纪律，惩处违法乱纪，督促领导开支合理合法，剪除腐败，堵塞财经漏洞，确保公共权威部门勤俭节约、清正廉洁和艰苦朴素，提高有限财政资源的使用效率，少投入、多产出，不浪费、不挥霍。

审计监督的基本方式主要有：(1) 审核，即对财务账目进行校验核对；检查，即对各种财务材料和文件以及现实资产进行清查验证。(2) 调查，就有关问题进行调查。(3) 提议制止，及时制止不当财经行为。(4) 封存，即对阻挠、破坏审计工作的审计单位采取封存账册、资产的临时措施。(5) 惩戒，即具有法律效力的处理措施。这些措施包括：警告、通报批评、责令纠正违纪收支、责令退还或没收非法所得、收缴侵占的国家资产、做出停止财政拨款或银行贷款的决定、罚款、通知银行对违纪单位扣款、将严重违纪个人移交纪检监察部门或有关部门处理、将违法犯罪者移交司法机关追究刑事责任等。这些措施是法定的督促权力，是实施审计监督的必要领导处置权。

总之，审计是国家对财经收支进行全面、有效监督的重要手段；对经济违法乱纪现象，特别是财务行为都有十分有效的监督、约束作用；是领导系统从经济上对自身加强监控、制约以确保勤政廉洁、低耗高效的重要措施。在审计监督下，公共权威部门将能更好地运用经济权力和资源，加快经济建设、实现经济职能，建成廉能的领导队伍。

7.4.3 处于最高法律地位的权力机关监督

1. 权力机关监督的实质与依据

权力机关监督就是立法系统对领导系统实施的监督，是确保掌握和行使公共领导权力的有权部门不折不扣地执行通过权力机关表现出来的人民意志的手段和途径；在我国，就是人民代表大会及其常委会对领导与管理社会的政府系统和司法系统实施的监督。

可以说，这是一种能直接产生法律效力、最具权威性的监督，是领导监督体系中最重要的组成部分，是真正保持公共领导权力人民性质的最主要法律渠道，是保持国家生活健康正常和稳定的最重要因素之一。这是由权力机关具有至高无上的地位和作用决定的。

权力机关是集中反映和代表全体公民意志和取向的、具有最高权力权威的法律组织，由它通过决定产生领导系统和司法系统等国家机构，以便落实它的决定、执行它制定的法律领导，管理好国家事务。为此，它就必须监控和督促领导系统，以确保领导系统严格执行它的决定、法律和领导，确保领导系统真正向它负责、向人民负责。没有这个监督，领导系统就不能在机制上和法律上得到真正的约束，而有可能造成领导权力失控。

我国权力机关对领导系统的监督将在机制上和法律上确保领导系统与领导权力的人民性质，促使人民政府和整个人民政权永葆人民的本色，全心全意为人民服务，具有鲜明、强烈的社会主义法制性质，是沿着法制化轨道推进现代化建设的重大需要。

权力机关对领导系统实施监督，一般是宪法赋予权力机关的职能、职权和职责，亦即可以在宪法上找到法律依据。我国权力机关就是依据宪法、组织法和监督法对作为国家和社会领导系统的"一府两院"进行监督的。

我国《宪法》对确保权力机关履行监督职能行使监督提供了根本的具有最高权威的依据。《宪法》第2条规定："中华人民共和国的一切权力属于人民。""人民行使国家权力的机关是全国人民代表大会和地方各级人民代表大会。"《宪法》第3条规定："国家行政机关……由人民代表大会产生，对它负责，受它监督。"《宪法》第27条规定："一切国家机关和国家工作人员必须……接受人民的监督，努力为人民服务。"《宪法》第62条规定全国人民代表大会行使"监督宪法的实施"的职权。《宪法》第67条规定全国人大常委会行使"监督宪法的实施""监督国务院……的工作"等职权。

《中华人民共和国地方各级人民代表大会和地方各级人民政府组织法》明确规定，县级以上的地方各级人民代表大会常务委员会有权"监督本级人民政府……的工作"。

2006年8月27日通过的《中华人民共和国各级人民代表大会常务委员会监督法》更是明确规定："各级人民代表大会常务委员会依据宪法和有关法律的规定，行使监督职权。""各级人民代表大会常务委员会对本级人民政府、人民法院和人民检察院的工作实施监督，促进依法行政、公正司法。"各级人民代表大会常务委员会行使监督职权的情况，不仅应当向本级人民代表大会报告，而且还要向社会公开，接受监督。

2. 权力机关实施监督的方式

根据法律规定和权力机关的性质，我国权力机关主要采取如下方式进行监督：

第一，审议批准。这包括听取和审查政府工作报告。宪法规定各级政府和司法机关要向同级权力机关负责并报告工作。权力机关通过听取和审查政府工作报告，检查政府是否完全执行了宪法和法律、执行了人民的意志，并进行讨论通过，赋予政府工作报告合法性。《宪法》第62条就规定，全国人大"审查和批准国民经济和社会发展计划和计划执行情况的报告""审查和批准国家的预算和预算执行情况的报告"，对政府的决策和决策实施结果进行全面的监督，既有事先监督，也有事后监督。《宪法》《全国人民代表大会组织法》《地方组织法》规定，全国人大及其常委会、地方各级人大及其常委会都有权对政府的议案进行讨论，有权否决议案。

第二，撤销。《宪法》第67条规定，全国人大及其常委会有权“撤销国务院制定的同宪法、法律相抵触的行政法规、决定和命令”。《宪法》第104条规定，县级以上地方各级人大及其常委会有权“撤销本级人民政府的不适当的决定和命令”。这些规定是权力机关对公共权威部门是否严格遵循宪法和法律的监督。从内容上看，是以对公共权威部门的抽象领导行为的监督，是对公共权威部门的领导立法和领导决策进行的、可以立即产生法定结果的监督。确切地说，这种监督是一种国家权力控制程序或控制过程，确保宪法和法律在领导过程之初便得到严格的遵守，确保人民的意志在领导运作过程当中得到充分的贯彻执行。

第三，罢免。这是一种惩罚性监督方式，充分体现着权力机关监督的权威性和严肃性。《宪法》第63条规定：全国人民代表大会有权罢免国务院总理、副总理、国务委员、各部部长、各委员会主任、审计长、秘书长。《全国人民代表大会组织法》第15条规定：全国人民代表大会三个以上的代表团或十分之一以上的代表，可以提出对国务院人员的罢免案。《宪法》第101条规定：地方各级人大有权罢免本级人民政府省长和副省长、市长和副市长、县长和副县长、区长和副区长、乡长和副乡长、镇长和副镇长。《地方组织法》第10条规定：地方各级人大有权罢免本级人民政府的所有组成人员。这种监督有助于提高政府组成人员的工作责任心和对人民负责、为人民服务的精神。

第四，特定问题的调查。这是一种不定期专项监督，就重大领导问题进行及时的检查和纠正。《宪法》第71条规定：“全国人民代表大会和全国人民代表大会常务委员会认为必要的时候，可以组织关于特定问题的调查委员会，并且根据调查委员会的报告，作出相应的决议。”

第五，质询和询问。《宪法》第73条规定：“全国人民代表大会代表在全国人民代表大会开会期间，全国人民代表大会常务委员会组成人员在常务委员会开会期间，有权依照法律规定的程序提出对国务院或者国务院各部、各委员会的质询案。受质询的机关必须负责答复。”《全国人民代表大会组织法》第17条规定：在全国人民代表大会审议议案的时候，代表可以向有关国家机关提出询问，由有关机关派人在代表小组或者代表团的会议上进行说明。这些监督方式把领导过程中可能或者已经引起人民重视或关注的问题，通过公共权威部门公开答复而置于权力机关的监督之下。这使权力机关的监督可以深入任何一个重要的领导过程之中，使各种国家机关不敢懈怠或蒙混过关，从而达到避免失误、保证领导健康的目的。

第六，视察和信访。此即权力机关可以根据需要派出人民代表到各种国家机关去视察工作，也可以根据人民群众的来信来访对领导过程中出现的问题向公共权威部门及时指正。

总之，权力机关的这些监督方式都体现着最高的法定监督权威；所实施的监督，各种国家机关都必须接受；必须对权力机关的监督做出积极、及时、负责的反应；权力机关通过对各种国家机关实施有法律效力的监控、制约和督促，确保公共权力始终保持人民的性质。

7.5 社会监督与公共参与

7.5.1 社会监督的实质

此处的“社会”是一个广义概念，指同国家相对而言的整个现实存在。因此，社会监督就是除国家机关对领导系统的监督以外，所有监督主体对领导系统实施的监督。所以，社会监督是一种由社会各个组成部分所实施的领导监督。

由于这些监督主体不具备国家机关的性质和直接依法处理的公共权力，所以，社会监督均无直接的法律效力，均是间接产生法律效力的监督。但是，由于这些监督主体实际是国家的主人和积极活跃的成分，具有法定监督权利，而且也必须依法行事。

其实，这个社会监督体系同具有直接法律效力的监督体系一起构成互补的、不可或缺的、完整的领导监督体系和民主法制建设的根本保障；对铲除官僚主义现象、领导违纪违法现象和腐败现象，对维护公民的合法权益、扭转不良的社会风气、倡导依法办事和依法治国，对推进社会的民主、进步与文明，加快社会主义现代化建设具有不可替代的重要作用。

社会监督在我国依监督主体不同，可划分为民主党派和政协的监督、人民团体的监督、新闻媒体的监督和人民群众的监督。这四类监督构成了我国完备的社会监督体系，虽然没有直接法律效力，但是却可以通过法律程序和法律机构以及具有领导地位的机构实施广泛而全面的监督，可以间接地产生法律效力；同时还可以在舆论影响下产生更直接的影响力，直接纠正和制止不当或违法领导行为。

可以说，基于这样广泛的监督主体，这种监督就是一种最广泛的监督，实质是以监督为内容、为职责的公共参与。这种公共参与其实是依照宪法和法律在社会上普遍进行的有序化公共监督，既具有显著的政治性和责任性，也具有广泛的群众性和公共治理性。

7.5.2 民主党派和政协的监督

民主党派和政协的监督是各民主党派为了维护宪法和法律的尊严而对领导系统实施的监督，是宪法赋予政协一系列地位、作用中的一种，是由共产党领导，各民主党派和各人民团体、广大社会主义劳动者和爱国者参加的爱国统一战线对领导系统实施的法制监督。在我国，各民主党派均是参政议政、建设社会主义的政党，和共产党的监督相配合，构成完整的领导监督体系。

民主党派的监督方式主要有三种：一是通过进入有权部门的民主党派人士模范执行宪法和法律以及权力机关制定的制度。二是对领导机关和公职人员表现进行考查，向共产党和有关国家机关反映情况并提出建议。三是通过政协组织发挥监督作用。

政协的监督方式主要有三种：一是通过政协委员视察工作，对公共权威部门和公职人员的工作与作风提出批评建议。二是通过政协委员被邀请列席人民代表大会及其常委会的一些会议，听取政府工作报告，对政府工作提出批评和意见。三是通过召开政协会议讨论国家的大政方针，发表意见，提出批评和有关提案。

7.5.3 人民团体的监督

人民团体指工会、共青团、妇联等组织以及街道居委会、农村村委会、企业职代会等组织，从不同方面不同角度对领导系统实施监督。这些监督主体都直接联系着人民群众，直接反映着人民群众的心声。《宪法》第111条规定：居委会、村委会不仅协助政府办理一些事情，“并且向人民政府反映群众的意见、要求和提出建议”。所以，这是一种很有分量的监督。

这种监督的方式主要有：第一，参与社会对话协商、民主管理和民主监督。第二，通过代表和维护群众利益同当事机构和人员交涉，提出要求和建议。第三，对不当或不法领导行为提出批评、控告和检举。第四，向党或国家机关反映情况。

7.5.4 新闻媒体的监督

新闻媒体的监督是广大报纸、刊物、书籍、电视、广播甚至电影等等宣传工具对领导系统实施的领导监督。这种监督具有强大的曝光、揭露和抨击针砭的作用，能把不当或违法领导行为昭示于天下，引导社会心理和思潮对不法行为进行讨伐，造成强大的舆论攻势，使公共权威部门和公职人员在新闻媒介面前做不得任何有悖公理法制的事情而变得更加严谨认真地依法领导，这种监督的特点是传播迅速而广泛、公开真实切中要害、机动灵活细致深入、创造舆论反响极大、批评帮助直接快捷、监督效果十分显著有效。中国中央电视台的《焦点访谈》节目是目前发挥新闻监督作用最好的一个典型。在新闻媒体的监督下，各种不正之风、官僚主义现象和违法乱纪现象都受到制止和约束，并大大减少。总之，它在整个监督体系中具有独特的强大监督作用。

7.5.5 人民群众的监督

人民群众的监督主要指公民个人依法对公共权威部门和公职人员的监督，是一种自下而上、主人对公仆的监督，是最为根本的监督，是社会主义民主、人民真正当家作主的一种体现。应该说，人民群众对领导系统，特别是领导权力的监督是宪法规定的公民基本权利之一。

《宪法》第41条规定：“中华人民共和国公民对于任何国家机关和国家工作人员，有提出批评和建议的权利；对于任何国家机关和国家工作人员的违法失职行为，有向有关国家机关提出申诉、控告或者检举的权利……对于公民的申诉、控告或者检举，有关国家机关必须查清事实，负责处理。任保人不得压制和打击报复。由于国家机关和国家工作人员侵犯公民权利而受到损失的人，有依照法律规定取得赔偿的权利。”据此，作为公民的人民群众对领导的监督就有了法律根据，并同其他领导监督相互呼应、配套，形成完整的领导监督体系。

这种监督的特点是具体切实、广泛全面、灵活多样，直接关系能否下情上达、维护公民的合法权益。其基本方式就是表现为信访的反映问题和意见。其具体方式主要是：(1) 通过基层群众组织反映愿望和要求或提出意见。(2) 通过信访反映问题和意见。这即向政府领导或信访机构或有关职能机构写信反映问题、提出要求，或者面访政府领导反映问题、提出意见和愿望。(3) 依照领导复议程序提请复议机关复议。(4) 依照领导诉讼程序以及刑事诉讼程序或民事诉讼程序提请司法机关裁决。(5) 借助新闻媒介直接反映问题和愿望。(6) 向权力机关和人民代表反映问题与意见。(7) 向共产党的领导机关和领导人以及纪检机构、信访机构反映问题、提出愿望和意见。

这种监督极其重要，是推进领导法治化和依法治国的最主要环节，也是真正确保人民当家作主、铲除官僚主义和腐败现象的最根本途径和方法。我国政府早在1957年11月19日就通过颁发《国务院关于加强处理人民来信和接待人民来访工作的指示》对此加以充分的肯定，指出："处理人民来信和接待人民来访，是各级国家机关一项经常的重要政治任务……是人民的一种民主权利，是人民监督政府工作的一种方法。"

7.6 领导监督的改进与加强

7.6.1 着重加强权力监督制约

1. *以把权力关进制度的笼子为重点，从制度和手段上强化领导监督*

重点强化对领导权力的监督制约是有效实现领导监督的治本之道。把权力监督好，就可以保持和巩固权力主客体即第一、第二权力主体的本位，确保领导主体头脑清醒、保持本色。把权力制约住，就可以有效防范权力滥用与寻租，确保领导主体规矩用权、守住底线。

可以说，集中强化对领导权力的监督制约，就是要求领导监督必须重点看住权力、管住权力，这样才能抓住领导监督的关键和要穴而确保领导监督一抓就灵。其核心目的和价值在于，由此确保领导行为端正规范、廉洁自律，确保权力主客体不再错位或颠倒，确保权力的观念、掌握和行使得到百分之百的正确保证，确保从根本上防止腐败、增进权力健康、巩固领导基础。

领导权力的监督约束是指领导监督主体依照宪法法律所赋予的权利而对整个领导过程进行检查、检测、听证、对证、反馈、纠偏、止误、刹车或放行以确保公共领导正确无误、合理合法的一系列监控活动与过程。

事实上，领导权力的监督制约是相对于领导权力的行使和运用即领导用权而言的，是指运用各种制度、机制和法律关系对用权进行监督、制衡和约束。其实质就是"督权"。其旨在确保权力受到控制和约束，由此防止权力失范失控、走向绝对和腐败，并最终酿成严重后果。这是确保权力本质不变的权力保障机制，也是确保第一主体不受腐败失控祸害的重要保障机制。

领导权力的监督约束对于领导过程和领导结果来说至关重要，对领导标的和性质的正确与实现具有最关键的保证作用。从已有的领导实践看，缺乏监督的领导一般都会变成暴虐乖戾的不良领导，会改变领导的性质和初衷；在操作上就会不受制约地直接侵害领导相对方的合法权益，进而造成经济社会的受阻和破坏，带来诸如动荡不安、停滞落后、混乱萧条乃至祸患灾害等等一系列严重后果。这些后果一旦发生，就很难修复或弥补。

可以说，领导权力的监督约束一旦弱化甚至欠缺，领导就会迅速异化，领导权力就会迅速失控，民主法制就会遭到严重的践踏和破坏，一切合法权益都会面临得不到保护的危机，一个组织、一个国家、一个民族将因此而付出沉重的代价。

无数经验教训证明，只有作为国家主人的人民群众能真正对领导权力进行有效的监控和约束，才能使领导权力真正为人民所掌握，为人民所服务，亦即才能防止领导权力以各种方式从人民的手中流失而不再为人民所有、失控膨胀和蜕化变质。这也就是说，现实生活中一刻也不能缺少领导权力的监督约束。整个社会机制要能正常健康地运转，就一定要有领导权力的监督约束做保障。

2. 加强对领导权力的监督制约具有十分重要的现实意义

在整个领导过程当中，十分需要加强领导权力的监督约束。领导权力的监督约束在领导的正确性、稳定性、有效性和积极性方面具有极端重要的意义。这可从以下诸方面来加以理解和把握：

第一，领导权力本来就是第一主体托付给第二主体的委托物，天然地只属于第一主体，而不属于只是代第一主体用权理事的第二主体；第二主体天然就是要对第一主体负责，要替第一主体掌好权、用好权、办好事并由此使之放心和满意。因而，第一主体天然就要对自己的财产、托付出去的权力进行跟踪了解，确保不会滥用恶用或异化变质，更不会在不知不觉中就改头换面、改名换姓而成某个私家或者只是第二主体的了；对于权力运行过程中出现的偏离目标或者越轨乱秩的问题，及时予以纠察和纠正，确保权力始终健康正常地存在和运作，也确保能够真正放心。这就是说，领导权力的本质就决定了必须监督制约。

第二，领导权力的高度资源性容易产生腐败。权力本来就是能够带来资源的资源，还是能够带来价值的价值，当然也是能够带来各种财富的财富，而且能够带来在人世间所能有的和所希望的一切；然后是具有某种魔力能够引起人们强烈贪欲、占有欲和垄断欲等等变态心灵和行为的怪物，最后则是像所有非常好吃的东西一样，在不见阳光、不透明公开、不受及时跟踪监督和有效制约的情况下就必定滋生"病毒"和腐败、产生异化和变质、导致领导体系腐烂崩溃的易烂物。所以，从资源管理、资源安全和资源保值增值的角度看，也很有必要引入和实行权力监督与制约。可以说，监督制约就是权力防病治病的最有效防疫手段和医疗手段，唯此能够确保领导权力真正安全健康。

第三，领导权力在现实生活中不仅经常出问题，而且还常常出现十分严重的大问题。这主要是领导权力在行使和运用过程中出现了许多严重的问题。这些问题包括如下两个方面：

一方面，领导权力总会出现非正确运作，其中较为突出的表现主要有：(1) 专权。此即把一切权力集中于领导者手中；无论大小事，均个人说了算，独断专行。(2) 越权。此即领导主体越过职权、职能和职责范围，动用非其所有之权，处理非其所属之事。(3) 侵权。此即领导者常常侵犯他人的民主权利，强制或压制他人，迫使他人按照其个人意志行事，强行阻碍、破坏或剥夺他人的现实利益。(4) 搞特权。此即有不少领导者总是希望谋取法律和制度之外或一般人得不到的特殊权力。(5) 滥用和私用权力。这集中表现为以权换权，以权换钱，以权谋私，权钱交易，严重损害民众的根本利益。

另一方面，在现实生活中，总会有一些领导主体，特别是素质极度低劣的领导者，在实际掌握、行使和运用权力的过程中，常常借题发挥、借机淫威、大耍权术、阴险刻毒、傲慢凶狠、残酷相斗、交易牟利，把权力当成私有财产或者达到个人目的、获得个人满足的工具，把玩弄伎俩、狡诈相处、狠毒相对、阴谋诡计、翻掌为云覆为雨等等当作官场的生存之道、自己的智慧艺术和特别得意之作；其实则是通过人格堕落来证明自己比别人更高明、更卓越，而群众对此则是既看不清也道不明，严重玷污了权力的圣洁和庄严。

以上两类情况都是人们非常痛恨的官僚主义和腐败堕落现象。这在现实生活中并不罕见，甚至还有愈演愈烈之势。这样的领导主体不能靠自己的称职和努力来增强凝聚力、领导力和竞争力，反而极大消耗和破坏了有限的社会资源及各种正当力量，严重损害了领导客体的利益和整个社会系统的健康与安全，挖空了社会系统生存和发展的基础，直接置社会系统于虚弱、危急和溃败的边缘。究其根源，这些腐败现象主要是由于领导素质残缺恶劣又不加以改造和提高，也由于领导制度不严、领导机制不善、监管领导低效不力、民主监控严重失灵等等实际原因。这些官僚主义和腐败堕落现象未加铲除，产生这些现象的原因未加根治，领导就必将成为导致社会系统在新世纪竞争中彻底衰微、失败的最大因素。

这就是说，在权力监督制约的机制和体制不健全、不完善的情况下，各个机关、组织、部门或具体单位的领导集体和主要领导者（或曰一把手）常常是不受，也几乎没有监督制约地随意行使和运用权力，常常是胆大包天、为所欲为和大肆的权力私有化商品化，经常发生严重侵害民利、违背民意、糟蹋权力、浪费资源、失职渎职、违法犯罪等等触目惊心的腐败堕落，使权力运作经常发生权力浪费、权力乱用、权力滥用、权力私有、权力垄断、权力腐败、权力危机和执政危机等等严重现象，为领导主体的健康性、合法性、胜任性和持久性带来了严峻的困难、危机和挑战。因此，大力加强领导权力的监督制约，强力防止和纠正权力腐败就不仅变得非常现实和十分需要，而且还是确保领导权力不变质、领导主体不变色、领导地位不动摇的重大关键。

应该说，一个真正以共同事业和公共利益为重的群体或组织必须有，也一定会有这样一种权力约束机制，而其中的领导主体则必定愿意接受并推崇这样的约束。可以肯定，这样的群体或组织必定会兴旺发达，其中的成员也会安居乐业。相反，在一个群体或组织中这种机制得不到建立，或者虽然建立却名存实亡，则这样的群体或组织就一定不会有生机和活力，其中成员的权利也必定得不到保护，并一般地出现人人自危、惶惶不可终日的没落局面。若至此，就表明这已经完全丧失了人心，其实是领导的最大失败。

显然，对领导权力的行使与运用必须严加监督约束。这既是事关领导队伍建设和领导事业成败的一件大事，又是一种权力约束机制，也是一种正常的民主生活。这一方面表现为组织人事工作和监察纠查工作，能及时纠正领导主体的种种不端正行为，制止和消除由领导主体的疯狂肆恣所引发的各种丑恶现象，确保领导阶层的秩序不被某种胡作非为所打破，进而维持权力运作的健康正常和稳定平衡；另一方面也表现为群体或组织成员的民主权利得到充分的维护和尊重，确保领导主体真正为领导客体服务，并从根本上为领导客体所监督和管束，让领导相对方得以放心、安心并专心致志去谋发展、谋成功。

总之，权力必须受到监督制约；监督和制约领导权力就是防止权力异化、治理权力腐败，是最重要的一种治理工作，亦即对全社会中最强大力量或能动因素进行控制、约束、引导和促动。这对于建立一个和谐稳定的组织结构或社会系统来说具有根本性和关键性的作用，对于推进领导工作的科学化、民主化和法制化，对于推进国家管理和社会管理的法制化，对于实现依法治国、依法领导、确保领导权力运作的清洁和健康，均具有极其重大的现实意义。

3. 领导权力监督制约的基本目标和基本思路

领导权力的监督制约旨在加强对权力的限制和控制，端正权力运行，防止权力滥用，克服腐败现象，保持权力本质。具体而言，这主要有如下五点：

(1) 抑制权力负向作用，确保权力正向作用。

(2) 避免权力暗箱操作，确保权力透明公开。

(3) 防止权力失范违规和越轨违法，确保权力规范合辙和遵纪守法。

(4) 防止领导权力走向专制黑暗和垄断私有，保持权力的公共性、公正性和干净纯洁。

(5) 严格控制用权行为，防止权力疯狂与失控、权力残暴与犯罪，避免出现恶政和暴政，确保权力运行稳定有序、清醒明智和健康正常。

为了达到以上目标，领导权力监督制约的基本思路重在必须形成一个强大有力的监督制约主体和监督制约机制，就是要对整个领导权力体系的配置设计与相互关系、制度保障与执行、实际运作过程和结果三大方面进行全面的监督制约。只有这样，才不会出现跛足的、不健全的或者是缺陷突出、几无效能的领导监督与制约。具体而言，这有如下三个核心要点：

第一，必须让第二主体（实际的权力主体，即领导主体）成为领导权力监督制约客体，让第一主体成为领导权力监督制约主体，同时也让政党、团体、媒体、社会加盟第一主体，构成完备的领导权力监督制约联盟。

第二，必须实行群众监督、政党监督、社会监督、法制监督和机制监督，还要实行权力制衡，包括内部制衡和外部制衡、直接控制和间接制约，同时还要实行权力监督，包括内部监督和外部监督、事中纠正和事后问责。

第三，必须在法律的保护和支持下确保任何法定监督主体都可以依法行使对领导主体的监督权、约束权。任何监督客体即领导主体在广大监督主体的监督下受到具有法律效果的约束，不敢滥用职权、腐败谋私，不敢懈怠放任、侵害领导相对方的利益；而能自觉遵守和维护秩序，具有极好的领导效率和领导效能，能够达成领导绩效，使整个领导过程充满民主法制精神。

总之，要监督和制约领导权力，就是要在实际的权力运作中始终坚持正确的权力观，始终确保正确地行使和运用领导权力，始终遵循权力运作和制约原则，真正做到以民为本、用权为民、使民满意、以德领导和以德施治；最终则是最佳使用领导权力，极大改善领导形象，有效地巩固领导地位，实现领导的最大成功。

7.6.2　着重从制度手段上改善和加强领导监督

从实际的领导监督实践看，亟须同时从制度上和手段上加强以领导权力主轴的领导监督，旨在确保切实把权力关进制度的笼子，并有切实的手段对领导权力实施具体有效的监督制约，最后达成制度化、规范化和长期有效的领导监督。针对权力运作和监督制约实施中出现的普遍性问题，从以下几个方面采取措施，促进务实治理：

1. 围绕权力的体制、机制、责任、伦理等等重要维度开展深度的权力监督约束的体制机制建设

权力监督约束的体制机制建设是牵一发而动全身的敏感层面，也是抓好领导监督的关键层面。所涉及的领域、关系都很多、很复杂，所需要的对策与行动也是非常广泛、细致而具体的。在此，主要从以下几个方面把握和推进权力监督约束的体制机制建设，不断增进权力监督约束的实际成效，确保领导监督切实有效。

第一，要采取强化民主用权和科学用权机制与问责制度等措施，专门治理专权的问题。此即，要建立更科学、民主的领导机制、权力程序和问责制度，并由此把一切可能将权力集中于某一个领导者手中的可能性彻底破除掉，使组织内或社会系统内的公共事情，特别是大事均不能由个人说了算，而必须众断共行，权力分握而责任分担。

第二，要更加科学合理地进行职能和权力的划分与配置、职能结构和权力结构的设计，并要在此基础上采取强效有力的督促措施，特别是问责制度来建立和推行权力行使及运用规制，确保领导主体都会自觉或不自觉地完全依权限、依职能、依职责和依规定来规范用权，而且只用其所属之权来处理其所属之事；在用权上决不会越雷池一步；由此来坚实、有效地治理常见的越权问题。

第三，要采取道德审查、伦理考核、纪律检查和事后问责等等手法和制度，促使领导主体最深刻、准确、完备地熟记和践行权力运作原则，特别是权力运作的第一原则和第二原则，由此从根本上解决权大于德、权大于理、仆反为主、以权压人、以势欺人、以位傲人和以强伤人等等问题，集中治理领导侵权、大搞特权、民意难申和民利难维等严重问题，由此坚实地保障民众的基本权益和根本利益不受侵害，领导主体不会在此基础上向腐败堕落的方向发生实质性的转变。

第四，要采取审计、公开、曝光、信访、投诉、纪律检查与约束、司法审查与处理、高度灵敏有力的问责追究制度等等阳光工程和具体举措，并将它们加以制度化、机制化、日常化和强效化，由此来使任何糟蹋权力、浪费资源、以权换权、以权换钱、以权谋私、失职渎职、违法犯罪等等腐败行为得到及时揭发、制止、纠正和惩处，真刀真枪、实时见效地治理权力滥用、权力私用和权力私有的问题，强有力地防止、惩处和清理任何腐败堕落现象。这里的制约与监督对象和治理重点就是必须集中火力、重点监督所有掌握实权的领导主体，特别是掌握大权的高级领导者，其次要注意监督领导班子和领导机关。

第五，要采取大力进行科学、先进的领导素质教育和领导队伍建设并将其制度化的措施，由此来使领导者真正树立正确的权力观、政绩观、人生观、价值观和荣辱观，并能把它们应用到领导实践，特别是权力运用中，既端正思想和灵魂，又端正行为和形象，自觉彻底摒弃丑恶的人格，把被封建权力意识和机制深深毒害与幽禁的心灵彻底暴露到阳光之下，进而从根本上解决权力行为不端的问题。此外，还要采取迅猛而强有力的组织措施，及时清理掉那些不称职的领导者，及时发现并清除那些低劣丑恶而又顽固不化的领导者，由此从组织上彻底治理不胜任领导工作，特别是不胜任掌握和行使权力等问题。

总之，要制约与监督领导权力，就必须大力改革、健全和完善权力制度，特别是权力分配运行和监督制度，还必须大力推行阳光工程、领导素质和领导队伍建设工程，形成一个非常敏锐高效、能够快速准确和有力地做出反应的曝光机制、监测机制、督促机制、约束机制、制衡机制和问责追究机制，及时克服成效低下、封建落后的权力观念和权力机制，及时清除或改造素质低下恶劣的领导者，及时强狠地抨击和清除极端丑恶的权力现象，及时恰当地端正偏离轨道的权力行为，及时有效地制止和纠正领导权力的非正确运作，非常系统、坚实、有力地制止和防范权力滥用、权力浪费、权力垄断和权力腐败等等问题，由此最终彻底解决和避免权力不端所带来的权力危机和执政危机。

2. 以体制内日常化工作运转的方式开展正规化、常态化的权力监督约束

一般来说，所谓体制内，就是领导系统和整个权力体系内部。在体制内实施权力监督更具权威性和有效性。其实质在于依据职责和正常工作过程本身，对领导权力实施监督约束。这样的监督就是正式的领导权力监督约束，也就是由官方发起和组织、具有严格的程序和科学标准、根据法律法规而对领导实施监督的一系列活动。从实践看，主要应从以下八个方面采取强化措施：

第一，计划安排。无论是否感受到领导过程中出现的问题，作为领导发起人的领导主体都对领导过程进行制度化的、有计划安排的跟踪监督。

第二，观察检查。在领导实践中，作为领导发起人的领导主体对领导过程进行观察检查，随时注意已经或即将发生的问题、矛盾和困难。

第三，审度分析。领导主体对领导过程中出现的问题和现象进行审度分析。

第四，评价鉴定。领导主体对领导问题、现象、结果和效果进行确认。

第五，得出结论。领导主体通过确认领导过程的实际情况来得出结论，比如经验教训的结论、应该怎么办的结论等等。

第六，进行反馈。作为领导发起人的领导主体，在领导主体系统内进行及时、高效和权威的信息反馈，并直接作用到领导过程当中。

第七，实施纠正。作为领导发起人的领导主体，对领导实施过程中出现的种种偏差、缺失、错误、越轨等等不良情况进行纠正，消除领导过程的负效应。

第八，落实责任。作为领导发起人的领导主体，确定当前问题应由谁来承担责任，使领导责任落实到人，确保领导具有明确的责任承担者并在出现问题时能够立即有人承担责任。

上述举措反映了正式的领导权力监督约束的基本构成，并表明作为领导监督主体的大多数主要还是广大的领导相对方，即领导的直接承受者。他们主要依据宪法法律赋予的权

利和义务对公共领导进行监督制约。

3. 以公共制度和机制为保障，广泛推动、有序开展非正式的领导权力监督约束

非正式的领导权力监督约束就是领导监督主体在非官方组织、引导的情况下从领导的实质到执行及其结果所进行的自然关注与监督活动。其主要特点是，实施这些监督不一定很系统、很正规、很严密和很完备，但却很普遍、很广泛和很经常，可以说是无所不在、无时不在；只是常常比较被动、比较有限，能力、效力和实际影响都偏弱且差异很大而已。其要点如下：

第一，感受领导。作为领导监督主体的领导相对方，通常是只有也只能对领导先行感受，然后才可能做出相应的领导反应，包括愿意不愿意、高兴不高兴。

第二，评判领导。在充分感受领导以后，作为领导监督主体的领导相对方就可以也自然会对领导进行评判，判明好与坏、优与劣、利与害以及应该支持还是反对。

第三，反映问题。对于整个领导过程中出现的各种问题，作为领导监督主体的领导相对方都有权向相关权威部门反映，以便使公共权威对领导问题做出及时的反应与处理。

第四，提出意见。作为领导监督主体的领导相对方可以提出所有相关的领导意见，并要求把这些意见落实到领导过程当中。

第五，要求处理和回应。对于大家所关注的问题或焦点，领导相对方可以要求领导主体立即排除问题并作出积极的回应，让领导相对方满意。

上述五个方面反映了非正式的领导权力监督约束的基本构成；同时还表明，领导权力的监督约束是极其普遍而现实的，跟现实生活中的每一个人、每一个领导客体都是紧密相连、息息相关的。每个领导客体，特别是每个公民随时都需要，也应该依法对领导体系，特别是领导制定和领导实施实施有效的监督。

7.6.3　着重加强对领导主体的评鉴与管束

对领导主体进行评鉴和管束，就是要通过机制的制约，抑制领导主体的负面行为与后果，把领导主体的作用和效能彻底引向正面；使腐败受到坚决有力的抑制，使群体或组织得到健康正常的发展。这既是维护公共利益、群体成员自身利益的需要，也是对群体资源的爱护和珍惜，更是对领导主体的最大爱护和维持。

事实上，在领导过程中，领导主体常常会发生失误，也容易产生许多丑象。有些失误尚可容忍，因为危害有限，且能及时纠正或及早防范；但是有些丑象却是已经根深蒂固、病入膏肓，只能带来绝对的灾祸。这种丑象最常见的典型情况主要有两大类。

第一类是领导能力严重不足，导致心态变异。有的是“武大郎开店”，嫉妒心极强，既无能力，也不自信，不靠能力，只靠权力，压制领导人才，虚伪地甚至赤裸裸地打击普通成员中的积极性、创造性，直接伤害普通成员的切身利益和人格尊严，直接导致群体或组织窒息活力、丧失凝聚力而变得死气沉沉、分崩离析。有的则是极其“小心眼”：大事忽略，小事上心，点点滴滴，无比计较。有的则甚至不干正事，只会搞些歪门邪道，甚至以打听和干涉别人的私事为乐。也有的是南郭先生，滥竽充数，混一天是一天，无所事事，只会追求个人利益和享受。有的则是靠“裙带关系”或其他不正当关系维护官位。有

的则喜欢搞“表演”，大事做不来，只搞花架子；弄虚作假，大吹大擂，做尽了形式主义，极尽假大空之能事，却一件实事也做不成。还有的则还是老一套官僚工作方法，不能深入实际、调查研究，不知道实际问题的症结和关键，只凭经验和胡想大搞文牍主义和命令主义，只凭主观估计和权力地位拍脑袋决策；甚至为了应付差事、讨好上级而不惜编造数据事实；等等。

第二类是领导品德严重欠缺，导致权力变形。这里最普遍的问题是独断专行，缺乏自知之明，听不进别人的意见，容不得别人有主见，把领导对象看成是一些可以随便欺骗愚弄的群氓。有的领导主体任人唯亲、拉帮结伙，人为地制造矛盾和摩擦；也有的领导主体把领导权力当成了私有财产和达到私人目的的有效工具，借此大肆营私舞弊、权钱交易、捞取私利，对于一切“看不顺眼”的障碍予以威胁和打击，玩弄手段，失去了任何准则约束、道德涵养和应有形象，实际则已经是一种严重的腐败和道德沦丧；还有的领导主体经常口是心非，两面三刀，当面说要以大局为重、以工作为重，背地里却是只有私心杂念，害怕并打击一切为工作着想的努力，与其总是挂在嘴上的“大道理”完全相悖；如此等等，不一而足。

以上两类情况都是人们非常痛恨的官僚主义和腐败堕落现象。这在现实生活中并不罕见，甚至还有愈演愈烈之势。这样的领导主体不能靠自己的称职和努力来增强凝聚力、领导力和竞争力，反而极大消耗和破坏了有限的社会资源和各种正当力量，严重损害了领导客体的利益和整个社会系统的健康与安全，挖空了社会系统生存和发展的基础，直接置社会系统于虚弱、危急和溃败的边缘。

究其根源，这些腐败现象主要是由于领导素质残缺恶劣又不加以改造和提高，也由于领导制度不严、领导机制不善、监管领导低效不力、民主监控严重失灵等等实际原因。这些官僚主义和腐败堕落现象未加铲除，产生这些现象的原因未加根治，领导就必将成为导致社会系统在新世纪竞争中彻底衰微、失败的最大因素。

显然，要实现共同的理想、完成共同的事业，就一定要制止如此情况继续发生，并从根本上加以治理、克服和改变。而此处所谓的“根本”，就是领导素质。只要领导素质提高和优化了，并变得日益纯粹、完美，领导主体就能极好地发挥出能动作用，哪怕还有较大的外在困难和障碍，也能把领导工作做得非常卓越出色，写下群体或组织乃至整个社会成功奋斗的历史新页。

应该说，一个真正以共同事业和公共利益为重的群体或组织就必须有，也一定会有这样一种权力约束机制，而其中的领导主体则必定愿意接受并推崇这样的约束。可以肯定，这样的群体或组织必定会兴旺发达，其中的成员也会安居乐业。相反，在一个群体或组织中，这种机制得不到建立，或者虽然建立却名存实亡，则这样的群体或组织就一定不会有生机和活力，其中成员的权利也必定得不到保护，并一般地出现人人自危、惶惶不可终日的没落局面。而这已经完全丧失了人心，其实是领导的最大失败。所以，必须对他们严加评鉴和管束。

评鉴领导主体就是“识人”，就是准确评价领导主体；这需要以对领导素质有深刻认识和把握的理论及其修养为基础。监督领导主体就是要结合领导工作实践，从实绩和素质两个方面进行全面的考核、检查和督促。要全面考查一个领导主体，就要全面考察其素质和实绩。

管束领导主体就是根据评鉴和监督的结果及需要，加强对领导主体的全面整顿和教育，其实就是加强领导队伍的建设。只有这样，才能保证有一个良好的领导主体为群体或组织乃至整个社会提供优良的服务、发挥良好的作用。

其实，对领导主体进行评鉴和管束，既是事关领导队伍建设和领导事业成败的一件大事，又是一种权力约束机制，也是一种正常的民主生活。这一方面表现为组织人事工作和监察纠查工作，能及时纠正领导主体的种种不端正行为，制止和消除由领导主体的疯狂肆恣所引发的各种丑恶现象，确保领导阶层的秩序不被某种胡作非为所打破，进而维持权力运作的健康正常和稳定平衡；另一方面也表现为群体或组织成员的民主权利得到充分的维护和尊重，确保领导主体真正为领导客体服务，并从根本上为领导客体所监督和管束，让领导相对方得以放心、安心并专心致志去谋发展、谋成功。为此，亟须从以下三个方面采取治理举措：

第一，探索建立科学、完善的领导素质理论，为科学地认识和把握领导主体提供理论依据。如果对领导素质的认识都还很模糊，就无法很好地了解由领导素质构成的领导主体，当然就无法鉴别他们并做出准确的判断和评价，也就无法有针对性地对他们加以监督并促使他们不断地改善和提高。

第二，切实运用科学的领导素质理论开展组织人事工作、监察纠查工作和培养教育工作。以领导素质理论为镜，对领导主体自始至终进行科学、全面、系统的监测、评鉴、把握与控制，由此使领导主体的优缺点得到充分、明确的鉴定，促使领导主体扬长避短。

第三，建立科学、民主、规范的领导体制和领导机制。其中最重要的是要突出领导组织体制、领导监督体制的科学化，以及领导竞争机制、领导监控机制和领导淘汰机制的高效化、强力化和快速反应化。确保所有监督主体，尤其是其中的领导客体能够完全有效地对领导主体进行更全面、真实、及时、有效的监控。

总之，不从根本上彻底解决官僚主义和腐败堕落的问题，赢得新世纪就完全无望。要真正提升领导力、核心竞争力和综合实力，就一定要采取果断、强效的措施去根绝不良的领导现象，要把反对腐败、反对官僚主义作为赢得新世纪的最重要措施和最重要保障之一。

7.6.4 全面推进领导监督法制化、规范化

领导监督首先是一个民主化的过程，是依照宪法充分保证和维护领导客体利益或领导相对人的合法权益的过程。没有领导监督，就不能维护相对人的民主权利；要着重和维护相对人的合法权益，就必须实行领导监督。因此，领导监督是和民主进程分不开的。

但是，这个民主过程却不能脱离或缺少了法律的支持和保障；每推进一步都必须依据宪法和法律，还要将新的进步用法律制度加以确认并固定下来，使具体的领导监督行为和对公民合法权益的保护成为合法行为以及法律规定的一种权利和义务，这就是领导监督法制化。这样就能使得领导监督遭到人为破坏或阻挠、遭到不合法干扰的可能性极大减少，从而保护领导监督的正常性和稳定性。

历史事实证明，没有法律保障的监督必定是脆弱无力的，无法监控和制约掌管巨大领导权力的领导系统，容易形成专制暴政，因而不能有效地保护人民群众的基本权利。因此，领导监督法制化其实就是民主化的一个保障，意义重大，十分必要。

同时，领导监督法制化离不开规范化。一方面，规范化充分体现了现代管理的科学精髓，使管理活动严谨、有序、高效，正是法制化的一个具体目标；另一方面，法制化本身就是一个不断规范管理、规范秩序的过程，是规范化的法律表现形式。因此，两者是同步的、密不可分的，要推进法制化就是要推进规范化，要推进规范化就要推进法制化。没有规范化的法制化是没有质量、也不会有实际效果的；没有法制化的规范化则完全是脆弱的、没有可行保障的。所以，领导监督还必须规范化。

要大力推进领导监督法制化、规范化建设，主要应从两个方面着手：一是要全面推进领导法制化、规范化建设。促使政府处处依法领导、全面依法领导；不仅为领导监督提供更多更明确具体的法律依据，而且通过依法领导本身极大减少不当或违法领导，极大规范政府的领导行为。二是要全面提高监督主体的监督能力和效率，确保每一个监督主体的法定监督权利得到充分行使和实现，确保每一个监督行为都有根有据、依法而行、依法制程序而做。行使直接产生法律效力监督权的监督主体需要提高对监督客体特别是不良领导行为监督的反应速度，加大处理的力度和速度，切实提高监督的质量和水平。行使间接产生法律效力监督权的监督主体不仅要使监督的深度和广度进一步扩大，而且要更加灵敏有力地依法予以监督，使每一处不当或不法领导行为都能及时、彻底地揭露出来，并迅速绳之以法。

复习思考题

1. 领导监督到底是做什么用的？其主体和客体各是什么？应该由谁来倡导、执掌、推进和担负责任？为什么？
2. 领导监督的依据是什么？执行时应该怎样做才合法合理、公信有效？为什么？
3. 权威的领导监督架构是什么样的？由什么决定？应该如何发挥此架构的作用？
4. 领导监督的主要对象和目标到底是领导者、领导权力还是别的什么？为什么？
5. 领导权力的监督约束应该有一个什么样的科学机制和权威手段来保证得到有效实施？为什么？

参考文献

夏禹龙，刘吉，冯之浚．领导科学基础．南宁：广西人民出版社，1983
钱学森等．现代领导科学与艺术．北京：军事谊文出版社，1985
《领导科学概论》编写组．领导科学概论．上海：上海人民出版社，1985
九院校《领导学》编写组．领导学．沈阳：辽宁人民出版社，1986
浙江省委党校理论研究所．领导科学纲要．北京：求实出版社，1985
湖北省现代领导科学研究会．领导科学十六讲．武汉：武汉大学出版社，1985
郭涤等．领导科学概要．西安：陕西人民出版社，1985
金哲等．世界新学科总览．重庆：重庆出版社，1986
康电等．马克思主义领导学基础．成都：四川教育出版社，1987
孙钱章．领导科学知识问答．北京：中国经济出版社，1987
胡彬．中国领导科学概论．天津：天津人民出版社，1987
李光炎．领导科学引论．南宁：广西人民出版社，1989
那仁敖其尔．中国社会主义领导学．呼和浩特：内蒙古人民出版社，1990
张长城．领导科学原理．长春：吉林大学出版社，1991
王乐夫．现代领导科学．广州：中山大学出版社，1992
胡悌云．领导科学通览．北京：人民出版社，1992
张起朴．领导学．郑州：河南人民出版社，1993
王驰．中国领导学新论．长沙：湖南教育出版社，1993
孙钱章．现代领导方法和艺术．北京：人民出版社，1998
徐寒．现代领导艺术通鉴．北京：华文出版社，2006
邱霈恩．新世纪领导学（第二版）．北京：中国财经出版社，2007
邱霈恩．领导学（第二版）．北京：中国人民大学出版社，2008
邱霈恩．领导学原理．北京：清华大学出版社，2012
邱霈恩．依法决策是依法行政的起点．中国党政干部论坛，2015（5）

邱霈恩．夯实依法决策基础．人民日报，2015-05-05

［英］克里斯汀·韦尔丁．情商．天津：天津教育出版社，2009

［加］罗伯特·豪斯．关于领导效率的目标—途径理论．行政科学，1971

［美］西蒙．管理行为．北京：机械工业出版社，2007

［美］P. 德鲁克．有效的管理者．哈伯罗出版公司，1967

［美］巴达拉克．沉静领导者．哈佛商学院，2002

［美］詹姆斯·麦格雷戈·伯恩斯．领袖论．北京：中国社科出版社，1996

［美］沃伦·本尼斯、罗伯特·托马斯．领导是怎样炼成的．北京：机械工业出版社，2003

［美］安弗莎妮·纳哈蒂文．领导力．北京：机械工业出版社，2003

［美］保罗·赫塞．情境领导者．北京：中国财政经济出版社，2003

［美］道格·克兰德尔．西点军校的领导力．北京：电子工业出版社，2009

［美］加里·尤克尔．组织领导学（第五版）．北京：中国人民大学出版社，2004

后　记

本书作为新书得以完成，虽有笔者自身的持续努力，但始终要说这仍然是源于领导学界老前辈、老同行、老战友共同取得的成果，特别是在本研究进行之中始终不断得到他们的积极支持、学理启发、智慧襄赞和实际帮助。故在此对他们示名以谢！

首先，我要对本书原始基础的合作同人李光炎、曾礼、马义、闫越、陶建平、刘小兵、廖雄军、唐永文、何正成、陈勇、高晖阳、孙大维、李正文、张正兰、王玉英、李玉静等专家学者表示由衷谢忱！

其次，我要对为本书写作做了许多工作的专家和助手，包括罗杰、邱源、赵宏、辛传海、高慧军、李燕凌、杨炜、刘琼莲、王桢桢、彭中礼、池霏霏、薛博、刘英凤、马敬轩、武祎、石珍贞、吴靖昊、宋湘婷、倪菠、汪铃添、纪之文、陈宇、高巍等，表示由衷谢忱！

最后，我还要向中国领导学界的许多老前辈、老师长和专家学者表示由衷谢忱，并请对书中不足继续予以更多更深的启迪帮助和批评指正！

邱霈恩

2016 年 4 月 1 日

人大版公共管理类教材

公共管理类本科专业教材——学科基础课教材

书名	作者
现代管理学原理（第三版）（“十一五”国家级规划教材）	娄成武　魏淑艳
一般管理学原理（第三版）	张康之　李传军
管理学基础（第三版）	方振邦
管理学教程	方振邦
政治学原理（第三版）	景跃进　张小劲
现代政治学原理（第四版）	石永义　刘玉萼　张　璋
政治学教程	舒　放　刘琼莲
公共管理学——一种不同于传统行政学的研究途径（第二版）	陈振明
公共管理学（“十二五”国家级规划教材）	王乐夫　蔡立辉
公共管理学（精编版）	王乐夫　蔡立辉
《公共管理学》学习指导书	王乐夫　蔡立辉
公共管理概论（第二版）	朱立言　谢　明
公共管理学概论	曹现强　王佃利
公共管理案例分析（第二版）	王丛虎
公共管理案例	中国人民大学公共管理学院
公共政策导论（第四版）	谢　明
公共政策概论（第二版）	谢　明
公共政策学——政策分析的理论、方法和技术（“十一五”国家级规划教材）	陈振明
政策科学——公共政策分析导论（第二版）	陈振明
公共政策学导引与案例	陈季修
公共政策案例	中国人民大学公共管理学院
公共政策案例：分析与思考	谢　明
公共经济学（第三版）（“十二五”国家级规划教材）	高培勇
《公共经济学（第二版）》学习指导书	高培勇　崔　军
政府经济学（第四版）（“十一五”国家级规划教材）	郭小聪
政府经济学（第四版）	潘明星　韩丽华

公共管理类本科专业教材——方法课教材

书名	作者
管理定量分析：方法与技术	刘兰剑　李　玲
公共管理的方法与技术（第二版）	魏　娜
公共管理实用分析方法	汪明生　胡象明

公共管理类本科专业教材——行政管理、公共事业管理专业教材

书名	作者
行政法学导论	姜晓萍
行政法学	朱新立　唐明良　李春燕
公共部门人力资源管理（第四版）	孙柏瑛　祁凡骅
公共部门人力资源开发与管理（第四版）（“十二五”国家级规划教材）	孙柏瑛　祁凡骅
公共部门人力资源开发与管理（第三版）	孙柏瑛
公共部门人力资源管理（第三版）	滕玉成　于　萍
公共部门人力资源管理	方振邦

书名	作者
公共部门人力资源管理与社会保障案例	中国人民大学公共管理学院
公共人事制度	刘俊生
行政管理学（第四版）	郭小聪
公共行政学（第五版）	彭和平
公共行政学	张康之　张乾友
行政学导论（第三版）	齐明山
行政管理学导引与案例	陈季修
管理心理学	范逢春
公共组织行为学（第三版）（“十一五”国家级规划教材）	孙　萍　张　平
公共组织学（第三版）	李传军
行政组织学	张　昕　李　泉
公共事业管理概论（第三版）	朱仁显
公共事业管理概论（“十一五”国家级规划教材）	娄成武　李　坚
公共组织财务管理（第三版）（“十一五”国家级规划教材）	王为民
《公共组织财务管理》学习与实训指导书	王为民　博　迪
国家公务员制度（第三版）（“十二五”国家级规划教材）	舒　放　王克良
国家公务员制度概论	郗永勤　刘碧强
公务员制度概论	李如海
公务员制度导论	孙德超
行政领导学（第三版）	朱立言　李国梁
领导学（第四版）	邱霈恩
领导学	王自亮
领导学：理念、行为与艺术	祁凡骅
现代市政学（第四版）	王佃利　张莉萍　高　原
市政管理学（第四版）（“十一五”国家级规划教材）	杨宏山
市政学导引与案例（第二版）	李燕凌
社区管理（第三版）	汪大海　魏　娜　郇建立
社区管理原理与案例	魏　娜
电子政务教程（第三版）（“十一五”国家级规划教材）	赵国俊
电子政府与电子政务（第二版）（“十一五”国家级规划教材）	张锐昕
电子政府概论（第二版）	张锐昕
管理信息系统	张维明　黄金才
行政伦理学教程（第三版）（“十二五”国家级规划教材）	张康之　李传军
公共危机管理导论（“十一五”国家级规划教材）	肖鹏军
公共危机管理概论	王宏伟
公共危机与应急管理：原理与案例	王宏伟
应急管理导论	王宏伟
行政决策学	许文惠　张成福　孙柏瑛
公共决策导论	王佃利　曹现强
中国公共政策（“十一五”国家级规划教材）	陈振明
非营利组织管理	吴东民　等
非营利组织管理	康晓光
非营利组织管理导引与案例	崔向华　张　婷
当代中国政府与政治	景跃进　陈明明　肖　滨
当代中国政府与行政（第三版）	魏　娜　吴爱明
当代中国政府（第二版）（“十一五”国家级规划教材）	吴爱明
地方政府学概论（第二版）	方　雷
地方政府管理（第二版）	陈瑞莲　张紧跟

书名	作者
管理秘书实务（第四版）	赵锁龙
行政秘书学	唐　钧
公文写作与处理	赵国俊
机关管理的原理与方法（第三版）	赵国俊　陈幽泓
政府绩效管理	方振邦　葛蕾蕾
政府绩效评估	蔡立辉
公共关系概论（第二版）	邹正方
政府公共关系（第二版）（“十一五”国家级规划教材）	廖为建　张　宁
社会管理	汪大海
社会管理——理论、实践与案例	陈振明
西方行政学理论概要（第二版）（“十一五”国家级规划教材）	丁　煌
公共行政学经典理论导引与案例	付小均
西方公共管理名著导读	汪大海
管理思想史教程	方振邦　葛蕾蕾
文化管理学（第三版）（“十二五”国家级规划教材）	孙　萍
文化创意产业导论	魏鹏举
卫生事业管理（第二版）（“十一五”国家级规划教材）	李　鲁
教育经济与管理（第二版）（“十一五”国家级规划教材）	娄成武　史万兵
现代公用事业管理	崔运武

公共管理类本科专业教材——劳动与社会保障专业教材

书名	作者
社会保障概论（第五版）（教育部推荐教材）	孙光德　董克用
《社会保障概论》（第三版）学习指导书	孙光德
社会保障管理（“十一五”国家级规划教材）	邓大松　刘昌平
劳动经济学（“十一五”国家级规划教材）	董克用　刘　昕
社会保险学（第二版）	孙树菡
社会保险精算原理与实务	王晓军
国际社会保障制度教程	穆怀中
员工福利概论（第二版）（“十一五”国家级规划教材）	仇雨临
医疗保障	王虎峰

公共管理类本科专业教材——土地资源管理专业教材

书名	作者
土地经济学（第七版）（“十一五”国家级规划教材）	毕宝德
《土地经济学》学习指导书	吕　萍　况伟大
土地法学	王守智　吴春岐
土地科学导论	叶剑平
土地资源管理学	张正峰
土地利用规划学	张占录　张正峰
不动产估价（第二版）（“十一五”国家级规划教材）	叶剑平　曲卫东
土地信息系统	曲卫东　韩　琼
地籍管理（第五版）（“十一五”国家级规划教材）	谭　峻　林增杰

公共管理类本科专业教材——城市管理专业教材

书名	作者
城市管理学（第二版）	杨宏山

书名	作者
城市管理法	王丛虎
城市总体规划原理	郐艳丽　田　莉

公共管理硕士（MPA）教材——核心课教材

书名	作者
全国公共管理硕士（MPA）核心课程教学指导纲要	全国公共管理专业学位研究生教育指导委员会
社会主义建设理论与实践（第三版）	李景治　蒲国良
公共管理英语（修订版）	顾建光
公共管理学（修订版）	张成福　党秀云
公共管理学原理	陈振明
公共政策分析	陈振明
公共政策分析导论	陈振明
公共政策分析概论（修订版）	谢　明
政治学：基本理论与中国视角	任剑涛
公共部门经济学（第三版）	高培勇　崔　军
行政法学（修订版）	皮纯协　张成福
行政法学概论（第三版）	胡锦光
非营利组织管理概论（修订版）	王　名
非营利组织管理	王　名　王　超
公共管理伦理学（修订版）	张康之
社会研究方法	陈振明
定量分析方法（第三版）	谭跃进
电子政务理论与方法（第三版）	金江军
电子政务	吴爱明　何　滨
信息技术及其应用（第三版）	张维明

公共管理硕士（MPA）教材——专业方向必修课、选修课教材

书名	作者
公务员制度教程（第四版）	舒　放　王克良
《公务员制度教程》学习指导书	舒　放　王克良
比较政府与政治（修订版）	卓　越
当代中国政府与政治（第三版）	吴爱明　朱国斌　林　震
公共部门人力资源管理及案例教程（修订版）	陈天祥
领导学	祁凡骅　刘　颖
领导学教程	常　健
领导理论与实践	邱霈恩
西方公共行政管理理论精要	丁　煌
社会管理概论	唐　钧
公共部门绩效评估（修订版）	卓　越
公共危机管理	王宏伟
公共部门危机管理（修订版）	张小明
公共部门战略管理（修订版）	陈振明
城市管理理论与实务	杨宏山
公共冲突管理	常　健
MPA 学位论文写作指南	汪大海

图书在版编目（CIP）数据

领导理论与实践/邱霈恩著. —北京：中国人民大学出版社，2016.4
公共管理硕士（MPA）系列教材
ISBN 978-7-300-22707-8

Ⅰ.①领… Ⅱ.①邱… Ⅲ.①领导学-研究生-教材 Ⅳ.①C933

中国版本图书馆 CIP 数据核字（2016）第 069117 号

公共管理硕士（MPA）系列教材
领导理论与实践
邱霈恩 著
Lingdao Lilun yu Shijian

出版发行	中国人民大学出版社		
社　　址	北京中关村大街 31 号	**邮政编码**	100080
电　　话	010－62511242（总编室）		010－62511770（质管部）
	010－82501766（邮购部）		010－62514148（门市部）
	010－62515195（发行公司）		010－62515275（盗版举报）
网　　址	http://www.crup.com.cn		
	http://www.ttrnet.com（人大教研网）		
经　　销	新华书店		
印　　刷	北京宏伟双华印刷有限公司		
规　　格	185 mm×260 mm　16 开本	**版　　次**	2016 年 4 月第 1 版
印　　张	20.75	**印　　次**	2016 年 4 月第 1 次印刷
字　　数	474 000	**定　　价**	39.00 元

教学支持说明

（教学课件）

中国人民大学出版社政治与公共管理出版分社秉承“出教材学术精品，育人文社科英才”的出版宗旨，多年来，出版了大批高质量的公共管理、教育学、政治学、政治理论公共课教材和学术著作。

我们为本教材制作了相应的PPT教学课件，任何一位采用本书作为授课教材的教师均可免费获得该课件。为了确保该课件仅为授课教师获得，烦请您填写如下材料，并将相关信息通过E-mail发送给我们，我们将在收到相关信息后通过E-mail给您发送该课件。欢迎您加入我们的QQ群（全国政管教师交流群，群号为236159213），或登录我分社官方网站（www. crup. com. cn/gggl），注册成为VIP会员，以获得更好的服务。

我们的联系方式：

地址：（100872）北京市中关村大街甲59号文化大厦1202室

中国人民大学出版社政治与公共管理出版分社

电话：（010）82502724　62514775（传真）

E-mail：ggglcbfs@vip. 163. com

QQ群：236159213

兹证明________大学/学院________院/系________专业________学年第________学期开设的________课程，采用中国人民大学出版社出版的________________（书名、作者）作为本课程教材。授课教师为________，授课班级共____个、学生____人。授课教师需要与本书配套的教学课件。

联 系 人：________________

通信地址：________________

邮　　编：________________

电　　话：________________

E-mail：________________

系/院主任：________（签字）

（系/院办公室章）

____年____月____日